2011
中国能源统计年鉴

国家统计局能源统计司　编

中国统计出版社
China Statistics Press

（京）新登字 041 号

中国能源统计年鉴. 2011 : 汉英对照 / 国家统计局能源统计司编. -- 北京 : 中国统计出版社, 2011.12
ISBN 978-7-5037-6459-2

Ⅰ. ①中… Ⅱ. ①国… Ⅲ. ①能源经济－经济统计－中国－2011－年鉴－汉、英 Ⅳ. ①F426.2-54

中国版本图书馆 CIP 数据核字(2011)第 276650 号

中国能源统计年鉴—2011

作　　者 / 国家统计局能源统计司
责任编辑 / 佘竞雄
装帧设计 / 李雪燕
出版发行 / 中国统计出版社
通信地址 / 北京市西城区月坛南街 57 号　邮政编码 / 100826
办公地址 / 北京市丰台区西三环南路甲 6 号
电　　话 / 邮购(010)63376907　书店（010）68783172
E－mail / yearbook@gj.stats.cn
印　　刷 / 河北天普润印刷厂
经　　销 / 新华书店
开　　本 / 890 × 1240mm　1/16
字　　数 / 704 千字
印　　张 / 23
版　　别 / 2011 年 12 月第 1 版
版　　次 / 2011 年 12 月第 1 次印刷
书　　号 / ISBN 978-7-5037-6459-2/F · 3092
定　　价 / 298.00 元

《中国能源统计年鉴 2011》

编委会和编辑人员

Chinese Energy Statistical Yearbook-2011

EDITORIAL BOARD AND STAFF

编 辑 说 明

一、《中国能源统计年鉴》是一部全面反映中国能源建设、生产、消费、供需平衡的权威性资料书，从1986年开始，由国家统计局工业交通统计司主编。2008年版起，由国家统计局能源统计司主编，中国统计出版社出版，向国内外公开发行。

二、为满足广大读者对中国能源统计数据的需求，提高数据应用的时效性，从2004年起，《中国能源统计年鉴》由每两年出版一册改为每年出版一册，封面的年份由数据年改为出版年份。

三、从2010年开始，能源平衡表表式进行了调整。

四、《中国能源统计年鉴》信息量大，特别突出数据的权威性、完整性。全书共分为8个部分：1.综合；2.能源建设；3.能源生产；4.能源消费；5.全国能源平衡表；6.地区能源平衡表；7.香港、澳门特别行政区能源数据；附录为台湾省能源数据、有关国家和地区能源数据、主要统计指标解释以及各种能源折标准煤参考系数。

五、本书大部分资料来源于国家统计局年度统计报表及《中国统计年鉴》。全国统计数字均未包括香港、澳门特别行政区和台湾省。能源平衡表核算范围不包括非商品能源。

六、本书中，中国能源数据截止到2010年，世界和各国及地区能源数据截止到2009年。

七、符号使用说明：年鉴各表中“空格”表示该项统计指标数据不足本表最小位数、数据不详或无该项数据；“#”表示其中的主要项。

PREFACE

Chinese energy statistical yearbook is an annual statistical publication, which covers very comprehensive data in energy construction, production, consumption, equilibrium of supply and demand in an all-round way, established in 1986, edited by the department of Industry and Transport Statistics of State Statistics Bureau. 2008 annual is edited by the Department of Energy Statistics of State Statistics Bureau, published by China Statistics Press, to the domestic and international public publication.

In order to satisfy the masses of readers' demands for Chinese energy statistics, improve the efficiency and timeliness of the data use, from each of 2004, *Chinese energy statistical yearbook* is published one volume every year instead of one volume every 2 years, the year of front cover also switched over to publishing year.

From 2010, the energy balance format is adjusted.

The amount of information in *Chinese energy statistical yearbook* is large, especially stress the authoritativeness, integrality of the data. The book consists of eight chapters: 1. General Survey; 2. Construction of Energy Industry; 3. Energy Production; 4. Energy Consumption; 5. Energy Balance Table of China; 6. Energy Balance Table by Region; 7. Energy data for the Hong Kong and Macao Special Administrative Region. Additional information provided in the appendices include major energy data for Taiwan province, energy data for related countries or areas and explanatory notes of main statistical indicators and conversion factors from physical units to coal equivalent.

Annual statistical reports from the National Bureau of Statistics and the *China Statistical Yearbook* are the main data sources of this document. However, the national data in this book does not include that of the Hong Kong and Macao Special Administrative Region, the Taiwan province. Also, the data in the energy balance tables does not cover non-commercial energy.

The Chinese energy data were by the year of 2010, energy data for the world and other countries or area were by the year of 2009.

Notations used in the yearbook: blank space indicates that the figure is not large enough to be measured with the smallest unit in the table, or data are unknown or are not available;" # "indicates a major breakdown of the total.

目　　录

CONTENTS

一、综合

Chapter 1 General Survey

1-1 能源生产、消费与国内生产总值增长速度 ······ 3
Growth Rate of Energy Production and Consumption Compared with Growth Rate of GDP
1-2 国民经济和能源经济主要指标 ······ 4
Main Indicators of National Economy and Energy Economy
1-3 平均每万元国内生产总值能源消费量 ······ 6
Energy Intensity by GDP
1-4 能源加工转换效率 ······ 7
Efficiency of Energy Transformation
1-5 人均能源生产量和消费量 ······ 8
Energy Production and Consumption Per Capita
1-6 人均生活用能量 ······ 9
Residential Energy Consumption Per Capita
1-7 年末交通运输设备拥有量 ······ 10
Number of Transportation Equipment (Year-End)
1-8 主要能源品种进、出口量 ······ 11
Imports and Exports of Major Energy Products
1-9 主要高耗能产品的进、出口量 ······ 12
Imports and Exports of Energy Intensive Products
1-10 分地区工业废气排放量 ······ 13
Emission of Industrial Waste Gas by Region
1-11 分地区工业废水排放及处理情况 ······ 14
Discharge and Treatment of Industrial Waste Water by Region

二、能源建设

Chapter 2 Construction of Energy Industry

2-1 国有经济能源工业分行业固定资产投资 ······ 17
Investment in Fixed Assets of State-Owned Units in Energy Industry
2-2 国有经济能源工业分行业固定资产投资构成 ······ 17
Proportions of Investment in Fixed Assets of State-Owned Units in Energy Industry
2-3 分地区国有经济能源工业固定资产投资 ······ 18
Investment in Fixed Assets of State-Owned Units in Energy Industry by Region
2-4 分地区国有经济煤炭采选业固定资产投资 ······ 19

Investment in Fixed Assets of State-Owned Units in Coal Mining and Processing by Region
2-5 分地区国有经济石油和天然气开采业固定资产投资 …… 20
Investment in Fixed Assets of State-Owned Units in Petroleum and Natural Gas Extraction by Region
2-6 分地区国有经济电力、蒸汽、热水生产和供应业固定资产投资 …… 21
Investment in Fixed Assets of State-Owned Units in Electricity, Steam, Hot Water Production and Supply by Region
2-7 分地区国有经济石油加工及炼焦业固定资产投资 …… 22
Investment in Fixed Assets of State-Owned Units in Petroleum Processing and Coking by Region
2-8 分地区国有经济煤气生产和供应业固定资产投资 …… 23
Investment in Fixed Assets of State-Owned Units in Gas Producing and Supply by Region
2-9 城镇能源工业分行业投资 …… 24
Investment of Urban in Energy Industry
2-10 城镇能源工业分行业投资构成 …… 24
Investment of Urban in Energy Industry by Proportions
2-11 各地区城镇能源工业投资 …… 25
Investment of Urban in Energy Industry by Region
2-12 分地区煤炭采选业城镇投资 …… 26
Investment of Urban in Coal Mining and Processing by Region
2-13 分地区石油和天然气开采业城镇投资 …… 27
Investment of Urban in Petroleum and Natural Gas Extraction by Region
2-14 分地区电力、蒸汽、热水生产和供应业城镇投资 …… 28
Investment of Urban in Electricity, Steam, Hot Water Producing and Supply by Region
2-15 分地区石油加工及炼焦业城镇投资 …… 29
Investment of Urban in Petroleum Processing and Coking by Region
2-16 分地区煤气生产和供应业城镇投资 …… 30
Investment of Urban in Gas Producing and Supply by Region

三、能源生产

Chapter 3 Energy Production

3-1 一次能源生产量和构成 …… 33
Primary Energy Production and Composition
3-2 分地区焦炭生产量 …… 35
Coke Production by Region
3-3 分地区原油生产量 …… 36
Crude Oil Production by Region
3-4 分地区汽油生产量 …… 37
Gasoline Production by Region
3-5 分地区煤油生产量 …… 38
Kerosene Production by Region
3-6 分地区柴油生产量 …… 39
Diesel Oil Production by Region
3-7 分地区燃料油生产量 …… 40
Fuel Oil Production by Region
3-8 分地区天然气生产量 …… 41

Natural Gas Production by Region
3-9 分地区发电量 …… 42
Power Generation by Region
3-10 分地区水力发电量 …… 43
Hydro Power Generation by Region
3-11 分地区火力发电量 …… 44
Thermal Power Generation by Region
3-12 分地区城市天然气供应情况 …… 45
Basic Statistics on Supply of Natural Gas in Cities by Region
3-13 分地区城市人工煤气供应情况 …… 46
Basic Statistics on Supply of Coal Gas in Cities by Region
3-14 分地区城市液化石油气供应情况 …… 47
Basic Statistics on Supply of LPG in Cities by Region
3-15 分地区城市集中供热情况 …… 48
Basic Statistics on Heating Supply in Cities by Region

四、能源消费

Chapter 4 Energy Consumption

4-1 能源消费总量和构成 …… 50
Total Energy Consumption and Composition
4-2 工业分行业终端能源消费量 (实物量) -2010 …… 52
Final Energy Consumption by Industrial Sector -2010（Physical Quantity）
4-3 工业分行业终端能源消费量 (标准量) -2010 …… 58
Final Energy Consumption by Industrial Sector -2010（Standard Quantity）
4-4 分行业能源消费总量 …… 64
Consumption of Total Energy and Its Main Varieties by Sector
4-5 分行业煤炭消费总量 …… 66
Consumption of Coal and Its Main Varieties by Sector
4-6 分行业焦炭消费总量 …… 68
Consumption of Coke and Its Main Varieties by Sector
4-7 分行业原油消费总量 …… 70
Consumption of Crude Oil and Its Main Varieties by Sector
4-8 分行业汽油消费总量 …… 72
Consumption of Gasoline and Its Main Varieties by Sector
4-9 分行业煤油消费总量 …… 74
Consumption of Kerosene and Its Main Varieties by Sector
4-10 分行业柴油消费总量 …… 76
Consumption of Diesel Oil and Its Main Varieties by Sector
4-11 分行业燃料油消费总量 …… 78
Consumption of Fuel Oil and Its Main Varieties by Sector
4-12 分行业天然气消费总量 …… 80
Consumption of Natural Gas and Its Main Varieties by Sector
4-13 分行业电力消费总量 …… 82
Consumption of Electricity and Its Main Varieties by Sector

4-14 分地区能源消费总量 ······ 84
Total Energy Consumption by Region
4-15 分地区煤炭消费量 ······ 85
Coal Consumption by Region
4-16 分地区焦炭消费量 ······ 86
Coke Consumption by Region
4-17 分地区原油消费量 ······ 87
Crude Oil Consumption by Region
4-18 分地区汽油消费量 ······ 88
Gasoline Consumption by Region
4-19 分地区煤油消费量 ······ 89
Kerosene Consumption by Region
4-20 分地区柴油消费量 ······ 90
Diesel Oil Consumption by Region
4-21 分地区燃料油消费量 ······ 91
Fuel Oil Consumption by Region
4-22 分地区天然气消费量 ······ 92
Natural Gas Consumption by Region
4-23 分地区电力消费量 ······ 93
Electricity Consumption by Region

五、全国能源平衡表
Chapter 5 Energy Balance Table of China

5-1 中国能源平衡表(实物量) -2010 ······ 96
Energy Balance of China -2010（Physical Quantity）
5-2 中国能源平衡表(标准量) -2010 ······ 102
Energy Balance of China -2010（Standard Quantity）
5-3 综合能源平衡表 ······ 108
Overall Energy Balance Sheet
5-4 煤炭平衡表 ······ 110
Coal Balance Sheet
5-5 焦炭平衡表 ······ 112
Coke Balance Sheet
5-6 石油平衡表 ······ 114
Petroleum Balance Sheet
5-7 原油平衡表 ······ 116
Crude Oil Balance Sheet
5-8 燃料油平衡表 ······ 118
Fuel Oil Balance Sheet
5-9 汽油平衡表 ······ 120
Gasoline Balance Sheet
5-10 煤油平衡表 ······ 120
Kerosene Balance Sheet
5-11 柴油平衡表 ······ 122

Diesel Oil Balance Sheet
5-12 液化石油气平衡表 ············ 122
LPG Balance Sheet
5-13 天然气平衡表 ············ 124
Natural Gas Balance Sheet
5-14 电力平衡表 ············ 124
Electricity Balance Sheet

六、地区能源平衡表
Chapter 6 Energy Balance Table by Region

6-1 北京能源平衡表 (实物量) -2010 ············ 128
Energy Balance of Beijing -2010（Physical Quantity）
6-2 天津能源平衡表 (实物量) -2010 ············ 134
Energy Balance of Tianjin -2010（Physical Quantity）
6-3 河北能源平衡表(实物量) -2010 ············ 140
Energy Balance of Hebei -2010（Physical Quantity）
6-4 山西能源平衡表(实物量) -2010 ············ 146
Energy Balance of Shanxi -2010（Physical Quantity）
6-5 内蒙古能源平衡表(实物量) -2010 ············ 152
Energy Balance of Inner Mongolia -2010（Physical Quantity）
6-6 辽宁能源平衡表(实物量) -2010 ············ 158
Energy Balance of Liaoning -2010（Physical Quantity）
6-7 吉林能源平衡表(实物量) -2010 ············ 164
Energy Balance of Jilin -2010（Physical Quantity）
6-8 黑龙江能源平衡表(实物量) -2010 ············ 170
Energy Balance of Heilongjiang -2010（Physical Quantity）
6-9 上海能源平衡表(实物量) -2010 ············ 176
Energy Balance of Shanghai -2010（Physical Quantity）
6-10 江苏能源平衡表(实物量) -2010 ············ 182
Energy Balance of Jiangsu -2010（Physical Quantity）
6-11 浙江能源平衡表(实物量)-2010 ············ 188
Energy Balance of Zhejiang -2010（Physical Quantity）
6-12 安徽能源平衡表(实物量) -2010 ············ 194
Energy Balance of Anhui-2010（Physical Quantity）
6-13 福建能源平衡表(实物量) -2010 ············ 200
Energy Balance of Fujian -2010（Physical Quantity）
6-14 江西能源平衡表(实物量) -2010 ············ 206
Energy Balance of Jiangxi -2010（Physical Quantity）
6-15 山东能源平衡表(实物量) -2010 ············ 212
Energy Balance of Shandong -2010（Physical Quantity）
6-16 河南能源平衡表(实物量)-2010 ············ 218
Energy Balance of Henan -2010（Physical Quantity）

6-17 湖北能源平衡表(实物量) -2010 ······ 224
Energy Balance of Hubei -2010（Physical Quantity）
6-18 湖南能源平衡表(实物量) -2010 ······ 230
Energy Balance of Hunan -2010（Physical Quantity）
6-19 广东能源平衡表(实物量) -2010 ······ 236
Energy Balance of Guangdong -2010（Physical Quantity）
6-20 广西能源平衡表(实物量) -2010 ······ 242
Energy Balance of Guangxi -2010（Physical Quantity）
6-21 海南能源平衡表(实物量) -2010 ······ 248
Energy Balance of Hainan -2010（Physical Quantity）
6-22 重庆能源平衡表(实物量) -2010 ······ 254
Energy Balance of Chongqing -2010（Physical Quantity）
6-23 四川能源平衡表(实物量) -2010 ······ 260
Energy Balance of Sichuan -2010（Physical Quantity）
6-24 贵州能源平衡表(实物量) -2010 ······ 266
Energy Balance of Guizhou -2010（Physical Quantity）
6-25 云南能源平衡表(实物量) -2010 ······ 272
Energy Balance of Yunnan -2010（Physical Quantity）
6-26 陕西能源平衡表(实物量) -2010 ······ 278
Energy Balance of Shaanxi -2010（Physical Quantity）
6-27 甘肃能源平衡表(实物量) -2010 ······ 284
Energy Balance of Gansu -2010（Physical Quantity）
6-28 青海能源平衡表(实物量) -2010 ······ 290
Energy Balance of Qinghai -2010（Physical Quantity）
6-29 宁夏能源平衡表(实物量) -2010 ······ 296
Energy Balance of Ningxia -2010（Physical Quantity）
6-30 新疆能源平衡表(实物量) -2010 ······ 302
Energy Balance of Xinjiang -2010（Physical Quantity）

七、香港、澳门特别行政区能源数据
Chapter 7 Energy Data for Hong Kong and Macao Special Administrative Region

7-1 香港主要能源及相关指标 ······ 311
Major Energy and Related Indicators of Hong Kong
7-2 香港电力和煤气消费量 ······ 312
Consumption of Electricity and Gas of Hong Kong
7-3 香港油产品进口留用量 ······ 312
Hong Kong Retained Imports of Oil Products
7-4 香港煤产品进口留用量 ······ 313
Hong Kong Retained Imports of Coal Products
7-5 香港电力生产、消费和进出口 ······ 313
Hong Kong Electricity Production, Consumption, Imports and Exports
7-6 澳门主要能源及相关指标 ······ 314

Major Energy and Related Indicators of Macao
7-7 澳门能源平衡表 …… 314
Macao Energy Balance Table

附录 1、台湾省能源数据

Appendix Ⅰ Energy Data for Taiwan Province

附录 1-1 台湾省主要能源及相关指标 …… 317
Major Energy and Related Indicators of Taiwan Province
附录 1-2 台湾省分行业电力消费量 …… 317
Taiwan Province Electricity Consumption by Sector
附录 1-3 台湾省能源供给总量及构成 …… 318
Taiwan Province Energy Supply and Composition
附录 1-4 台湾省能源消费总量及分部门消费构成 …… 318
Taiwan Province Energy Consumption and Composition by Sector
附录 1-5 台湾省电力生产量和消费量 …… 318
Taiwan Province Electricity Production and Consumption

附录 2、有关国家和地区能源数据

Appendix Ⅱ Energy Data for Related Countries or Areas

附录 2-1 年中人口数 …… 321
Mid-Year Population
附录 2-2 国内生产总值汇率算法(2000 年价格) …… 322
Gross Domestic Products Using Exchange Rates (US$2000)
附录 2-3 国内生产总值购买力平价算法(2000 年价格) …… 323
Gross Domestic Products Using Purchasing Power Parities (US$2000)
附录 2-4 能源生产总量 …… 324
Total Energy Production
附录 2-5 能源生产量/一次能源供应量(能源自给率) …… 325
Energy Production/TPES(Self Sufficiency)
附录 2-6 能源供应量/GDP(吨标准油/千美元 2000 年价格) …… 326
TPES/GDP(toe per thousand 2000 US$)
附录 2-7 人均能源供应量(吨标准油/人) …… 327
TPES/ Population (toe per capita)
附录 2-8 煤生产量 …… 328
Coal Production
附录 2-9 原油和天然气凝析液(NGL)生产量 …… 328
Crude Oil Production
附录 2-10 天然气生产量 …… 329
Natural Gas Production
附录 2-11 总发电量及核发电量(2009 年) …… 330
Total Production of Electricity and Nuclear Electricity(2009)
附录 2-12 能源最终消费量 …… 331
Total Final Energy Consumption

附录 2-13 煤的一次供应量 ······ 332
Primary Supply of Coal
附录 2-14 石油的一次供应量 ······ 333
Primary Supply of Oil
附录 2-15 天然气供应量 ······ 334
Primary Supply of Gas
附录 2-16 国内生产总值电耗(千瓦小时/美元 2000 年价) ······ 335
Electricity Consumption/GDP(kW • h per 2000 US$)
附录 2-17 人均电力消费量(千瓦小时/人) ······ 335
Electricity Consumption / Population (kW • h per capita)
附录 2-18 煤净进口量 ······ 336
Net Import of Hard Coal
附录 2-19 石油净进口量 ······ 337
Net Import of Oil
附录 2-20 天然气净进口量 ······ 338
Net Import of Natural Gas
附录 2-21 主要高耗能产品单位能耗中外比较 ······ 339
Energy Consumption for Main Energy Intensive by Comparing China with Selected Countries

附录 3 主要统计指标解释 ······ 345
Appendix Ⅲ Explanatory Notes of Main Statistical Indicators

附录 4 各种能源折标准煤参考系数 ······ 351
Appendix Ⅳ Conversion Factors from Physical Units to Coal Equivalent

一、综　　合

Chapter 1　General Survey

1-1 能源生产、消费与国内生产总值增长速度

GROWTH RATE OF ENERGY PRODUCTION AND CONSUMPTION COMPARED WITH GROWTH RATE OF GDP

年 份 Year	国内生产总值增长速度(%) Growth Rate of GDP (%)	能源生产增长速度(%) Growth Rate of Energy Production	电力生产增长速度(%) Growth Rate of Electricity Production	能源消费增长速度(%) Growth Rate of Energy Consumption	电力消费增长速度(%) Growth Rate of Electricity Consumption	能源生产弹性系数 Elasticity of Energy Production	电力生产弹性系数 Elasticity of Electricity Production	能源消费弹性系数 Elasticity of Energy Consumption	电力消费弹性系数 Elasticity of Electricity Consumption
1980	7.8	-1.3	6.6	2.9	6.6		0.85	0.37	0.85
1981	5.2	-0.8	2.9	-1.4	3.0		0.56		0.58
1982	9.1	5.6	6.0	4.4	5.9	0.62	0.66	0.48	0.65
1983	10.9	6.7	7.2	6.4	7.3	0.61	0.66	0.59	0.67
1984	15.2	9.2	7.3	7.4	7.4	0.61	0.48	0.49	0.49
1985	13.5	9.9	8.9	8.1	9.0	0.73	0.66	0.60	0.67
1986	8.8	3.0	9.5	5.4	9.5	0.34	1.08	0.61	1.08
1987	11.6	3.6	10.6	7.2	10.6	0.31	0.91	0.62	0.91
1988	11.3	5.0	9.6	7.4	9.7	0.44	0.85	0.65	0.86
1989	4.1	6.1	7.3	4.2	7.3	1.49	1.77	1.03	1.78
1990	3.8	2.2	6.2	1.8	6.2	0.58	1.63	0.47	1.63
1991	9.2	0.9	9.1	5.1	9.2	0.10	0.99	0.55	1.00
1992	14.2	2.3	11.3	5.2	11.5	0.16	0.80	0.37	0.81
1993	14.0	3.6	15.3	6.3	11.0	0.26	1.09	0.45	0.79
1994	13.1	6.9	10.7	5.8	9.9	0.53	0.82	0.44	0.76
1995	10.9	8.7	8.6	6.9	8.2	0.80	0.79	0.63	0.75
1996	10.0	3.1	7.2	3.1	7.4	0.31	0.72	0.31	0.74
1997	9.3	0.3	5.1	0.5	4.8	0.03	0.55	0.06	0.52
1998	7.8	-2.7	2.7	0.2	2.8		0.35	0.03	0.36
1999	7.6	1.6	6.3	3.2	6.1	0.21	0.83	0.42	0.80
2000	8.4	2.4	9.4	3.5	9.5	0.28	1.12	0.42	1.13
2001	8.3	6.5	9.2	3.3	9.3	0.79	1.11	0.40	1.12
2002	9.1	4.7	11.7	6.0	11.8	0.52	1.29	0.66	1.30
2003	10.0	14.1	15.5	15.3	15.6	1.41	1.55	1.53	1.56
2004	10.1	14.4	15.3	16.1	15.4	1.43	1.51	1.60	1.52
2005	11.3	10.0	13.5	10.6	13.5	0.88	1.19	0.93	1.19
2006	12.7	7.4	14.6	9.6	14.6	0.58	1.15	0.76	1.15
2007	14.2	6.5	14.5	8.4	14.4	0.46	1.02	0.59	1.01
2008	9.6	5.4	5.6	3.9	5.6	0.56	0.58	0.41	0.58
2009	9.2	5.4	7.1	5.2	7.2	0.59	0.78	0.57	0.78
2010	10.4	8.1	13.3	6.0	13.2	0.78	1.28	0.58	1.27

注：国内生产总值增长速度按可比价格计算，能源生产增长速度和能源消费增长速度采用等价值总量计算。

a) GDP growth rate is calculated at comparable prices, the growth rates of energy production and consumption are calculated by coal equivalent.

1-2 国民经济和能源经济主要指标

指　　标	Item	单 位 unit	2000
1.年底人口总数	1.Year-end Population	万人 10^4 persons	126743
城镇	Urban	万人 10^4 persons	45906
乡村	Rural	万人 10^4 persons	80837
2.国内生产总值	2.Gross Domestic Products	亿元 10^8 yuan	99215
第一产业	Primary Industry	亿元 10^8 yuan	14945
第二产业	Secondary Industry	亿元 10^8 yuan	45556
工业	Industry	亿元 10^8 yuan	40034
建筑业	Construction	亿元 10^8 yuan	5522
第三产业	Tertiary Industry	亿元 10^8 yuan	38714
3.全社会固定资产投资总额	3.Investment in Fixed Assets	亿元 10^8 yuan	32918
能源工业(国有)	Energy Industry (State-owned)	亿元 10^8 yuan	2840
煤炭采选业	Coal Mining and Processing	亿元 10^8 yuan	199
石油和天然气开采业	Petroleum and Natural Gas Extraction	亿元 10^8 yuan	365
电力、蒸汽、热水生产和供应业	Electricity, Steam Production and Supply	亿元 10^8 yuan	2130
石油加工及炼焦业	Petroleum Processing and Coking	亿元 10^8 yuan	95
煤气生产和供应业	Gas Production and Supply	亿元 10^8 yuan	60
4.进出口总额	4.Total Value of Exports and Imports	亿元 10^8 yuan	39273
出口总额	Exports	亿元 10^8 yuan	20634
进口总额	Imports	亿元 10^8 yuan	18639
5.煤炭保有储量	5.Coal Ensured Reserves	亿吨 10^8 tn	10084
6.水利资源蕴藏量	6.Hydropower Resource	亿千瓦10^8 kW	6.76
可开发量	Developable Resources	亿千瓦10^8 kW	3.79
7.海洋能源理论蕴藏量	7.Theoretical Sea-energy Reserves	亿千瓦10^8 kW	6.30
8.一次能源生产总量(发电煤耗计算法)(*)	8.Primary Energy Production (coal equivalent calculation)(*)	万吨标准煤10^4 tce	135048
一次能源生产总量(电热当量计算法)(**)	Primary Energy Production (calorific value calculation)(**)	万吨标准煤10^4 tce	128743
9.能源消费总量(发电煤耗计算法)	9.Total Energy Consumption (*) (coal equivalent calculation)(*)	万吨标准煤10^4 tce	145531
能源消费总量(电热当量计算法)	Total Energy Consumption (**) (calorific value calculation)(**)	万吨标准煤10^4 tce	139445

注: (*) 发电煤耗计算法是指电力按当年平均火力发电煤耗换算成标准煤(下表同)。

(**) 电热当量计算法是指电力按自身的热功当量换算成标准煤。采用的折标系数为1万千瓦时=1.229吨标准煤(下表同)。

(*) Electricity is converted to TCE by average quantity of fuel used for power generation. (the same as in the following tables)

(**) Electricity is converted to TCE by 104kwh=1.229TCE. (The same as in the following tables)

MAIN INDICATORS OF NATIONAL ECONOMY AND ENERGY ECONOMY

2001	2002	2003	2004	2005	2006	2007	2008	2009	2010
127627	128453	129227	129988	130756	131448	132129	132802	133450	134091
48064	50212	52376	54283	56212	58288	60633	62403	64512	66978
79563	78241	76851	75705	74544	73160	71496	70399	68938	67113
109655	120333	135823	159878	184937	216314	265810	314045	340903	401202
15781	16537	17382	21413	22420	24040	28627	33702	35226	40534
49512	53897	62436	73904	87598	103720	125831	149003	157639	187581
43581	47431	54946	65210	77231	91311	110535	130260	135240	160867
5932	6465	7491	8694	10367	12409	15296	18743	22399	26714
44362	49899	56005	64561	74919	88555	111352	131340	148038	173087
37214	43500	55567	70477	88774	109998	137324	172828	224599	278122
2622	2626	2876	3643	4766	5687	6715	7940	10003	11219
199	233	310	420	624	759	836	1014	1241	1477
375	158	236	301	279	387	586	740	1271	1798
1861	2082	2158	2640	3451	4042	4611	5336	6686	7054
127	93	90	188	299	369	549	698	561	556
58	60	82	95	113	129	133	153	244	336
42184	51378	70484	95539	116922	140974	166864	179921	150648	201722
22024	26948	36288	49103	62648	77597	93564	100395	82030	107023
20159	24430	34196	46436	54274	63377	73300	79527	68618	94699
10202									
6.76	6.76	6.76			6.76				
3.79	3.79	3.79			3.79				
6.30	6.30	6.30			6.30				
143875	150656	171906	196648	216219	232167	247279	260552	274619	296916
136223	142829	164011	187268	205860	220895	234856	247010	259767	279694
150406	159431	183792	213456	235997	258676	280508	291448	306647	324939
142972	151789	176074	204219	225781	247562	268413	277515	292028	307987

1-3 平均每万元国内生产总值能源消费量

ENERGY INTENSITY BY GDP

年 份 Year	能源消费总量（吨标准煤/万元） Total Energy Consumption (tce/10^4 yuan)	煤炭（吨/万元） Coal (tn/10^4 yuan)	焦炭（吨/万元） Coke (tn/10^4 yuan)	石油（吨/万元） Petroleum (tn/10^4 yuan)	原油（吨/万元） Crude Oil (tn/10^4 yuan)	燃料油（吨/万元） Fuel Oil (tn/10^4 yuan)	电力（万千瓦小时/万元） Electricity (10^4 kW·h /10^4 yuan)
	国内生产总值按1980年可比价格计算 GDP is calculated at 1980 constant prices						
1980	13.20	13.36	0.94	1.92	2.02	0.67	0.66
1981	12.37	12.60	0.82	1.94	1.82	0.59	0.64
1982	11.84	12.23	0.76	1.57	1.66	0.54	0.63
1983	11.36	11.82	0.71	1.44	1.56	0.49	0.61
1984	10.59	11.20	0.66	1.29	1.38	0.43	0.56
1985	10.10	10.74	0.62	1.21	1.25	0.37	0.54
1986	9.78	10.40	0.63	1.18	1.24	0.36	0.55
1987	9.39	10.06	0.62	1.12	1.16	0.34	0.54
1988	9.06	9.68	0.59	1.08	1.09	0.32	0.53
1989	9.07	9.68	0.60	1.08	1.09	0.32	0.55
1990	8.90	9.51	0.62	1.04	1.06	0.30	0.56
	国内生产总值按1990年可比价格计算 GDP is calculated at 1990 constant prices						
1990	5.32	5.69	0.37	0.62	0.63	0.18	0.34
1991	5.12	5.45	0.35	0.61	0.61	0.17	0.34
1992	4.72	4.93	0.34	0.58	0.57	0.15	0.33
1993	4.40	4.59	0.33	0.56	0.52	0.14	0.32
1994	4.12	4.31	0.31	0.50	0.47	0.12	0.31
1995	3.97	4.16	0.32	0.49	0.45	0.11	0.30
1996	3.69	3.83	0.32	0.48	0.43	0.10	0.29
1997	3.40	3.44	0.27	0.48	0.43	0.09	0.28
1998	3.16	3.13	0.27	0.46	0.40	0.09	0.27
1999	3.03	3.00	0.23	0.45	0.41	0.08	0.26
2000	2.89	2.80	0.22	0.45	0.42	0.08	0.27
	国内生产总值按2000年可比价格计算 GDP is calculated at 2000 constant prices						
2000	1.47	1.42	0.11	0.23	0.21	0.04	0.14
2001	1.40	1.35	0.11	0.21	0.20	0.04	0.14
2002	1.36	1.30	0.11	0.21	0.19	0.03	0.14
2003	1.43	1.40	0.12	0.21	0.19	0.03	0.15
2004	1.50	1.46	0.13	0.22	0.20	0.03	0.15
2005	1.49	1.47	0.16	0.21	0.19	0.03	0.16
	国内生产总值按2005年可比价格计算 GDP is calculated at 2005 constant prices						
2005	1.28	1.25	0.14	0.18	0.16	0.02	0.13
2006	1.24	1.22	0.13	0.17	0.15	0.02	0.14
2007	1.18	1.15	0.12	0.15	0.14	0.02	0.14
2008	1.12	1.08	0.11	0.14	0.14	0.01	0.13
2009	1.08	1.04	0.11	0.13	0.13	0.01	0.13
2010	1.03	0.99	0.11	0.14	0.14	0.01	0.13

1-4 能源加工转换效率

EFFICIENCY OF ENERGY TRANSFORMATION

单位：% (%)

年 份 Year	总效率 Total Efficiency	发电及电站供热 Power Generation and Heating by Power Station	炼 焦 Coking	炼 油 Petroleum Refinery
1980	69.54	36.02	88.68	99.00
1981	69.28	36.68	90.89	99.06
1982	69.20	36.78	90.51	99.13
1983	69.93	36.94	91.18	99.16
1984	69.16	36.95	90.08	99.17
1985	68.29	36.85	90.79	99.10
1986	68.32	36.69	90.63	99.04
1987	67.48	36.75	90.46	98.81
1988	66.54	36.34	90.77	98.76
1989	66.51	36.74	90.30	98.57
1990	66.48	37.34	91.28	90.19
1991	65.90	37.60	89.90	98.10
1992	66.00	37.80	92.70	96.80
1993	67.32	39.90	98.05	98.49
1994	65.20	39.35	89.62	97.48
1995	71.05	37.31	91.99	97.67
1996	70.19	36.63	94.07	97.46
1997	69.76	35.89	94.01	97.37
1998	69.28	37.09	94.97	96.41
1999	69.25	37.04	96.13	97.51
2000	69.04	37.36	96.21	97.32
2001	69.34	37.63	96.48	97.92
2002	69.04	38.73	96.63	96.71
2003	69.40	38.83	96.13	96.80
2004	70.91	39.46	97.55	96.43
2005	71.55	39.87	97.57	96.86
2006	71.24	39.87	97.77	96.86
2007	70.77	40.24	97.56	97.17
2008	71.55	41.04	97.75	97.17
2009	72.01	41.73	97.38	96.63
2010	72.86	42.43	96.44	97.05

1-5 人均能源生产量和消费量

ENERGY PRODUCTION AND CONSUMPTION PER CAPITA

年份 Year	人均能源生产量 Per-Capita Energy Production 能源总量(千克标准煤) Total Energy (kgce)	原煤(千克) Raw Coal (kg)	原油(千克) Crude Oil (kg)	电力(千瓦小时) Electricity (kW•h)	人均能源消费量 Per-Capita Energy Consumption 能源总量(千克标准煤) Total Energy (kgtce)	煤炭(千克) Coal (kg)	石油(千克) Oil (kg)	电力(千瓦小时) Electricity (kW•h)
1980	650	632	108	306	614	622	89	306
1981	636	625	102	311	598	610	94	311
1982	662	661	101	325	615	636	81	325
1983	696	698	104	343	645	671	82	344
1984	751	761	111	364	684	723	83	364
1985	814	830	119	391	730	776	87	392
1986	826	838	123	421	758	806	91	422
1987	842	856	124	459	799	856	95	460
1988	870	889	124	495	844	902	101	496
1989	909	942	123	523	867	925	104	524
1990	915	951	122	547	869	930	101	549
1991	911	945	123	589	902	960	108	591
1992	921	958	122	647	937	979	115	651
1993	942	976	123	711	984	1026	125	715
1994	996	1040	123	779	1030	1078	125	777
1995	1071	1129	125	836	1089	1143	133	832
1996	1093	1147	129	887	1110	1150	145	884
1997	1085	1128	131	923	1105	1120	157	917
1998	1045	1073	130	939	1097	1087	160	934
1999	1053	1089	128	989	1122	1112	168	982
2000	1070	1096	129	1074	1153	1117	178	1067
2001	1131	1157	129	1164	1183	1136	180	1158
2002	1177	1211	130	1292	1245	1189	194	1286
2003	1334	1424	132	1483	1427	1402	211	1477
2004	1517	1638	136	1700	1647	1601	245	1695
2005	1658	1802	139	1918	1810	1778	250	1913
2006	1771	1929	141	2181	1973	1946	266	2181
2007	1876	2042	141	2482	2128	2070	278	2482
2008	1967	2115	144	2608	2200	2122	282	2608
2009	2063	2233	142	2782	2303	2222	288	2782
2010	2220	2418	152	3145	2429	2334	323	3135

注：本表按年平均人口数计算。

a) This table is calculated by annual average population.

1-6 人均生活用能量

RESIDENTIAL ENERGY CONSUMPTION PER CAPITA

年 份 Year	全国人均生活用能量(千克标准煤) Annual Average Residential Energy Consumption Per Capita (kgce)						城镇人均生活用能量(千克标准煤) Urban (kgce)	农村人均生活用能量(千克标准煤) Rural (kgce)
		煤炭(千克) Coal (kg)	电力(千瓦小时) Electricity (kW•h)	液化石油气(千克) LPG (kg)	天然气(立方米) Natural Gas (cu.m)	煤气(立方米) Gas (cu.m)		
1980	112	118	11	0.4	0.2	1.4	332	60
1981	101	122	12	0.5	0.2	1.4	290	55
1982	102	124	12	0.5	0.2	1.5	281	56
1983	107	128	13	0.6	0.1	1.5	283	59
1984	113	135	15	0.6	0.4	1.6	288	63
1985	127	149	21	0.9	0.4	1.3	307	72
1986	127	148	23	1.1	0.6	1.3	306	71
1987	132	152	26	1.1	0.7	1.6	300	76
1988	141	159	31	1.2	1.4	1.6	307	84
1989	139	152	35	1.4	1.5	2.4	297	84
1990	139	147	42	1.4	1.6	2.5	298	83
1991	139	143	47	1.8	1.6	3.2	292	83
1992	134	127	55	2.1	1.8	4.4	267	85
1993	133	123	63	2.5	1.5	4.6	258	86
1994	129	109	73	3.2	1.7	6.3	238	86
1995	131	112	83	4.4	1.6	4.7	242	86
1996	121	83	88	5.9	1.7	6.4	238	71
1997	119	77	99	6.2	1.7	8.9	226	71
1998	119	73	104	6.9	1.9	9.7	218	71
1999	122	70	109	6.8	2.1	9.3	213	75
2000	124	67	115	6.8	2.6	10.0	210	76
2001	127	66	127	6.7	3.3	9.4	207	80
2002	134	66	138	7.6	3.6	9.8	210	87
2003	153	70	160	8.6	4.0	10.2	232	102
2004	176	75	184	10.4	5.2	10.7	256	119
2005	194	77	221	10.2	6.1	11.1	279	132
2006	212	77	256	11.1	7.8	13.4	298	145
2007	234	74	308	12.4	10.9	20.0	320	163
2008	241	69	332	11.0	12.8	20.4	319	173
2009	254	69	366	11.2	13.3	22.7	325	190
2010	258	68	383	10.9	17.0	25.6	315	204

1-7 年末交通运输设备拥有量
NUMBER OF TRANSPORTATION EQUIPMENT (YEAR-END)

指 标 Item	2000	2002	2003	2004	2005	2006	2007	2008	2009	2010
铁路机车合计(辆) Total Railway Locomotives(unit)	15253	16026	16320	17022	17473	17799	18306	18437	18922	19431
蒸汽机车 Steam Locomotives	911	374	343	263	193	133	124	118	107	72
内燃机车 Diesel Locomotives	10826	11312	11355	11872	12114	12148	12111	12021	11805	10990
电力机车 Electric Locomotives	3516	3918	4622	4887	5166	5518	6071	6298	7010	8369
铁路客车(辆) Railway Passenger Coaches(unit)	35989	37942	38972	39766	40328	40945	42471	43215	47436	50391
铁路货车(辆) Railway Freight Cars(unit)	439943	446707	503868	520101	541824	558483	571078	584961	594388	622284
民用汽车合计(万辆) Total Civil Motor Vehicles(10^4unit)	1609	2053	2383	2694	3160	3697	4358	5100	6281	7802
载客汽车 Passenger Vehicles	854	1202	1479	1739	2132	2620	3196	3839	4845	6124
载货汽车 Trucks	716	812	854	893	956	986	1054	1126	1369	1598
其它机动车(万辆) Others(10^4 unit)	4168	6174	7109	7786	8595	8798	9434	9757	10489	11306
公路部门营运车辆(万辆) Motor Vehicles Owned by Highway Department(10^4 unit)	703	826	925	1067	733	803	849	931	1087	1133
私人汽车(万辆) Private Vehicles(10^4 unit)	625	969	1219	1482	1848	2333	2876	3501	4575	5939
民航飞机合计(架) Total Civil Aircraft(unit)	982	1112	1160	1245	1386	1614	1813	1961	2181	2405
民用运输船舶合计(艘) Total Civil Transport Vessels(unit)	229676	202977	204270	210700	207294	194360	191771	184190	176932	178407
机动船 Motor Vessels	185018	165936	163813	166854	165900	157805	157544	152247	149367	155624
驳船 Barges	44658	37041	40457	43846	41394	36555	34227	31943	27565	22783
#私人运输船舶 #Private Transport Vessels	142117	115108	114297	115503	95838	70292	70017	64552		

1-8 主要能源品种进、出口量

IMPORTS AND EXPORTS OF MAJOR ENERGY PRODUCTS

指 标 Item	2000	2002	2003	2004	2005	2006	2007	2008	2009	2010
进口量 Import										
煤(万吨) Coal(10^4tn)	212	1081	1110	1861	2617	3811	5102	4034	12583	16478
焦炭(万吨) Coal(10^4tn)				1	1				16	
原油(万吨) Crude Oil(10^4tn)	7027	6941	9102	12272	12682	14517	16317	17889	20379	23931
汽油(万吨) Gasoline(10^4tn)						6	23	199	4	133
柴油(万吨) Diesel Oil(10^4tn)	26	48	85	275	53	71	162	624	184	180
煤油(万吨) Kerosene(10^4tn)	255	215	210	282	328	561	524	648	612	487
燃料油(万吨) Fuel Oil(10^4tn)	1480	1660	2395	3059	2609	2799	2417	2186	2407	2299
液化石油气(万吨) LPG(10^4tn)	482	626	637	641	617	536	405	259	408	327
其它石油制品(万吨) Other Petroleum Products(10^4tn)	161	384	432	384	443	443	689	666	1153	
天然气(亿立方米) Natural Gas(10^8cu.m)						10	40	46	76	129
电力(亿千瓦小时) Electricity(10^8kW•h)	15	23	30	34	50	54	43	38	60	
出口量 Export										
煤(万吨) Coal(10^4tn)	5505	8384	9403	8666	7172	6327	5317	4543	2240	1903
焦炭、半焦炭（万吨) Coke and Semi-coke(10^4tn)	1520	1357	1472	1501	1276	1447	1530	1221	54	335
原油(万吨) Crude Oil(10^4tn)	1031	766	813	549	807	634	389	424	507	303
汽油(万吨) Gasoline(10^4tn)	455	612	754	541	560	351	464	203	492	517
柴油(万吨) Diesel Oil(10^4tn)	55	124	224	64	148	78	66	63	451	464
煤油(万吨) Kerosene(10^4tn)	199	170	202	205	269	371	448	536	594	605
燃料油(万吨) Fuel Oil(10^4tn)	33	64	76	182	230	258	380	732	862	990
液化石油气(万吨) LPG(10^4tn)	2	6	2	3	3	15	34	68	85	93
其它石油制品(万吨) Other Petroleum Products(10^4tn)	280	246	262	361	473	473	416	419	305	
天然气(亿立方米) Natural Gas(10^8cu.m)				24	30	29	26	32	32	
电力(亿千瓦小时) Electricity(10^8kW•h)	99	97	103	95	112	123	146	166	174	191

1-9 主要高耗能产品的进、出口量

IMPORTS AND EXPORTS OF ENERGY INTENSIVE PRODUCTS

指　　标 Item	2000	2002	2003	2004	2005	2006	2007	2008	2009	2010
进口量 Import										
钢材（万吨） Steel Products(10^4tn)	1596	2449	3717	2930	2582	1851	1687	1543	1763	1643
钢铁丝(吨) Iron and Steel Wire(tn)	336300	427554	465540							
未锻造的铜及铜合金(万吨) Copper and Copper Alloys(10^4tn)	81	133	156	138	142	97	173	170	347	338
未锻造的铝及铝合金(万吨) Aluminum and Aluminum Alloys(10^4tn)	91	58	88	103	64	51	28	26	174	36
锌及锌合金(吨) Zinc and Zinc Alloys(tn)	129974	211722	310221							
烧碱(吨) Caustic Soda(tn)	46458	114834	104686							
纯碱(万吨) Soda Ash(10^4tn)	13	29	30	20	7	14	4			
肥料(万吨) Chemical Fertilizers, Manufactured(10^4tn)	1189	1682	1213	1240	1397	1129	1169	622	411	718
纸浆(万吨) Paper Pulp(10^4tn)	335	526	603	732	759	796	847	952	1368	1137
纺织用合成纤维(万吨) Synthetic Fiber Suitable for Spinning(10^4tn)	100	104	106	99	84	62	51	32	35	37
出口量 Export										
水泥(万吨) Cement(10^4tn)	605	518	533	704	2216	3613	3301	2604	1561	1616
平板玻璃(万平方米) Plate Glass(10^4sq.m)	5592	11359	12427	14464	19925	26433	30917	27762	16643	17398
钢材（万吨） Steel Products(10^4tn)	621	545	696	1423	2052	4301	6265	5923	2460	4256
钢铁丝(吨) Iron and Steel Wire(tn)	190122	310992	401235							
铜材(吨) Copper Products (tn)	144484	171710	232879	390023	463560	559122	499678	517522	455136	508580
铝材(吨) Aluminum Products(tn)	130052	188744	273874	430988	711484	1240157	1853413	1900000	1390000	2180000
未锻造的锌及锌合金(吨) Zinc and Zinc Alloys(tn)	593336	495987	484231	263149	146845	341465	276714	71320	29287	43395
纸及纸板(未切成形)(万吨) Paper and Paperboard in Rolls(10^4tn)	65	74	114	101	167	305	422	361	362	380

1-10 分地区工业废气排放量

EMISSION OF INDUSTRIAL WASTE GAS BY REGION

地区	Region	工业废气排放总量（亿标准立方米） Total Volume of Industrial Waste Gas Emissions (10^8cu.m)						燃料燃烧 From Proces of Fuel Burning					
		2000	2006	2007	2008	2009	2010	2000	2006	2007	2008	2009	2010
全 国	**National**	**138145**	**330992**	**388169**	**403866**	**436064**	**519168**	**81970**	**181636**	**209922**	**229535**	**241201**	**303897**
北 京	Beijing	3227	4641	5146	4316	4408	4750	1864	2772	2205		1777	1857
天 津	Tianjin	1749	6512	5506	6005	5983	7686	1341	4568	3507		4040	5254
河 北	Hebei	9858	39254	48036	37558	50779	56324	4847	19251	25643		24836	27750
山 西	Shanxi	6635	18128	21429	23180	23693	35190	4203	10424	12865		13066	22669
内 蒙	Inner Mongolia	4768	18415	18200	20190	24844	27488	3252	12559	12657		14382	17476
辽 宁	Liaoning	9432	27195	23946	40219	25211	26955	5925	10034	10363		11284	12949
吉 林	Jilin	3082	5352	5730	6155	7124	8240	2172	3380	3886		5095	5786
黑龙江	Heilongjiang	4326	5991	7283	7796	9977	10111	3517	4748	5981		8260	8304
上 海	Shanghai	5755	9428	9591	10436	10059	12969	3282	3326	3514		3382	5089
江 苏	Jiangsu	9078	24881	23585	25245	27432	31213	6522	15319	15408		17752	20235
浙 江	Zhejiang	6509	14702	17467	17633	18860	20434	4262	9216	11542		11913	13480
安 徽	Anhui	3945	8677	13254	15749	15273	17849	2282	4622	6575		7038	8860
福 建	Fujian	2828	6884	9153	9150	10497	13507	1297	3676	5626		6580	8322
江 西	Jiangxi	2220	5096	6103	7456	8286	9812	1218	2552	2919		4711	5248
山 东	Shandong	12179	25751	31341	33505	35127	43837	7438	15417	16642		19539	25874
河 南	Henan	7436	16770	18890	20264	22186	22709	4408	9584	10609		12773	12929
湖 北	Hubei	5674	11015	10373	11558	12523	13865	2468	4040	4314		5958	7451
湖 南	Hunan	3569	5986	8762	9249	10973	14673	1718	2916	4046		4373	5011
广 东	Guangdong	8326	13584	16939	20510	22682	24092	5169	9725	11682		14033	16627
广 西	Guangxi	4607	8969	12724	11643	13184	14520	1787	4087	6755		7588	8584
海 南	Hainan	434	860	1115	1345	1353	1360	226	565	846		1023	1010
重 庆	Chongqing	1908	6757	7617	7351	12587	10943	1130	3699	4275		6659	7756
四 川	Sichuan	4779	10553	22970	12997	13410	20107	2332	5804	7495		7436	11111
贵 州	Guizhou	3882	8344	10356	6842	7786	10192	2326	4328	3812		4763	6866
云 南	Yunnan	2749	6646	8082	8316	9484	10978	1402	3510	3986		4758	5235
西 藏	Tibet	15	13	13	13	15	16	8	12	13		14	13
陕 西	Shaanxi	2379	5535	6469	9706	11032	13510	1503	3102	3683		6822	8695
甘 肃	Gansu	2800	4761	5818	5685	6314	6252	1523	2850	2589		3375	3401
青 海	Qinghai	607	2099	2492	3237	3308	3952	163	452	610		757	855
宁 夏	Ningxia	1445	3140	3981	4403	4701	16324	995	1628	2123		2556	13491
新 疆	Xinjiang	1944	5053	5797	6154	6975	9310	1389	3470	3752		4658	5711

资料来源：《中国统计年鉴》

Source: STATISTICAL YEARBOOK OF CHINA

1-11 分地区工业废水排放及处理情况

DISCHARGE AND TREATMENT OF INDUSTRIAL WASTE WATER BY REGION

单位：万吨 $(10^4 tn)$

地 区 Region	工业废水排放总量 Total Volume of Industrial Waste Water Discharged						工业废水排放达标量 Industrial Waste Water Meeting Discharge Standards					
	2000	2006	2007	2008	2009	2010	2000	2006	2007	2008	2009	2010
全 国 National	**1942405**	**2401946**	**2466493**	**2416511**	**2343857**	**2374732**	**1493277**	**2178461**	**2260719**	**2233986**	**2208743**	**2263587**
北 京 Beijing	23164	10170	9134	8367	8713	8198	21456	10098	8898	8221	8574	8096
天 津 Tianjin	17604	22978	21444	20433	19441	19680	17186	22925	21382	20413	19440	19671
河 北 Hebei	89600	130340	123537	121172	110058	114232	63649	121750	113999	115699	108166	112627
山 西 Shanxi	32406	44091	41140	41150	39720	49881	20056	30377	36297	35229	32694	47221
内 蒙 Inner Mongolia	21844	27823	25021	29167	28616	39536	14116	21416	18437	24092	24366	35675
辽 宁 Liaoning	109044	94724	95197	83073	75159	71521	87196	88007	87969	73544	64593	66206
吉 林 Jilin	37386	39321	39666	38353	37563	38656	24626	32010	34740	33443	30621	34393
黑龙江 Heilongjiang	52644	44801	38388	38910	34188	38921	44152	39344	32780	33768	31379	36073
上 海 Shanghai	72446	48336	47570	41871	41192	36696	67553	47146	46492	41364	40687	35973
江 苏 Jiangsu	201923	287181	268762	259999	256160	263760	185653	280457	261745	253940	251290	258622
浙 江 Zhejiang	136433	199593	201211	200488	203442	217426	115680	172414	173220	182094	193847	209195
安 徽 Anhui	63106	70119	73556	67007	73441	70971	53355	68097	69711	64438	70657	69518
福 建 Fujian	57617	127583	136408	139997	142747	124168	46574	124960	134052	137825	141032	122525
江 西 Jiangxi	41956	64074	71410	68681	67192	72526	28796	59739	67044	63863	63047	68307
山 东 Shandong	110324	144365	166574	176977	182673	208257	102743	141540	163365	174953	180030	205010
河 南 Henan	109210	130158	134344	133144	140325	150406	88297	121024	126324	126308	134850	146449
湖 北 Hubei	106733	91146	91001	93687	91324	94593	80591	82930	85215	87753	87594	91538
湖 南 Hunan	112563	100024	100113	92340	96396	95605	74396	91618	89934	85057	88059	89583
广 东 Guangdong	114055	234713	246331	213314	188844	187031	88271	199215	211959	191413	174377	174153
广 西 Guangxi	81571	128932	183981	205745	161596	165211	51287	119795	170757	176290	153458	160139
海 南 Hainan	7064	7351	5960	5991	7031	5782	6134	6956	5640	5674	6789	5656
重 庆 Chongqing	84344	86496	69003	67027	65684	45180	63612	81146	63533	62648	61925	42798
四 川 Sichuan	116979	115348	114687	108700	105910	93444	69596	97456	104780	103191	101029	90194
贵 州 Guizhou	20598	13928	12101	11695	13478	14130	9766	10006	8703	8386	9570	10919
云 南 Yunnan	35117	34286	35352	32996	32375	30926	16245	30568	31997	30574	29991	28403
西 藏 Tibet	1006	790	856	924	942	736			250	274	210	217
陕 西 Shanxi	30903	40479	48523	48477	49137	45487	19749	36118	46652	47132	47523	44353
甘 肃 Gansu	23795	16570	15856	16405	16364	15352	16973	13103	12838	9670	13266	12791
青 海 Qinghai	4661	7168	7318	7098	8404	9031	3777	3487	3677	3767	4692	5412
宁 夏 Ningxia	10942	18500	21089	20448	21542	21977	3867	11980	14698	17884	18835	17304
新 疆 Xinjiang	15365	20558	20960	22875	24201	25413	7923	12556	13629	15078	16152	14569

资料来源：《中国统计年鉴》
Source: STATISTICAL YEARBOOK OF CHINA

二、能源建设

Chapter 2　Construction of Energy Industry

2-1 国有经济能源工业分行业固定资产投资
INVESTMENT IN FIXED ASSETS OF STATE-OWNED UNITS IN ENERGY INDUSTRY

单位：亿元 (100 million yuan)

项 目 Item	1995	2000	2005	2006	2007	2008	2009	2010
能源工业 Energy Industry	2025.28	2839.59	4766.08	5686.60	6715.04	7940.40	10003.17	11219.45
煤炭采选业 Coal Mining and Processing	282.26	198.90	623.62	759.44	836.11	1014.37	1240.72	1476.94
石油和天然气开采业 Petroleum and Natural Gas Extraction	499.68	355.55	278.78	386.51	585.85	739.50	1270.96	1797.60
电力、蒸汽、热水生产和供应业 Electricity, Steam, Hot Water Producing and Supply	1042.71	2130.30	3451.47	4042.40	4611.17	5336.21	6686.37	7053.82
石油加工及炼焦业 Petroleum Processing and Coking	161.64	94.81	299.33	369.30	549.36	697.64	561.17	555.58
煤气生产和供应业 Coal Gas and Coal Products	38.99	60.03	112.89	128.94	132.55	152.67	243.95	335.51

2-2 国有经济能源工业分行业固定资产投资构成
PROPORTIONS OF INVESTMENT IN FIXED ASSETS OF STATE-OWNED UNITS IN ENERGY INDUSTRY

单位：% (%)

项 目 Item	1995	2000	2005	2006	2007	2008	2009	2010
能源工业 Energy Industry	100.00	100.00	100.00	100.00	100.00	100.00	100.00	100.00
煤炭采选业 Coal Mining and Processing	13.94	7.00	13.08	13.35	12.45	12.77	12.40	13.16
石油和天然气开采业 Petroleum and Natural Gas Extraction	24.67	12.52	5.85	6.80	8.72	9.31	12.71	16.02
电力、蒸汽、热水生产和供应业 Electricity, Steam, Hot Water Producing and Supply	51.48	75.02	72.42	71.09	68.67	67.20	66.84	62.87
石油加工及炼焦业 Petroleum Processing and Coking	7.98	3.34	6.28	6.49	8.18	8.79	5.61	4.95
煤气生产和供应业 Coal Gas and Coal Products	1.93	2.11	2.37	2.27	1.97	1.92	2.44	2.99

2-3 分地区国有经济能源工业固定资产投资

INVESTMENT IN FIXED ASSETS OF STATE-OWNED UNITS IN ENERGY INDUSTRY BY REGION

单位：亿元 (100 million yuan)

地 区	Region	1995	2000	2005	2006	2007	2008	2009	2010
北 京	Beijing	48.33	54.14	99.83	90.66	133.31	124.15	125.05	93.89
天 津	Tianjin	120.62	30.67	46.76	103.85	175.19	273.06	297.18	235.46
河 北	Hebei	108.93	166.82	190.31	268.08	257.26	275.80	209.41	370.44
山 西	Shanxi	70.05	106.57	263.36	332.18	441.29	538.09	599.17	797.03
内 蒙	Inner Mongolia	73.62	33.36	382.06	445.28	599.91	695.25	821.71	905.62
辽 宁	Liaoning	133.08	179.51	126.88	166.56	241.22	247.76	307.15	406.98
吉 林	Jilin	44.26	66.45	46.85	79.88	103.84	216.97	255.62	321.08
黑龙江	Heilongjiang	163.08	72.04	114.20	148.74	180.36	283.06	313.32	586.06
上 海	Shanghai	75.72	76.10	108.43	122.32	137.71	157.70	271.51	140.34
江 苏	Jiangsu	49.28	202.11	311.16	284.86	174.68	247.86	323.69	293.64
浙 江	Zhejiang	56.44	91.08	291.11	271.56	338.97	258.46	317.88	325.60
安 徽	Anhui	76.87	54.25	170.18	238.39	379.85	387.70	325.66	321.29
福 建	Fujian	38.19	70.64	114.93	168.56	271.84	311.21	234.85	267.60
江 西	Jiangxi	18.65	50.71	81.04	96.66	92.75	83.30	135.95	149.71
山 东	Shandong	180.99	330.44	216.26	232.09	216.46	263.43	277.27	406.88
河 南	Henan	99.65	180.77	210.03	214.91	267.40	404.77	422.44	297.53
湖 北	Hubei	138.42	221.63	187.89	234.07	243.60	280.12	333.69	333.56
湖 南	Hunan	57.75	88.95	116.78	131.20	175.84	219.69	188.47	195.13
广 东	Guangdong	84.91	90.46	375.78	400.59	341.76	348.91	558.30	691.06
广 西	Guangxi	21.36	71.02	67.36	103.47	104.74	94.67	210.48	255.82
海 南	Hainan	1.53	13.01	70.77	46.62	19.82	30.24	36.73	26.95
重 庆	Chongqing		42.89	73.95	139.92	136.21	126.36	150.23	150.54
四 川	Sichuan	110.55	94.62	182.91	273.11	328.06	317.28	386.20	513.50
贵 州	Guizhou	26.83	67.38	179.64	186.94	201.57	242.10	240.71	263.11
云 南	Yunnan	22.63	49.37	140.51	206.87	214.86	266.68	381.52	347.88
西 藏	Tibet	9.01	9.73	15.05	12.72	17.84	30.15	38.92	44.40
陕 西	Shaanxi	40.35	94.33	237.74	276.08	425.45	470.53	579.55	667.13
甘 肃	Gansu	33.99	53.01	97.14	97.15	146.91	195.41	312.46	416.14
青 海	Qinghai	22.24	10.59	21.38	41.90	31.70	34.30	74.86	56.52
宁 夏	Ningxia	11.57	16.32	60.79	75.93	104.68	141.17	182.25	198.61
新 疆	Xinjiang	106.91	49.90	74.03	89.48	106.24	173.26	239.06	277.26

2-4 分地区国有经济煤炭采选业固定资产投资
INVESTMENT IN FIXED ASSETS OF STATE-OWNED UNITS IN COAL MINING AND PROCESSING BY REGION

单位：亿元 (100 million yuan)

地 区	Region	1995	2000	2005	2006	2007	2008	2009	2010
北 京	Beijing	0.62	0.21	0.01	0.21	0.66	0.71	1.00	1.15
天 津	Tianjin	60.30							
河 北	Hebei	62.86	19.54	30.68	42.42	28.63	18.44	29.08	33.88
山 西	Shanxi	46.59	34.25	180.97	198.03	193.31	259.36	321.92	505.01
内 蒙	Inner Mongolia	35.26	2.49	31.74	70.73	103.60	135.68	188.78	166.89
辽 宁	Liaoning	6.09	7.95	15.34	7.94	14.16	17.53	11.27	13.89
吉 林	Jilin	2.86	0.84	5.07	14.43	8.49	16.04	15.88	13.21
黑龙江	Heilongjiang	14.12	7.46	22.48	33.68	34.66	39.46	54.82	46.95
上 海	Shanghai								
江 苏	Jiangsu	6.16	5.48	12.31	7.85	1.00	12.52	13.69	11.55
浙 江	Zhejiang	0.12							
安 徽	Anhui	34.64	13.16	91.42	131.17	166.54	160.06	167.18	164.91
福 建	Fujian	1.48	1.27	1.73	1.60	0.81	2.65	3.11	3.32
江 西	Jiangxi	1.72	0.89	4.40	4.18	6.47	4.43	8.21	1.00
山 东	Shandong	24.62	39.50	55.61	41.61	36.43	31.21	37.13	21.52
河 南	Henan	22.83	18.47	23.80	22.97	33.85	50.40	47.32	44.87
湖 北	Hubei	0.56	0.43				0.64	0.95	0.65
湖 南	Hunan	3.38	1.04	4.16	2.59	5.21	4.76	6.71	8.84
广 东	Guangdong	0.99	0.17						
广 西	Guangxi	0.93	0.52	1.58	1.83	1.56	2.36	5.79	6.57
海 南	Hainan	0.01							
重 庆	Chongqing		1.08	5.06	15.69	10.09	9.46	9.71	14.37
四 川	Sichuan	6.61	2.21	6.90	7.65	6.58	7.05	8.90	15.68
贵 州	Guizhou	6.65	4.46	21.56	30.11	32.17	49.92	35.97	42.58
云 南	Yunnan	3.59	1.90	6.30	8.69	10.57	17.95	22.96	23.35
西 藏	Tibet	0.09							
陕 西	Shaanxi	8.38	3.20	12.93	20.28	24.69	36.53	75.84	146.32
甘 肃	Gansu	4.07	4.97	10.21	8.96	11.56	10.32	46.11	60.63
青 海	Qinghai	0.24	0.01	0.42	0.48	1.43	1.28	1.20	2.29
宁 夏	Ningxia	5.21	2.79	32.88	32.42	58.67	69.76	77.88	77.76
新 疆	Xinjiang	3.34	2.15	6.92	15.90	15.28	18.70	49.31	49.75

2-5 分地区国有经济石油和天然气开采业固定资产投资

INVESTMENT IN FIXED ASSETS OF STATE-OWNED UNITS IN PETROLEUM AND NATURAL GAS EXTRACTION BY REGION

单位：亿元 (100 million yuan)

地 区	Region	1995	2000	2005	2006	2007	2008	2009	2010
北 京	Beijing			0.03	0.03		18.16		
天 津	Tianjin	30.77	4.11	9.03	30.60	28.26	29.22	28.18	62.30
河 北	Hebei	3.06	3.35	2.09	0.96	1.78	1.51	0.97	4.98
山 西	Shanxi							4.84	5.98
内 蒙	Inner Mongolia		0.70	18.05	28.28	105.87	175.69	157.29	184.41
辽 宁	Liaoning	54.91	67.50	21.58	34.63	49.47	19.72	11.27	16.18
吉 林	Jilin	17.39	20.85	0.14	6.22	20.14	33.47	80.54	66.51
黑龙江	Heilongjiang	103.85	0.40	7.52	5.00	19.36	61.43	98.39	327.04
上 海	Shanghai	0.07	2.17			12.72	28.41	8.21	0.33
江 苏	Jiangsu	6.28	10.74	11.62	14.97	11.25	19.20	25.24	25.71
浙 江	Zhejiang								
安 徽	Anhui						0.25		1.50
福 建	Fujian								
江 西	Jiangxi						0.22		
山 东	Shandong	79.97	132.95		0.82	3.47	3.55	8.04	172.27
河 南	Henan	26.10	43.95	55.37	55.33	67.44	71.43	73.31	71.26
湖 北	Hubei	3.77	13.20	12.19	16.94	28.12	27.46	28.08	1.64
湖 南	Hunan							0.04	0.10
广 东	Guangdong	6.28	0.72	0.47	0.56	0.60	0.44	0.28	0.08
广 西	Guangxi	0.04			0.14	1.17	0.78	1.52	1.02
海 南	Hainan		5.00						
重 庆	Chongqing		0.09	0.28	0.24	3.14	7.13	8.31	6.20
四 川	Sichuan	24.11	6.87	13.65	15.19	19.50	19.37	11.66	7.45
贵 州	Guizhou			0.52	0.54			0.42	
云 南	Yunnan		0.03				0.29	0.67	0.73
西 藏	Tibet				0.03				
陕 西	Shaanxi	2.76	23.98	94.69	126.50	172.30	161.49	177.36	233.38
甘 肃	Gansu	4.29	6.57	5.76	8.05	14.23	22.35	15.23	10.82
青 海	Qinghai	6.00	1.76	4.54	1.07	0.92	0.59		0.15
宁 夏	Ningxia							0.15	0.05
新 疆	Xinjiang	85.85	10.61	21.23	40.43	26.13	37.35	16.03	11.18

2-6 分地区国有经济电力、蒸汽、热水生产和供应业固定资产投资

NVESTMENT IN FIXED ASSETS OF STATE-OWNED UNITS IN ELECTRICITY, STEAM, HOT WATER PRODUCTION AND SUPPLY BY REGION

单位：亿元 (100 million yuan)

地 区	Region	1995	2000	2005	2006	2007	2008	2009	2010
北 京	Beijing	36.72	35.85	76.39	64.77	125.87	100.83	113.40	82.19
天 津	Tianjin	23.28	21.18	28.15	59.75	105.85	124.68	154.52	129.57
河 北	Hebei	37.82	134.25	142.31	208.95	193.46	226.25	147.48	306.57
山 西	Shanxi	21.33	66.63	76.51	123.08	222.82	232.23	244.60	239.59
内 蒙	Inner Mongolia	32.63	29.17	307.59	291.78	339.77	337.57	434.13	536.47
辽 宁	Liaoning	41.63	85.64	77.01	108.16	160.38	186.91	260.40	319.63
吉 林	Jilin	19.95	43.46	40.89	57.73	72.55	160.23	157.06	237.81
黑龙江	Heilongjiang	25.76	58.69	76.40	88.19	110.02	150.59	125.45	180.52
上 海	Shanghai	57.17	61.71	103.29	114.22	100.39	121.71	247.74	123.66
江 苏	Jiangsu	29.18	172.25	284.34	256.94	160.55	202.14	268.56	196.02
浙 江	Zhejiang	53.58	89.68	261.32	258.98	333.24	253.24	312.63	319.12
安 徽	Anhui	26.96	39.05	65.70	89.88	194.25	209.26	134.54	140.78
福 建	Fujian	32.89	67.33	94.76	118.04	122.99	154.27	154.07	173.96
江 西	Jiangxi	14.28	47.42	66.36	86.31	78.63	68.20	115.62	135.92
山 东	Shandong	60.82	148.94	139.58	171.02	126.96	165.76	167.89	181.16
河 南	Henan	46.00	113.29	123.06	116.46	147.04	272.51	267.54	157.15
湖 北	Hubei	126.00	204.23	169.36	207.85	198.17	236.70	279.22	251.88
湖 南	Hunan	51.30	75.46	101.41	126.78	168.22	209.13	176.66	179.68
广 东	Guangdong	64.11	81.64	329.79	328.89	243.83	234.48	515.40	645.30
广 西	Guangxi	20.19	68.96	65.28	99.57	98.43	88.71	198.63	210.06
海 南	Hainan	1.51	6.43	8.10	8.12	15.21	30.24	35.02	23.48
重 庆	Chongqing		40.85	67.12	121.37	116.28	103.15	120.53	125.43
四 川	Sichuan	77.03	82.51	157.52	240.13	294.72	275.10	348.68	475.00
贵 州	Guizhou	19.98	62.37	157.07	156.08	167.64	191.86	202.49	218.05
云 南	Yunnan	18.58	47.18	130.40	197.18	198.25	242.29	343.77	308.72
西 藏	Tibet	8.92	9.73	15.05	12.69	17.74	29.91	38.11	44.00
陕 西	Shaanxi	25.12	63.09	110.00	107.45	196.73	216.83	263.93	208.47
甘 肃	Gansu	18.47	38.85	44.06	41.92	92.41	136.41	187.58	277.51
青 海	Qinghai	16.00	8.82	16.33	40.25	29.24	32.44	73.52	51.59
宁 夏	Ningxia	6.02	13.01	27.22	43.04	45.68	70.84	103.52	119.82
新 疆	Xinjiang	12.11	34.39	37.27	28.86	59.83	107.91	156.70	178.37

2-7 分地区国有经济石油加工及炼焦业固定资产投资
INVESTMENT IN FIXED ASSETS OF STATE-OWNED UNITS IN PETROLEUM PROCESSING AND COKING BY REGION

单位：亿元 (100 million yuan)

地 区	Region	1995	2000	2005	2006	2007	2008	2009	2010
北 京	Beijing	6.95	5.59	12.37	15.08	6.79	4.45	8.57	5.81
天 津	Tianjin	5.17	1.48	6.94	11.00	35.37	112.59	103.55	29.71
河 北	Hebei	4.66	7.14	11.03	6.20	21.35	22.48	16.62	8.24
山 西	Shanxi	1.06	2.90	5.08	8.99	21.61	40.12	16.80	20.21
内 蒙	Inner Mongolia	5.59	0.26	23.24	51.85	48.22	40.44	32.72	13.35
辽 宁	Liaoning	28.90	16.59	8.81	13.64	13.33	17.44	17.31	22.71
吉 林	Jilin	3.15	0.55	0.25		0.08		0.22	0.09
黑龙江	Heilongjiang	16.74	4.26	7.09	19.44	14.31	27.39	26.24	27.15
上 海	Shanghai	10.05	5.33	0.97	2.67	19.94	5.53	7.25	10.96
江 苏	Jiangsu	6.80	12.24	1.55	3.16	0.80	1.27	1.26	16.89
浙 江	Zhejiang	1.36	0.24	0.44	0.37	1.01	0.13	0.10	
安 徽	Anhui	14.39	1.42	9.79	14.32	15.52	11.24	11.78	2.28
福 建	Fujian	3.56		11.07	26.35	121.10	143.20	63.89	74.55
江 西	Jiangxi	1.87	1.76	9.13	4.27	5.74	8.60	6.04	0.71
山 东	Shandong	13.21	5.68	16.68	14.14	45.55	48.47	57.40	20.41
河 南	Henan	1.48	1.42	0.19	7.54	14.48	8.23	4.45	1.84
湖 北	Hubei	6.80	3.33	3.24	7.86	11.78	7.45	9.50	68.02
湖 南	Hunan	2.02	11.62	10.15	0.71		0.44	0.31	0.90
广 东	Guangdong	11.70	6.48	36.52	65.65	92.63	107.04	33.05	28.53
广 西	Guangxi	0.09	0.10	0.22	1.21	2.14	1.85	2.54	36.83
海 南	Hainan			62.53	38.30	2.81		0.26	0.80
重 庆	Chongqing		0.15	0.09	0.14	0.22	0.24	0.25	0.03
四 川	Sichuan	0.53	0.03	0.33	0.03	3.07	10.22	9.16	5.47
贵 州	Guizhou		0.07	0.13		1.36		1.06	1.31
云 南	Yunnan	0.05	0.06	0.66			3.03	10.20	9.22
西 藏	Tibet							0.03	
陕 西	Shaanxi	3.31	1.70	16.92	18.18	25.71	50.18	50.71	58.24
甘 肃	Gansu	6.64	2.26	36.31	36.51	21.91	20.90	57.58	59.08
青 海	Qinghai							0.14	0.38
宁 夏	Ningxia	0.25	0.05	0.49					
新 疆	Xinjiang	5.32	2.07	7.11	1.69	2.53	4.72	12.20	31.86

2-8 分地区国有经济煤气生产和供应业固定资产投资

INVESTMENT IN FIXED ASSETS OF STATE-OWNED UNITS IN GAS PRODUCTION AND SUPPLY BY REGION

单位：亿元 (100 million yuan)

地 区	Region	1995	2000	2005	2006	2007	2008	2009	2010
北 京	Beijing	4.04	12.50	11.03	10.57			2.08	4.73
天 津	Tianjin	1.10	3.90	2.63	2.50	5.72	6.58	10.93	13.88
河 北	Hebei	0.53	2.53	4.20	9.55	12.04	7.12	15.26	16.78
山 西	Shanxi	1.07	2.80	0.79	2.09	3.55	6.38	11.02	26.24
内 蒙	Inner Mongolia	0.14	0.74	1.44	2.64	2.46	5.87	8.79	4.49
辽 宁	Liaoning	1.55	1.83	4.15	2.18	3.87	6.16	6.90	34.57
吉 林	Jilin	0.91	0.76	0.50	1.49	2.59	7.22	1.92	3.47
黑龙江	Heilongjiang	2.61	1.22	0.71	2.43	2.01	4.18	8.42	4.41
上 海	Shanghai	8.43	6.88	4.18	5.43	4.65	2.05	8.31	5.39
江 苏	Jiangsu	0.86	1.41	1.32	1.94	1.07	12.73	14.92	43.47
浙 江	Zhejiang	1.38	1.16	29.35	12.21	4.72	5.10	5.15	6.48
安 徽	Anhui	0.88	0.61	3.27	3.00	3.55	6.90	12.15	11.82
福 建	Fujian	0.26	2.03	7.36	22.57	26.95	11.08	13.78	15.77
江 西	Jiangxi	0.78	0.64	1.14	1.89	1.91	1.85	6.08	12.08
山 东	Shandong	2.37	3.38	4.40	4.50	4.05	14.45	6.80	11.54
河 南	Henan	3.24	3.64	7.62	12.62	4.59	2.19	29.82	22.42
湖 北	Hubei	1.29	0.44	3.10	1.43	5.53	7.86	15.93	11.37
湖 南	Hunan	1.05	0.83	1.07	1.13	2.41	5.35	4.75	5.61
广 东	Guangdong	1.83	1.45	8.99	5.50	4.70	6.96	9.57	17.14
广 西	Guangxi	0.11	1.44	0.27	0.72	1.44	0.97	2.00	1.34
海 南	Hainan	0.01	1.58	0.14	0.20	1.80		1.45	2.66
重 庆	Chongqing		0.72	1.40	2.48	6.48	6.38	11.42	4.52
四 川	Sichuan	2.27	3.00	4.51	10.10	4.19	5.54	7.80	9.91
贵 州	Guizhou	0.20	0.49	0.36	0.20	0.40	0.32	0.78	1.17
云 南	Yunnan	0.41	0.19	3.16	1.00	6.05	3.12	3.92	5.86
西 藏	Tibet					0.10	0.24	0.79	0.40
陕 西	Shaanxi	0.78	2.37	3.21	3.68	6.02	5.50	11.71	20.72
甘 肃	Gansu	0.52	0.36	0.80	1.71	6.79	5.43	5.96	8.10
青 海	Qinghai			0.09	0.10	0.11			2.12
宁 夏	Ningxia	0.09	0.47	0.21	0.47	0.32	0.57	0.70	0.98
新 疆	Xinjiang	0.29	0.68	1.50	2.60	2.47	4.57	4.83	6.10

2-9 城镇能源工业分行业投资

INVESTMENT OF URBAN IN ENERGY INDUSTRY

单位：亿元 (100 million yuan)

项 目 Item	1995	2000	2005	2006	2007	2008	2009	2010
能源工业 Energy Industry	2369.16	3991.48	10205.63	11826.30	13698.62	16345.54	19477.95	21627.10
煤炭采选业 Coal Mining and Processing	285.60	211.39	1162.95	1459.02	1804.58	2399.25	3056.93	3784.66
石油和天然气开采业 Petroleum and Natural Gas Extraction	503.82	789.41	1463.56	1822.23	2225.50	2675.11	2791.48	2927.99
电力、蒸汽、热水生产和供应业 Electricity Steam, Hot Water Producing and and Supply	1336.86	2744.47	6503.20	7274.27	7906.52	9023.66	11139.07	11915.18
石油加工及炼焦业 Petroleum Processing and Coking	194.38	172.55	801.29	939.29	1415.38	1827.51	1839.82	2035.08
煤气生产和供应业 Gas Production and Supply	48.51	73.66	274.63	331.49	346.64	420.02	650.65	964.19

2-10 城镇能源工业分行业投资构成

INVESTMENT OF URBAN IN ENERGY INDUSTRY BY PROPORTIONS

单位：% (%)

项 目 Item	1995	2000	2005	2006	2007	2008	2009	2010
能源工业 Energy Industry	100.00	100.00	100.00	100.00	100.00	100.00	100.00	100.00
煤炭采选业 Coal Mining and Processing	12.05	5.30	11.40	12.34	13.17	14.68	15.69	17.50
石油和天然气开采业 Petroleum and Natural Gas Extraction	21.27	19.78	14.34	15.41	16.25	16.37	14.33	13.54
电力、蒸汽、热水生产和供应业 Electricity Steam, Hot Water Producing and and Supply	56.43	68.76	63.72	61.51	57.72	55.21	57.19	55.09
石油加工及炼焦业 Petroleum Processing and Coking	8.20	4.32	7.85	7.94	10.33	11.18	9.45	9.41
煤气生产和供应业 Gas Production and Supply	2.05	1.85	2.69	2.80	2.53	2.57	3.34	4.46

2-11 各地区城镇能源工业投资

INVESTMENT OF URBAN IN ENERGY INDUSTRY BY REGION

单位：亿元 (100 million yuan)

地 区	Region	1995	2000	2005	2006	2007	2008	2009	2010
北 京	Beijing	58.01	57.79	116.86	103.64	171.97	137.56	157.50	133.59
天 津	Tianjin	59.26	99.74	178.42	269.65	375.23	585.68	756.27	545.98
河 北	Hebei	80.03	200.32	417.28	512.54	602.10	703.58	635.46	882.46
山 西	Shanxi	72.75	157.28	602.73	682.06	862.76	1023.14	1206.38	1520.73
内 蒙	Inner Mongolia	73.72	40.23	789.72	941.05	1196.67	1549.65	1880.34	2092.83
辽 宁	Liaoning	153.95	190.47	320.65	416.98	599.28	675.13	885.68	1191.44
吉 林	Jilin	44.41	79.87	159.86	260.21	352.48	583.95	572.14	773.85
黑龙江	Heilongjiang	163.46	225.38	335.34	431.22	555.03	738.25	847.48	1014.03
上 海	Shanghai	81.38	114.83	139.02	136.63	218.73	197.78	326.28	198.57
江 苏	Jiangsu	90.22	223.22	559.91	442.74	315.89	405.61	486.54	478.55
浙 江	Zhejiang	69.78	215.10	478.06	443.13	458.20	365.93	433.53	429.76
安 徽	Anhui	77.63	81.31	294.47	369.92	515.75	528.13	453.13	526.82
福 建	Fujian	63.62	125.46	246.76	299.42	378.79	534.51	566.84	636.90
江 西	Jiangxi	25.31	59.90	133.28	155.28	154.69	179.12	299.95	281.02
山 东	Shandong	195.53	393.18	764.41	765.09	673.52	757.90	919.92	972.43
河 南	Henan	132.96	187.98	497.84	573.97	656.31	832.73	940.13	773.15
湖 北	Hubei	145.83	238.94	286.65	364.92	364.30	403.31	494.79	512.19
湖 南	Hunan	59.08	96.20	248.70	270.97	329.29	420.75	406.41	496.41
广 东	Guangdong	174.43	181.99	673.92	684.93	594.19	710.43	918.69	965.58
广 西	Guangxi	26.76	87.32	187.09	284.33	304.63	288.82	351.07	367.53
海 南	Hainan	23.88	14.60	82.51	58.18	27.35	35.54	56.43	61.02
重 庆	Chongqing		49.83	163.55	243.66	223.57	225.20	275.97	316.45
四 川	Sichuan	122.80	136.55	430.73	573.06	654.52	677.33	823.83	1050.40
贵 州	Guizhou	27.17	71.74	269.22	292.65	318.66	379.79	396.74	467.29
云 南	Yunnan	35.19	57.22	371.29	490.66	574.09	673.83	791.96	831.89
西 藏	Tibet	9.01	9.73	15.12	12.74	17.85	30.28	39.44	52.66
陕 西	Shaanxi	41.80	105.84	300.75	383.63	576.85	705.19	923.75	1043.16
甘 肃	Gansu	34.09	64.86	142.01	173.17	242.54	328.01	530.13	667.24
青 海	Qinghai	22.27	30.31	85.96	117.56	111.86	125.09	157.34	141.47
宁 夏	Ningxia	11.74	19.18	104.45	118.96	159.28	195.39	296.89	350.74
新 疆	Xinjiang	107.13	179.79	375.08	490.04	649.11	703.97	795.02	988.27

2-12 分地区煤炭采选业城镇投资

INVESTMENT OF URBAN IN COAL MINING AND PROCESSING BY REGION

单位：亿元 (100 million yuan)

地 区	Region	1995	2000	2005	2006	2007	2008	2009	2010
北 京	Beijing	0.62	0.21	0.43	0.43	0.66	0.71	1.92	2.62
天 津	Tianjin		0.08		0.21				
河 北	Hebei	17.10	19.96	43.36	57.21	52.20	55.63	71.91	114.13
山 西	Shanxi	47.33	36.53	258.75	305.61	363.92	464.08	599.72	929.51
内 蒙	Inner Mongolia	35.28	2.82	109.54	227.59	328.42	452.96	520.40	528.36
辽 宁	Liaoning	6.09	7.96	25.05	22.01	23.83	32.80	31.92	69.90
吉 林	Jilin	3.00	0.89	9.02	34.61	28.93	52.29	57.52	59.86
黑龙江	Heilongjiang	14.29	11.46	40.71	47.50	55.46	95.43	139.38	201.12
上 海	Shanghai								
江 苏	Jiangsu	6.16	5.52	13.36	11.11	3.67	15.92	17.34	17.45
浙 江	Zhejiang	0.12		0.34	0.18			0.07	
安 徽	Anhui	34.70	14.19	106.81	153.52	185.09	186.06	198.22	194.03
福 建	Fujian	1.48	1.35	4.54	5.28	5.65	12.94	24.32	18.90
江 西	Jiangxi	1.86	0.99	9.37	10.66	15.23	24.06	41.42	37.79
山 东	Shandong	25.26	40.35	148.63	88.29	70.70	77.38	99.65	97.25
河 南	Henan	23.18	18.71	102.88	136.92	203.25	275.85	315.70	231.93
湖 北	Hubei	0.58	0.78	3.93	3.70	3.84	8.20	14.77	19.32
湖 南	Hunan	3.38	1.22	18.42	22.86	40.87	63.57	101.55	146.27
广 东	Guangdong	0.99	0.17	0.02					0.46
广 西	Guangxi	1.04	0.52	5.18	4.41	4.51	4.77	9.74	11.39
海 南	Hainan	0.01							
重 庆	Chongqing		1.11	23.70	33.68	34.78	49.40	62.12	69.86
四 川	Sichuan	6.64	2.84	28.74	46.93	58.20	64.40	94.48	139.38
贵 州	Guizhou	6.65	5.31	32.69	44.50	51.35	95.87	121.20	171.81
云 南	Yunnan	3.68	2.07	37.07	25.01	36.23	51.31	60.53	74.90
西 藏	Tibet	0.09							
陕 西	Shaanxi	8.73	3.75	36.66	48.17	68.32	107.10	205.46	315.98
甘 肃	Gansu	4.07	4.98	13.01	15.41	22.90	30.62	54.51	77.04
青 海	Qinghai	0.24	0.01	2.56	4.93	6.51	11.83	7.61	9.41
宁 夏	Ningxia	5.37	2.82	33.03	38.69	69.32	79.73	102.00	110.69
新 疆	Xinjiang	3.36	2.35	16.02	31.60	41.05	49.18	103.46	135.33

2-13 分地区石油和天然气开采业城镇投资

INVESTMENT OF URBAN IN PETROLEUM AND NATURAL GAS EXTRACTION BY REGION

单位：亿元 (100 million yuan)

地 区	Region	1995	2000	2005	2006	2007	2008	2009	2010
北 京	Beijing			0.03	0.03	4.62	18.16	13.16	0.12
天 津	Tianjin	30.77	60.14	123.41	182.19	179.06	268.25	393.16	306.39
河 北	Hebei	3.06	3.35	24.89	37.97	74.19	69.60	9.77	33.51
山 西	Shanxi					0.44	1.90	16.49	21.62
内 蒙	Inner Mongolia		0.70	22.15	35.94	110.18	225.70	187.33	196.58
辽 宁	Liaoning	54.91	67.50	94.90	124.21	144.93	102.75	89.03	145.80
吉 林	Jilin	17.40	22.20	66.39	111.18	153.82	175.52	206.23	242.42
黑龙江	Heilongjiang	103.85	139.44	166.44	212.50	287.45	341.90	332.68	339.90
上 海	Shanghai	0.07	2.17	1.68	2.14	14.80	29.03	8.21	0.33
江 苏	Jiangsu	6.28	10.74	12.57	14.97	11.85	19.20	25.34	27.35
浙 江	Zhejiang								
安 徽	Anhui			0.02	0.01	0.20	0.67	0.20	1.63
福 建	Fujian		0.10			0.11			
江 西	Jiangxi						2.42		
山 东	Shandong	79.97	132.95	117.68	139.88	120.81	185.66	206.65	219.15
河 南	Henan	26.10	43.95	55.37	55.33	68.40	72.75	75.88	71.46
湖 北	Hubei	3.77	13.20	12.85	17.87	29.94	30.76	30.53	3.64
湖 南	Hunan				0.04			0.59	0.44
广 东	Guangdong	6.28	4.41	10.24	26.51	39.43	44.47	54.03	12.35
广 西	Guangxi	0.04		0.16	0.14	1.38	0.85	1.89	1.75
海 南	Hainan	3.62	5.00		0.75	0.73	0.27	4.40	0.27
重 庆	Chongqing		0.34	0.68	0.65	3.44	7.61	10.27	8.95
四 川	Sichuan	24.23	11.63	15.90	17.53	22.84	26.22	17.55	10.48
贵 州	Guizhou		0.10	0.52	0.54		0.04	0.42	
云 南	Yunnan		0.03	0.02			0.37	0.72	0.78
西 藏	Tibet			0.02	0.03				
陕 西	Shaanxi	3.16	23.98	95.71	133.92	190.73	177.58	213.62	256.04
甘 肃	Gansu	4.29	6.57	6.11	8.86	15.19	22.40	17.56	11.72
青 海	Qinghai	6.00	16.92	30.73	31.74	29.38	37.68	33.36	39.44
宁 夏	Ningxia				1.47	1.64	4.00	4.10	1.58
新 疆	Xinjiang	85.85	129.38	262.06	308.45	360.56	366.39	323.37	387.93

2-14 分地区电力、蒸汽、热水生产和供应业城镇投资
INVESTMENT OF URBAN IN ELECTRICITY, STEAM,HOT WATER PRODUCTION AND SUPPLY BY REGION

单位：亿元 (100 million yuan)

地 区	Region	1995	2000	2005	2006	2007	2008	2009	2010
北 京	Beijing	46.40	38.42	92.92	77.21	149.21	106.36	124.12	109.89
天 津	Tianjin	22.22	34.10	40.50	70.21	144.77	180.26	233.39	172.92
河 北	Hebei	54.19	166.20	282.87	342.51	378.77	436.53	406.36	542.51
山 西	Shanxi	22.23	105.42	246.28	293.56	385.07	420.93	451.05	417.57
内 蒙	Inner Mongolia	32.66	35.44	602.76	557.15	634.24	686.58	934.30	1151.54
辽 宁	Liaoning	49.51	89.06	115.75	173.04	287.74	375.77	549.96	637.22
吉 林	Jilin	19.95	54.63	76.51	104.15	154.59	325.86	283.41	423.68
黑龙江	Heilongjiang	25.78	66.85	102.51	142.45	174.63	231.79	294.61	351.15
上 海	Shanghai	58.29	88.72	120.19	116.23	163.30	132.53	266.63	148.50
江 苏	Jiangsu	68.78	187.31	510.41	383.36	256.60	316.66	382.61	307.93
浙 江	Zhejiang	59.65	203.65	435.52	410.07	435.27	344.23	405.89	391.49
安 徽	Anhui	26.94	64.83	165.72	187.59	298.51	286.52	201.70	275.59
福 建	Fujian	58.30	120.84	221.81	243.00	220.06	354.32	408.72	425.70
江 西	Jiangxi	20.79	56.47	106.46	130.77	116.59	117.81	195.36	190.58
山 东	Shandong	73.88	189.90	372.92	413.48	245.37	272.05	388.25	430.57
河 南	Henan	78.91	119.64	303.39	326.47	329.24	423.78	429.92	339.63
湖 北	Hubei	130.33	217.63	243.81	306.70	296.65	331.06	398.26	383.68
湖 南	Hunan	52.51	81.40	205.87	237.67	268.42	323.51	261.24	294.23
广 东	Guangdong	151.19	166.78	546.80	520.41	421.80	512.74	782.58	845.67
广 西	Guangxi	25.48	84.89	175.07	265.87	268.76	200.33	284.12	280.35
海 南	Hainan	13.89	7.14	17.16	18.55	21.08	34.77	44.17	54.42
重 庆	Chongqing		46.71	130.17	201.95	173.79	152.98	183.53	192.90
四 川	Sichuan	88.83	118.02	369.89	482.08	549.08	547.00	657.32	815.48
贵 州	Guizhou	20.31	64.87	231.63	243.31	251.56	258.12	247.21	268.91
云 南	Yunnan	31.05	54.70	321.25	451.27	508.85	595.97	695.70	708.42
西 藏	Tibet	8.92	9.73	15.09	12.71	17.74	29.94	38.58	52.01
陕 西	Shaanxi	25.65	73.20	138.14	172.97	264.52	291.38	326.63	301.12
甘 肃	Gansu	18.47	50.17	84.78	109.55	172.80	245.75	391.04	501.06
青 海	Qinghai	16.03	13.37	51.80	73.34	71.27	74.28	114.16	83.78
宁 夏	Ningxia	6.03	14.52	68.66	75.98	71.88	80.29	170.25	206.99
新 疆	Xinjiang	12.21	41.60	54.66	62.68	100.35	169.73	251.04	333.34

2-15 分地区石油加工及炼焦业城镇投资
INVESTMENT OF URBAN IN PETROLEUM PROCESSING AND COKING BY REGION

单位：亿元 (100 million yuan)

地 区	Region	1995	2000	2005	2006	2007	2008	2009	2010
北 京	Beijing	6.95	6.67	12.37	15.08	6.85	4.45	8.57	5.85
天 津	Tianjin	5.17	1.52	8.31	14.35	45.47	129.94	117.98	50.96
河 北	Hebei	5.09	7.65	55.33	45.01	74.12	123.72	121.44	155.33
山 西	Shanxi	2.12	11.89	94.03	74.49	92.32	101.48	102.55	96.42
内 蒙	Inner Mongolia	5.64	0.49	51.09	114.45	115.68	165.30	156.93	90.16
辽 宁	Liaoning	41.89	23.70	78.31	91.95	132.27	149.81	192.93	266.88
吉 林	Jilin	3.15	1.09	3.25	6.37	5.20	12.25	9.00	18.34
黑龙江	Heilongjiang	16.93	6.27	24.55	25.81	31.61	59.88	66.85	100.68
上 海	Shanghai	10.05	17.06	5.54	6.41	29.85	16.65	25.87	24.80
江 苏	Jiangsu	7.12	17.46	11.11	18.22	22.50	27.68	26.78	60.64
浙 江	Zhejiang	8.24	9.86	8.88	10.53	13.92	10.99	17.34	21.19
安 徽	Anhui	15.05	1.46	13.74	20.27	20.39	34.33	27.77	25.30
福 建	Fujian	3.59	1.05	11.82	26.71	124.04	152.84	111.85	168.43
江 西	Jiangxi	1.87	1.76	11.93	6.42	9.35	20.36	34.55	15.17
山 东	Shandong	14.04	26.00	104.50	93.86	213.16	185.24	182.99	178.97
河 南	Henan	1.53	1.76	18.84	25.28	37.56	44.65	59.17	74.80
湖 北	Hubei	9.86	4.97	9.70	21.68	21.40	16.32	19.62	83.37
湖 南	Hunan	2.02	12.47	15.01	3.85	9.21	16.00	20.80	34.63
广 东	Guangdong	11.85	6.96	71.62	96.31	108.51	131.84	63.63	55.38
广 西	Guangxi	0.09	0.14	2.59	9.72	25.41	77.28	48.01	63.15
海 南	Hainan	5.60	0.38	62.65	38.33	3.29	0.35	4.19	2.08
重 庆	Chongqing		0.15	3.09	1.19	1.64	2.32	3.34	8.75
四 川	Sichuan	0.67	0.14	7.15	7.96	10.50	21.10	28.94	37.81
贵 州	Guizhou		0.48	3.18	3.13	13.06	20.28	19.30	21.76
云 南	Yunnan	0.05	0.22	9.62	12.51	22.39	21.99	29.56	37.36
西 藏	Tibet							0.03	
陕 西	Shaanxi	3.48	2.09	26.33	22.31	42.81	119.21	153.90	136.15
甘 肃	Gansu	6.65	2.78	36.65	37.14	23.50	22.59	60.02	66.86
青 海	Qinghai				7.20	4.16	0.44	1.79	5.58
宁 夏	Ningxia	0.25	0.84	2.37	2.21	15.46	27.66	17.23	21.64
新 疆	Xinjiang	5.43	5.25	37.73	80.53	139.74	110.56	106.89	106.63

2-16 分地区煤气生产和供应业城镇投资

INVESTMENT OF URBAN IN GAS PRODUCTION AND SUPPLY BY REGION

单位：亿元　　　　　　　　　　　　　　　　　　　　　　　　　　　　　　(100 million yuan)

地　区	Region	1995	2000	2005	2006	2007	2008	2009	2010
北　京	Beijing	4.04	12.50	11.12	10.89	10.64	7.88	9.72	15.10
天　津	Tianjin	1.10	3.90	6.21	2.70	5.92	7.23	11.74	15.70
河　北	Hebei	0.59	3.15	10.83	29.83	22.81	18.10	25.98	36.97
山　西	Shanxi	1.07	3.45	3.66	8.41	21.01	34.75	36.58	55.63
内　蒙	Inner Mongolia	0.14	0.78	4.17	5.92	8.15	19.12	81.38	126.19
辽　宁	Liaoning	1.55	2.25	6.64	5.76	10.51	14.00	21.83	71.63
吉　林	Jilin	0.91	1.07	4.69	3.90	9.95	18.03	15.98	29.56
黑龙江	Heilongjiang	2.61	1.36	1.13	2.96	5.89	9.25	13.96	21.18
上　海	Shanghai	12.98	6.88	11.60	11.84	10.78	19.57	25.57	24.95
江　苏	Jiangsu	1.88	2.19	12.46	15.07	21.27	26.15	34.46	65.18
浙　江	Zhejiang	1.77	1.59	33.32	22.34	9.01	10.71	10.23	17.07
安　徽	Anhui	0.94	0.82	8.18	8.54	11.56	20.55	25.25	30.26
福　建	Fujian	0.26	2.12	8.59	24.43	28.94	14.41	21.94	23.87
江　西	Jiangxi	0.79	0.69	5.53	7.43	13.51	14.48	28.62	37.47
山　东	Shandong	2.37	3.99	20.68	29.58	23.49	37.57	42.39	46.49
河　南	Henan	3.24	3.92	17.36	29.97	17.87	15.70	59.45	55.34
湖　北	Hubei	1.30	2.35	16.36	14.96	12.47	16.96	31.61	22.19
湖　南	Hunan	1.17	1.11	9.39	6.55	10.79	17.66	22.23	20.84
广　东	Guangdong	4.11	3.67	45.24	41.70	24.45	21.39	18.45	51.72
广　西	Guangxi	0.11	1.77	4.08	4.20	4.57	5.59	7.32	10.89
海　南	Hainan	0.76	2.08	2.70	0.54	2.25	0.15	3.67	4.26
重　庆	Chongqing		1.53	5.90	6.18	9.92	12.89	16.70	36.00
四　川	Sichuan	2.44	3.92	9.05	18.55	13.90	18.62	25.53	47.25
贵　州	Guizhou	0.20	0.98	1.20	1.16	2.70	5.49	8.62	4.81
云　南	Yunnan	0.41	0.20	3.33	1.87	6.62	4.19	5.45	10.44
西　藏	Tibet			0.01		0.11	0.34	0.84	0.64
陕　西	Shaanxi	0.78	2.83	3.90	6.27	10.47	9.92	24.14	33.87
甘　肃	Gansu	0.61	0.36	1.46	2.22	8.15	6.64	7.01	10.57
青　海	Qinghai		0.01	0.86	0.34	0.54	0.86	0.43	3.26
宁　夏	Ningxia	0.09	1.01	0.39	0.62	0.98	3.70	3.32	9.84
新　疆	Xinjiang	0.29	1.21	4.61	6.78	7.41	8.12	10.26	25.04

三、能源生产

Chapter 3　Energy Production

3-1 一次能源生产量和构成

PRIMARY ENERGY PRODUCTION AND COMPOSITION

年 份 Year	电热当量计算法 calorific value calculation						
	一次能源生产量 (万吨标准煤) Primary Energy Production (10^4 tce)	占能源生产总量的比重 (%) As percentage of primary energy production (%)					
		原 煤 Raw Coal	原 油 Crude Oil	天然气 Natural Gas	水电、核电、其他能发电 Hydro Power Nuclear Power Other Power	#水电 Hydro Power	核电 Nuclear Power
1980	62046	71.4	24.4	3.0	1.2	1.2	-
1981	61364	72.4	23.6	2.7	1.3	1.3	-
1982	64686	73.5	22.6	2.5	1.4	1.4	-
1983	68877	74.1	22.0	2.4	1.5	1.5	-
1984	75493	74.7	21.7	2.2	1.4	1.4	-
1985	83005	75.1	21.5	2.1	1.3	1.3	-
1986	85523	74.7	21.8	2.1	1.4	1.4	-
1987	88524	74.9	21.6	2.1	1.4	1.4	-
1988	92809	75.5	21.1	2.0	1.4	1.4	-
1989	98418	76.5	20.0	2.0	1.5	1.5	-
1990	100487	76.8	19.7	2.0	1.5	1.5	-
1991	101490	76.5	19.9	2.1	1.5	1.5	-
1992	103771	76.9	19.6	2.0	1.5	1.5	-
1993	107059	76.8	19.4	2.2	1.8	1.8	0.0
1994	114009	77.7	18.3	2.3	2.2	2.1	0.1
1995	123519	78.7	17.4	1.9	2.0	1.9	0.1
1996	127404	78.3	17.6	2.1	2.0	1.8	0.1
1997	127431	77.8	18.0	2.2	2.0	1.9	0.1
1998	123713	76.9	18.6	2.3	2.2	2.1	0.1
1999	126264	77.2	18.1	2.7	2.1	1.9	0.2
2000	128743	76.8	18.1	2.8	2.3	2.1	0.2
2001	136223	77.2	17.2	3.0	2.7	2.5	0.2
2002	142829	77.5	16.7	3.0	2.7	2.5	0.2
2003	164011	79.9	14.8	2.8	2.5	2.2	0.3
2004	187268	81.0	13.4	2.9	2.7	2.3	0.3
2005	205860	81.5	12.6	3.2	2.7	2.4	0.3
2006	220895	81.8	12.0	3.5	2.8	2.4	0.3
2007	234956	81.8	11.3	3.9	2.9	2.5	0.3
2008	247010	81.0	11.3	4.3	3.4	2.9	0.3
2009	259767	81.7	10.4	4.4	3.5	2.9	0.3
2010	279694	81.3	10.4	4.5	3.8	3.2	0.3

续表

Continued

年　份 Year	发电煤耗计算法 coal equivalent calculation						
	一次能源生产量 (万吨标准煤) Primary Energy Production (10^4 tce)	占能源生产总量的比重 (%) As percentage of primary energy production (%)					
		原　煤 Raw Coal	原　油 Crude Oil	天然气 Natural Gas	水电、核电、其他能发电 Hydro Power Nuclear Power Other Power	#水电 Hydro Power	核电 Nuclear Power
1980	63735	69.4	23.8	3.0	3.8	3.8	-
1981	63227	70.2	22.9	2.7	4.2	4.2	-
1982	66778	71.3	21.8	2.4	4.5	4.5	-
1983	71270	71.6	21.3	2.3	4.8	4.8	-
1984	77855	72.4	21.0	2.1	4.5	4.5	-
1985	85546	72.8	20.9	2.0	4.3	4.3	-
1986	88124	72.4	21.2	2.1	4.3	4.3	-
1987	91266	72.6	21.0	2.0	4.4	4.4	-
1988	95801	73.1	20.4	2.0	4.5	4.5	-
1989	101639	74.1	19.3	2.0	4.6	4.6	-
1990	103922	74.2	19.0	2.0	4.8	4.8	-
1991	104844	74.1	19.2	2.0	4.7	4.7	-
1992	107256	74.3	18.9	2.0	4.8	4.8	-
1993	111059	74.0	18.7	2.0	5.3	5.2	0.1
1994	118729	74.6	17.6	1.9	5.9	5.4	0.5
1995	129034	75.3	16.6	1.9	6.2	5.8	0.4
1996	133032	75.0	16.9	2.0	6.1	5.7	0.4
1997	133460	74.3	17.2	2.1	6.5	6.0	0.4
1998	129834	73.3	17.7	2.2	6.8	6.4	0.4
1999	131935	73.9	17.3	2.5	6.3	5.9	0.4
2000	135048	73.2	17.2	2.7	6.9	6.4	0.5
2001	143875	73.0	16.3	2.8	7.9	7.4	0.5
2002	150656	73.5	15.8	2.9	7.8	7.2	0.6
2003	171906	76.2	14.1	2.7	7.0	6.0	0.9
2004	196648	77.1	12.8	2.8	7.3	6.4	0.9
2005	216219	77.6	12.0	3.0	7.4	6.5	0.9
2006	232167	77.8	11.3	3.4	7.5	6.6	0.8
2007	247279	77.7	10.8	3.7	7.8	6.7	0.9
2008	260552	76.8	10.5	4.1	8.6	7.5	0.9
2009	274619	77.3	9.9	4.1	8.7	7.3	0.8
2010	296916	76.6	9.8	4.2	9.4	7.8	0.8

3-2 分地区焦炭生产量

COKE PRODUCTION BY REGION

单位：万吨 (10 000 ton)

地　区	Region	1995	2000	2004	2005	2006	2007	2008	2009	2010
北　京	Beijing	401	402	362	344	254	177	170	166	161
天　津	Tianjin	175	171	377	361	376	339	267	308	238
河　北	Hebei	938	792	1941	2613	3312	3821	3879	4800	5046
山　西	Shanxi	5298	4967	6582	7981	9202	9897	8296	7682	8505
内　蒙	Inner Mongolia	395	394	878	1034	1060	1440	1413	1838	2034
辽　宁	Liaoning	820	789	1014	1238	1503	1625	1736	1877	1876
吉　林	Jilin	136	154	225	270	286	365	318	424	411
黑龙江	Heilongjiang	190	129	415	474	563	683	784	968	957
上　海	Shanghai	651	776	747	762	736	750	706	661	631
江　苏	Jiangsu	191	237	491	576	954	1073	1086	1213	1394
浙　江	Zhejiang	57	60	58	55	52	53	166	230	282
安　徽	Anhui	293	330	438	488	509	684	765	773	875
福　建	Fujian	39	45	69	91	91	91	100	118	143
江　西	Jiangxi	167	187	341	401	493	557	526	626	799
山　东	Shandong	465	362	1125	1709	2154	2737	2942	3128	3429
河　南	Henan	489	355	834	1381	1558	1938	1984	2163	2572
湖　北	Hubei	398	411	469	678	688	696	918	838	947
湖　南	Hunan	215	207	410	446	474	523	451	559	582
广　东	Guangdong	54	54	91	125	125	94	136	191	195
广　西	Guangxi	64	61	152	223	250	256	310	360	392
海　南	Hainan									
重　庆	Chongqing		136	197	223	271	284	282	294	359
四　川	Sichuan	708	382	819	828	946	1049	1100	1167	1159
贵　州	Guizhou	426	134	695	716	901	825	752	781	713
云　南	Yunnan	370	221	918	1214	1234	1184	1376	1457	1607
西　藏	Tibet									
陕　西	Shaanxi	341	175	573	591	1111	1519	451	1325	1571
甘　肃	Gansu	95	126	150	222	275	249	241	245	244
青　海	Qinghai	1	2		2	34	84	144	141	130
宁　夏	Ningxia	43	30	99	117	83	128	119	278	424
新　疆	Xinjiang	92	95	152	249	273	431	611	899	1188

3-3 分地区原油生产量

CRUDE OIL PRODUCTION BY REGION

单位：万吨 (10 000 ton)

地 区	Region	1995	2000	2004	2005	2006	2007	2008	2009	2010
北 京	Beijing									
天 津	Tianjin	620.8	764.0	1446.2	1793.0	1943.1	1924.3	1993.9	2297.0	3332.7
河 北	Hebei	517.0	518.3	537.8	562.5	610.8	660.0	643.1	599.1	599.0
山 西	Shanxi									
内 蒙	Inner Mongolia			113.2						
辽 宁	Liaoning	1552.7	1401.1	1283.2	1261.0	1226.5	1207.2	1199.3	1000.0	950.0
吉 林	Jilin	342.7	348.5	481.1	550.6	680.4	623.9	698.5	639.9	702.3
黑龙江	Heilongjiang	5601.5	5306.7	4666.5	4516.0	4340.5	4169.8	4020.5	4000.7	4004.9
上 海	Shanghai		52.7	31.9	25.3	21.5	20.7	14.6	9.1	8.3
江 苏	Jiangsu	101.4	155.0	168.9	164.7	188.5	195.7	184.0	184.0	186.0
浙 江	Zhejiang									
安 徽	Anhui									
福 建	Fujian									
江 西	Jiangxi									
山 东	Shandong	3006.3	2675.7	2590.2	2694.5	2755.1	2793.1	2829.6	2828.2	2786.0
河 南	Henan	602.0	562.2	523.4	507.2	492.1	485.1	476.3	474.5	497.9
湖 北	Hubei	85.0	75.1	165.0	78.1	79.7	85.5	83.9	80.9	86.5
湖 南	Hunan									
广 东	Guangdong	651.0	1393.2	1481.9	1470.0	1337.8	1261.1	1387.7	1345.1	1287.1
广 西	Guangxi	3.6	3.3	3.6	3.4	3.4	2.9	2.9	2.9	2.7
海 南	Hainan	0.1		8.0	10.1	11.1	10.7	12.1	18.4	20.0
重 庆	Chongqing									
四 川	Sichuan	17.2	17.3	14.6	13.9	18.0	18.1	22.8	21.7	15.1
贵 州	Guizhou									
云 南	Yunnan	10.2		0.1	0.1					
西 藏	Tibet									
陕 西	Shaanxi	166.9	746.4	1531.5	1778.2	1988.9	2265.9	2463.6	2695.9	3017.3
甘 肃	Gansu	267.8	55.3	77.0	78.9	81.7	82.9	74.9	49.2	58.2
青 海	Qinghai	121.7	200.0	222.0	221.5	223.0	220.7	220.4	186.4	186.1
宁 夏	Ningxia	39.0	139.0	4.1					3.1	3.1
新 疆	Xinjiang	1297.8	1848.2	2237.0	2406.4	2474.7	2604.3	2715.1	2512.9	2558.2

3-4 分地区汽油生产量

GASOLINE PRODUCTION BY REGION

单位：万吨 (10 000 ton)

地 区	Region	1995	2000	2004	2005	2006	2007	2008	2009	2010
北 京	Beijing	101.95	146.20	169.77	170.90	172.93	181.72	215.53	272.55	257.10
天 津	Tianjin	94.02	122.02	130.89	145.42	129.83	150.10	117.17	136.41	164.60
河 北	Hebei	135.11	159.04	210.79	223.60	212.85	230.15	272.49	275.24	270.00
山 西	Shanxi			0.03						3.20
内 蒙	Inner Mongolia	23.43		40.20	44.99	60.57	45.93	41.97	49.65	42.10
辽 宁	Liaoning	398.22	683.88	925.79	965.60	1032.33	1005.40	1017.33	1043.57	1057.74
吉 林	Jilin	147.88	159.45	155.48	164.72	159.74	153.95	166.80	151.67	163.00
黑龙江	Heilongjiang	261.72	347.46	405.27	384.85	387.44	402.71	390.84	430.53	462.90
上 海	Shanghai	111.00	263.69	290.56	263.45	248.16	211.10	244.88	260.04	259.70
江 苏	Jiangsu	108.07	171.53	219.00	233.25	200.58	223.65	232.18	318.24	286.50
浙 江	Zhejiang	124.15	178.98	292.47	288.69	254.94	259.64	288.75	321.32	305.10
安 徽	Anhui	74.11	79.38	86.99	86.00	86.91	89.38	87.87	97.49	97.00
福 建	Fujian	81.49	102.22	108.72	95.19	102.63	98.55	83.36	122.38	149.60
江 西	Jiangxi	64.56	82.51	83.19	86.10	86.85	81.33	86.56	96.57	108.60
山 东	Shandong	214.88	280.15	438.54	474.54	500.33	558.22	799.70	962.20	1195.46
河 南	Henan	138.68	136.86	136.20	127.65	140.86	157.83	159.43	189.40	208.00
湖 北	Hubei	126.32	154.97	170.96	178.87	178.09	175.74	173.21	216.49	239.80
湖 南	Hunan	90.38	120.19	129.67	122.83	124.20	129.86	137.83	133.15	125.50
广 东	Guangdong	286.47	331.50	400.73	367.23	401.37	417.43	459.84	538.74	635.70
广 西	Guangxi	15.09	15.64	16.24	19.38	24.84	29.58	31.48	37.91	77.30
海 南	Hainan					65.68	238.66	244.05	264.31	263.20
重 庆	Chongqing			0.01				0.83		
四 川	Sichuan	5.92	8.42	18.33	23.20	32.47	45.53	51.61	69.40	57.80
贵 州	Guizhou									
云 南	Yunnan							0.02		
西 藏	Tibet									
陕 西	Shaanxi	49.68	180.13	310.54	387.83	410.32	465.86	465.09	526.21	572.50
甘 肃	Gansu	166.84	150.92	226.94	229.30	239.14	276.04	289.31	314.44	287.90
青 海	Qinghai	29.48	20.78	26.32	29.40	31.52	32.60	30.89	23.62	40.80
宁 夏	Ningxia	23.57	26.91	48.51	58.17	58.15	51.72	65.56	69.38	76.80
新 疆	Xinjiang	178.53	211.86	235.85	238.06	252.03	276.76	280.18	274.57	268.15

3-5 分地区煤油生产量

KEROSENE PRODUCTION BY REGION

单位：万吨 (10 000 ton)

地区	Region	1995	2000	2004	2005	2006	2007	2008	2009	2010
北京	Beijing	0.26		8.11	12.36	11.60	36.39	85.23	111.61	116.10
天津	Tianjin	8.85	32.57	29.19	25.83	27.42	35.12	21.80	32.74	81.20
河北	Hebei	4.83	12.69	12.08	11.94	13.15	11.14	12.21	7.05	4.30
山西	Shanxi									
内蒙	Inner Mongolia	0.02								
辽宁	Liaoning	84.34	231.53	213.46	220.00	218.74	206.19	230.06	231.90	224.20
吉林	Jilin	1.96	1.28	0.05				0.05		
黑龙江	Heilongjiang	22.27	23.27	20.53	19.28	20.57	23.54	24.96	28.46	31.50
上海	Shanghai	35.84	48.38	137.05	144.25	112.27	121.19	136.98	149.71	149.30
江苏	Jiangsu	50.64	67.21	69.18	99.41	99.45	141.03	108.93	156.87	165.60
浙江	Zhejiang	32.31	107.28	130.69	130.97	127.29	153.78	129.41	146.08	154.60
安徽	Anhui									
福建	Fujian	3.49	8.64	5.64	5.81	6.31	5.55	6.41	32.28	94.70
江西	Jiangxi	2.14	4.44	5.34	4.67	1.57	1.29	0.07		
山东	Shandong	24.89	44.96	59.44	34.65	31.71	35.07	37.88	68.03	86.70
河南	Henan	21.10	17.04	28.20	20.07	21.18	32.45	31.19	49.33	56.90
湖北	Hubei	13.64	16.38	8.59	8.85	7.84	12.62	15.72	23.52	46.20
湖南	Hunan	7.49	8.57	10.45	10.99	7.97	8.44	4.05	3.84	4.80
广东	Guangdong	72.28	147.68	165.25	156.29	164.21	204.81	188.59	298.61	344.00
广西	Guangxi	0.55	0.05		0.01				2.90	3.30
海南	Hainan					3.43	32.78	31.06	35.43	44.60
重庆	Chongqing			0.04	0.02					
四川	Sichuan	2.76	4.23	1.42	1.44	1.88	1.43	1.11	0.83	1.10
贵州	Guizhou									
云南	Yunnan									
西藏	Tibet									
陕西	Shaanxi	1.65	8.46	8.21		8.92	11.32	15.73	18.69	27.70
甘肃	Gansu	38.64	55.88	42.76	49.61	48.57	48.53	49.58	50.69	32.30
青海	Qinghai									
宁夏	Ningxia									
新疆	Xinjiang	15.80	31.75	24.45	32.14	34.79	30.60	38.65	30.86	45.60

3-6 分地区柴油生产量

DIESEL OIL PRODUCTION BY REGION

单位：万吨 (10 000 ton)

地区	Region	1995	2000	2004	2005	2006	2007	2008	2009	2010
北京	Beijing	79.20	183.92	180.74	199.41	204.78	270.89	373.28	364.24	350.40
天津	Tianjin	119.44	246.82	310.24	364.54	386.99	383.48	340.19	338.69	602.70
河北	Hebei	165.81	271.19	374.98	403.42	412.08	425.82	513.58	482.34	486.90
山西	Shanxi	0.16		0.01						0.20
内蒙	Inner Mongolia	20.46		48.66	41.01	53.96	53.73	42.80	51.13	79.30
辽宁	Liaoning	677.68	1202.07	1831.60	1899.60	1911.19	2048.93	2048.35	2101.38	2379.82
吉林	Jilin	99.83	178.81	332.73	367.43	344.02	320.73	321.68	320.88	322.20
黑龙江	Heilongjiang	379.68	532.61	616.80	627.52	577.03	583.59	547.30	589.15	615.50
上海	Shanghai	129.13	401.30	637.89	717.86	639.32	603.47	747.98	682.63	773.60
江苏	Jiangsu	207.31	408.69	544.96	725.87	702.33	696.30	738.33	751.10	808.30
浙江	Zhejiang	201.52	387.40	688.46	728.09	749.50	758.73	862.33	825.89	832.60
安徽	Anhui	98.87	151.85	181.39	177.36	193.75	188.20	177.95	184.93	196.00
福建	Fujian	85.15	161.49	174.44	150.34	155.89	135.51	112.86	273.50	388.00
江西	Jiangxi	83.17	127.09	137.25	132.53	179.04	166.86	182.86	187.47	190.80
山东	Shandong	328.63	540.04	875.31	939.01	1040.80	1107.53	1645.17	1938.55	2263.86
河南	Henan	121.69	213.42	250.51	219.02	265.47	243.96	253.61	287.01	297.57
湖北	Hubei	153.05	247.01	298.38	329.83	352.35	378.28	341.08	360.08	379.60
湖南	Hunan	104.36	215.53	240.60	229.25	219.06	228.74	231.16	215.03	215.00
广东	Guangdong	377.36	654.02	867.05	875.28	994.26	1033.53	1187.35	1287.36	1531.00
广西	Guangxi	14.98	24.92	27.93	36.33	42.37	47.46	38.90	44.85	145.50
海南	Hainan					94.70	359.06	344.87	341.38	346.00
重庆	Chongqing			0.38					0.30	0.60
四川	Sichuan	5.78	11.14	39.72	48.52	61.22	80.56	83.43	102.68	83.30
贵州	Guizhou									
云南	Yunnan							0.02		
西藏	Tibet									
陕西	Shaanxi	52.93	223.19	453.62	513.38	605.17	707.69	769.50	801.61	854.40
甘肃	Gansu	188.59	276.23	442.53	535.67	585.65	597.39	594.76	641.83	619.90
青海	Qinghai	20.99	22.63	36.14	44.31	47.51	49.58	46.59	37.27	56.70
宁夏	Ningxia	24.92	33.44	63.24	76.57	77.64	69.15	85.60	79.94	92.30
新疆	Xinjiang	231.88	364.79	523.10	697.27	759.46	819.96	826.75	835.78	976.10

3-7 分地区燃料油生产量

FUEL OIL PRODUCTION BY REGION

单位：万吨 (10 000 ton)

地 区	Region	1995	2000	2004	2005	2006	2007	2008	2009	2010
北 京	Beijing	220.31	78.95	73.36	75.29	70.02	50.57	42.33	29.58	35.08
天 津	Tianjin	142.38	40.60	102.02	29.38	25.92	32.76	54.56	18.31	62.68
河 北	Hebei	44.26	30.17	41.53	25.37	28.56	64.85	166.51	34.57	116.94
山 西	Shanxi							0.18		
内 蒙	Inner Mongolia	18.85		16.07	13.56	2.97	26.40	64.57	48.10	30.78
辽 宁	Liaoning	610.43	413.40	420.47	466.15	497.38	526.10	580.50	504.84	602.36
吉 林	Jilin	85.11	95.59	27.26	34.76	43.43	33.92	41.52	38.20	36.83
黑龙江	Heilongjiang	181.28	120.56	76.88	44.69	44.12	48.44	51.28	47.37	55.38
上 海	Shanghai	290.40	139.03	118.63	119.67	112.99	109.65	51.50	15.15	29.57
江 苏	Jiangsu	162.04	136.29	217.44	159.43	181.38	290.59	283.71	154.89	187.61
浙 江	Zhejiang	78.33	123.40	160.89	109.76	192.42	208.57	174.37	113.32	134.66
安 徽	Anhui	48.48	10.68	10.69	8.30	8.07	13.41	13.64	16.57	12.44
福 建	Fujian	10.44	10.01	105.10	8.86	20.73	22.75	18.85	31.02	2.60
江 西	Jiangxi	43.27	54.27	58.95	39.53	20.00	15.76	18.55	22.07	20.89
山 东	Shandong	334.33	274.66	429.98	602.62	434.14	347.49	597.56	428.96	365.19
河 南	Henan	19.56	30.42	47.54	40.02	43.38	48.32	29.46	15.43	17.20
湖 北	Hubei	95.49	40.24	35.70	28.38	23.67	22.58	13.52	15.97	21.93
湖 南	Hunan	55.29	33.95	32.80	31.55	27.91	28.61	24.66	16.90	22.66
广 东	Guangdong	214.73	186.13	279.49	248.08	305.83	266.85	380.68	166.29	156.38
广 西	Guangxi	3.60	4.37	17.47	9.16	9.48	37.82	32.81	20.30	30.82
海 南	Hainan		9.45		4.36	9.09	23.04	26.31	23.83	27.04
重 庆	Chongqing			0.06	0.06			0.18		
四 川	Sichuan	3.58	4.10	0.23				4.56	8.95	14.39
贵 州	Guizhou									
云 南	Yunnan	0.58		0.04			0.11	1.34	0.24	
西 藏	Tibet									
陕 西	Shaanxi	55.64	41.54	98.19	83.69	90.22	39.34	58.85	42.90	85.30
甘 肃	Gansu	101.21	91.65	73.38	39.57	21.51	26.42	21.19	8.78	20.57
青 海	Qinghai	19.72	6.39	2.75	2.11	2.33	4.19	3.43	2.69	3.34
宁 夏	Ningxia	10.24	10.54	3.59	3.23	3.05	2.85	2.97	2.74	3.10
新 疆	Xinjiang	111.22	67.26	28.58	33.61	49.42	54.65	34.76	28.74	19.33

3-8 分地区天然气生产量

NATURAL GAS PRODUCTION BY REGION

单位：亿立方米　　　　(100 million cu.m)

地　区	Region	1995	2000	2004	2005	2006	2007	2008	2009	2010
北　京	Beijing									
天　津	Tianjin	7.57	9.10	8.72	8.79	10.50	13.34	14.01	14.30	17.20
河　北	Hebei	3.49	5.14	6.63	6.92	6.55	7.14	8.74	10.87	12.70
山　西	Shanxi	0.47	1.14		3.24	6.02		5.21		
内　蒙	Inner Mongolia		4.55	17.19						
辽　宁	Liaoning	21.12	14.70	10.30	11.72	11.94	8.72	8.71	8.10	8.00
吉　林	Jilin	1.83	2.05	3.44	5.40	2.41	5.22	8.74	11.62	13.70
黑龙江	Heilongjiang	25.91	23.04	20.34	24.43	24.65	25.50	27.10	30.04	30.00
上　海	Shanghai		2.60	5.73	6.04	5.64	5.07	4.29	4.03	3.30
江　苏	Jiangsu	0.19	0.24	0.53	0.64	0.61	0.58	0.58	0.57	0.60
浙　江	Zhejiang		0.04		0.03			0.31		
安　徽	Anhui									
福　建	Fujian									
江　西	Jiangxi									
山　东	Shandong	12.85	6.88	9.25	9.25	8.55	7.84	8.85	9.05	5.33
河　南	Henan	11.38	14.95	18.55	17.62	18.68	15.76	11.22	29.58	6.72
湖　北	Hubei	0.76	0.91	1.08	1.12	1.16	1.17	1.40	1.67	2.00
湖　南	Hunan							3.19		
广　东	Guangdong	1.03	34.60	42.82	44.75	48.95	52.48	60.78	58.43	78.40
广　西	Guangxi							8.54		
海　南	Hainan			1.29	1.66	2.05	2.03	2.32	1.86	1.80
重　庆	Chongqing		1.94	4.69	3.27	6.47	5.00	9.54	0.60	1.20
四　川	Sichuan	76.64	88.60	114.03	142.30	159.95	187.46	194.23	193.56	237.65
贵　州	Guizhou		0.70		0.53				0.12	0.12
云　南	Yunnan	1.81	0.05	0.18	0.22	0.17	0.14	0.06	0.02	0.06
西　藏	Tibet									
陕　西	Shaanxi	0.22	21.10	74.46	75.46	80.47	110.10	144.20	189.52	223.50
甘　肃	Gansu	1.13	0.20	0.20	0.84	1.53	0.63	1.43	0.29	0.20
青　海	Qinghai	0.64	3.91	17.94	22.26	25.03	34.02	43.65	43.07	56.10
宁　夏	Ningxia	0.62	0.15							
新　疆	Xinjiang	11.81	35.38	57.23	106.71	164.20	210.20	235.89	245.39	249.90

3-9 分地区发电量

POWER GENERATION BY REGION

单位：亿千瓦小时 (100 million kW•h)

地 区	Region	1995	2000	2004	2005	2006	2007	2008	2009	2010
北 京	Beijing	132	145	204	213	215	228	243	243	269
天 津	Tianjin	134	211	340	369	359	393	382	416	589
河 北	Hebei	607	844	1256	1339	1461	1646	1528	1742	1993
山 西	Shanxi	506	620	1079	1312	1526	1761	1794	1874	2151
内 蒙	Inner Mongolia	279	439	816	1057	1413	1932	2184	2242	2489
辽 宁	Liaoning	540	646	875	904	1015	1115	1138	1163	1295
吉 林	Jilin	285	314	386	433	443	495	578	542	605
黑龙江	Heilongjiang	388	427	502	596	647	685	733	723	777
上 海	Shanghai	403	553	705	734	721	739	774	778	876
江 苏	Jiangsu	700	910	1555	2120	2536	2675	2815	2928	3359
浙 江	Zhejiang	401	625	1232	1456	1766	1915	1905	2246	2568
安 徽	Anhui	310	355	607	648	734	873	1125	1320	1444
福 建	Fujian	262	404	675	778	904	1038	1127	1171	1356
江 西	Jiangxi	176	203	379	373	440	502	576	533	664
山 东	Shandong	739	1005	1688	1911	2315	2698	2648	2860	3043
河 南	Henan	548	695	1281	1415	1601	1918	1978	2055	2192
湖 北	Hubei	453	559	1097	1290	1307	1588	1828	1818	2043
湖 南	Hunan	333	354	651	644	755	860	927	1028	1226
广 东	Guangdong	821	1293	2141	2279	2466	2732	2716	2758	3237
广 西	Guangxi	217	289	378	446	523	683	869	944	1032
海 南	Hainan	32	39	66	82	97	115	121	128	153
重 庆	Chongqing		168	263	254	291	375	457	474	504
四 川	Sichuan	576	500	934	1019	1227	1263	1383	1579	1795
贵 州	Guizhou	232	405	720	798	986	1166	1211	1380	1386
云 南	Yunnan	228	298	548	624	754	905	1079	1171	1365
西 藏	Tibet	5	7	12	13	15	15	18	18	21
陕 西	Shaanxi	237	272	498	549	585	707	853	909	1112
甘 肃	Gansu	238	254	455	506	530	619	698	697	792
青 海	Qinghai	60	134	173	216	282	308	310	378	468
宁 夏	Ningxia	108	137	254	313	388	453	471	480	587
新 疆	Xinjiang	120	182	264	310	357	414	489	549	679

3-10 分地区水力发电量

HYDRO POWER GENERATION BY REGION

单位：亿千瓦小时 (100 million kW•h)

地 区	Region	1995	2000	2004	2005	2006	2007	2008	2009	2010
北 京	Beijing	3.18	8.64	3.96	4.71	4.94	4.93	0.36	0.37	4.40
天 津	Tianjin	0.21	0.14				0.14	0.14		
河 北	Hebei	12.63	4.70	4.02	5.61	14.42	5.68	10.95	5.71	5.55
山 西	Shanxi	7.11	13.04	21.00	20.32	23.87	47.32	23.36	21.66	36.63
内 蒙	Inner Mongolia	1.43	5.59	8.49	11.55	12.80	11.86	11.18	14.82	16.29
辽 宁	Liaoning	41.71	14.89	38.59	56.73	47.03	43.81	38.58	28.81	43.98
吉 林	Jilin	83.16	47.84	56.35	78.30	54.60	61.83	58.91	56.28	105.50
黑龙江	Heilongjiang	6.69	13.19	13.96	14.70	14.74	10.41	17.56	17.09	22.53
上 海	Shanghai									
江 苏	Jiangsu	0.35	0.13	3.00	2.66	3.05	2.95	6.65	2.23	2.98
浙 江	Zhejiang	78.25	65.23	95.38	135.11	139.76	118.15	143.49	152.67	230.85
安 徽	Anhui	11.39	4.58	18.11	12.52	15.72	19.67	28.14	16.39	18.85
福 建	Fujian	154.91	195.22	184.84	291.00	346.82	311.59	399.61	275.92	453.69
江 西	Jiangxi	55.13	53.50	75.55	67.88	95.40	85.06	167.26	85.07	117.85
山 东	Shandong	0.40	0.03	0.98	1.30	0.17	0.77	2.80	1.74	2.14
河 南	Henan	15.64	15.52	78.36	67.91	88.26	88.53	98.77	93.15	91.67
湖 北	Hubei	258.82	281.40	697.24	813.65	756.06	937.70	1272.47	1205.92	1263.83
湖 南	Hunan	157.97	191.15	280.93	241.28	290.69	312.56	407.00	409.43	502.53
广 东	Guangdong	131.10	106.11	192.13	207.74	267.99	241.03	388.31	269.34	348.86
广 西	Guangxi	138.30	168.87	185.41	195.82	243.69	323.52	522.97	516.77	475.26
海 南	Hainan	11.32	11.54	9.23	10.64	11.59	13.09	12.72	14.95	13.34
重 庆	Chongqing		38.22	93.50	67.32	56.43	83.75	171.61	165.74	169.25
四 川	Sichuan	259.79	315.11	620.57	653.35	784.65	814.13	980.86	1065.41	1213.42
贵 州	Guizhou	114.90	183.44	226.05	213.35	225.96	340.62	394.04	400.88	416.58
云 南	Yunnan	162.05	196.53	299.83	349.19	355.72	430.95	647.28	622.80	814.12
西 藏	Tibet	3.04	5.54	10.32	12.10	13.79	13.99	14.53	15.27	15.85
陕 西	Shaanxi	25.43	34.80	42.49	50.54	39.88	55.45	64.23	74.59	87.24
甘 肃	Gansu	96.18	102.54	119.42	165.57	170.45	189.08	188.72	250.21	262.32
青 海	Qinghai	42.57	107.69	111.30	160.58	209.58	207.76	207.10	276.32	371.11
宁 夏	Ningxia	9.30	8.18	9.40	16.41	16.38	17.47	16.08	17.36	18.02
新 疆	Xinjiang	22.82	30.83	35.03	42.33	53.42	58.84	73.93	79.55	97.08

3-11 分地区火力发电量

THERMAL POWER GENERATION BY REGION

单位：亿千瓦小时 (100 million kW•h)

地 区	Region	1995	2000	2004	2005	2006	2007	2008	2009	2010
北 京	Beijing	128.18	136.62	198.07	209.80	207.05	223.15	242.99	241.04	261.80
天 津	Tianjin	131.58	211.35	339.76	365.69	359.24	393.13	377.93	389.67	559.60
河 北	Hebei	593.72	839.53	1251.11	1332.17	1438.88	1633.04	1407.60	1707.18	1926.28
山 西	Shanxi	498.85	607.27	1058.00	1291.65	1502.50	1713.18	1764.93	1848.76	2104.00
内 蒙	Inner Mongolia	277.11	432.09	805.84	1042.28	1395.93	1876.83	2071.98	2073.49	2226.55
辽 宁	Liaoning	496.63	628.00	834.48	845.00	962.82	1065.26	1085.26	1117.15	1204.04
吉 林	Jilin	201.45	265.48	329.15	354.16	385.76	422.74	398.63	458.61	463.29
黑龙江	Heilongjiang	381.30	413.54	484.98	581.13	629.64	670.32	696.62	685.91	720.35
上 海	Shanghai	401.93	553.09	703.77	728.74	720.33	736.25	765.25	767.77	864.79
江 苏	Jiangsu	698.42	909.57	1550.78	2114.03	2512.58	2577.39	2631.34	2762.15	3166.32
浙 江	Zhejiang	300.67	539.18	915.34	1094.64	1403.49	1570.01	1519.53	1840.32	2075.47
安 徽	Anhui	297.94	350.87	587.58	636.37	718.67	853.76	1096.32	1300.24	1420.18
福 建	Fujian	106.60	208.45	489.52	486.88	555.80	723.63	715.97	882.30	890.43
江 西	Jiangxi	121.35	149.85	303.43	305.61	344.49	416.95	407.54	447.42	545.36
山 东	Shandong	738.83	1005.14	1681.78	1909.59	2309.22	2691.43	2598.25	2828.88	3003.60
河 南	Henan	532.01	677.76	1200.87	1346.77	1512.35	1829.73	1754.92	1952.61	2092.09
湖 北	Hubei	193.71	277.73	396.80	476.15	548.41	644.40	525.63	606.07	752.72
湖 南	Hunan	174.86	163.27	371.31	403.13	464.08	547.59	520.06	618.51	723.75
广 东	Guangdong	583.62	1038.61	1661.26	1764.53	1884.29	2187.24	1968.54	2157.62	2487.86
广 西	Guangxi	78.99	120.21	192.02	250.23	279.67	355.89	301.26	409.51	543.73
海 南	Hainan	20.21	27.51	56.40	72.46	85.08	101.61	107.90	112.49	137.39
重 庆	Chongqing		129.68	168.99	185.81	234.87	290.69	284.88	307.59	333.76
四 川	Sichuan	316.18	185.13	313.79	365.42	441.93	448.60	400.85	513.09	570.21
贵 州	Guizhou	116.64	221.27	490.40	584.30	760.39	825.71	816.97	979.15	969.05
云 南	Yunnan	66.37	101.32	248.22	274.89	397.91	473.55	388.44	548.05	546.25
西 藏	Tibet	0.25	0.05	0.08	0.08	0.09	0.01	0.14	1.31	3.82
陕 西	Shaanxi	211.34	237.48	455.90	495.85	544.82	651.28	786.58	834.37	1024.89
甘 肃	Gansu	141.56	150.98	334.71	339.70	357.38	424.37	479.27	432.45	502.29
青 海	Qinghai	17.85	26.10	61.21	55.63	72.04	99.90	103.23	101.62	97.15
宁 夏	Ningxia	98.48	128.43	243.99	295.19	367.31	432.45	449.28	454.60	551.36
新 疆	Xinjiang	97.27	149.29	226.34	265.48	299.01	349.20	404.25	447.82	550.90

3-12 分地区城市天然气供应情况

BASIC STATISTICS ON SUPPLY OF NATURAL GAS IN CITIES BY REGION

地区	Region	供气总量(万立方米) Total Gas Supply (10^4cu.m)						用气人口(万人) Population with Access(10^4persons)					
		2000	2005	2007	2008	2009	2010	2000	2005	2007	2008	2009	2010
全国	**National Total**	**821476**	**2104951**	**3086363**	**3680393**	**4050996**	**4875808**	**2581**	**7104**	**10190**	**12167**	**14544**	**17021**
北京	Beijing	95740	317397	433823	601381	682839	719740	295	880	1001	1068	1143	1292
天津	Tianjin	23474	68966	120100	138630	149736	169453	304	412	596	588	570	574
河北	Hebei	4647	25374	48408	59887	89065	106740	31	142	319	569	674	839
山西	Shanxi	5611	10802	65266	89590	103239	141440	36	50	165	286	358	431
内蒙古	Inner Mongolia		9444	30528	38134	46136	69531		50	149	166	179	258
辽宁	Liaoning	24923	36817	54085	57736	60035	66173	410	567	657	711	751	797
吉林	Jilin	13162	17333	26861	30249	33774	43462	77	167	182	189	216	290
黑龙江	Heilongjiang	4185	19555	23607	27608	46770	72497	56	104	136	289	512	568
上海	Shanghai	25974	174962	277458	298601	334399	450032	67	522	696	741	851	1093
江苏	Jiangsu		87634	260919	299726	343544	472309		380	700	842	1030	1300
浙江	Zhejiang		10428	50645	65640	86536	118884		119	300	353	459	553
安徽	Anhui	600	11564	47920	68481	89259	112190	5	208	328	436	529	636
福建	Fujian			848	2274	10295	51101			20	34	211	274
江西	Jiangxi		1051	3508	4103	6187	11263		38	60	90	114	157
山东	Shandong	84065	116691	142638	257433	242908	326931	62	381	760	987	1231	1444
河南	Henan	55018	53337	85165	101008	126721	158928	186	399	469	586	707	831
湖北	Hubei	1	17422	76214	94429	117703	152833		264	381	497	610	700
湖南	Hunan		5632	53238	77079	95816	111757		62	207	236	331	422
广东	Guangdong	339	71597	41418	82976	117125	170266	4	79	399	582	850	922
广西	Guangxi		84	2273	4693	7050	10320		1	40	59	89	106
海南	Hainan		6360	13926	14947	12760	14264		21	33	55	64	77
重庆	Chongqing	68049	164614	175128	187936	205164	254021	329	509	640	696	730	861
四川	Sichuan	388394	598531	629864	594963	511115	525686	556	967	960	1019	1079	1164
贵州	Guizhou	450	6199	1449	1378	2336	3546	2	2	9	9	10	12
云南	Yunnan	1533	14500	835	743	73	119	2	5	6	6	33	37
西藏	Tibet		808						15				
陕西	Shaanxi	17770	76285	108022	123518	144275	164654	126	359	401	419	480	547
甘肃	Gansu	78	4100	47043	53394	59505	72917	2	118	145	157	181	197
青海	Qinghai	2022	63606	103810	118383	152572	61557	4	33	70	80	83	89
宁夏	Ningxia	56	68193	90762	98881	69561	108485	1	34	55	69	85	108
新疆	Xinjiang	5385	45665	70603	86592	104498	134711	27	220	307	350	382	445

3-13 分地区城市人工煤气供应情况

BASIC STATISTICS ON SUPPLY OF COAL GAS IN CITIES BY REGION

地区	Region	供气总量(万立方米) Total Gas Supply (10^4cu.m)						用气人口(万人) Population with Access(10^4persons)					
		2000	2005	2007	2008	2009	2010	2000	2005	2007	2008	2009	2010
全国	**National Total**	**1523615**	**2558343**	**3223512**	**3558287**	**3615507**	**2799380**	**3944**	**4369**	**4022**	**3370**	**2971**	**2802**
北京	Beijing	47310	20211					83	22				
天津	Tianjin	9882	28803					73	97				
河北	Hebei	45918	78435	89864	85954	68793	89834	279	401	399	201	192	180
山西	Shanxi	241869	82291	95750	88168	82276	87203	295	395	399	309	282	238
内蒙古	Inner Mongolia	7485	6887	7000	3602	3915	3069	78	93	81	66	63	52
辽宁	Liaoning	81957	63614	55785	61958	54441	55177	422	532	487	503	524	542
吉林	Jilin	15508	13755	17196	17348	17616	16727	150	169	151	162	167	165
黑龙江	Heilongjiang	30347	40199	38691	42367	26349	7587	211	289	338	238	85	74
上海	Shanghai	213147	199744	208319	199141	162721	142167	450	662	576	446	351	358
江苏	Jiangsu	362606	1290834	1633281	1554953	1728890	1931995	325	234	146	123	135	90
浙江	Zhejiang	27796	27686	1847	2186	1468	484	48	83	33	39	30	5
安徽	Anhui	22996	8723	5827	2268	1372		169	67	45	17	14	
福建	Fujian	12727	1810	2489	2474	2537	2673	21	11	18	14	14	15
江西	Jiangxi	39463	31707	40595	39968	37898	58208	125	131	127	134	146	150
山东	Shandong	43041	47743	49030	48322	29377	35730	335	357	282	210	156	159
河南	Henan	81775	117592	48669	112111	111136	109500	136	142	153	174	180	165
湖北	Hubei	14588	9184	13155	12281	12382	12042	180	22	58	50	49	41
湖南	Hunan	60375	44064	89086	103516	89819	3044	81	75	42	35	39	33
广东	Guangdong	12097	29310	35831	26068	15493	7037	150	163	215	139	25	18
广西	Guangxi	2817	4483	4861	4965	4449	4517	15	25	25	46	42	43
海南	Hainan												
重庆	Chongqing	100						1					
四川	Sichuan	111677	128252	158597	158993	162826	159719	30	33	34	38	40	41
贵州	Guizhou	8727	19209	23491	26613	26886	26963	73	125	145	156	161	167
云南	Yunnan	15407	20287	20365	21737	33113	33818	100	177	220	227	235	233
西藏	Tibet												
陕西	Shaanxi	4447	4365					33	27				
甘肃	Gansu	6691	3802	3955	9429	9427	9438	70	24	29	23	22	20
青海	Qinghai	24						3					
宁夏	Ningxia	2838	3013	794	924	1024	697	10	9	12	13	13	6
新疆	Xinjiang		232340	579036	932940	931300	1752		5	6	6	6	9

3-14 分地区城市液化石油气供应情况

BASIC STATISTICS ON SUPPLY OF LPG IN CITIES BY REGION

地 区	Region	供气总量(吨) Total Gas Supply (ton)						用气人口(万人) Population with Access(10^4persons)					
		2000	2005	2007	2008	2009	2010	2000	2005	2007	2008	2009	2010
全 国	**National Total**	**10537147**	**12220141**	**14667692**	**13291072**	**13400303**	**12680054**	**11107**	**18013**	**18172**	**17632**	**16924**	**16503**
北 京	Beijing	176460	374358	320434	324549	367323	323104	253	341	501	371	349	394
天 津	Tianjin	44203	61503	20502	87404	58963	53368	89	123	56	51	38	42
河 北	Hebei	189612	327294	264559	254206	284101	205007	476	705	677	667	630	503
山 西	Shanxi	34152	42004	61678	53822	55884	63331	102	170	187	188	197	201
内蒙古	Inner Mongolia	59425	138348	73842	72279	84206	74251	192	295	327	337	356	354
辽 宁	Liaoning	379194	402659	456504	396282	398309	395058	569	713	719	694	694	652
吉 林	Jilin	169062	184659	179839	208064	219848	214818	350	493	478	489	491	461
黑龙江	Heilongjiang	601427	228630	244172	198672	195710	219784	546	612	553	538	538	507
上 海	Shanghai	490561	452613	506502	489201	400176	398427	421	711	749	701	719	852
江 苏	Jiangsu	705010	1129147	999243	931734	865663	766586	883	1765	1407	1328	1248	1115
浙 江	Zhejiang	630895	1060572	938273	937042	909487	877956	555	1135	1377	1327	1236	1244
安 徽	Anhui	458621	613614	602727	680514	594994	615770	379	541	552	555	525	491
福 建	Fujian	737609	378053	407443	385945	341795	333758	341	604	844	833	712	699
江 西	Jiangxi	164698	174521	181379	185460	179792	188847	220	412	443	453	454	453
山 东	Shandong	276543	572194	703495	758261	872762	760332	887	1836	1541	1404	1253	1104
河 南	Henan	162199	225864	247689	250556	237895	241602	430	574	575	570	547	564
湖 北	Hubei	296179	311171	393772	356448	343513	421507	908	1142	959	945	877	862
湖 南	Hunan	199873	294718	275365	279320	235885	252906	461	648	681	688	647	612
广 东	Guangdong	3108612	4101990	5673421	4478851	4704485	5055955	1485	3223	3462	3394	3309	3275
广 西	Guangxi	204904	315998	462835	306091	296843	303804	374	551	596	598	596	634
海 南	Hainan	77856	66866	71384	67883	61724	63959	117	113	104	109	113	111
重 庆	Chongqing	38769	95577	81624	69252	70066	92807	35	72	113	103	110	114
四 川	Sichuan	66154	164266	183257	184229	176579	191071	81	152	141	133	134	131
贵 州	Guizhou	28973	53779	55563	58121	60227	63772	90	189	170	191	194	199
云 南	Yunnan	82954	70436	139759	130602	155859	166108	138	141	235	235	245	290
西 藏	Tibet	16680	1500	814450	813348	826148	5521	14	3	24	34	38	36
陕 西	Shaanxi	79038	121943	80501	113582	111081	43381	206	243	267	259	217	165
甘 肃	Gansu	783739	71904	85483	97642	185733	185523	102	142	160	166	187	185
青 海	Qinghai	11496	14339	11064	8743	7628	7142	30	37	20	20	19	19
宁 夏	Ningxia	18231	22697	16671	15868	15625	14984	70	90	85	80	93	83
新 疆	Xinjiang	244018	147314	114262	97102	81999	79617	306	240	171	167	161	151

3-15 分地区城市集中供热情况

BASIC STATISTICS ON HEATING SUPPLY IN CITIES BY REGION

地区	Region	蒸汽供应能力(吨/小时) Capacity of Steam Supply (tn/hr)						热水供应能力(兆瓦) Capacity of Hot Water Supply(10^6 W)					
		2000	2005	2007	2008	2009	2010	2000	2005	2007	2008	2009	2010
全国	**National Total**	**74148**	**106723**	**94009**	**94454**	**93193**	**105084**	**97417**	**197976**	**224660**	**305695**	**286106**	**315717**
北京	Beijing	3408	2297	620	200	200	450	4755	30115	28989	31772	32674	35684
天津	Tianjin	9106	3294	3620	3469	3579	3167	5608	10563	13866	16011	16158	18055
河北	Hebei	6427	9290	10117	10594	10979	11570	8388	13917	16536	17787	22247	23177
山西	Shanxi	3316	3133	1452	2190	2215	2674	5347	8578	8265	12677	12999	17405
内蒙古	Inner Mongolia	1200	844	1024	998	214	662	5687	10887	16042	19210	21364	25850
辽宁	Liaoning	11569	12583	11718	11612	12013	13186	19154	36051	39717	46395	51183	55770
吉林	Jilin	3425	4749	3587	3288	2882	5208	10564	18925	20985	23238	26147	29145
黑龙江	Heilongjiang	4513	5937	4323	4248	4199	4411	13750	23952	26143	27499	30420	32052
上海	Shanghai												
江苏	Jiangsu	2554	19744	5934	6823	4330	6280	8	200	33	45033	55	6055
浙江	Zhejiang	1516	4569	5236	4801	4795	5438		233	233	233		75
安徽	Anhui	1915	2006	3154	3346	3487	3530	214	135	165	165	176	182
福建	Fujian							43	286	286			
江西	Jiangxi												
山东	Shandong	12498	22770	26394	28106	27609	31086	9206	16744	19637	21088	22661	27587
河南	Henan	3261	4698	4926	4982	5632	5590	1334	2118	3224	3664	3905	4767
湖北	Hubei	775	1404	1404	1404	1404	1564		78	78	78	78	278
湖南	Hunan	493	105										
广东	Guangdong												
广西	Guangxi												
海南	Hainan												
重庆	Chongqing												
四川	Sichuan		160	60	60	60	60						
贵州	Guizhou												
云南	Yunnan												
西藏	Tibet												
陕西	Shaanxi	1923	2240	4079	2196	3305	3731	551	1806	2992	11971	12543	4215
甘肃	Gansu	3949	4813	4229	4504	4511	4525	3611	5791	7749	8969	9225	10208
青海	Qinghai							89	173	121	193	369	370
宁夏	Ningxia	662	646	432	425	425	576	2963	5115	5127	5160	5595	5945
新疆	Xinjiang	1638	1441	1700	1208	1354	1376	6145	12309	14472		18307	18897

四、能源消费

Chapter 4　Energy Consumption

4-1 能源消费总量和构成

TOTAL ENERGY CONSUMPTION AND COMPOSITION

年 份 Year	电热当量计算法 calorific value calculation						
	能源消费总量(万吨标准煤) Total Energy Consumption (10^4 tce)	占能源消费总量的比重 (%) As percentage of primary energy consumption (%)					
		煤 炭 Coal	石 油 Petroleum	天然气 Natural Gas	水电、核电、其他能发电 Hydro Power Nuclear Power Other Power	#水电 Hydro Power	核电 Nuclear Power
1980	58587	74.2	21.4	3.2	1.2	1.2	-
1981	57577	75.1	20.6	2.9	1.4	1.4	-
1982	59966	76.3	19.6	2.6	1.5	1.5	-
1983	63635	77.0	18.8	2.5	1.7	1.7	-
1984	68495	77.8	18.1	2.5	1.6	1.6	-
1985	74112	78.5	17.7	2.3	1.5	1.5	-
1986	77776	78.2	17.9	2.4	1.5	1.5	-
1987	83850	78.7	17.6	2.2	1.5	1.5	-
1988	89963	78.8	17.6	2.1	1.5	1.5	-
1989	93666	79.3	17.1	2.0	1.6	1.6	-
1990	95384	79.0	17.2	2.1	1.7	1.7	-
1991	100413	78.7	17.7	2.1	1.5	1.5	-
1992	105602	78.3	18.1	2.0	1.6	1.6	-
1993	111490	79.0	17.1	2.1	1.8	1.8	0.0
1994	118071	79.5	16.2	2.2	2.1	2.0	0.1
1995	123471	77.0	18.6	1.9	2.5	2.4	0.1
1996	129665	76.7	19.5	1.9	1.9	1.8	0.1
1997	130082	74.9	21.3	1.8	2.0	1.9	0.1
1998	130260	74.2	21.8	1.9	2.1	2.0	0.1
1999	135132	73.6	22.3	2.1	1.9	1.8	0.1
2000	139445	72.4	23.1	2.3	2.1	2.0	0.1
2001	142972	71.9	23.0	2.6	2.6	2.4	0.2
2002	151789	71.5	23.4	2.6	2.6	2.4	0.2
2003	176074	73.1	22.1	2.6	2.3	2.0	0.3
2004	204219	72.8	22.2	2.6	2.5	2.2	0.3
2005	225781	74.1	20.7	2.8	2.5	2.2	0.3
2006	247562	74.3	20.2	3.0	2.5	2.2	0.3
2007	268413	74.3	19.7	3.5	2.6	2.2	0.3
2008	277515	74.9	19.2	2.9	3.0	2.6	0.3
2009	292028	74.0	18.8	4.1	3.1	2.6	0.3
2010	307987	71.9	20.0	4.6	3.5	2.9	0.3

续表

Continued

年 份 Year	发电煤耗计算法 coal equivalent calculation						
	能源消费总量(万吨标准煤) Total Energy Consumption (10^4 tce)	占能源消费总量的比重（%） As percentage of primary energy consumption (%)					
		煤 炭 Coal	石 油 Petroleum	天然气 Natural Gas	水电、核电、其他能发电 Hydro Power Nuclear Power Other Power	#水电 Hydro Power	核电 Nuclear Power
1980	60275	72.2	20.7	3.1	4.0	4.0	-
1981	59447	72.7	20.0	2.8	4.5	4.5	-
1982	62067	73.7	18.9	2.5	4.9	4.9	-
1983	66040	74.2	18.1	2.4	5.3	5.3	-
1984	70904	75.3	17.4	2.4	4.9	4.9	-
1985	76682	75.8	17.1	2.2	4.9	4.9	-
1986	80850	75.8	17.2	2.3	4.7	4.7	-
1987	86632	76.2	17.0	2.1	4.7	4.7	-
1988	92997	76.1	17.1	2.1	4.7	4.7	-
1989	96934	76.1	17.1	2.1	4.7	4.7	-
1990	98703	76.2	16.6	2.1	5.1	5.1	-
1991	103783	76.1	17.1	2.0	4.8	4.8	-
1992	109170	75.7	17.5	1.9	4.9	4.9	-
1993	115993	74.7	18.2	1.9	5.2	5.1	0.1
1994	122737	75.0	17.4	1.9	5.7	5.2	0.5
1995	131176	74.6	17.5	1.8	6.1	5.7	0.4
1996	135192	73.5	18.7	1.8	6.0	5.6	0.4
1997	135909	71.4	20.4	1.8	6.4	5.9	0.4
1998	136184	70.9	20.8	1.8	6.5	6.1	0.4
1999	140569	70.6	21.5	2.0	5.9	5.5	0.4
2000	145531	69.2	22.2	2.2	6.4	5.9	0.4
2001	150406	68.3	21.8	2.4	7.5	7.1	0.4
2002	159431	68.0	22.3	2.4	7.3	6.8	0.5
2003	183792	69.8	21.2	2.5	6.5	5.7	0.8
2004	213456	69.5	21.3	2.5	6.7	5.9	0.8
2005	235997	70.8	19.8	2.6	6.8	5.9	0.8
2006	258676	71.1	19.3	2.9	6.7	5.9	0.7
2007	280508	71.1	18.8	3.3	6.8	5.9	0.8
2008	291448	70.3	18.3	3.7	7.7	6.7	0.8
2009	306647	70.4	17.9	3.9	7.8	6.5	0.8
2010	324939	68.0	19.0	4.4	8.6	7.1	0.7

4-2 工业分行业终端能源消费量(实物量)-2010

行　业	Item	煤合计 (万吨) Coal Total (10^4tn)
工业	**Industry**	**68146.05**
(一)采掘业	**Mining and Quarrying**	**7632.07**
煤炭开采和洗选业	Mining and Washing of Coal	6753.30
石油和天然气开采业	Extraction of Petroleum and Natural Gas	162.67
黑色金属矿采选业	Mining and Processing of Ferrous Metal Ores	191.75
有色金属矿采选业	Mining and Processing of Non-Ferrous Metal Ores	99.19
非金属矿采选业	Mining and Processing of Nonmetal Ores	422.60
其他采矿业	Mining of Other Ores	2.56
(二)制造业	**Manufacturing**	**57175.17**
农副食品加工业	Processing of Food from Agricultural Products	1374.56
食品制造业	Manufacture of Foods	852.08
饮料制造业	Manufacture of Beverages	722.28
烟草制品业	Manufacture of Tobacco	77.47
纺织业	Manufacture of Textile	1703.82
纺织服装、鞋、帽制造业	Manufacture of Textile Wearing Apparel,Footware, and Caps	207.69
皮革、毛皮、羽毛(绒)及其制品业	Manufacture of Leather, Fur, Feather and Related Products	75.12
木材加工及木、竹、藤、棕、草制品业	Processing of Timber,Manufacture of Wood,Bamboo,Rattan,Palm, and Straw Products	415.96
家具制造业	Manufacture of Furniture	30.05
造纸及纸制品业	Manufacture of Paper and Paper Products	2256.52
印刷业和记录媒介的复制	Printing,Reproduction of Recording Media	39.28
文教体育用品制造业	Manufacture of Articles For Culture, Education and Sport Activity	17.74
石油加工、炼焦及核燃料加工业	Processing of Petroleum, Coking, Processing of Nuclear Fuel	1333.92
化学原料及化学制品制造业	Manufacture of Raw Chemical Materials and Chemical Products	10119.76
医药制造业	Manufacture of Medicines	585.64
化学纤维制造业	Manufacture of Chemical Fibers	275.00
橡胶制品业	Manufacture of Rubber	424.87
塑料制品业	Manufacture of Plastics	293.44
非金属矿物制品业	Manufacture of Non-metallic Mineral Products	23011.46
黑色金属冶炼及压延加工业	Smelting and Pressing of Ferrous Metals	9475.32
有色金属冶炼及压延加工业	Smelting and Pressing of Non-ferrous Metals	1358.03
金属制品业	Manufacture of Metal Products	308.20
通用设备制造业	Manufacture of General Purpose Machinery	402.61
专用设备制造业	Manufacture of Special Purpose Machinery	549.59
交通运输设备制造业	Manufacture of Transport Equipment	654.88
电气机械及器材制造业	Manufacture of Electrical Machinery and Equipment	177.01
通信设备、计算机及其他电子设备制造业	Manufacture of Communication Equipment,Computers and Other Electronic Equipment	137.44
仪器仪表及文化、办公用机械制造业	Manufacture of Measuring Instruments and Machinery for Cultural Activity and Office Work	25.46
工艺品及其他制造业	Manufacture of Artwork and Other Manufacturing	257.02
废弃资源和废旧材料回收加工业	Recycling and Disposal of Waste	12.95
(三)电力、煤气及水生产和供应业	**Electric Power, Gas and Water Production and Supply**	**3338.81**
电力、热力的生产和供应业	Production and Distribution of Electric Power and Heat Power	3239.37
燃气生产和供应业	Production and Distribution of Gas	72.15
水的生产和供应业	Production and Distribution of Water	27.29

FINAL ENERGY CONSUMPTION BY INDUSTRIAL SECTOR-2010 (PHYSICAL QUANTITY)

原煤 (万吨) Raw Coal (10^4tn)	洗精煤 (万吨) Cleaned Coal (10^4tn)	其他洗煤 (万吨) Other Washed Coal (10^4tn)	焦炭 (万吨) Coke (10^4tn)	焦炉煤气 (亿立方米) Coke Oven Gas (10^8 cu.m)	高炉煤气 (亿立方米) Blast Furnace Gas (10^8 cu.m)	转炉煤气 (亿立方米) Converter Gas (10^8 cu.m)	其他煤气 (亿立方米) Other Gas (10^8 cu.m)	其他焦化产品 (万吨) Other Coking Products (10^4tn)
59538.90	**2529.37**	**5667.70**	**33455.45**	**494.55**	**1110.00**	**179.02**	**55.00**	**673.00**
7082.30	**201.37**	**340.89**	**179.97**	**4.16**	**4.78**	**3.38**	**0.99**	**3.15**
6230.04	186.68	333.47	25.05	1.66	4.78	0.02	0.70	3.15
162.67			0.16					
177.79	6.03	3.52	125.73	2.31		3.36	0.29	
92.24	5.46	1.50	15.75					
417.00	3.20	2.40	13.28	0.19				
2.56								
49224.13	**2322.59**	**5239.83**	**33270.20**	**481.61**	**1105.22**	**174.97**	**51.78**	**659.59**
1296.65	6.65	65.27	9.50	0.08				
836.94	8.93	6.20	3.01	0.05				
713.23	2.10	6.95	0.68					
74.24	1.36	1.87		0.04				
1663.16	11.32	21.24	5.10	1.79				
203.91	2.14	1.64	3.76	0.02				
74.64	0.25	0.23	0.22					
410.52	2.75	2.69	1.78					
29.65	0.12	0.29	1.51					
2169.22	26.61	55.29	2.19	0.09				0.31
38.95	0.12	0.21	0.27	0.01				
17.57	0.05	0.12	3.82					
912.52	357.13	64.27	93.45	85.99	34.19	0.04		87.95
9345.78	365.31	197.34	1743.02	19.93	6.56	0.71	10.40	230.95
568.52	10.62	6.50	0.87	0.30				
272.95	2.05		3.88					1.75
415.34	4.47	5.06	2.93	0.46				
281.64	7.17	4.63	4.04					
17937.84	476.62	4548.50	385.72	16.78		1.76	15.97	85.85
8377.32	875.21	154.75	29371.99	339.72	1064.47	171.66	2.76	245.23
1192.27	66.64	70.40	557.63	11.69		0.07	22.65	6.61
293.82	7.87	6.52	75.56	0.98		0.12		
379.50	9.94	5.01	657.06	0.58		0.59		0.61
495.78	51.86	1.95	125.61	2.17				0.33
643.73	6.18	4.97	168.87	0.68		0.01		
166.28	9.66	1.07	26.63	0.10				
135.17	2.02	0.25	2.61	0.07				
24.50		0.96	5.73	0.01				
243.11	7.43	2.10	2.13	0.02		0.01		
9.38	0.01	3.55	10.63	0.05				
3232.47	**5.41**	**86.98**	**5.28**	**8.78**		**0.67**	**2.23**	**10.26**
3133.53	5.16	86.73	4.01	0.01			2.23	10.26
71.69	0.22	0.24	1.14	8.77		0.67		
27.25	0.03	0.01	0.13					

行　业	Item	油品合计 (万吨) Petroleum Products Total (10^4tn)
工业	**Industry**	**14757.76**
(一)采掘业	**Mining and Quarrying**	**1154.99**
煤炭开采和洗选业	Mining and Washing of Coal	168.94
石油和天然气开采业	Extraction of Petroleum and Natural Gas	787.90
黑色金属矿采选业	Mining and Processing of Ferrous Metal Ores	71.14
有色金属矿采选业	Mining and Processing of Non-Ferrous Metal Ores	29.19
非金属矿采选业	Mining and Processing of Nonmetal Ores	96.34
其他采矿业	Mining of Other Ores	1.48
(二)制造业	**Manufacturing**	**13476.78**
农副食品加工业	Processing of Food from Agricultural Products	117.27
食品制造业	Manufacture of Foods	64.37
饮料制造业	Manufacture of Beverages	34.94
烟草制品业	Manufacture of Tobacco	6.29
纺织业	Manufacture of Textile	98.94
纺织服装、鞋、帽制造业	Manufacture of Textile Wearing Apparel,Footware, and Caps	58.70
皮革、毛皮、羽毛(绒)及其制品业	Manufacture of Leather, Fur, Feather and Related Products	28.77
木材加工及木、竹、藤、棕、草制品业	Processing of Timber,Manufacture of Wood,Bamboo,Rattan,Palm, and Straw Products	28.60
家具制造业	Manufacture of Furniture	24.54
造纸及纸制品业	Manufacture of Paper and Paper Products	60.67
印刷业和记录媒介的复制	Printing,Reproduction of Recording Media	25.44
文教体育用品制造业	Manufacture of Articles For Culture, Education and Sport Activity	24.07
石油加工、炼焦及核燃料加工业	Processing of Petroleum, Coking, Processing of Nuclear Fuel	5574.27
化学原料及化学制品制造业	Manufacture of Raw Chemical Materials and Chemical Products	3396.26
医药制造业	Manufacture of Medicines	38.19
化学纤维制造业	Manufacture of Chemical Fibers	42.27
橡胶制品业	Manufacture of Rubber	31.98
塑料制品业	Manufacture of Plastics	99.97
非金属矿物制品业	Manufacture of Non-metallic Mineral Products	2209.52
黑色金属冶炼及压延加工业	Smelting and Pressing of Ferrous Metals	179.83
有色金属冶炼及压延加工业	Smelting and Pressing of Non-ferrous Metals	438.07
金属制品业	Manufacture of Metal Products	129.15
通用设备制造业	Manufacture of General Purpose Machinery	154.23
专用设备制造业	Manufacture of Special Purpose Machinery	89.89
交通运输设备制造业	Manufacture of Transport Equipment	205.78
电气机械及器材制造业	Manufacture of Electrical Machinery and Equipment	142.07
通信设备、计算机及其他电子设备制造业	Manufacture of Communication Equipment,Computers and Other Electronic Equipment	110.92
仪器仪表及文化、办公用机械制造业	Manufacture of Measuring Instruments and Machinery for Cultural Activity and Office Work	23.43
工艺品及其他制造业	Manufacture of Artwork and Other Manufacturing	31.14
废弃资源和废旧材料回收加工业	Recycling and Disposal of Waste	7.21
(三)电力、煤气及水生产和供应业	**Electric Power, Gas and Water Production and Supply**	**125.99**
电力、热力的生产和供应业	Production and Distribution of Electric Power and Heat Power	84.13
燃气生产和供应业	Production and Distribution of Gas	32.66
水的生产和供应业	Production and Distribution of Water	9.20

Continued 1

原油 (万吨) Crude Oil (10⁴tn)	汽油 (万吨) Gasoline (10⁴tn)	煤油 (万吨) Kerosene (10⁴tn)	柴油 (万吨) Diesel Oil (10⁴tn)	燃料油 (万吨) Fuel Oil (10⁴tn)	石脑油 (万吨) Naphtha (10⁴tn)	润滑油 (万吨) Lubricants (10⁴tn)	石蜡 (万吨) Petroleum Waxes (10⁴tn)	溶剂油 (万吨) White Spirit (10⁴tn)
806.12	**689.37**	**37.54**	**2046.16**	**1022.48**	**1841.02**	**225.00**	**103.00**	**70.00**
482.32	**66.28**	**4.41**	**499.68**	**35.00**		**0.59**	**0.03**	
	20.11	2.53	140.92	2.32		0.12		
482.32	24.16		185.78	32.42		0.02		
	7.70	0.35	62.31	0.07		0.43	0.03	
	7.59	0.67	20.74	0.01		0.01		
	6.40	0.24	89.39	0.18		0.01		
	0.32	0.62	0.54					
323.54	**590.92**	**33.09**	**1495.60**	**976.20**	**1841.02**	**224.35**	**102.97**	**70.00**
0.11	38.93	0.51	56.74	9.79		0.02		0.31
0.01	15.74	0.20	30.47	13.76			0.60	
	9.55	0.13	15.91	8.26				
	0.72		4.50	1.06				
0.02	26.96	0.50	44.25	22.45		0.02		
0.03	17.83	0.25	34.34	5.30				
0.05	8.40	0.24	13.70	5.87				
0.22	9.29	0.17	18.06	0.25			0.06	
0.01	8.23	0.08	14.53	0.58				
0.12	11.32	0.22	28.00	18.03		0.03		
0.01	8.33	0.10	13.57	2.05				0.05
0.06	4.08	0.11	16.39	1.73			0.16	
99.08	36.18	2.98	23.59	171.69	1027.47	219.10	0.19	30.33
219.33	48.20	5.02	162.08	134.45	813.47	0.54	101.63	38.55
0.02	12.16	0.34	17.15	6.65		0.02		
	1.55	0.01	7.92	15.21		0.16		0.03
0.02	10.81	0.09	10.26	9.16		0.07	0.01	0.04
0.10	23.21	0.28	56.61	13.65		0.06	0.11	0.41
2.45	37.47	1.16	289.95	353.57		0.19	0.10	0.03
0.33	13.40	0.47	99.01	23.45		0.13		
0.71	10.35	1.78	63.65	96.84		0.05		0.03
0.12	32.95	1.40	66.29	12.47		0.06		
0.09	54.03	4.47	74.65	7.75		0.65		0.01
0.06	29.51	0.64	47.63	3.75	0.08	0.24		
0.17	49.21	10.18	110.44	12.50		2.43	0.01	0.04
0.15	36.48	0.66	71.92	7.81		0.56	0.01	0.16
0.27	20.31	0.36	71.22	13.67		0.01		0.01
	7.26	0.61	14.22	0.40		0.01		
	7.73	0.10	14.35	2.38			0.09	
	0.73	0.03	4.20	1.67				
0.26	**32.17**	**0.04**	**50.88**	**11.28**		**0.06**		
0.26	24.59	0.03	43.72	10.87		0.04		
	3.20	0.01	2.55	0.23		0.02		
	4.38		4.61	0.18				

续表 2

行　业	Item	石油沥青 (万吨) Bitumen Asphalt (10^4 tn)
工业	**Industry**	**44.87**
(一)采掘业	**Mining and Quarrying**	**0.09**
煤炭开采和洗选业	Mining and Washing of Coal	
石油和天然气开采业	Extraction of Petroleum and Natural Gas	
黑色金属矿采选业	Mining and Processing of Ferrous Metal Ores	
有色金属矿采选业	Mining and Processing of Non-Ferrous Metal Ores	0.09
非金属矿采选业	Mining and Processing of Nonmetal Ores	
其他采矿业	Mining of Other Ores	
(二)制造业	**Manufacturing**	**44.78**
农副食品加工业	Processing of Food from Agricultural Products	
食品制造业	Manufacture of Foods	
饮料制造业	Manufacture of Beverages	
烟草制品业	Manufacture of Tobacco	
纺织业	Manufacture of Textile	
纺织服装、鞋、帽制造业	Manufacture of Textile Wearing Apparel,Footware, and Caps	
皮革、毛皮、羽毛(绒)及其制品业	Manufacture of Leather, Fur, Feather and Related Products	
木材加工及木、竹、藤、棕、草制品业	Processing of Timber,Manufacture of Wood,Bamboo,Rattan,Palm, and Straw Products	
家具制造业	Manufacture of Furniture	
造纸及纸制品业	Manufacture of Paper and Paper Products	
印刷业和记录媒介的复制	Printing,Reproduction of Recording Media	
文教体育用品制造业	Manufacture of Articles For Culture, Education and Sport Activity	
石油加工、炼焦及核燃料加工业	Processing of Petroleum, Coking, Processing of Nuclear Fuel	17.11
化学原料及化学制品制造业	Manufacture of Raw Chemical Materials and Chemical Products	0.38
医药制造业	Manufacture of Medicines	
化学纤维制造业	Manufacture of Chemical Fibers	
橡胶制品业	Manufacture of Rubber	0.01
塑料制品业	Manufacture of Plastics	
非金属矿物制品业	Manufacture of Non-metallic Mineral Products	24.56
黑色金属冶炼及压延加工业	Smelting and Pressing of Ferrous Metals	
有色金属冶炼及压延加工业	Smelting and Pressing of Non-ferrous Metals	2.60
金属制品业	Manufacture of Metal Products	
通用设备制造业	Manufacture of General Purpose Machinery	
专用设备制造业	Manufacture of Special Purpose Machinery	
交通运输设备制造业	Manufacture of Transport Equipment	
电气机械及器材制造业	Manufacture of Electrical Machinery and Equipment	
通信设备、计算机及其他电子设备制造业	Manufacture of Communication Equipment,Computers and Other Electronic Equipment	
仪器仪表及文化、办公用机械制造业	Manufacture of Measuring Instruments and Machinery for Cultural Activity and Office Work	
工艺品及其他制造业	Manufacture of Artwork and Other Manufacturing	
废弃资源和废旧材料回收加工业	Recycling and Disposal of Waste	0.12
(三)电力、煤气及水生产和供应业	**Electric Power, Gas and Water Production and Supply**	
电力、热力的生产和供应业	Production and Distribution of Electric Power and Heat Power	
燃气生产和供应业	Production and Distribution of Gas	
水的生产和供应业	Production and Distribution of Water	

Continued 2

石油焦 (万吨) Petroleum Coke (10^4 tn)	液化石油气 (万吨) LPG (10^4 tn)	炼厂干气 (万吨) Refinery Gas (10^4 tn)	其他石油制品 (万吨) Other Petroleum Products (10^4 tn)	天然气 (亿立方米) Natural Gas (10^8 cu.m)	液化天然气 (万吨) LNG (10^4 tn)	热力 (万百万千焦) Heat (10^{10} kJ)	电力 (亿千瓦小时) Electricity (10^8 kW•h)
1800.00	**529.08**	**1102.44**	**4440.68**	**362.07**	**655.00**	**213189.00**	**28303.53**
	2.43	**35.63**	**28.52**	**104.38**	**0.10**	**4911.63**	**1940.39**
	0.13		2.80	1.60	0.07	434.52	751.67
	2.10	35.63	25.47	102.42		2426.96	347.90
	0.14		0.11	0.03		0.23	361.33
	0.02		0.06	0.09	0.01	1.03	258.71
	0.04		0.08	0.23	0.02	2048.89	155.26
				0.01			65.52
1800.00	**500.17**	**1066.67**	**4407.48**	**254.99**	**644.46**	**201091.72**	**22870.00**
	3.25	6.73	0.88	0.71	1.26	4239.11	424.36
	3.40		0.19	2.45	2.28	4705.71	184.69
	1.06		0.03	1.68	0.12	3772.11	132.34
	0.01			0.58	0.03	301.34	45.88
	4.09	0.14	0.51	1.57	0.63	21052.44	1276.74
	0.86		0.08	0.29	0.21	614.95	151.58
	0.39		0.12	0.02	0.12	288.76	89.72
	0.46		0.09	0.30		531.85	212.21
	1.10		0.01	0.34	0.12	121.83	44.49
	2.78		0.17	1.27	1.62	14840.62	535.44
	1.23		0.10	0.72	0.36	282.82	95.45
	1.38		0.16	0.12	1.41	39.11	48.09
266.57	134.33	994.82	2550.85	5.83	191.92	29526.26	565.34
83.34	106.19	63.42	1619.66	138.19	314.18	61943.03	3144.93
	1.63		0.22	2.82	0.27	5319.71	222.58
	1.07		16.32	0.44		5771.26	298.86
	0.45		1.06	0.90	0.72	1255.01	329.89
	2.46	0.01	3.07	1.49	0.84	372.09	533.10
1297.54	110.57	1.22	90.71	33.54	66.53	1333.81	2448.48
1.59	34.39	0.08	6.98	19.52	5.85	24750.87	4611.60
150.96	11.60		99.50	7.69	9.96	9709.71	3129.08
	14.88	0.02	0.96	2.97	4.80	576.24	960.72
	8.49		4.09	6.24	3.09	944.15	621.03
	6.26	0.01	1.71	5.72	1.41	2172.27	317.83
	16.95	0.04	3.81	9.28	25.99	3080.36	790.29
	19.64	0.18	4.50	3.64	7.17	1754.39	508.19
	5.00		0.07	6.08	1.41	1038.43	670.76
	0.42		0.51	0.52	0.12	221.54	85.83
	5.37		1.12	0.07	1.95	525.55	376.40
	0.46				0.09	6.39	14.10
	26.48	**0.14**	**4.68**	**2.70**	**10.44**	**7185.65**	**3493.14**
	0.04	0.14	4.44	0.51	1.20	6785.51	3119.27
	26.41		0.24	2.00	9.24	354.93	82.87
	0.03			0.19		45.21	291.00

4-3 工业分行业终端能源消费量(标准量)-2010

单位:万吨标准煤

行业	Sector	终端消费合计 Final Consumption Total (发电煤耗计算法) (coal equivalent calculation)	(电热当量计算法) (calorific value calculation)
工业	**Industry**	**211626.09**	**155933.09**
(一)采掘业	**Mining and Quarrying**	**15040.88**	**11222.77**
煤炭开采和洗选业	Mining and Washing of Coal	7483.93	6004.88
石油和天然气开采业	Extraction of Petroleum and Natural Gas	3804.90	3120.34
黑色金属矿采选业	Mining and Processing of Ferrous Metal Ores	1567.81	856.81
有色金属矿采选业	Mining and Processing of Non-Ferrous Metal Ores	954.16	445.09
非金属矿采选业	Mining and Processing of Nonmetal Ores	1016.56	711.05
其他采矿业	Mining of Other Ores	213.52	84.60
(二)制造业	**Manufacturing**	**182515.40**	**137513.98**
农副食品加工业	Processing of Food from Agricultural Products	2605.96	1770.95
食品制造业	Manufacture of Foods	1478.99	1115.57
饮料制造业	Manufacture of Beverages	1124.19	863.78
烟草制品业	Manufacture of Tobacco	228.68	138.41
纺织业	Manufacture of Textile	6178.46	3666.21
纺织服装、鞋、帽制造业	Manufacture of Textile Wearing Apparel,Footware, and Caps	746.29	448.03
皮革、毛皮、羽毛(绒)及其制品业	Manufacture of Leather, Fur, Feather and Related Products	392.18	215.64
木材加工及木、竹、藤、棕、草制品业	Processing of Timber,Manufacture of Wood,Bamboo,Rattan,Palm, and Straw Products	1032.86	615.29
家具制造业	Manufacture of Furniture	209.66	122.11
造纸及纸制品业	Manufacture of Paper and Paper Products	3900.75	2847.16
印刷业和记录媒介的复制	Printing,Reproduction of Recording Media	390.35	202.53
文教体育用品制造业	Manufacture of Articles For Culture, Education and Sport Activity	210.84	116.21
石油加工、炼焦及核燃料加工业	Processing of Petroleum, Coking, Processing of Nuclear Fuel	12826.20	11713.78
化学原料及化学制品制造业	Manufacture of Raw Chemical Materials and Chemical Products	29111.07	22922.77
医药制造业	Manufacture of Medicines	1413.50	975.53
化学纤维制造业	Manufacture of Chemical Fibers	1414.81	826.74
橡胶制品业	Manufacture of Rubber	1455.68	806.56
塑料制品业	Manufacture of Plastics	2094.85	1045.87
非金属矿物制品业	Manufacture of Non-metallic Mineral Products	27655.83	22837.96
黑色金属冶炼及压延加工业	Smelting and Pressing of Ferrous Metals	56413.01	47338.72
有色金属冶炼及压延加工业	Smelting and Pressing of Non-ferrous Metals	12660.15	6503.03
金属制品业	Manufacture of Metal Products	3627.75	1737.33
通用设备制造业	Manufacture of General Purpose Machinery	3263.53	2041.53
专用设备制造业	Manufacture of Special Purpose Machinery	1835.33	1209.93
交通运输设备制造业	Manufacture of Transport Equipment	3727.45	2172.39
电气机械及器材制造业	Manufacture of Electrical Machinery and Equipment	2114.20	1114.24
通信设备、计算机及其他电子设备制造业	Manufacture of Communication Equipment,Computers and Other Electronic Equipment	2525.15	1205.30
仪器仪表及文化、办公用机械制造业	Manufacture of Measuring Instruments and Machinery for Cultural Activity and Office Work	346.47	177.58
工艺品及其他制造业	Manufacture of Artwork and Other Manufacturing	1454.62	713.98
废弃资源和废旧材料回收加工业	Recycling and Disposal of Waste	76.59	48.85
(三)电力、煤气及水生产和供应业	**Electric Power, Gas and Water Production and Supply**	**14069.81**	**7196.34**
电力、热力的生产和供应业	Production and Distribution of Electric Power and Heat Power	12625.71	6487.91
燃气生产和供应业	Production and Distribution of Gas	477.25	314.18
水的生产和供应业	Production and Distribution of Water	966.85	394.25

FINAL ENERGY CONSUMPTION BY INDUSTRIAL SECTOR-2010
(STANDARD QUANTITY)

(10 000 tce)

煤合计 Coal Total	原煤 Raw Coal	洗精煤 Cleaned Coal	其他洗煤 Other Washed Coal	焦炭 Coke	焦炉煤气 Coke Oven Gas	高炉煤气 Blast Furnace Gas	转炉煤气 Converter Gas	其他煤气 Other Gas
49318.47	**43816.36**	**2276.43**	**2976.68**	**32498.63**	**2825.86**	**1427.46**	**485.86**	**98.23**
5392.49	**5027.66**	**181.23**	**179.03**	**174.82**	**23.77**	**6.15**	**9.17**	**1.77**
4753.87	4408.82	168.01	175.14	24.33	9.48	6.15	0.05	1.25
112.47	112.47			0.16				
163.53	153.59	5.43	1.85	122.13	13.20		9.12	0.52
67.96	62.26	4.91	0.79	15.30				
292.89	288.75	2.88	1.26	12.90	1.09			
1.77	1.77							
41584.94	**36506.68**	**2090.33**	**2751.97**	**32318.68**	**2751.94**	**1421.31**	**474.87**	**92.48**
910.90	867.01	5.99	34.28	9.23	0.46			
593.90	582.60	8.04	3.26	2.92	0.30			
498.18	492.63	1.89	3.65	0.66	0.02			
54.62	52.41	1.22	0.98		0.23			
1197.07	1170.81	10.19	11.16	4.95	10.23			
146.96	144.17	1.93	0.86	3.65	0.11			
52.90	52.55	0.23	0.12	0.21				
288.73	284.84	2.48	1.41	1.73				
20.94	20.68	0.11	0.15	1.47				
1571.59	1515.34	23.95	29.04	2.13	0.51			
27.62	27.40	0.11	0.11	0.26	0.06			
12.57	12.47	0.05	0.06	3.71				
1006.55	651.38	321.42	33.75	90.78	491.35	43.97	0.11	
7692.79	7132.05	328.78	103.65	1693.17	113.88	8.44	1.93	18.57
423.99	411.02	9.56	3.41	0.84	1.71			
191.68	189.84	1.85		3.77				
293.26	286.58	4.02	2.66	2.84	2.63			
206.94	198.05	6.45	2.43	3.92				
15922.17	13074.89	428.94	2388.89	374.69	95.88		4.77	28.52
7692.49	6782.20	787.69	81.28	28531.97	1941.14	1368.90	465.88	4.93
985.58	871.19	59.97	36.97	541.68	66.80		0.19	40.46
217.72	207.21	7.08	3.42	73.40	5.60		0.33	
286.85	270.32	8.94	2.63	638.27	3.31		1.60	
399.20	351.50	46.67	1.02	122.02	12.40			
454.94	446.77	5.56	2.61	164.04	3.89		0.03	
130.62	121.37	8.69	0.56	25.87	0.57			
96.45	94.50	1.82	0.13	2.54	0.40			
17.50	17.00		0.50	5.57	0.06			
180.26	169.81	6.69	1.11	2.07	0.11		0.03	
9.97	8.09	0.01	1.87	10.32	0.29			
2341.04	**2282.02**	**4.87**	**45.68**	**5.13**	**50.15**		**1.82**	**3.98**
2272.11	2213.44	4.64	45.54	3.90	0.06			3.98
49.99	49.67	0.20	0.13	1.10	50.09		1.82	
18.94	18.91	0.03	0.01	0.13				

续表 1

单位:万吨标准煤

行业	Sector	其他焦化产品 Other Coking Products
工业	**Industry**	**776.64**
(一)采掘业	**Mining and Quarrying**	**3.64**
煤炭开采和洗选业	Mining and Washing of Coal	3.64
石油和天然气开采业	Extraction of Petroleum and Natural Gas	
黑色金属矿采选业	Mining and Processing of Ferrous Metal Ores	
有色金属矿采选业	Mining and Processing of Non-Ferrous Metal Ores	
非金属矿采选业	Mining and Processing of Nonmetal Ores	
其他采矿业	Mining of Other Ores	
(二)制造业	**Manufacturing**	**761.16**
农副食品加工业	Processing of Food from Agricultural Products	
食品制造业	Manufacture of Foods	
饮料制造业	Manufacture of Beverages	
烟草制品业	Manufacture of Tobacco	
纺织业	Manufacture of Textile	
纺织服装、鞋、帽制造业	Manufacture of Textile Wearing Apparel,Footware, and Caps	
皮革、毛皮、羽毛(绒)及其制品业	Manufacture of Leather, Fur, Feather and Related Products	
木材加工及木、竹、藤、棕、草制品业	Processing of Timber,Manufacture of Wood,Bamboo,Rattan,Palm, and Straw Products	
家具制造业	Manufacture of Furniture	
造纸及纸制品业	Manufacture of Paper and Paper Products	0.36
印刷业和记录媒介的复制	Printing,Reproduction of Recording Media	
文教体育用品制造业	Manufacture of Articles For Culture, Education and Sport Activity	
石油加工、炼焦及核燃料加工业	Processing of Petroleum, Coking, Processing of Nuclear Fuel	101.49
化学原料及化学制品制造业	Manufacture of Raw Chemical Materials and Chemical Products	266.52
医药制造业	Manufacture of Medicines	
化学纤维制造业	Manufacture of Chemical Fibers	2.02
橡胶制品业	Manufacture of Rubber	
塑料制品业	Manufacture of Plastics	
非金属矿物制品业	Manufacture of Non-metallic Mineral Products	99.07
黑色金属冶炼及压延加工业	Smelting and Pressing of Ferrous Metals	282.99
有色金属冶炼及压延加工业	Smelting and Pressing of Non-ferrous Metals	7.63
金属制品业	Manufacture of Metal Products	
通用设备制造业	Manufacture of General Purpose Machinery	0.70
专用设备制造业	Manufacture of Special Purpose Machinery	0.38
交通运输设备制造业	Manufacture of Transport Equipment	
电气机械及器材制造业	Manufacture of Electrical Machinery and Equipment	
通信设备、计算机及其他电子设备制造业	Manufacture of Communication Equipment,Computers and Other Electronic Equipment	
仪器仪表及文化、办公用机械制造业	Manufacture of Measuring Instruments and Machinery for Cultural Activity and Office Work	
工艺品及其他制造业	Manufacture of Artwork and Other Manufacturing	
废弃资源和废旧材料回收加工业	Recycling and Disposal of Waste	
(三)电力、煤气及水生产和供应业	**Electric Power, Gas and Water Production and Supply**	**11.84**
电力、热力的生产和供应业	Production and Distribution of Electric Power and Heat Power	11.84
燃气生产和供应业	Production and Distribution of Gas	
水的生产和供应业	Production and Distribution of Water	

Continued 1

(10 000 tce)

油品合计 Petroleum Products Total	原油 Crude Oil	汽油 Gasoline	煤油 Kerosene	柴油 Diesel Oil	燃料油 Fuel Oil	石脑油 Naphtha	润滑油 Lubricants	石蜡 Petroleum Waxes
20480.66	**1151.62**	**1014.34**	**55.24**	**2981.46**	**1460.71**	**2761.53**	**318.22**	**140.57**
1670.23	**689.04**	**97.52**	**6.49**	**728.08**	**50.00**		**0.83**	**0.04**
246.09		29.59	3.73	205.33	3.31		0.17	
1135.10	689.04	35.54		270.69	46.32		0.03	
103.77		11.33	0.51	90.79	0.10		0.61	0.04
42.63		11.17	0.99	30.22	0.01		0.01	
140.47		9.42	0.35	130.26	0.26		0.01	
2.17		0.47	0.91	0.79				
18620.49	**462.21**	**869.49**	**48.69**	**2179.24**	**1394.60**	**2761.53**	**317.31**	**140.53**
172.65	0.16	57.28	0.75	82.68	13.99		0.03	
94.42	0.01	23.16	0.29	44.40	19.66			0.82
51.08		14.05	0.19	23.18	11.80			
9.15		1.06		6.56	1.51			
144.92	0.03	39.67	0.74	64.48	32.07		0.03	
85.85	0.04	26.24	0.37	50.04	7.58			
41.96	0.07	12.36	0.35	19.96	8.39			
41.90	0.31	13.67	0.25	26.32	0.36			0.08
36.14	0.01	12.11	0.12	21.17	0.83			
88.74	0.17	16.66	0.32	40.80	25.76		0.04	
37.43	0.01	12.26	0.15	19.77	2.93			
35.40	0.09	6.00	0.16	23.88	2.47			0.22
7863.11	141.56	53.24	4.38	34.37	245.27	1541.20	309.88	0.26
4759.97	313.34	70.92	7.39	236.17	192.07	1220.21	0.77	138.71
56.03	0.03	17.89	0.50	24.99	9.50		0.03	
59.37		2.28	0.01	11.54	21.73		0.23	
46.47	0.03	15.91	0.13	14.95	13.09		0.10	0.01
145.85	0.14	34.15	0.41	82.49	19.50		0.08	0.15
2695.09	3.50	55.13	1.71	422.49	505.10		0.27	0.14
268.86	0.47	19.72	0.69	144.27	33.49		0.18	
564.20	1.01	15.23	2.62	92.74	138.35		0.07	
192.02	0.17	48.48	2.06	96.59	17.81		0.08	
226.98	0.13	79.51	6.58	108.77	11.07		0.92	
132.69	0.09	43.42	0.94	69.40	5.36	0.12	0.34	
304.10	0.24	72.41	14.99	160.92	17.86		3.45	0.01
211.79	0.21	53.68	0.97	104.79	11.16		0.79	0.01
162.80	0.39	29.88	0.53	103.77	19.53		0.01	
34.29		10.68	0.90	20.72	0.57		0.01	
46.65		11.37	0.15	20.91	3.40			0.12
10.58		1.07	0.04	6.12	2.39			
189.94	**0.37**	**47.33**	**0.06**	**74.14**	**16.11**		**0.08**	
122.08	0.37	36.18	0.04	63.70	15.52		0.05	
54.39		4.71	0.02	3.72	0.33		0.03	
13.47		6.44		6.72	0.26			

续表 2

单位：万吨标准煤

行　业	Sector	溶剂油 White Spirit
工业	**Industry**	**102.70**
（一）采掘业	**Mining and Quarrying**	
煤炭开采和洗选业	Mining and Washing of Coal	
石油和天然气开采业	Extraction of Petroleum and Natural Gas	
黑色金属矿采选业	Mining and Processing of Ferrous Metal Ores	
有色金属矿采选业	Mining and Processing of Non-Ferrous Metal Ores	
非金属矿采选业	Mining and Processing of Nonmetal Ores	
其他采矿业	Mining of Other Ores	
（二）制造业	**Manufacturing**	**102.70**
农副食品加工业	Processing of Food from Agricultural Products	0.45
食品制造业	Manufacture of Foods	
饮料制造业	Manufacture of Beverages	
烟草制品业	Manufacture of Tobacco	
纺织业	Manufacture of Textile	
纺织服装、鞋、帽制造业	Manufacture of Textile Wearing Apparel,Footware, and Caps	
皮革、毛皮、羽毛(绒)及其制品业	Manufacture of Leather, Fur, Feather and Related Products	
木材加工及木、竹、藤、棕、草制品业	Processing of Timber,Manufacture of Wood,Bamboo,Rattan,Palm, and Straw Products	
家具制造业	Manufacture of Furniture	
造纸及纸制品业	Manufacture of Paper and Paper Products	
印刷业和记录媒介的复制	Printing,Reproduction of Recording Media	0.07
文教体育用品制造业	Manufacture of Articles For Culture, Education and Sport Activity	
石油加工、炼焦及核燃料加工业	Processing of Petroleum, Coking, Processing of Nuclear Fuel	44.51
化学原料及化学制品制造业	Manufacture of Raw Chemical Materials and Chemical Products	56.57
医药制造业	Manufacture of Medicines	
化学纤维制造业	Manufacture of Chemical Fibers	0.04
橡胶制品业	Manufacture of Rubber	0.06
塑料制品业	Manufacture of Plastics	0.60
非金属矿物制品业	Manufacture of Non-metallic Mineral Products	0.04
黑色金属冶炼及压延加工业	Smelting and Pressing of Ferrous Metals	
有色金属冶炼及压延加工业	Smelting and Pressing of Non-ferrous Metals	0.04
金属制品业	Manufacture of Metal Products	
通用设备制造业	Manufacture of General Purpose Machinery	0.01
专用设备制造业	Manufacture of Special Purpose Machinery	
交通运输设备制造业	Manufacture of Transport Equipment	0.06
电气机械及器材制造业	Manufacture of Electrical Machinery and Equipment	0.23
通信设备、计算机及其他电子设备制造业	Manufacture of Communication Equipment,Computers and Other Electronic Equipment	0.02
仪器仪表及文化、办公用机械制造业	Manufacture of Measuring Instruments and Machinery for Cultural Activity and Office Work	
工艺品及其他制造业	Manufacture of Artwork and Other Manufacturing	
废弃资源和废旧材料回收加工业	Recycling and Disposal of Waste	
（三）电力、煤气及水生产和供应业	**Electric Power, Gas and Water Production and Supply**	
电力、热力的生产和供应业	Production and Distribution of Electric Power and Heat Power	
燃气生产和供应业	Production and Distribution of Gas	
水的生产和供应业	Production and Distribution of Water	

Continued 2

(10 000 tce)

石油沥青 Bitumen Asphalt	石油焦 Petroleum Coke	液化石油气 LPG	炼厂干气 Refinery Gas	其他石油制品 Other Petroleum Products	天然气 Natural Gas	液化天然气 LNG	热力 Heat	电力 Electricity
58.78	**1890.00**	**907.00**	**1732.37**	**5906.10**	**4815.48**	**1150.97**	**7269.74**	**34785.04**
0.12		**4.17**	**55.99**	**37.94**	**1388.32**	**0.18**	**167.49**	**2384.74**
		0.22		3.73	21.26	0.12	14.82	923.80
		3.61	55.99	33.87	1362.28		82.75	427.58
		0.24		0.15	0.46		0.01	444.08
0.12		0.03		0.08	1.20	0.02	0.04	317.95
		0.07		0.11	2.99	0.04	69.87	190.81
					0.13			80.52
58.66	**1890.00**	**857.44**	**1676.16**	**5861.94**	**3391.19**	**1132.44**	**6857.22**	**28107.23**
		5.57	10.58	1.17	9.39	2.21	144.55	521.54
		5.83		0.25	32.57	4.01	160.46	226.99
		1.82		0.04	22.36	0.21	128.63	162.65
		0.02			7.70	0.05	10.28	56.38
		7.01	0.22	0.68	20.93	1.11	717.89	1569.11
		1.47		0.11	3.83	0.37	20.97	186.29
		0.67		0.16	0.25	0.21	9.85	110.26
		0.79		0.12	3.99		18.14	260.81
		1.89		0.01	4.52	0.21	4.15	54.68
		4.77		0.23	16.85	2.85	506.07	658.06
		2.11		0.13	9.58	0.63	9.64	117.31
		2.37		0.21	1.61	2.48	1.33	59.10
22.41	279.90	230.28	1563.23	3392.62	77.54	337.23	1006.85	694.80
0.50	87.51	182.04	99.66	2154.15	1838.06	552.07	2112.26	3865.11
		2.79		0.29	37.53	0.47	181.40	273.55
		1.83		21.71	5.79		196.80	367.30
0.01		0.77		1.41	11.86	1.27	42.80	405.43
		4.22	0.02	4.08	19.82	1.48	12.69	655.18
32.17	1362.41	189.54	1.92	120.64	446.17	116.91	45.48	3009.18
	1.67	58.95	0.13	9.28	259.58	10.28	844.00	5667.66
3.41	158.51	19.89		132.34	102.25	17.50	331.10	3845.65
		25.51	0.03	1.28	39.46	8.43	19.65	1180.73
		14.55		5.44	82.95	5.43	32.20	763.24
		10.73	0.02	2.28	76.08	2.48	74.07	390.62
		29.06	0.06	5.06	123.42	45.67	105.04	971.26
		33.67	0.28	5.99	48.40	12.60	59.82	624.56
		8.57		0.09	80.86	2.48	35.41	824.36
		0.72		0.68	6.92	0.21	7.55	105.49
		9.21		1.49	0.92	3.43	17.92	462.60
0.16		0.79	0.01			0.16	0.22	17.33
		45.39	**0.22**	**6.22**	**35.97**	**18.35**	**245.03**	**4293.07**
		0.07	0.22	5.90	6.84	2.11	231.39	3833.58
		45.27		0.32	26.60	16.24	12.10	101.85
		0.05			2.53		1.54	357.64

4-4 分行业能源消费总量

单位：万吨标准煤

行　业	Sector	1995
消 费 总 量	**Total Consumption**	**131175.50**
农、林、牧、渔业	**Farming,Forestry,Animal Husbandry,Fishery and Water Conservancy**	**5505.20**
工业	**Industry**	**96191.30**
采掘业	**Mining and Quarrying**	**9941.00**
煤炭开采和洗选业	Mining and Washing of Coal	5499.80
石油和天然气开采业	Extraction of Petroleum and Natural Gas	2812.60
黑色金属矿采选业	Mining and Processing of Ferrous Metal Ores	268.20
有色金属矿采选业	Mining and Processing of Non-Ferrous Metal Ores	557.20
非金属矿采选业	Mining and Processing of Nonmetal Ores	553.40
其他采矿业	Mining of Other Ores	249.80
制造业	**Manufacturing**	**78368.20**
农副食品加工业	Processing of Food from Agricultural Products	1972.50
食品制造业	Manufacture of Foods	1208.00
饮料制造业	Manufacture of Beverages	1000.30
烟草制品业	Manufacture of Tobacco	223.80
纺织业	Manufacture of Textile	3531.30
纺织服装、鞋、帽制造业	Manufacture of Textile Wearing Apparel,Footware, and Caps	329.20
皮革、毛皮、羽毛(绒)及其制品业	Manufacture of Leather, Fur, Feather and Related Products	289.90
木材加工及木、竹、藤、棕、草制品业	Processing of Timber,Manufacture of Wood,Bamboo,Rattan,Palm, and Straw Products	380.00
家具制造业	Manufacture of Furniture	105.80
造纸及纸制品业	Manufacture of Paper and Paper Products	2138.40
印刷业和记录媒介的复制	Printing,Reproduction of Recording Media	203.40
文教体育用品制造业	Manufacture of Articles For Culture, Education and Sport Activity	62.00
石油加工、炼焦及核燃料加工业	Processing of Petroleum, Coking, Processing of Nuclear Fuel	5567.30
化学原料及化学制品制造业	Manufacture of Raw Chemical Materials and Chemical Products	15821.60
医药制造业	Manufacture of Medicines	1201.30
化学纤维制造业	Manufacture of Chemical Fibers	1278.00
橡胶制品业	Manufacture of Rubber	644.10
塑料制品业	Manufacture of Plastics	541.90
非金属矿物制品业	Manufacture of Non-metallic Mineral Products	13058.00
黑色金属冶炼及压延加工业	Smelting and Pressing of Ferrous Metals	18532.80
有色金属冶炼及压延加工业	Smelting and Pressing of Non-ferrous Metals	2841.70
金属制品业	Manufacture of Metal Products	993.90
通用设备制造业	Manufacture of General Purpose Machinery	1650.50
专用设备制造业	Manufacture of Special Purpose Machinery	1089.30
交通运输设备制造业	Manufacture of Transport Equipment	1376.30
电气机械及器材制造业	Manufacture of Electrical Machinery and Equipment	629.20
通信设备、计算机及其他电子设备制造业	Manufacture of Communication Equipment,Computers and Other Electronic Equipment	321.40
仪器仪表及文化、办公用机械制造业	Manufacture of Measuring Instruments and Machinery for Cultural Activity and Office Work	142.60
工艺品及其他制造业	Manufacture of Artwork and Other Manufacturing	1233.70
废弃资源和废旧材料回收加工业	Recycling and Disposal of Waste	
电力、煤气及水生产和供应业	**Electric Power, Gas and Water Production and Supply**	**7882.70**
电力、热力的生产和供应业	Production and Distribution of Electric Power and Heat Power	7052.70
燃气生产和供应业	Production and Distribution of Gas	341.30
水的生产和供应业	Production and Distribution of Water	488.70
建筑业	**Construction**	**1334.50**
交通运输、仓储和邮政业	**Transport, Storage and Post**	**5862.90**
批发、零售业和住宿、餐饮业	**Wholesale, Retail Trade and Hotel ,Restaurants**	**2017.80**
其他行业	**Others**	**4519.00**
生活消费	**Residential Consumption**	**15744.80**

CONSUMPTION OF TOTAL ENERGY AND ITS MAIN VARIETIES BY SECTOR

(10 000 tce)

2000	2005	2006	2007	2008	2009	2010
145530.86	**235996.65**	**258676.30**	**280507.94**	**291448.29**	**306647.15**	**324939.15**
3913.77	**6071.06**	**6330.71**	**6228.40**	**6013.13**	**6251.18**	**6477.30**
103773.85	**168723.53**	**184945.45**	**200531.38**	**209302.15**	**219197.16**	**231101.82**
10968.06	**13914.67**	**14247.13**	**15240.74**	**17050.44**	**17585.17**	**18399.39**
5286.08	7522.45	7672.90	8269.88	9356.17	10206.55	10574.43
3963.58	3710.92	3586.79	3651.26	4210.04	3945.90	4057.55
374.66	971.13	1138.05	1330.32	1408.03	1250.90	1573.35
425.26	680.67	738.02	828.89	863.14	832.89	954.16
690.46	927.84	978.21	1035.12	1028.27	1095.77	1026.38
228.02	101.68	133.17	125.27	184.79	253.16	213.52
80771.97	**137140.40**	**151274.67**	**164951.10**	**172106.52**	**180595.97**	**188497.85**
1717.36	2207.28	2360.77	2537.65	2731.34	2795.37	2644.27
1055.55	1281.74	1389.67	1448.62	1544.66	1563.34	1508.52
800.45	992.06	1081.60	1098.77	1161.85	1191.44	1130.42
303.98	257.08	255.38	249.03	232.60	233.80	228.89
3014.37	5281.32	6108.59	6528.30	6396.38	6251.01	6204.53
348.43	577.42	661.68	711.44	725.34	713.08	748.42
203.86	323.71	364.15	387.67	388.73	384.48	392.19
360.66	754.77	843.10	893.67	981.91	1049.09	1035.62
101.14	133.12	149.32	152.86	181.80	183.81	209.66
2269.30	3574.91	3791.56	3643.36	3998.65	4101.00	3961.92
204.55	280.70	303.62	327.08	349.81	357.48	390.97
122.75	198.37	202.85	210.09	219.76	214.62	210.84
7220.12	11923.57	12498.72	13445.30	13747.01	15328.29	16582.66
14326.13	23848.69	25995.36	28621.16	28961.13	28946.07	29688.93
941.62	1203.58	1255.98	1261.41	1360.49	1354.58	1427.68
1883.87	1382.82	1465.05	1575.02	1448.58	1436.85	1440.91
687.98	1137.05	1246.95	1305.16	1335.83	1344.72	1461.17
696.39	1486.34	1604.91	1652.49	1852.37	1894.96	2097.51
13768.08	21310.46	22637.64	23111.66	25460.52	26882.28	27683.25
18962.27	39544.25	44729.92	50186.53	51862.92	56404.37	57533.71
4079.30	7403.80	8861.83	10867.61	11287.99	11401.37	12841.45
1210.42	2271.08	2632.41	2852.64	3023.79	3037.78	3627.75
1251.01	2149.71	2406.23	2649.23	2758.11	2985.24	3270.81
866.58	1314.71	1438.19	1579.44	1630.28	1671.52	1851.20
1502.38	2043.13	2247.85	2467.64	2732.58	3031.90	3748.85
648.35	1213.20	1353.04	1557.01	1791.10	1854.48	2121.53
692.89	1482.64	1754.05	1994.99	2197.44	2216.28	2525.15
156.70	197.45	232.82	260.90	284.98	291.92	346.47
1375.45	1330.45	1349.93	1323.74	1401.72	1413.73	1505.08
	34.98	51.49	50.64	56.84	61.11	77.49
12033.83	**17668.45**	**19423.65**	**20339.53**	**20145.19**	**21016.02**	**24204.58**
10812.32	16326.50	18004.12	18892.27	18676.48	19574.86	22584.11
605.09	643.19	663.11	650.79	634.60	566.25	650.11
616.42	698.76	756.42	796.48	834.11	874.91	970.36
2178.53	**3403.31**	**3760.73**	**4127.52**	**3812.53**	**4562.02**	**6226.30**
11241.59	**18391.01**	**20284.23**	**21959.18**	**22917.25**	**23691.84**	**26068.47**
3047.63	**4847.75**	**5314.05**	**5689.38**	**5733.58**	**6412.26**	**6826.82**
5761.58	**9254.56**	**10275.98**	**11158.19**	**11771.34**	**12689.81**	**13680.50**
15613.91	**25305.43**	**27765.16**	**30813.90**	**31898.32**	**33842.88**	**34557.94**

4-5 分行业煤炭消费总量

单位：万吨

行　业	Sector	1995
消 费 总 量	**Total Consumption**	**137676.50**
农、林、牧、渔业	**Farming,Forestry,Animal Husbandry,Fishery and Water Conservancy**	**1856.70**
工业	**Industry**	**117570.70**
采掘业	**Mining and Quarrying**	**9861.00**
煤炭开采和洗选业	Mining and Washing of Coal	8290.70
石油和天然气开采业	Extraction of Petroleum and Natural Gas	637.20
黑色金属矿采选业	Mining and Processing of Ferrous Metal Ores	94.90
有色金属矿采选业	Mining and Processing of Non-Ferrous Metal Ores	174.70
非金属矿采选业	Mining and Processing of Nonmetal Ores	434.40
其他采矿业	Mining of Other Ores	229.10
制造业	**Manufacturing**	**63109.40**
农副食品加工业	Processing of Food from Agricultural Products	1753.90
食品制造业	Manufacture of Foods	1214.50
饮料制造业	Manufacture of Beverages	983.30
烟草制品业	Manufacture of Tobacco	190.70
纺织业	Manufacture of Textile	2536.90
纺织服装、鞋、帽制造业	Manufacture of Textile Wearing Apparel,Footware, and Caps	117.30
皮革、毛皮、羽毛(绒)及其制品业	Manufacture of Leather, Fur, Feather and Related Products	239.00
木材加工及木、竹、藤、棕、草制品业	Processing of Timber,Manufacture of Wood,Bamboo,Rattan,Palm, and Straw Products	363.00
家具制造业	Manufacture of Furniture	62.70
造纸及纸制品业	Manufacture of Paper and Paper Products	2132.20
印刷业和记录媒介的复制	Printing,Reproduction of Recording Media	86.80
文教体育用品制造业	Manufacture of Articles For Culture, Education and Sport Activity	33.20
石油加工、炼焦及核燃料加工业	Processing of Petroleum, Coking, Processing of Nuclear Fuel	8025.10
化学原料及化学制品制造业	Manufacture of Raw Chemical Materials and Chemical Products	10803.50
医药制造业	Manufacture of Medicines	915.10
化学纤维制造业	Manufacture of Chemical Fibers	823.10
橡胶制品业	Manufacture of Rubber	566.40
塑料制品业	Manufacture of Plastics	311.50
非金属矿物制品业	Manufacture of Non-metallic Mineral Products	13424.20
黑色金属冶炼及压延加工业	Smelting and Pressing of Ferrous Metals	12920.70
有色金属冶炼及压延加工业	Smelting and Pressing of Non-ferrous Metals	1348.60
金属制品业	Manufacture of Metal Products	462.10
通用设备制造业	Manufacture of General Purpose Machinery	821.10
专用设备制造业	Manufacture of Special Purpose Machinery	652.50
交通运输设备制造业	Manufacture of Transport Equipment	860.20
电气机械及器材制造业	Manufacture of Electrical Machinery and Equipment	343.60
通信设备、计算机及其他电子设备制造业	Manufacture of Communication Equipment,Computers and Other Electronic Equipment	141.50
仪器仪表及文化、办公用机械制造业	Manufacture of Measuring Instruments and Machinery for Cultural Activity and Office Work	70.90
工艺品及其他制造业	Manufacture of Artwork and Other Manufacturing	905.90
废弃资源和废旧材料回收加工业	Recycling and Disposal of Waste	
电力、煤气及水生产和供应业	**Electric Power, Gas and Water Production and Supply**	**44600.30**
电力、热力的生产和供应业	Production and Distribution of Electric Power and Heat Power	43799.60
燃气生产和供应业	Production and Distribution of Gas	763.10
水的生产和供应业	Production and Distribution of Water	37.60
建筑业	**Construction**	**439.80**
交通运输、仓储和邮政业	**Transport, Storage and Post**	**1315.10**
批发、零售业和住宿、餐饮业	**Wholesale, Retail Trade and Hotel ,Restaurants**	**977.40**
其他行业	**Others**	**1986.70**
生活消费	**Residential Consumption**	**13530.10**

CONSUMPTION OF COAL AND ITS MAIN VARIETIES BY SECTOR

(10 000 ton)

2000	2005	2006	2007	2008	2009	2010
141091.70	**231851.07**	**255065.45**	**272745.88**	**281095.92**	**295833.08**	**312236.50**
933.38	**1513.80**	**1502.60**	**1519.57**	**1522.57**	**1582.11**	**1711.10**
127806.65	**215493.30**	**238510.23**	**256202.76**	**265574.20**	**279888.52**	**296031.63**
11512.86	**15833.26**	**16884.65**	**18971.74**	**19501.07**	**21728.00**	**24638.61**
9874.51	14535.96	15599.75	17626.33	18317.30	20245.30	23143.94
846.81	373.74	376.51	381.19	299.41	557.60	563.03
78.61	140.06	144.85	153.42	182.05	167.84	222.10
103.00	112.39	115.80	113.51	95.75	94.26	99.19
472.06	668.99	645.54	694.84	605.16	660.74	607.79
137.87	2.10	2.19	2.44	1.39	2.26	2.56
57742.34	**92018.39**	**99084.39**	**102002.35**	**108176.80**	**112005.84**	**118821.50**
1581.25	1392.33	1450.96	1557.11	1641.55	1673.25	1699.66
747.35	974.49	1022.42	1054.17	1071.85	1047.01	1210.93
725.48	840.34	860.56	864.04	856.53	814.72	792.40
150.41	135.30	139.56	124.04	94.94	89.20	80.06
1638.22	2555.37	2796.32	2862.05	2529.12	2433.32	2618.04
139.67	237.14	258.88	265.91	229.35	219.34	233.77
81.46	105.20	110.56	107.29	85.60	85.72	75.11
264.74	437.06	459.40	455.35	440.00	441.63	432.64
49.51	32.75	34.06	33.20	33.46	29.74	33.79
2081.70	3439.45	3823.24	3819.31	3858.05	4006.28	4281.61
58.32	45.64	47.42	46.25	41.52	39.47	44.70
20.25	20.92	21.75	21.23	18.25	17.63	17.74
9078.34	19753.15	22944.00	25000.49	26437.72	27204.87	29780.84
8838.69	12915.21	13654.69	14187.95	15067.46	15014.41	14703.88
614.98	686.31	730.76	701.89	717.67	697.32	716.35
953.48	813.13	830.10	886.90	751.47	733.36	589.10
315.16	443.14	456.73	456.80	458.39	453.90	508.10
168.52	280.45	293.78	285.87	312.40	367.29	377.96
13804.64	20036.23	20708.53	20416.79	23049.05	23753.51	23508.83
12342.14	21294.47	22551.56	22846.70	24126.17	26553.24	28221.59
1512.84	2488.32	2711.14	2918.68	3301.39	3086.63	5714.93
271.78	337.56	340.66	333.35	342.56	334.90	316.00
411.51	411.63	438.93	419.01	436.37	425.42	432.85
375.74	553.91	580.71	571.95	548.01	576.83	627.83
825.31	865.59	891.77	887.33	835.57	845.85	853.95
220.40	172.76	179.74	176.08	179.34	383.11	253.54
82.82	155.25	153.47	150.02	185.11	184.68	185.11
37.13	24.68	25.65	25.07	26.55	25.16	25.46
350.49	563.56	559.76	520.27	491.79	457.67	471.78
	7.08	7.30	7.26	9.54	10.36	12.95
58551.45	**107641.65**	**122541.19**	**135228.67**	**137896.33**	**146154.67**	**152571.52**
57380.72	106286.71	121059.67	133651.89	136725.09	144877.42	151163.05
1120.30	1316.52	1441.37	1537.85	1136.08	1248.90	1341.79
50.44	38.42	40.15	38.93	35.16	28.35	66.68
536.82	**603.56**	**651.99**	**615.33**	**603.18**	**635.59**	**718.91**
882.24	**811.17**	**769.94**	**735.89**	**665.41**	**640.89**	**639.23**
1314.64	**1674.39**	**1791.46**	**1868.27**	**1791.39**	**1977.89**	**1969.87**
1161.01	**1715.88**	**1802.90**	**2043.43**	**1791.56**	**1986.14**	**2006.59**
8456.96	**10038.97**	**10036.34**	**9760.61**	**9147.61**	**9121.95**	**9159.17**

4-6 分行业焦炭消费总量

单位：万吨

行　业	Sector	1995
消 费 总 量	**Total Consumption**	**10725.28**
农、林、牧、渔业	**Farming,Forestry,Animal Husbandry,Fishery and Water Conservancy**	**128.62**
工业	**Industry**	**10412.04**
采掘业	**Mining and Quarrying**	**151.42**
煤炭开采和洗选业	Mining and Washing of Coal	41.97
石油和天然气开采业	Extraction of Petroleum and Natural Gas	1.21
黑色金属矿采选业	Mining and Processing of Ferrous Metal Ores	56.76
有色金属矿采选业	Mining and Processing of Non-Ferrous Metal Ores	24.53
非金属矿采选业	Mining and Processing of Nonmetal Ores	26.14
其他采矿业	Mining of Other Ores	0.81
制造业	**Manufacturing**	**10243.83**
农副食品加工业	Processing of Food from Agricultural Products	15.37
食品制造业	Manufacture of Foods	10.43
饮料制造业	Manufacture of Beverages	4.98
烟草制品业	Manufacture of Tobacco	1.59
纺织业	Manufacture of Textile	5.78
纺织服装、鞋、帽制造业	Manufacture of Textile Wearing Apparel,Footware, and Caps	1.12
皮革、毛皮、羽毛(绒)及其制品业	Manufacture of Leather, Fur, Feather and Related Products	0.80
木材加工及木、竹、藤、棕、草制品业	Processing of Timber,Manufacture of Wood,Bamboo,Rattan,Palm, and Straw Products	1.13
家具制造业	Manufacture of Furniture	1.29
造纸及纸制品业	Manufacture of Paper and Paper Products	3.84
印刷业和记录媒介的复制	Printing,Reproduction of Recording Media	0.53
文教体育用品制造业	Manufacture of Articles For Culture, Education and Sport Activity	1.52
石油加工、炼焦及核燃料加工业	Processing of Petroleum, Coking, Processing of Nuclear Fuel	31.56
化学原料及化学制品制造业	Manufacture of Raw Chemical Materials and Chemical Products	1298.71
医药制造业	Manufacture of Medicines	2.64
化学纤维制造业	Manufacture of Chemical Fibers	23.53
橡胶制品业	Manufacture of Rubber	1.56
塑料制品业	Manufacture of Plastics	1.52
非金属矿物制品业	Manufacture of Non-metallic Mineral Products	276.66
黑色金属冶炼及压延加工业	Smelting and Pressing of Ferrous Metals	7810.76
有色金属冶炼及压延加工业	Smelting and Pressing of Non-ferrous Metals	195.09
金属制品业	Manufacture of Metal Products	123.24
通用设备制造业	Manufacture of General Purpose Machinery	237.13
专用设备制造业	Manufacture of Special Purpose Machinery	101.25
交通运输设备制造业	Manufacture of Transport Equipment	41.42
电气机械及器材制造业	Manufacture of Electrical Machinery and Equipment	15.59
通信设备、计算机及其他电子设备制造业	Manufacture of Communication Equipment,Computers and Other Electronic Equipment	1.05
仪器仪表及文化、办公用机械制造业	Manufacture of Measuring Instruments and Machinery for Cultural Activity and Office Work	3.42
工艺品及其他制造业	Manufacture of Artwork and Other Manufacturing	30.32
废弃资源和废旧材料回收加工业	Recycling and Disposal of Waste	
电力、煤气及水生产和供应业	**Electric Power, Gas and Water Production and Supply**	**16.79**
电力、热力的生产和供应业	Production and Distribution of Electric Power and Heat Power	3.80
燃气生产和供应业	Production and Distribution of Gas	12.88
水的生产和供应业	Production and Distribution of Water	0.11
建筑业	**Construction**	**10.76**
交通运输、仓储和邮政业	**Transport, Storage and Post**	**10.10**
批发、零售业和住宿、餐饮业	**Wholesale, Retail Trade and Hotel ,Restaurants**	**25.71**
其他行业	**Others**	**6.44**
生活消费	**Residential Consumption**	**131.61**

CONSUMPTION OF COKE AND ITS MAIN VARIETIES BY SECTOR

(10 000 ton)

2000	2005	2006	2007	2008	2009	2010
10840.76	**25105.84**	**27892.77**	**29168.12**	**29900.23**	**31849.97**	**33687.80**
70.93	**63.47**	**55.73**	**57.23**	**53.14**	**44.59**	**46.82**
10554.55	**24860.92**	**27653.55**	**28932.22**	**29756.70**	**31743.32**	**33583.69**
160.58	**174.51**	**196.09**	**219.64**	**181.87**	**139.04**	**179.97**
53.06	61.34	65.63	75.84	55.80	28.26	25.05
5.76	0.29	0.31	0.35	0.01		0.16
52.38	83.71	97.89	107.91	102.92	83.82	125.73
22.12	16.32	17.83	19.66	12.17	14.89	15.75
26.95	12.86	14.42	15.90	10.97	12.07	13.28
0.31						
10357.19	**24621.38**	**27421.25**	**28673.29**	**29538.48**	**31572.03**	**33381.02**
16.15	8.52	8.10	8.92	13.20	10.56	9.50
14.67	5.36	5.60	6.18	7.92	7.13	3.01
3.14	1.03	1.08	1.18	1.05	0.94	0.68
1.26	0.01	0.01	0.01	0.83		
4.19	2.99	3.27	3.57	5.28	4.10	5.10
1.68	1.33	1.49	1.64	3.23	1.40	3.76
1.76	0.31	0.34	0.38	0.22	0.31	0.22
1.47	1.81	1.98	2.19	2.59	2.46	1.78
1.05	1.03	1.08	1.19	1.06	1.01	1.51
1.57	4.35	4.34	4.79	5.66	4.35	2.19
0.29	0.15	0.17	0.19	0.32	0.56	0.27
1.68	3.57	3.73	5.78	5.30	5.06	3.82
64.96	76.76	92.34	98.97	103.48	97.16	93.45
1104.86	1724.26	2024.28	2250.47	2248.82	2105.35	1743.01
0.68	1.13	1.27	1.43	1.55	1.24	0.87
27.49	51.22	57.20	62.48	18.48	5.54	3.88
2.62	1.77	1.77	1.95	2.50	3.25	2.93
6.29	2.62	2.98	3.29	4.38	3.07	4.04
312.35	208.27	237.52	261.84	305.49	384.65	385.72
8084.98	21429.43	23731.54	24577.44	25477.78	27191.81	29448.47
218.09	372.51	423.12	477.96	498.07	676.48	591.98
126.05	78.33	87.47	96.43	90.83	98.22	75.56
208.23	455.52	519.49	572.67	473.50	663.64	657.06
73.93	68.89	76.59	84.44	91.58	100.74	125.61
32.28	93.91	107.10	118.06	139.70	163.67	168.87
10.92	16.75	17.51	18.95	25.78	23.21	26.63
0.31	0.69	0.73	0.80	0.87	1.74	2.61
4.19	2.75	3.07	3.38	3.77	8.32	5.73
30.07	3.79	3.78	4.16	2.18	1.81	2.13
	2.33	2.33	2.57	3.04	4.25	10.63
36.78	**65.03**	**36.21**	**39.29**	**36.35**	**32.24**	**22.70**
	6.13	6.70	7.45	7.13	8.13	4.01
36.78	58.84	29.44	31.76	29.15	24.02	18.55
	0.07	0.07	0.08	0.07	0.09	0.14
18.98	**18.38**	**18.50**	**17.48**	**10.70**	**5.68**	**5.81**
11.24	**1.07**	**0.85**	**0.55**	**0.29**	**0.14**	**0.12**
35.71	**64.08**	**65.39**	**71.00**	**7.54**	**3.94**	**5.10**
12.15	**7.59**	**8.30**	**8.23**	**6.93**	**3.47**	**2.77**
137.20	**90.33**	**90.45**	**81.40**	**64.93**	**48.84**	**43.49**

4-7 分行业原油消费总量

单位：万吨

行　业	Sector	1995
消 费 总 量	**Total Consumption**	**14886.39**
农、林、牧、渔业	**Farming,Forestry,Animal Husbandry,Fishery and Water Conservancy**	**10.11**
工业	**Industry**	**14716.30**
采掘业	**Mining and Quarrying**	**1686.21**
煤炭开采和洗选业	Mining and Washing of Coal	
石油和天然气开采业	Extraction of Petroleum and Natural Gas	1686.16
黑色金属矿采选业	Mining and Processing of Ferrous Metal Ores	
有色金属矿采选业	Mining and Processing of Non-Ferrous Metal Ores	0.05
非金属矿采选业	Mining and Processing of Nonmetal Ores	
其他采矿业	Mining of Other Ores	
制造业	**Manufacturing**	**12963.62**
农副食品加工业	Processing of Food from Agricultural Products	0.53
食品制造业	Manufacture of Foods	0.72
饮料制造业	Manufacture of Beverages	0.72
烟草制品业	Manufacture of Tobacco	
纺织业	Manufacture of Textile	1.29
纺织服装、鞋、帽制造业	Manufacture of Textile Wearing Apparel,Footware, and Caps	0.04
皮革、毛皮、羽毛(绒)及其制品业	Manufacture of Leather, Fur, Feather and Related Products	0.04
木材加工及木、竹、藤、棕、草制品业	Processing of Timber,Manufacture of Wood,Bamboo,Rattan,Palm, and Straw Products	
家具制造业	Manufacture of Furniture	
造纸及纸制品业	Manufacture of Paper and Paper Products	0.26
印刷业和记录媒介的复制	Printing,Reproduction of Recording Media	0.10
文教体育用品制造业	Manufacture of Articles For Culture, Education and Sport Activity	
石油加工、炼焦及核燃料加工业	Processing of Petroleum, Coking, Processing of Nuclear Fuel	11338.36
化学原料及化学制品制造业	Manufacture of Raw Chemical Materials and Chemical Products	1078.84
医药制造业	Manufacture of Medicines	0.12
化学纤维制造业	Manufacture of Chemical Fibers	478.22
橡胶制品业	Manufacture of Rubber	1.22
塑料制品业	Manufacture of Plastics	0.02
非金属矿物制品业	Manufacture of Non-metallic Mineral Products	56.32
黑色金属冶炼及压延加工业	Smelting and Pressing of Ferrous Metals	3.17
有色金属冶炼及压延加工业	Smelting and Pressing of Non-ferrous Metals	0.35
金属制品业	Manufacture of Metal Products	0.17
通用设备制造业	Manufacture of General Purpose Machinery	0.28
专用设备制造业	Manufacture of Special Purpose Machinery	0.20
交通运输设备制造业	Manufacture of Transport Equipment	0.57
电气机械及器材制造业	Manufacture of Electrical Machinery and Equipment	0.85
通信设备、计算机及其他电子设备制造业	Manufacture of Communication Equipment,Computers and Other Electronic Equipment	
仪器仪表及文化、办公用机械制造业	Manufacture of Measuring Instruments and Machinery for Cultural Activity and Office Work	
工艺品及其他制造业	Manufacture of Artwork and Other Manufacturing	1.23
废弃资源和废旧材料回收加工业	Recycling and Disposal of Waste	
电力、煤气及水生产和供应业	**Electric Power, Gas and Water Production and Supply**	**66.47**
电力、热力的生产和供应业	Production and Distribution of Electric Power and Heat Power	66.47
燃气生产和供应业	Production and Distribution of Gas	
水的生产和供应业	Production and Distribution of Water	
建筑业	**Construction**	**2.71**
交通运输、仓储和邮政业	**Transport, Storage and Post**	**156.77**
批发、零售业和住宿、餐饮业	**Wholesale, Retail Trade and Hotel ,Restaurants**	**0.50**
其他行业	**Others**	
生活消费	**Residential Consumption**	

CONSUMPTION OF CRUDE OIL AND ITS MAIN VARIETIES BY SECTOR

(10 000 ton)

2000	2005	2006	2007	2008	2009	2010
21232.01	**30086.24**	**32245.20**	**34031.60**	**35498.24**	**38128.59**	**42874.55**
21052.08	**29959.37**	**32081.54**	**33867.94**	**35332.58**	**37975.17**	**42716.55**
3196.35	**1386.75**	**1171.41**	**1203.93**	**1294.56**	**1078.98**	**1020.29**
2.32						
3194.03	1386.75	1171.41	1203.93	1294.56	1078.98	1020.29
17779.14	**28563.58**	**30898.48**	**32655.33**	**34027.78**	**36891.89**	**41692.62**
0.42	0.07	0.06	0.06	0.08	0.10	0.11
0.48	0.10	0.09	0.09	0.11		0.01
0.52	0.50	0.49	0.49	0.60	0.20	
0.05	0.20	0.19	0.19	0.23	0.20	0.02
0.16	0.24	0.23	0.25	0.31	0.33	0.03
	0.04	0.04	0.04	0.05	0.03	0.05
	0.12	0.11	0.14	0.17	0.28	0.22
	0.03	0.03	0.03	0.05		0.01
0.48	0.51	0.50	0.52	0.60	0.36	0.12
					0.00	0.01
0.10	0.09	0.08	0.08	0.10	0.04	0.06
15305.82	26021.27	28726.34	30309.24	31204.73	34047.74	38624.99
1809.79	2513.08	2141.34	2315.05	2785.45	2821.81	3062.50
			0.10	0.10	0.03	0.02
594.71	10.62	11.89	11.97	14.51	10.01	
0.05	0.82	0.81	0.78	0.85	0.40	0.02
0.40	0.08	0.08	0.05	0.07	0.02	0.10
53.54	14.17	14.57	14.66	17.78	8.89	2.45
10.25	0.13	0.13	0.10	0.15	0.04	0.33
0.80	0.31	0.31	0.31	0.38	0.61	0.71
0.03	0.06	0.06	0.06	0.11	0.18	0.12
0.11	0.15	0.15	0.19	0.23	0.06	0.09
0.27	0.11	0.11	0.13	0.16	0.05	0.06
0.06	0.15	0.15	0.11	0.14	0.10	0.17
0.50	0.26	0.26	0.24	0.29	0.12	0.15
	0.40	0.40	0.40	0.49	0.25	0.27
	0.05	0.05	0.04	0.04	0.01	
0.60	0.01	0.01	0.01	0.01	0.02	
76.59	**9.04**	**11.65**	**8.67**	**10.23**	**4.30**	**3.64**
76.59	8.78	11.40	8.42	9.93	4.09	3.64
	0.26	0.25	0.25	0.31	0.21	
					0.00	
3.30						
175.05	**126.87**	**163.66**	**163.66**	**165.66**	**153.42**	**158.00**
0.18						
1.40						

4-8 分行业汽油消费总量

单位：万吨

行业	Sector	1995
消费总量	**Total Consumption**	**2909.59**
农、林、牧、渔业	**Farming,Forestry,Animal Husbandry,Fishery and Water Conservancy**	**179.66**
工业	**Industry**	**812.43**
采掘业	**Mining and Quarrying**	**135.90**
煤炭开采和洗选业	Mining and Washing of Coal	37.87
石油和天然气开采业	Extraction of Petroleum and Natural Gas	58.99
黑色金属矿采选业	Mining and Processing of Ferrous Metal Ores	4.74
有色金属矿采选业	Mining and Processing of Non-Ferrous Metal Ores	8.18
非金属矿采选业	Mining and Processing of Nonmetal Ores	8.74
其他采矿业	Mining of Other Ores	17.38
制造业	**Manufacturing**	**637.21**
农副食品加工业	Processing of Food from Agricultural Products	37.56
食品制造业	Manufacture of Foods	16.33
饮料制造业	Manufacture of Beverages	14.91
烟草制品业	Manufacture of Tobacco	3.17
纺织业	Manufacture of Textile	42.72
纺织服装、鞋、帽制造业	Manufacture of Textile Wearing Apparel,Footware, and Caps	11.39
皮革、毛皮、羽毛(绒)及其制品业	Manufacture of Leather, Fur, Feather and Related Products	5.38
木材加工及木、竹、藤、棕、草制品业	Processing of Timber,Manufacture of Wood,Bamboo,Rattan,Palm, and Straw Products	4.68
家具制造业	Manufacture of Furniture	3.71
造纸及纸制品业	Manufacture of Paper and Paper Products	14.59
印刷业和记录媒介的复制	Printing,Reproduction of Recording Media	6.17
文教体育用品制造业	Manufacture of Articles For Culture, Education and Sport Activity	2.66
石油加工、炼焦及核燃料加工业	Processing of Petroleum, Coking, Processing of Nuclear Fuel	29.23
化学原料及化学制品制造业	Manufacture of Raw Chemical Materials and Chemical Products	62.64
医药制造业	Manufacture of Medicines	8.98
化学纤维制造业	Manufacture of Chemical Fibers	4.56
橡胶制品业	Manufacture of Rubber	14.41
塑料制品业	Manufacture of Plastics	17.47
非金属矿物制品业	Manufacture of Non-metallic Mineral Products	82.14
黑色金属冶炼及压延加工业	Smelting and Pressing of Ferrous Metals	42.55
有色金属冶炼及压延加工业	Smelting and Pressing of Non-ferrous Metals	12.71
金属制品业	Manufacture of Metal Products	18.19
通用设备制造业	Manufacture of General Purpose Machinery	58.65
专用设备制造业	Manufacture of Special Purpose Machinery	26.69
交通运输设备制造业	Manufacture of Transport Equipment	37.48
电气机械及器材制造业	Manufacture of Electrical Machinery and Equipment	24.07
通信设备、计算机及其他电子设备制造业	Manufacture of Communication Equipment,Computers and Other Electronic Equipment	9.15
仪器仪表及文化、办公用机械制造业	Manufacture of Measuring Instruments and Machinery for Cultural Activity and Office Work	4.69
工艺品及其他制造业	Manufacture of Artwork and Other Manufacturing	20.33
废弃资源和废旧材料回收加工业	Recycling and Disposal of Waste	
电力、煤气及水生产和供应业	**Electric Power, Gas and Water Production and Supply**	**39.32**
电力、热力的生产和供应业	Production and Distribution of Electric Power and Heat Power	33.85
燃气生产和供应业	Production and Distribution of Gas	3.21
水的生产和供应业	Production and Distribution of Water	2.26
建筑业	**Construction**	**103.62**
交通运输、仓储和邮政业	**Transport, Storage and Post**	**982.30**
批发、零售业和住宿、餐饮业	**Wholesale, Retail Trade and Hotel ,Restaurants**	**197.23**
其他行业	**Others**	**570.65**
生活消费	**Residential Consumption**	**63.70**

CONSUMPTION OF GASOLINE AND ITS MAIN VARIETIES BY SECTOR

(10 000 ton)

2000	2005	2006	2007	2008	2009	2010
3504.56	**4854.91**	**5242.55**	**5519.09**	**6145.52**	**6172.69**	**6886.21**
89.16	**159.59**	**167.75**	**172.78**	**160.44**	**168.06**	**169.07**
681.98	**441.71**	**498.50**	**524.50**	**586.11**	**671.07**	**689.46**
120.78	**51.89**	**59.43**	**62.91**	**65.73**	**65.46**	**66.32**
36.32	14.61	17.04	18.32	22.36	21.21	20.11
45.38	25.71	29.46	30.99	27.84	25.04	24.20
6.81	4.60	5.11	5.38	5.96	6.46	7.70
5.87	3.30	3.73	3.93	4.39	7.64	7.59
9.07	3.65	4.06	4.27	5.14	5.08	6.40
17.34	0.02	0.02	0.02	0.04	0.03	0.32
528.75	**364.25**	**411.39**	**436.66**	**492.78**	**571.16**	**590.92**
34.04	13.24	14.96	15.74	17.58	32.98	38.93
13.62	7.36	8.32	8.75	9.87	14.16	15.74
11.35	6.93	7.71	7.39	9.14	10.39	9.55
34.04	0.75	0.83	0.87	0.88	0.75	0.72
39.68	16.74	18.99	19.98	22.48	26.25	26.96
7.94	9.28	10.32	10.86	12.58	17.18	17.83
5.68	4.30	4.78	5.03	6.05	9.22	8.40
3.68	4.72	5.26	5.53	7.89	7.94	9.29
3.97	2.74	3.04	3.20	4.03	7.84	8.23
13.62	8.05	9.11	9.58	11.96	12.83	11.32
6.81	6.64	7.39	7.11	8.18	8.77	8.33
2.55	3.70	4.12	3.70	4.23	4.43	4.08
16.63	20.87	23.20	24.40	20.05	39.81	36.18
51.05	42.14	48.28	45.00	51.75	49.80	48.20
10.22	7.34	8.16	10.26	11.33	12.07	12.16
4.31	1.10	1.34	1.88	2.04	1.61	1.55
9.69	9.13	10.27	10.91	13.73	11.06	10.81
13.73	11.97	13.53	14.23	17.14	18.24	23.21
51.74	24.03	26.72	31.56	38.03	36.95	37.47
34.04	21.17	25.23	26.55	24.72	15.52	13.40
12.49	6.14	6.90	7.25	7.00	10.14	10.35
20.42	17.14	19.38	23.75	29.38	31.13	32.95
23.82	26.21	29.63	33.88	40.51	50.48	54.03
34.12	15.84	17.73	20.76	21.60	28.30	29.51
22.70	34.92	39.61	41.27	46.46	42.74	49.21
18.15	20.62	23.25	23.20	26.68	35.60	36.48
9.07	10.55	11.90	13.39	16.13	19.25	20.31
3.40	3.45	3.83	4.66	5.15	6.85	7.26
16.20	6.87	7.26	5.62	5.84	8.18	7.73
	0.31	0.35	0.34	0.38	0.69	0.73
32.44	**25.56**	**27.67**	**24.93**	**27.60**	**34.45**	**32.22**
28.17	20.25	21.77	19.06	21.99	26.53	24.64
1.95	2.36	2.66	2.62	2.10	2.88	3.20
2.32	2.95	3.25	3.25	3.51	5.04	4.38
115.55	**172.14**	**180.75**	**178.83**	**196.19**	**235.43**	**274.70**
1527.78	**2430.05**	**2592.36**	**2613.19**	**3090.43**	**2881.59**	**3204.93**
69.84	**129.39**	**123.34**	**131.73**	**135.28**	**147.52**	**168.18**
792.67	**998.20**	**1064.11**	**1119.67**	**1121.93**	**1069.93**	**1166.22**
227.58	**523.83**	**615.74**	**778.40**	**855.14**	**999.08**	**1213.65**

4-9 分行业煤油消费总量

单位：万吨

行 业	Sector	1995
消 费 总 量	**Total Consumption**	**512.11**
农、林、牧、渔业	**Farming,Forestry,Animal Husbandry,Fishery and Water Conservancy**	**3.57**
工业	**Industry**	**44.94**
采掘业	**Mining and Quarrying**	**2.92**
煤炭开采和洗选业	Mining and Washing of Coal	1.59
石油和天然气开采业	Extraction of Petroleum and Natural Gas	0.59
黑色金属矿采选业	Mining and Processing of Ferrous Metal Ores	0.08
有色金属矿采选业	Mining and Processing of Non-Ferrous Metal Ores	0.40
非金属矿采选业	Mining and Processing of Nonmetal Ores	0.20
其他采矿业	Mining of Other Ores	0.06
制造业	**Manufacturing**	**40.41**
农副食品加工业	Processing of Food from Agricultural Products	0.26
食品制造业	Manufacture of Foods	0.33
饮料制造业	Manufacture of Beverages	0.23
烟草制品业	Manufacture of Tobacco	2.07
纺织业	Manufacture of Textile	2.91
纺织服装、鞋、帽制造业	Manufacture of Textile Wearing Apparel,Footware, and Caps	0.11
皮革、毛皮、羽毛(绒)及其制品业	Manufacture of Leather, Fur, Feather and Related Products	0.42
木材加工及木、竹、藤、棕、草制品业	Processing of Timber,Manufacture of Wood,Bamboo,Rattan,Palm, and Straw Products	1.17
家具制造业	Manufacture of Furniture	0.01
造纸及纸制品业	Manufacture of Paper and Paper Products	1.78
印刷业和记录媒介的复制	Printing,Reproduction of Recording Media	3.41
文教体育用品制造业	Manufacture of Articles For Culture, Education and Sport Activity	0.10
石油加工、炼焦及核燃料加工业	Processing of Petroleum, Coking, Processing of Nuclear Fuel	1.02
化学原料及化学制品制造业	Manufacture of Raw Chemical Materials and Chemical Products	8.10
医药制造业	Manufacture of Medicines	0.15
化学纤维制造业	Manufacture of Chemical Fibers	0.18
橡胶制品业	Manufacture of Rubber	0.16
塑料制品业	Manufacture of Plastics	0.39
非金属矿物制品业	Manufacture of Non-metallic Mineral Products	2.59
黑色金属冶炼及压延加工业	Smelting and Pressing of Ferrous Metals	0.41
有色金属冶炼及压延加工业	Smelting and Pressing of Non-ferrous Metals	0.57
金属制品业	Manufacture of Metal Products	3.37
通用设备制造业	Manufacture of General Purpose Machinery	3.05
专用设备制造业	Manufacture of Special Purpose Machinery	0.91
交通运输设备制造业	Manufacture of Transport Equipment	4.87
电气机械及器材制造业	Manufacture of Electrical Machinery and Equipment	0.50
通信设备、计算机及其他电子设备制造业	Manufacture of Communication Equipment,Computers and Other Electronic Equipment	0.23
仪器仪表及文化、办公用机械制造业	Manufacture of Measuring Instruments and Machinery for Cultural Activity and Office Work	0.12
工艺品及其他制造业	Manufacture of Artwork and Other Manufacturing	0.99
废弃资源和废旧材料回收加工业	Recycling and Disposal of Waste	
电力、煤气及水生产和供应业	**Electric Power, Gas and Water Production and Supply**	**1.61**
电力、热力的生产和供应业	Production and Distribution of Electric Power and Heat Power	1.30
燃气生产和供应业	Production and Distribution of Gas	0.11
水的生产和供应业	Production and Distribution of Water	0.20
建筑业	**Construction**	**3.51**
交通运输、仓储和邮政业	**Transport, Storage and Post**	**250.01**
批发、零售业和住宿、餐饮业	**Wholesale, Retail Trade and Hotel ,Restaurants**	**8.51**
其他行业	**Others**	**137.32**
生活消费	**Residential Consumption**	**64.25**

CONSUMPTION OF KEROSENE AND ITS MAIN VARIETIES BY SECTOR

(10 000 ton)

	2000	2005	2006	2007	2008	2009	2010
	871.61	**1076.84**	**1124.74**	**1243.72**	**1294.01**	**1439.41**	**1744.07**
	1.50	**1.60**	**1.54**	**0.94**	**1.26**	**0.76**	**0.90**
	83.95	**57.50**	**48.19**	**45.24**	**49.08**	**32.04**	**40.20**
	7.44	**6.40**	**5.72**	**5.30**	**5.38**	**4.64**	**4.41**
	5.37	3.26	2.93	2.71	2.87	2.90	2.53
	0.42	0.17	0.16	0.15	0.13	0.05	
	0.04	1.42	1.27	1.16	1.03	0.45	0.35
	1.26	0.74	0.66	0.62	0.77	0.87	0.67
	0.34	0.80	0.70	0.66	0.58	0.37	0.24
	0.01	0.01	0.01				0.62
	76.05	**50.74**	**42.18**	**39.64**	**43.46**	**27.28**	**35.75**
	0.25	0.40	0.35	0.33	0.42	0.22	0.51
	0.08	0.33	0.29	0.27	0.26	0.11	0.20
	0.08	0.54	0.48	0.45	0.49	0.29	0.13
	0.08	0.03	0.03	0.03			
	3.78	2.05	1.84	1.72	1.38	0.43	0.50
	0.42	0.70	0.61	0.57	0.49	0.28	0.25
	0.17	0.37	0.32	0.30	0.24	0.29	0.24
	0.08	1.09	0.97	0.91	0.46	0.20	0.17
	0.04	0.24	0.21	0.20	0.18	0.13	0.08
	3.61	0.91	0.81	0.76	0.91	0.41	0.22
	5.71	0.74	0.66	0.62	0.53	0.23	0.10
	1.26	0.35	0.31	0.29	0.17	0.12	0.11
	18.06	2.06	1.85	1.73	2.08	1.24	5.64
	8.73	6.09	4.58	4.20	3.87	3.69	5.02
	0.15	0.52	0.46	0.43	0.43	0.07	0.34
	0.42	0.50	0.44	0.41	0.29	0.11	0.01
	0.07	0.27	0.23	0.22	0.15	0.08	0.09
	0.42	0.74	0.66	0.52	1.04	0.23	0.28
	2.43	3.06	2.75	2.58	2.32	1.23	1.16
	5.37	1.92	1.71	1.61	2.25	1.39	0.47
	0.59	2.32	2.07	1.94	2.18	1.65	1.78
	1.68	2.64	2.35	2.21	2.65	1.64	1.40
	3.27	5.80	5.18	4.82	6.32	3.88	4.47
	1.34	1.69	1.49	1.38	0.98	0.53	0.64
	6.30	11.08	7.76	7.57	9.05	7.16	10.18
	0.25	1.60	1.40	1.31	1.58	0.50	0.66
	0.18	0.82	0.80	0.75	0.86	0.22	0.36
	0.15	1.13	0.99	0.93	1.39	0.69	0.61
	11.08	0.70	0.59	0.55	0.44	0.23	0.10
		0.04	0.03	0.03	0.05	0.03	0.03
	0.46	**0.36**	**0.29**	**0.31**	**0.25**	**0.12**	**0.04**
	0.42	0.32	0.24	0.25	0.23	0.12	0.03
	0.01	0.02	0.02	0.03	0.01		0.01
	0.03	0.03	0.03	0.03	0.01		
	4.00				**9.67**	**10.39**	**8.77**
	535.90	**952.42**	**1010.54**	**1129.98**	**1174.59**	**1314.25**	**1601.08**
	14.00	**3.67**	**3.77**	**4.90**	**20.82**	**29.15**	**34.98**
	160.09	**36.19**	**37.97**	**43.17**	**25.90**	**33.67**	**38.73**
	72.17	**25.46**	**22.73**	**19.48**	**12.68**	**19.15**	**19.41**

4-10 分行业柴油消费总量

单位：万吨

行　业	Sector	1995
消 费 总 量	**Total Consumption**	**4321.44**
农、林、牧、渔业	**Farming,Forestry,Animal Husbandry,Fishery and Water Conservancy**	**1001.39**
工业	**Industry**	**1189.87**
采掘业	**Mining and Quarrying**	**229.63**
煤炭开采和洗选业	Mining and Washing of Coal	31.68
石油和天然气开采业	Extraction of Petroleum and Natural Gas	147.95
黑色金属矿采选业	Mining and Processing of Ferrous Metal Ores	5.41
有色金属矿采选业	Mining and Processing of Non-Ferrous Metal Ores	12.62
非金属矿采选业	Mining and Processing of Nonmetal Ores	20.96
其他采矿业	Mining of Other Ores	11.01
制造业	**Manufacturing**	**722.25**
农副食品加工业	Processing of Food from Agricultural Products	33.65
食品制造业	Manufacture of Foods	18.15
饮料制造业	Manufacture of Beverages	8.04
烟草制品业	Manufacture of Tobacco	1.16
纺织业	Manufacture of Textile	36.39
纺织服装、鞋、帽制造业	Manufacture of Textile Wearing Apparel,Footware, and Caps	8.64
皮革、毛皮、羽毛(绒)及其制品业	Manufacture of Leather, Fur, Feather and Related Products	5.76
木材加工及木、竹、藤、棕、草制品业	Processing of Timber,Manufacture of Wood,Bamboo,Rattan,Palm, and Straw Products	6.10
家具制造业	Manufacture of Furniture	1.42
造纸及纸制品业	Manufacture of Paper and Paper Products	27.59
印刷业和记录媒介的复制	Printing,Reproduction of Recording Media	2.66
文教体育用品制造业	Manufacture of Articles For Culture, Education and Sport Activity	2.73
石油加工、炼焦及核燃料加工业	Processing of Petroleum, Coking, Processing of Nuclear Fuel	48.89
化学原料及化学制品制造业	Manufacture of Raw Chemical Materials and Chemical Products	94.41
医药制造业	Manufacture of Medicines	3.86
化学纤维制造业	Manufacture of Chemical Fibers	5.45
橡胶制品业	Manufacture of Rubber	4.04
塑料制品业	Manufacture of Plastics	21.02
非金属矿物制品业	Manufacture of Non-metallic Mineral Products	149.29
黑色金属冶炼及压延加工业	Smelting and Pressing of Ferrous Metals	73.20
有色金属冶炼及压延加工业	Smelting and Pressing of Non-ferrous Metals	21.66
金属制品业	Manufacture of Metal Products	23.40
通用设备制造业	Manufacture of General Purpose Machinery	31.18
专用设备制造业	Manufacture of Special Purpose Machinery	14.53
交通运输设备制造业	Manufacture of Transport Equipment	31.60
电气机械及器材制造业	Manufacture of Electrical Machinery and Equipment	17.14
通信设备、计算机及其他电子设备制造业	Manufacture of Communication Equipment,Computers and Other Electronic Equipment	10.73
仪器仪表及文化、办公用机械制造业	Manufacture of Measuring Instruments and Machinery for Cultural Activity and Office Work	3.94
工艺品及其他制造业	Manufacture of Artwork and Other Manufacturing	15.62
废弃资源和废旧材料回收加工业	Recycling and Disposal of Waste	
电力、煤气及水生产和供应业	**Electric Power, Gas and Water Production and Supply**	**237.99**
电力、热力的生产和供应业	Production and Distribution of Electric Power and Heat Power	234.44
燃气生产和供应业	Production and Distribution of Gas	2.12
水的生产和供应业	Production and Distribution of Water	1.43
建筑业	**Construction**	**118.19**
交通运输、仓储和邮政业	**Transport, Storage and Post**	**1246.56**
批发、零售业和住宿、餐饮业	**Wholesale, Retail Trade and Hotel ,Restaurants**	**103.59**
其他行业	**Others**	**645.70**
生活消费	**Residential Consumption**	**16.14**

CONSUMPTION OF DIESEL OIL AND ITS MAIN VARIETIES BY SECTOR

(10 000 ton)

2000	2005	2006	2007	2008	2009	2010
6806.23	**10972.16**	**11835.43**	**12496.67**	**13532.58**	**13756.64**	**14633.80**
697.10	**1286.35**	**1365.53**	**1218.97**	**1098.87**	**1134.15**	**1206.73**
1696.46	**1991.27**	**1961.58**	**1972.78**	**2517.02**	**2348.80**	**2163.79**
289.49	**360.52**	**363.07**	**380.58**	**525.91**	**498.62**	**500.35**
54.46	64.50	62.82	66.32	93.48	108.69	141.23
166.62	187.29	190.59	198.44	272.77	230.37	185.98
12.54	33.29	33.57	35.45	54.66	51.92	62.36
13.71	13.45	13.57	14.33	19.64	18.85	20.82
29.39	61.00	61.52	64.97	83.47	87.64	89.42
12.77	0.99	1.00	1.06	1.90	1.14	0.54
1138.97	**1222.51**	**1240.33**	**1302.84**	**1688.64**	**1596.84**	**1501.33**
39.71	54.93	54.77	57.81	59.28	51.88	56.78
17.88	21.37	20.61	21.77	30.17	30.22	30.47
10.75	14.26	14.52	15.33	20.57	15.73	15.91
4.29	5.61	5.66	5.98	6.66	4.71	4.50
46.31	42.93	42.69	44.82	51.24	44.11	44.63
14.69	29.37	30.82	31.46	38.06	33.62	34.34
15.55	14.70	15.18	15.57	20.49	16.05	13.70
6.97	11.11	11.60	13.08	16.80	15.23	18.06
2.58	8.30	8.37	8.84	13.81	12.62	14.53
24.18	25.13	25.76	26.10	36.32	30.92	28.43
7.70	6.93	6.97	7.33	17.19	13.74	13.57
12.20	12.36	12.26	12.65	18.49	15.90	16.39
74.18	51.50	50.89	53.35	59.26	72.24	26.53
123.40	137.37	141.31	149.46	194.22	201.25	162.69
7.18	8.60	8.67	9.15	15.03	17.15	17.15
10.41	7.44	7.75	8.96	13.62	9.59	7.95
8.25	9.93	9.86	10.41	9.09	7.72	10.26
42.29	38.92	38.73	40.18	51.43	46.67	56.61
319.33	253.14	258.91	272.31	329.57	317.08	289.94
73.95	92.01	92.78	97.96	124.97	112.33	99.88
44.09	52.98	53.90	56.46	75.37	64.93	63.98
39.86	52.36	53.25	55.91	74.89	73.24	66.29
33.28	56.70	57.33	60.25	71.25	68.25	74.65
13.62	27.06	26.66	28.08	41.04	42.81	47.63
51.30	68.40	68.88	72.37	118.85	105.66	110.55
25.83	49.03	48.90	51.00	69.40	68.65	71.92
37.82	48.57	50.82	52.76	76.22	69.75	71.22
10.40	8.83	9.40	9.58	13.49	12.56	14.22
20.98	11.52	11.87	12.61	18.13	18.15	14.35
	1.15	1.20	1.28	3.74	4.08	4.20
268.00	**408.23**	**358.18**	**289.36**	**302.46**	**253.34**	**162.11**
258.02	396.17	345.37	275.74	284.23	238.93	154.89
7.18	9.67	10.27	10.89	14.55	10.21	2.61
2.80	2.39	2.54	2.73	3.68	4.20	4.61
205.86	**386.64**	**428.66**	**433.82**	**370.79**	**415.29**	**490.20**
3293.81	**5890.41**	**6547.32**	**7184.37**	**7649.31**	**7891.96**	**8518.56**
95.94	**116.03**	**129.77**	**133.94**	**152.72**	**181.74**	**196.60**
638.70	**895.06**	**932.96**	**1007.48**	**1151.80**	**1131.80**	**1287.19**
178.36	**406.40**	**469.59**	**545.32**	**592.08**	**652.91**	**770.73**

4-11 分行业燃料油消费总量

单位：万吨

行　　业	Sector	1995
消 费 总 量	**Total Consumption**	**3693.67**
农、林、牧、渔业	**Farming,Forestry,Animal Husbandry,Fishery and Water Conservancy**	**8.37**
工业	**Industry**	**3406.16**
采掘业	**Mining and Quarrying**	**246.45**
煤炭开采和洗选业	Mining and Washing of Coal	1.16
石油和天然气开采业	Extraction of Petroleum and Natural Gas	226.71
黑色金属矿采选业	Mining and Processing of Ferrous Metal Ores	2.33
有色金属矿采选业	Mining and Processing of Non-Ferrous Metal Ores	9.46
非金属矿采选业	Mining and Processing of Nonmetal Ores	6.79
其他采矿业	Mining of Other Ores	
制造业	**Manufacturing**	**2186.73**
农副食品加工业	Processing of Food from Agricultural Products	20.68
食品制造业	Manufacture of Foods	5.40
饮料制造业	Manufacture of Beverages	7.13
烟草制品业	Manufacture of Tobacco	1.34
纺织业	Manufacture of Textile	34.95
纺织服装、鞋、帽制造业	Manufacture of Textile Wearing Apparel,Footware, and Caps	2.07
皮革、毛皮、羽毛(绒)及其制品业	Manufacture of Leather, Fur, Feather and Related Products	1.49
木材加工及木、竹、藤、棕、草制品业	Processing of Timber,Manufacture of Wood,Bamboo,Rattan,Palm, and Straw Products	1.59
家具制造业	Manufacture of Furniture	0.83
造纸及纸制品业	Manufacture of Paper and Paper Products	16.62
印刷业和记录媒介的复制	Printing,Reproduction of Recording Media	0.23
文教体育用品制造业	Manufacture of Articles For Culture, Education and Sport Activity	0.06
石油加工、炼焦及核燃料加工业	Processing of Petroleum, Coking, Processing of Nuclear Fuel	611.91
化学原料及化学制品制造业	Manufacture of Raw Chemical Materials and Chemical Products	388.63
医药制造业	Manufacture of Medicines	38.86
化学纤维制造业	Manufacture of Chemical Fibers	90.23
橡胶制品业	Manufacture of Rubber	11.23
塑料制品业	Manufacture of Plastics	3.19
非金属矿物制品业	Manufacture of Non-metallic Mineral Products	324.83
黑色金属冶炼及压延加工业	Smelting and Pressing of Ferrous Metals	464.93
有色金属冶炼及压延加工业	Smelting and Pressing of Non-ferrous Metals	62.13
金属制品业	Manufacture of Metal Products	13.24
通用设备制造业	Manufacture of General Purpose Machinery	9.99
专用设备制造业	Manufacture of Special Purpose Machinery	22.57
交通运输设备制造业	Manufacture of Transport Equipment	15.93
电气机械及器材制造业	Manufacture of Electrical Machinery and Equipment	10.20
通信设备、计算机及其他电子设备制造业	Manufacture of Communication Equipment,Computers and Other Electronic Equipment	7.96
仪器仪表及文化、办公用机械制造业	Manufacture of Measuring Instruments and Machinery for Cultural Activity and Office Work	1.24
工艺品及其他制造业	Manufacture of Artwork and Other Manufacturing	17.27
废弃资源和废旧材料回收加工业	Recycling and Disposal of Waste	
电力、煤气及水生产和供应业	**Electric Power, Gas and Water Production and Supply**	**972.98**
电力、热力的生产和供应业	Production and Distribution of Electric Power and Heat Power	927.73
燃气生产和供应业	Production and Distribution of Gas	45.25
水的生产和供应业	Production and Distribution of Water	
建筑业	**Construction**	**14.24**
交通运输、仓储和邮政业	**Transport, Storage and Post**	**227.45**
批发、零售业和住宿、餐饮业	**Wholesale, Retail Trade and Hotel ,Restaurants**	**6.62**
其他行业	**Others**	**30.83**
生活消费	**Residential Consumption**	

CONSUMPTION OF FUEL OIL AND ITS MAIN VARIETIES BY SECTOR

(10 000 ton)

2000	2005	2006	2007	2008	2009	2010
3872.75	**4242.06**	**4368.33**	**4157.49**	**3237.15**	**2827.80**	**3758.02**
0.40	**0.66**	**0.69**	**1.00**	**1.50**	**1.05**	**1.14**
2975.05	**2924.77**	**2836.11**	**2329.19**	**2039.47**	**1521.53**	**2377.32**
209.96	**37.07**	**39.04**	**35.84**	**49.12**	**35.06**	**37.33**
5.77	4.95	5.26	4.93	6.44	4.83	2.32
202.77	30.68	32.27	29.49	41.43	29.61	34.75
	0.61	0.65	0.61	0.65	0.32	0.07
0.22	0.24	0.25	0.24	0.20	0.04	0.01
1.20	0.59	0.62	0.58	0.41	0.26	0.18
1928.46	**1732.73**	**1821.68**	**1689.89**	**1604.91**	**1268.49**	**2220.15**
13.32	11.68	10.56	9.62	10.86	12.68	9.79
9.04	17.06	15.43	14.05	15.43	13.76	13.76
8.08	12.29	13.45	12.75	11.35	11.06	8.26
3.00	1.38	1.44	1.35	1.06	0.90	1.06
66.61	41.96	42.43	39.65	36.01	23.98	22.45
12.44	6.52	6.89	6.53	6.98	6.63	5.31
3.50	11.21	12.27	11.64	11.12	8.43	5.87
2.82	2.47	2.23	2.09	1.99	0.50	0.25
0.67	0.27	0.28	0.27	0.29	0.26	0.58
19.72	26.98	28.77	27.29	23.91	19.58	19.58
2.30	1.69	1.80	1.68	1.80	1.44	2.05
1.04	2.41	2.64	2.50	2.67	2.14	1.73
510.63	377.03	384.84	348.99	320.27	263.66	1033.02
372.50	303.28	352.37	328.72	286.71	219.98	514.56
5.53	5.65	5.57	5.00	6.00	5.40	6.69
89.86	31.65	33.46	31.37	32.43	18.80	15.24
12.44	16.67	17.77	16.65	15.85	11.90	9.16
10.77	17.27	18.39	16.98	16.13	14.51	13.67
314.36	497.27	543.05	510.09	515.13	411.12	353.57
332.01	176.66	151.36	138.48	98.40	59.20	23.90
55.43	84.51	88.89	83.48	98.41	77.89	97.12
12.93	16.74	16.59	14.45	15.44	14.67	12.47
7.05	8.75	7.50	6.98	9.33	11.50	7.75
11.56	6.72	6.24	5.86	7.27	5.75	3.75
14.22	10.98	10.97	10.28	14.23	12.75	12.50
12.67	13.13	13.72	12.67	12.04	9.63	7.81
12.57	26.79	29.45	27.33	30.44	27.34	13.67
0.15	0.19	0.20	0.18	0.20	0.18	0.40
11.24	2.64	2.39	2.24	2.53	2.28	2.38
	0.86	0.74	0.70	0.65	0.57	1.80
836.63	**1154.97**	**975.39**	**603.47**	**385.44**	**217.98**	**119.84**
812.31	1140.04	961.43	597.96	382.83	216.65	119.43
24.31	14.92	13.95	5.49	2.05	0.83	0.23
0.01	0.01	0.01	0.01	0.56	0.50	0.18
16.71	**14.18**	**16.34**	**30.74**	**37.70**	**34.18**	**30.76**
850.00	**1261.02**	**1480.61**	**1759.95**	**1142.77**	**1250.64**	**1326.65**
11.59	**27.52**	**21.44**	**24.78**	**6.25**	**8.11**	**8.62**
19.00	**13.91**	**13.14**	**11.83**	**9.46**	**12.30**	**13.53**

4-12 分行业天然气消费总量

单位：亿立方米

行　　业	Sector	1995
消费总量	**Total Consumption**	**177.41**
农、林、牧、渔业	**Farming,Forestry,Animal Husbandry,Fishery and Water Conservancy**	**0.02**
工业	**Industry**	**154.39**
采掘业	**Mining and Quarrying**	**51.87**
煤炭开采和洗选业	Mining and Washing of Coal	
石油和天然气开采业	Extraction of Petroleum and Natural Gas	50.58
黑色金属矿采选业	Mining and Processing of Ferrous Metal Ores	
有色金属矿采选业	Mining and Processing of Non-Ferrous Metal Ores	0.59
非金属矿采选业	Mining and Processing of Nonmetal Ores	0.70
其他采矿业	Mining of Other Ores	
制造业	**Manufacturing**	**100.80**
农副食品加工业	Processing of Food from Agricultural Products	1.00
食品制造业	Manufacture of Foods	0.03
饮料制造业	Manufacture of Beverages	0.02
烟草制品业	Manufacture of Tobacco	
纺织业	Manufacture of Textile	3.97
纺织服装、鞋、帽制造业	Manufacture of Textile Wearing Apparel,Footware, and Caps	
皮革、毛皮、羽毛(绒)及其制品业	Manufacture of Leather, Fur, Feather and Related Products	
木材加工及木、竹、藤、棕、草制品业	Processing of Timber,Manufacture of Wood,Bamboo,Rattan,Palm, and Straw Products	
家具制造业	Manufacture of Furniture	
造纸及纸制品业	Manufacture of Paper and Paper Products	0.06
印刷业和记录媒介的复制	Printing,Reproduction of Recording Media	
文教体育用品制造业	Manufacture of Articles For Culture, Education and Sport Activity	
石油加工、炼焦及核燃料加工业	Processing of Petroleum, Coking, Processing of Nuclear Fuel	15.14
化学原料及化学制品制造业	Manufacture of Raw Chemical Materials and Chemical Products	63.36
医药制造业	Manufacture of Medicines	0.30
化学纤维制造业	Manufacture of Chemical Fibers	4.32
橡胶制品业	Manufacture of Rubber	
塑料制品业	Manufacture of Plastics	
非金属矿物制品业	Manufacture of Non-metallic Mineral Products	2.27
黑色金属冶炼及压延加工业	Smelting and Pressing of Ferrous Metals	3.69
有色金属冶炼及压延加工业	Smelting and Pressing of Non-ferrous Metals	0.50
金属制品业	Manufacture of Metal Products	0.45
通用设备制造业	Manufacture of General Purpose Machinery	0.14
专用设备制造业	Manufacture of Special Purpose Machinery	2.25
交通运输设备制造业	Manufacture of Transport Equipment	0.66
电气机械及器材制造业	Manufacture of Electrical Machinery and Equipment	0.74
通信设备、计算机及其他电子设备制造业	Manufacture of Communication Equipment,Computers and Other Electronic Equipment	1.01
仪器仪表及文化、办公用机械制造业	Manufacture of Measuring Instruments and Machinery for Cultural Activity and Office Work	0.01
工艺品及其他制造业	Manufacture of Artwork and Other Manufacturing	0.88
废弃资源和废旧材料回收加工业	Recycling and Disposal of Waste	
电力、煤气及水生产和供应业	**Electric Power, Gas and Water Production and Supply**	**1.72**
电力、热力的生产和供应业	Production and Distribution of Electric Power and Heat Power	1.14
燃气生产和供应业	Production and Distribution of Gas	0.58
水的生产和供应业	Production and Distribution of Water	
建筑业	**Construction**	**0.28**
交通运输、仓储和邮政业	**Transport, Storage and Post**	**1.57**
批发、零售业和住宿、餐饮业	**Wholesale, Retail Trade and Hotel ,Restaurants**	**0.55**
其他行业	**Others**	**1.19**
生活消费	**Residential Consumption**	**19.41**

注：2010年起包括液化天然气数据。

CONSUMPTION OF NATURAL GAS AND ITS MAIN VARIETIES BY SECTOR

(100 million cu.m)

2000	2005	2006	2007	2008	2009	2010
245.03	**467.63**	**561.41**	**705.23**	**812.94**	**895.20**	**1075.75**
						0.50
199.00	**328.79**	**383.97**	**479.67**	**531.60**	**577.90**	**687.25**
72.12	**83.26**	**81.72**	**90.97**	**109.67**	**122.93**	**137.20**
0.10	4.32	4.22	4.98	5.14	4.70	3.80
71.98	78.88	77.44	85.89	104.41	117.40	132.61
	0.02	0.02	0.03	0.04	0.03	0.03
	0.02	0.02	0.02	0.04	0.04	0.09
0.04	0.02	0.02	0.04	0.05	0.76	0.66
					0.01	0.01
118.75	**219.37**	**263.12**	**309.08**	**337.92**	**321.14**	**357.70**
0.15	0.27	0.27	0.33	0.54	0.65	0.88
0.07	1.28	1.28	1.39	2.10	2.31	2.76
0.03	0.50	0.58	0.68	0.95	1.43	1.70
0.08	0.26	0.26	0.30	0.38	0.52	0.62
1.09	0.56	0.56	0.69	1.49	1.35	1.66
	0.09	0.09	0.09	0.20	0.24	0.32
	0.03	0.03	0.04	0.06	0.07	0.04
	0.11	0.13	0.15	0.22	0.34	0.30
	0.04	0.04	0.05	0.39	0.44	0.36
0.29	0.50	0.59	0.69	1.11	1.06	1.49
0.08	0.19	0.23	0.27	0.46	0.52	0.77
					0.11	0.32
13.24	18.26	21.03	25.00	26.03	26.72	40.04
88.73	141.44	177.42	207.05	200.03	176.84	187.28
0.59	0.97	1.14	1.34	1.81	2.35	2.92
0.07	0.29	0.35	0.41	0.48	0.29	0.44
	0.35	0.34	0.41	0.53	0.69	0.99
0.10	0.55	0.65	0.76	1.09	1.36	1.61
2.46	23.81	23.78	28.91	43.75	44.62	42.72
1.68	9.76	11.22	13.15	17.06	18.81	20.42
0.49	3.87	4.56	5.35	6.08	6.73	9.06
0.59	0.69	0.81	0.95	2.06	2.47	3.63
0.20	1.81	2.35	3.00	5.50	6.06	6.66
1.29	2.70	2.97	3.48	5.08	4.67	5.95
1.68	4.92	5.65	6.62	11.62	12.18	12.97
0.79	1.23	1.42	1.66	2.33	3.03	4.63
3.35	4.77	5.24	6.16	6.26	4.88	6.27
0.02	0.08	0.10	0.12	0.25	0.36	0.54
1.69	0.04	0.05	0.05	0.05	0.06	0.34
						0.01
8.14	**26.16**	**39.13**	**79.62**	**84.01**	**133.82**	**192.35**
6.44	18.78	29.49	70.74	73.92	127.91	180.80
1.68	7.33	9.58	8.80	9.99	5.79	11.36
0.02	0.06	0.06	0.08	0.10	0.12	0.19
0.82	**1.49**	**1.66**	**2.09**	**0.99**	**0.97**	**1.16**
8.81	**38.01**	**47.24**	**46.88**	**71.55**	**91.07**	**106.70**
3.44	**10.79**	**13.16**	**17.11**	**17.75**	**23.96**	**27.24**
0.64	**9.12**	**12.77**	**16.09**	**20.92**	**23.64**	**26.00**
32.32	**79.43**	**102.62**	**143.39**	**170.12**	**177.67**	**226.90**

a) Include the data of LNG since 2010.

4-13 分行业电力消费总量

单位：亿千瓦小时

行　　业	Sector	1995
消费总量	**Total Consumption**	**10023.40**
农、林、牧、渔业	**Farming,Forestry,Animal Husbandry,Fishery and Water Conservancy**	**582.42**
工业	**Industry**	**7659.81**
采掘业	**Mining and Quarrying**	**837.66**
煤炭开采和洗选业	Mining and Washing of Coal	392.38
石油和天然气开采业	Extraction of Petroleum and Natural Gas	258.85
黑色金属矿采选业	Mining and Processing of Ferrous Metal Ores	34.28
有色金属矿采选业	Mining and Processing of Non-Ferrous Metal Ores	83.00
非金属矿采选业	Mining and Processing of Nonmetal Ores	52.76
其他采矿业	Mining of Other Ores	16.39
制造业	**Manufacturing**	**5156.10**
农副食品加工业	Processing of Food from Agricultural Products	181.00
食品制造业	Manufacture of Foods	72.15
饮料制造业	Manufacture of Beverages	52.62
烟草制品业	Manufacture of Tobacco	17.16
纺织业	Manufacture of Textile	335.22
纺织服装、鞋、帽制造业	Manufacture of Textile Wearing Apparel,Footware, and Caps	41.22
皮革、毛皮、羽毛(绒)及其制品业	Manufacture of Leather, Fur, Feather and Related Products	42.88
木材加工及木、竹、藤、棕、草制品业	Processing of Timber,Manufacture of Wood,Bamboo,Rattan,Palm, and Straw Products	25.88
家具制造业	Manufacture of Furniture	13.16
造纸及纸制品业	Manufacture of Paper and Paper Products	169.06
印刷业和记录媒介的复制	Printing,Reproduction of Recording Media	31.19
文教体育用品制造业	Manufacture of Articles For Culture, Education and Sport Activity	7.09
石油加工、炼焦及核燃料加工业	Processing of Petroleum, Coking, Processing of Nuclear Fuel	156.06
化学原料及化学制品制造业	Manufacture of Raw Chemical Materials and Chemical Products	1028.05
医药制造业	Manufacture of Medicines	107.46
化学纤维制造业	Manufacture of Chemical Fibers	92.78
橡胶制品业	Manufacture of Rubber	53.80
塑料制品业	Manufacture of Plastics	71.36
非金属矿物制品业	Manufacture of Non-metallic Mineral Products	599.61
黑色金属冶炼及压延加工业	Smelting and Pressing of Ferrous Metals	905.36
有色金属冶炼及压延加工业	Smelting and Pressing of Non-ferrous Metals	425.61
金属制品业	Manufacture of Metal Products	113.51
通用设备制造业	Manufacture of General Purpose Machinery	136.30
专用设备制造业	Manufacture of Special Purpose Machinery	97.67
交通运输设备制造业	Manufacture of Transport Equipment	154.63
电气机械及器材制造业	Manufacture of Electrical Machinery and Equipment	64.96
通信设备、计算机及其他电子设备制造业	Manufacture of Communication Equipment,Computers and Other Electronic Equipment	38.64
仪器仪表及文化、办公用机械制造业	Manufacture of Measuring Instruments and Machinery for Cultural Activity and Office Work	17.12
工艺品及其他制造业	Manufacture of Artwork and Other Manufacturing	104.55
废弃资源和废旧材料回收加工业	Recycling and Disposal of Waste	
电力、煤气及水生产和供应业	**Electric Power, Gas and Water Production and Supply**	**1666.05**
电力、热力的生产和供应业	Production and Distribution of Electric Power and Heat Power	1539.76
燃气生产和供应业	Production and Distribution of Gas	10.83
水的生产和供应业	Production and Distribution of Water	115.46
建筑业	**Construction**	**159.62**
交通运输、仓储和邮政业	**Transport, Storage and Post**	**182.30**
批发、零售业和住宿、餐饮业	**Wholesale, Retail Trade and Hotel ,Restaurants**	**199.47**
其他行业	**Others**	**234.20**
生活消费	**Residential Consumption**	**1005.58**

CONSUMPTION OF ELECTRICITY AND ITS MAIN VARIETIES BY SECTOR

(100 million kW • h)

2000	2005	2006	2007	2008	2009	2010
13472.38	**24940.32**	**28587.97**	**32711.81**	**34541.35**	**37032.14**	**41934.49**
532.96	**776.33**	**827.04**	**878.96**	**887.05**	**939.90**	**976.49**
10004.62	**18521.69**	**21267.74**	**24290.81**	**25388.63**	**26854.49**	**30871.77**
993.71	**1480.34**	**1479.27**	**1589.79**	**1701.27**	**1761.77**	**1940.39**
417.16	589.53	580.45	600.28	639.93	691.13	751.67
321.64	385.35	316.32	310.70	318.43	333.34	347.90
63.46	205.63	248.85	304.56	320.08	289.73	361.33
80.79	157.66	173.77	203.62	222.46	215.72	258.71
84.83	114.14	122.76	135.13	146.00	155.26	155.26
25.84	28.04	37.14	35.49	54.37	76.59	65.52
6731.44	**13126.01**	**15387.40**	**17832.78**	**18588.88**	**19685.98**	**22870.00**
161.24	253.35	296.02	334.95	362.28	389.32	424.36
98.83	114.81	134.15	151.79	166.44	166.54	184.69
58.98	76.55	89.45	101.20	110.97	117.03	132.34
32.85	35.86	34.41	36.57	38.62	41.70	45.88
370.42	823.57	1032.21	1124.38	1126.38	1147.50	1276.74
49.07	87.60	108.80	124.50	130.07	132.54	151.58
27.12	54.85	64.39	73.68	76.99	78.45	89.72
32.24	105.57	127.34	148.80	175.40	191.53	212.21
12.48	24.28	28.49	29.63	34.90	35.59	44.49
237.41	407.73	447.76	435.69	471.79	482.73	535.44
31.21	60.71	66.54	74.18	77.26	83.01	95.45
20.81	42.54	43.44	46.01	47.72	48.09	48.09
245.60	313.49	357.36	409.63	423.80	475.07	565.34
1153.74	2129.77	2439.33	2779.33	2761.34	2907.12	3144.92
88.36	153.21	159.60	170.71	182.90	188.99	222.58
194.79	233.20	244.80	276.92	264.28	269.93	298.86
98.74	209.30	237.25	263.09	271.06	280.28	329.89
120.82	322.42	355.15	381.05	435.88	460.29	533.10
763.74	1419.51	1675.48	1855.92	1959.68	2126.16	2448.48
1121.08	2550.47	3039.00	3661.70	3693.10	4020.52	4611.60
697.58	1473.10	1829.51	2398.44	2511.23	2576.15	3129.09
196.30	507.25	605.77	677.09	728.52	744.40	960.72
160.77	344.77	389.30	447.78	490.99	502.04	621.03
94.49	182.90	207.23	229.16	251.28	256.94	317.83
203.42	300.72	345.42	417.69	471.93	565.40	790.29
90.68	245.80	282.33	341.54	402.25	423.49	508.19
125.88	327.89	401.97	479.75	530.93	558.96	670.76
25.37	42.52	51.81	61.16	66.35	68.54	85.83
217.42	275.62	281.77	289.36	313.06	335.49	376.40
	6.66	11.30	11.07	11.47	12.15	14.10
2279.47	**3915.34**	**4401.07**	**4868.24**	**5098.48**	**5406.74**	**6061.38**
2094.11	3698.28	4165.41	4602.94	4804.88	5079.98	5687.51
34.41	29.86	31.40	44.87	55.08	70.23	82.87
150.94	187.20	204.26	220.43	238.52	256.53	291.00
159.77	**233.93**	**271.05**	**309.00**	**367.34**	**421.90**	**483.24**
281.20	**430.34**	**467.37**	**531.91**	**571.82**	**617.01**	**734.53**
418.68	**752.31**	**847.25**	**929.82**	**1017.44**	**1136.77**	**1292.00**
623.20	**1340.91**	**1555.94**	**1708.60**	**1912.97**	**2189.92**	**2451.83**
1451.95	**2884.81**	**3351.58**	**4062.71**	**4396.10**	**4872.16**	**5124.63**

4-14 分地区能源消费总量
TOTAL ENERGY CONSUMPTION BY REGION

单位：万吨标准煤 (10 000 tce)

地 区	Region	1990	1995	2000	2005	2006	2007	2008	2009	2010
北 京	Beijing	2709	3518	4144	5522	5904	6285	6327	6570	6954
天 津	Tianjin	2071	2569	2794	4085	4500	4943	5364	5874	6818
河 北	Hebei	6124	8990	11196	19836	21794	23585	24322	25419	27531
山 西	Shanxi	4710	8413	6728	12750	14098	15601	15675	15576	16808
内蒙古	Inner Mongolia	2424	2632	3549	9666	11221	12777	14100	15344	16820
辽 宁	Liaoning	7856	9671	10656	13611	14987	16544	17801	19112	20947
吉 林	Jilin	3523	4109	3766	5315	5908	6557	7221	7698	8297
黑龙江	Heilongjiang	5285	5935	6166	8050	8731	9377	9979	10467	11234
上 海	Shanghai	3175	4466	5499	8225	8876	9670	10207	10367	11201
江 苏	Jiangsu	5509	8047	8612	17167	19041	20948	22232	23709	25774
浙 江	Zhejiang	2580	4580	6560	12032	13219	14524	15107	15567	16865
安 徽	Anhui	2761	4194	4879	6506	7069	7739	8325	8896	9707
福 建	Fujian	1451	2280	3463	6142	6828	7587	8254	8916	9809
江 西	Jiangxi	1732	2392	2505	4286	4660	5053	5383	5813	6355
山 东	Shandong	6830	8780	11362	24162	26759	29177	30570	32420	34808
河 南	Henan	5206	6473	7919	14625	16232	17838	18976	19751	21438
湖 北	Hubei	3997	5655	6269	10082	11049	12143	12845	13708	15138
湖 南	Hunan	3821	5426	4071	9709	10581	11629	12355	13331	14880
广 东	Guangdong	4065	7345	9448	17921	19971	22217	23476	24654	26908
广 西	Guangxi	1309	2384	2669	4869	5390	5997	6497	7075	7919
海 南	Hainan	121	303	480	822	920	1057	1135	1233	1359
重 庆	Chongqing			2428	4943	5368	5947	6472	7030	7856
四 川	Sichuan	6353	9525	6518	11816	12986	14214	15145	16322	17892
贵 州	Guizhou	2133	3183	4279	5641	6172	6800	7084	7566	8175
云 南	Yunnan	1954	2641	3468	6024	6621	7133	7511	8032	8674
陕 西	Shaanxi	2239	3134	2731	5571	6129	6775	7417	8044	8882
甘 肃	Gansu	2172	2738	3012	4368	4743	5109	5346	5482	5923
青 海	Qinghai	507	688	897	1670	1903	2095	2279	2348	2568
宁 夏	Ningxia	707	759	1179	2536	2830	3077	3229	3388	3681
新 疆	Xinjiang	2063	2830	3328	5506	6047	6576	7069	7526	8290

注：1.1996年以前重庆包括在四川省内。
2.由于折算系数的不同，故各地区相加数与全国数不等，以下同。
a) Prior to 1996, the consumption for Chongqing was included in Sichuan.
b) As the conversion factors, the sum of the data by region is not equal to the total . The same as in the following tables.

4-15 分地区煤炭消费量

COAL CONSUMPTION BY REGION

单位：万吨 (10 000 ton)

地 区	Region	1990	1995	2000	2005	2006	2007	2008	2009	2010
北 京	Beijing	2413	2692	2720	3069	3056	2985	2748	2665	2635
天 津	Tianjin	1788	2428	2473	3801	3809	3927	3973	4120	4807
河 北	Hebei	7875	10983	12115	20542	21360	24681	24419	26516	27465
山 西	Shanxi	7659	15015	14262	25872	28605	29645	28373	27762	29865
内蒙古	Inner Mongolia	3953	4420	5908	13954	22242	18607	22242	24047	27004
辽 宁	Liaoning	8252	9363	9582	12710	13837	14712	15347	16033	16908
吉 林	Jilin	4015	4816	4213	6447	6937	7312	8367	8589	9583
黑龙江	Heilongjiang	6517	6188	5815	8524	9030	9857	11204	11050	12219
上 海	Shanghai	2742	3944	4496	5306	5142	5223	5464	5305	5876
江 苏	Jiangsu	6223	8936	8770	17159	18692	20237	20737	21003	23100
浙 江	Zhejiang	2486	4231	5385	9681	11334	13024	13041	13276	13950
安 徽	Anhui	3428	4965	5909	8323	8793	9766	11377	12666	13376
福 建	Fujian	1307	1677	2160	4717	5342	6117	6596	7109	7026
江 西	Jiangxi	2266	3039	2469	4243	4592	5171	5267	5356	6246
山 东	Shandong	7256	9759	8698	26056	29838	32719	34390	34795	37328
河 南	Henan	6099	7960	8725	18468	20999	23180	23868	24445	26050
湖 北	Hubei	3343	5404	6051	8873	9910	10792	10196	11100	13470
湖 南	Hunan	3956	5591	3335	8739	9401	10277	10169	10751	11323
广 东	Guangdong	2991	4941	5890	9853	10948	12430	13298	13647	15984
广 西	Guangxi	1562	2330	2228	3619	3980	4671	4676	5199	6207
海 南	Hainan	68	168	192	326	332	426	472	537	647
重 庆	Chongqing			2942	4196	4690	5110	5273	5782	6397
四 川	Sichuan	6646	8909	4862	8513	9160	10191	10727	12147	11520
贵 州	Guizhou	2709	3946	5146	7921	8995	9573	9732	10912	10908
云 南	Yunnan	2194	2765	3062	6682	7482	7620	7916	8886	9349
陕 西	Shaanxi	2728	3779	2766	6049	7598	8082	8941	9497	11639
甘 肃	Gansu	1858	2547	2480	3751	3959	4469	4683	4479	5390
青 海	Qinghai	471	462	522	949	1082	1291	1316	1310	1271
宁 夏	Ningxia	885	1079	1042	3277	3519	4089	4287	4781	5765
新 疆	Xinjiang	1835	2448	2702	3854	4436	4944	5709	7418	8106

4-16 分地区焦炭消费量

COKE CONSUMPTION BY REGION

单位：万吨 (10 000 ton)

地 区	Region	1990	1995	2000	2005	2006	2007	2008	2009	2010
北 京	Beijing	231.4	500.7	449.1	397.4	348.6	358.2	232.9	212.0	220.4
天 津	Tianjin	137.1	149.5	143.7	329.8	541.1	667.8	719.2	868.7	663.9
河 北	Hebei	559.5	1135.8	1227.9	4583.2	5460.6	5127.3	6007.7	6208.8	7319.0
山 西	Shanxi	835.7	1287.0	1283.7	2139.9	2432.1	2556.4	2358.8	2438.4	2589.2
内蒙古	Inner Mongolia	234.9	339.3	286.5	814.0	1380.6	1213.1	1380.6	1554.1	1416.9
辽 宁	Liaoning	889.2	987.6	878.1	1706.9	1959.9	2298.8	2440.8	2795.2	3162.9
吉 林	Jilin	144.0	176.2	170.6	306.9	369.9	407.6	541.8	593.1	640.6
黑龙江	Heilongjiang	102.3	107.2	72.8	101.2	210.7	226.9	227.3	321.9	271.3
上 海	Shanghai	452.8	716.5	720.0	630.5	655.5	729.7	714.4	677.7	717.1
江 苏	Jiangsu	228.4	362.0	383.7	1593.1	1944.5	2018.9	1889.0	2221.2	2663.5
浙 江	Zhejiang	85.5	127.8	117.5	163.6	317.8	326.4	486.0	504.5	443.1
安 徽	Anhui	260.4	440.7	533.3	538.4	652.2	809.7	851.2	856.3	910.2
福 建	Fujian	53.8	78.5	100.2	280.9	299.6	356.0	368.0	653.1	684.5
江 西	Jiangxi	157.3	187.9	205.9	452.9	527.3	597.7	581.4	710.4	772.6
山 东	Shandong	317.5	356.9	424.8	1992.6	2413.6	2593.4	2611.9	2922.6	3067.6
河 南	Henan	231.9	393.2	426.8	994.4	1192.2	1437.1	1489.0	1441.7	1743.4
湖 北	Hubei	381.8	491.2	556.8	685.5	752.1	820.0	952.3	910.8	1120.8
湖 南	Hunan	248.8	293.0	299.7	356.6	423.1	915.9	998.9	1011.9	1089.2
广 东	Guangdong	104.8	131.9	146.6	300.2	410.8	461.0	449.6	466.4	486.0
广 西	Guangxi	111.4	184.2	158.6	433.0	451.3	520.4	580.0	627.9	682.1
海 南	Hainan	3.2	1.6	3.5	19.1	18.7	23.0	14.9	17.8	0.1
重 庆	Chongqing			180.7	388.0	329.2	323.4	342.4	334.1	299.5
四 川	Sichuan	506.5	754.1	447.3	894.5	1003.7	1144.1	1119.1	1122.0	1353.6
贵 州	Guizhou	133.0	201.7	238.9	254.3	338.1	446.0	451.0	367.8	380.4
云 南	Yunnan	253.2	370.9	360.0	1223.4	1252.0	1377.4	1331.4	1276.3	1231.2
陕 西	Shaanxi	98.4	304.0	134.3	251.1	288.2	407.0	388.0	655.0	731.3
甘 肃	Gansu	88.8	133.7	179.3	424.4	469.4	561.6	544.2	540.3	541.6
青 海	Qinghai	2.6	22.7	15.6	47.0	93.2	116.2	150.2	185.6	160.1
宁 夏	Ningxia	20.9	20.9	28.9	69.7	126.2	65.1	238.0	251.0	228.9
新 疆	Xinjiang	58.9	73.8	74.1	179.2	230.6	284.8	456.1	528.2	648.2

4-17 分地区原油消费量

CRUDE OIL CONSUMPTION BY REGION

单位：万吨 (10 000 ton)

地 区	Region	1990	1995	2000	2005	2006	2007	2008	2009	2010
北 京	Beijing	680.98	654.66	754.71	799.60	796.12	950.91	1116.76	1162.93	1116.29
天 津	Tianjin	404.92	488.38	709.76	863.14	900.49	950.14	790.33	844.64	1566.79
河 北	Hebei	312.97	498.50	747.37	1003.29	1046.69	1124.77	1357.63	1379.12	1396.65
山 西	Shanxi									
内蒙古	Inner Mongolia	0.61	87.30	126.26	131.83	189.25	142.82	189.25	191.76	140.74
辽 宁	Liaoning	2387.08	2516.42	3938.74	5410.89	5555.04	5893.46	5945.19	5873.05	6558.91
吉 林	Jilin	470.15	493.30	702.63	967.67	913.44	934.17	915.24	851.89	939.97
黑龙江	Heilongjiang	997.15	1204.34	1601.27	1785.01	1850.06	1886.02	1735.97	2065.13	2106.53
上 海	Shanghai	828.27	976.04	1309.70	1967.00	1832.84	1719.57	1951.55	1937.18	2126.50
江 苏	Jiangsu	823.47	1010.80	1376.65	2264.76	2302.70	2454.00	2313.13	2661.44	2998.55
浙 江	Zhejiang	243.68	575.02	1112.48	2113.04	2114.73	2248.73	2287.35	2505.80	2835.41
安 徽	Anhui	257.34	277.04	345.06	414.49	445.40	451.08	426.34	454.13	477.57
福 建	Fujian		225.02	358.43	348.40	375.03	352.33	310.96	706.01	1141.74
江 西	Jiangxi	155.10	230.56	331.18	368.02	417.99	396.47	411.00	451.68	469.92
山 东	Shandong	1170.34	1347.92	1771.22	3300.36	3878.27	4075.67	4626.97	5142.90	5593.40
河 南	Henan	222.79	401.96	610.58	668.82	696.57	713.83	704.22	785.82	835.07
湖 北	Hubei	508.55	511.36	669.77	822.13	851.10	913.00	884.26	946.60	1033.86
湖 南	Hunan	322.11	348.87	541.05	660.86	574.49	671.67	614.11	565.77	587.60
广 东	Guangdong	912.94	1226.95	1956.41	2388.37	2805.71	2940.10	3046.21	3709.44	4455.31
广 西	Guangxi	5.88	42.44	61.41	97.71	118.21	152.98	133.30	163.03	396.02
海 南	Hainan		0.01	14.69	11.46	230.10	816.28	796.83	835.68	859.17
重 庆	Chongqing				2.86	3.17	0.13	0.02	0.01	
四 川	Sichuan	16.68	30.60	38.89	140.81	174.94	239.95	285.49	315.68	351.76
贵 州	Guizhou									
云 南	Yunnan		32.16		0.07	0.07	0.11	0.06	0.07	0.06
陕 西	Shaanxi	60.99	153.94	521.61	1242.42	1488.94	1608.85	1764.73	1870.10	2104.61
甘 肃	Gansu	473.83	673.37	880.88	1229.26	1323.38	1432.87	1394.36	1440.79	1400.18
青 海	Qinghai	31.64	83.96	62.17	95.05	104.29	110.15	109.20	82.03	127.98
宁 夏	Ningxia	11.62	67.86	92.62	167.05	174.42	156.78	183.75	182.65	175.77
新 疆	Xinjiang	483.73	727.61	1071.29	1628.77	1813.64	1873.37	1940.53	1997.90	2308.44

4-18 分地区汽油消费量

GASOLINE CONSUMPTION BY REGION

单位：万吨　　(10 000 ton)

地 区	Region	1990	1995	2000	2005	2006	2007	2008	2009	2010
北 京	Beijing	57	75	107	235	278	325	341	364	372
天 津	Tianjin	37	75	112	123	128	140	149	181	205
河 北	Hebei	97	132	136	222	264	249	211	212	239
山 西	Shanxi	71	98	89	146	170	195	237	262	228
内蒙古	Inner Mongolia	34	50	65	192	261	236	261	280	326
辽 宁	Liaoning	103	120	149	357	394	439	410	464	593
吉 林	Jilin	56	83	91	111	111	112	130	138	167
黑龙江	Heilongjiang	93	184	244	312	345	376	279	319	364
上 海	Shanghai	50	79	133	224	262	304	340	389	415
江 苏	Jiangsu	91	164	187	420	450	488	562	586	750
浙 江	Zhejiang	58	124	196	369	402	444	475	509	587
安 徽	Anhui	44	58	69	86	98	115	127	140	157
福 建	Fujian	40	69	105	200	208	264	250	264	333
江 西	Jiangxi	42	42	58	64	66	71	76	77	155
山 东	Shandong	124	193	189	444	478	529	589	641	802
河 南	Henan	87	143	121	235	250	211	192	196	297
湖 北	Hubei	110	152	169	344	421	555	624	560	458
湖 南	Hunan	55	104	115	205	236	272	232	246	262
广 东	Guangdong	142	282	301	706	771	838	887	957	1086
广 西	Guangxi	33	41	66	140	174	191	202	216	248
海 南	Hainan	12	21	31	21	27	32	39	48	53
重 庆	Chongqing			66	78	86	86	97	91	103
四 川	Sichuan	78	124	144	224	269	330	376	463	542
贵 州	Guizhou	46	52	46	72	81	106	123	130	143
云 南	Yunnan	54	65	91	123	128	158	179	193	232
陕 西	Shaanxi	46	82	104	197	178	287	219	248	255
甘 肃	Gansu	37	56	98	87	88	88	50	50	57
青 海	Qinghai	12	18	16	13	15	18	21	23	26
宁 夏	Ningxia	10	11	11	24	19	19	21	21	23
新 疆	Xinjiang	69	102	102	107	118	125	124	122	131

4-19 分地区煤油消费量

KEROSENE CONSUMPTION BY REGION

单位：万吨 (10 000 ton)

地 区	Region	1990	1995	2000	2005	2006	2007	2008	2009	2010
北 京	Beijing	43.17	65.84	117.60	189.36	233.86	277.10	318.39	341.93	392.63
天 津	Tianjin	1.96	3.79	18.82	15.12	16.36	19.38	18.13	20.73	21.40
河 北	Hebei	3.69	3.50	3.23	3.21	5.88	6.22	7.37	6.25	7.34
山 西	Shanxi	2.33	2.65	6.36	8.45	10.43	11.90	14.67	16.28	14.64
内蒙古	Inner Mongolia	1.48	0.40	1.55	0.40	7.24	6.44	7.24	8.28	9.35
辽 宁	Liaoning	6.13	11.56	18.55	26.40	34.89	38.15	24.99	20.62	23.34
吉 林	Jilin	1.28	2.55	3.28	1.04	1.09	0.89	1.18	1.15	1.21
黑龙江	Heilongjiang	2.46	5.17	8.74	7.28	10.25	3.85	0.51	0.31	24.06
上 海	Shanghai	20.53	37.56	55.71	223.00	262.01	295.48	321.47	353.11	399.07
江 苏	Jiangsu	12.65	8.61	38.94	21.55	18.41	20.79	21.45	21.18	35.69
浙 江	Zhejiang	6.59	7.29	11.25	40.98	46.47	49.48	54.91	62.90	70.42
安 徽	Anhui	8.55	5.36	2.56	10.52	10.60	11.34	11.02	13.23	8.41
福 建	Fujian	3.23	4.63	7.60	32.77	36.99	49.09	51.95	50.96	56.50
江 西	Jiangxi	5.31	3.19	2.81	7.14	7.95	7.80	8.01	7.65	8.50
山 东	Shandong	11.38	23.51	48.25	21.99	23.88	32.02	30.73	35.41	38.61
河 南	Henan	7.77	16.42	14.34	13.91	16.03	17.03	16.50	25.63	30.64
湖 北	Hubei	12.15	14.93	18.29	16.08	34.61	35.98	49.70	47.43	40.41
湖 南	Hunan	7.54	9.77	8.08	20.48	22.83	24.50	25.41	30.44	30.25
广 东	Guangdong	31.62	56.04	89.51	153.72	157.40	171.14	183.07	192.12	202.38
广 西	Guangxi	6.14	5.60	3.79	6.80		0.27	16.05	0.09	2.73
海 南	Hainan	1.27	11.01	28.13	62.83	66.27	75.24	80.16	90.03	87.43
重 庆	Chongqing			8.34	12.30	23.01	27.01	30.44	34.06	41.78
四 川	Sichuan	20.55	24.17	36.04	93.56	105.83	128.62	126.61	155.07	173.31
贵 州	Guizhou	4.90	7.49	9.37	2.64	9.63	3.57	2.95	2.95	8.94
云 南	Yunnan	5.84	9.15	19.24	28.71	35.06	36.18	38.19	37.24	47.44
陕 西	Shaanxi	8.11	17.26	19.49	34.81	34.80	1.78	15.65	8.48	8.94
甘 肃	Gansu	3.10	3.17	3.73	4.61	4.68	5.48	5.51	5.45	4.98
青 海	Qinghai	1.00	0.07	0.06	0.01	0.00	2.06	0.40	0.16	0.17
宁 夏	Ningxia	0.33	0.42	0.04	2.01	2.25	2.81	3.72	4.23	5.16
新 疆	Xinjiang	4.62	16.10	21.31	26.12	30.88	33.28	38.15	31.40	33.33

4-20 分地区柴油消费量

DIESEL OIL CONSUMPTION BY REGION

单位：万吨 (10 000 ton)

地 区	Region	1990	1995	2000	2005	2006	2007	2008	2009	2010
北 京	Beijing	48	51	81	141	177	192	227	240	237
天 津	Tianjin	74	66	198	221	235	256	290	304	334
河 北	Hebei	137	190	181	444	484	533	532	522	692
山 西	Shanxi	50	63	81	266	317	375	473	507	474
内蒙古	Inner Mongolia	35	44	69	380	686	579	686	739	864
辽 宁	Liaoning	138	143	197	464	588	661	778	810	964
吉 林	Jilin	51	67	74	249	269	301	313	328	363
黑龙江	Heilongjiang	147	226	410	473	478	498	441	513	598
上 海	Shanghai	100	123	176	313	345	380	427	483	509
江 苏	Jiangsu	179	224	345	515	587	608	646	656	728
浙 江	Zhejiang	131	284	434	803	842	871	899	897	958
安 徽	Anhui	78	108	142	210	240	259	310	329	366
福 建	Fujian	62	157	214	369	391	476	433	413	511
江 西	Jiangxi	45	58	105	302	314	295	288	293	369
山 东	Shandong	227	310	344	1057	1101	1188	1258	1334	1448
河 南	Henan	137	135	155	329	346	461	543	526	561
湖 北	Hubei	166	209	261	420	515	625	613	791	649
湖 南	Hunan	89	105	140	336	364	395	376	432	503
广 东	Guangdong	277	598	766	1307	1368	1438	1519	1568	1669
广 西	Guangxi	55	72	147	295	309	337	356	414	442
海 南	Hainan	10	39	46	63	75	85	94	106	140
重 庆	Chongqing			61	180	187	234	258	274	339
四 川	Sichuan	73	102	162	287	355	394	474	538	525
贵 州	Guizhou	27	30	58	132	172	184	226	235	265
云 南	Yunnan	35	47	55	284	332	382	412	438	562
陕 西	Shaanxi	46	73	95	284	312	280	444	493	531
甘 肃	Gansu	39	73	92	115	118	114	169	186	211
青 海	Qinghai	9	13	19	62	62	73	78	87	90
宁 夏	Ningxia	9	10	11	68	82	88	97	99	106
新 疆	Xinjiang	89	119	155	303	341	378	335	332	364

4-21 分地区燃料油消费量

FUEL OIL CONSUMPTION BY REGION

单位：万吨 (10 000 ton)

地 区	Region	1990	1995	2000	2005	2006	2007	2008	2009	2010
北 京	Beijing	228.49	196.20	89.62	65.88	48.05	42.85	25.62	42.40	66.69
天 津	Tianjin	227.88	155.73	79.51	112.69	107.12	89.63	92.49	94.65	143.69
河 北	Hebei	46.18	54.66	49.39	60.78	59.33	48.31	65.82	59.76	38.53
山 西	Shanxi	12.61	13.15	12.42	8.95	10.10	14.39	12.09	12.06	12.25
内蒙古	Inner Mongolia	25.54	15.91	30.99	25.34	13.75	7.20	13.75	19.66	15.15
辽 宁	Liaoning	642.38	499.65	296.73	189.88	230.73	224.22	379.66	299.94	356.43
吉 林	Jilin	101.07	75.76	50.96	42.43	34.28	30.62	39.84	38.44	39.96
黑龙江	Heilongjiang	235.48	187.51	135.38	39.89	44.34	47.19	69.86	88.18	88.90
上 海	Shanghai	434.28	364.71	494.20	767.95	805.29	848.61	788.73	742.79	744.28
江 苏	Jiangsu	189.98	161.95	202.44	257.72	201.06	236.59	218.00	217.10	157.71
浙 江	Zhejiang	102.20	106.47	182.52	303.66	240.95	227.29	219.86	289.53	330.48
安 徽	Anhui	42.37	47.02	46.91	23.88	21.62	13.24	15.60	14.26	11.73
福 建	Fujian	15.53	31.80	53.23	161.62	173.48	124.94	142.32	165.83	182.75
江 西	Jiangxi	23.38	26.70	34.20	31.08	26.50	20.95	26.98	22.04	23.67
山 东	Shandong	248.43	309.90	344.25	354.43	346.31	386.24	355.43	404.87	1286.77
河 南	Henan	38.95	52.89	57.55	78.46	70.37	62.78	46.08	25.93	18.34
湖 北	Hubei	132.31	125.26	106.69	88.87	125.99	123.54	106.97	108.88	92.01
湖 南	Hunan	53.08	56.39	46.38	48.09	42.04	40.20	41.41	68.39	75.22
广 东	Guangdong	365.54	647.19	941.95	1600.05	1573.72	1316.44	1077.76	894.99	646.93
广 西	Guangxi	8.08	13.57	7.67	32.96	24.07	20.85	9.92	7.38	34.64
海 南	Hainan	0.51	4.19	9.39	5.24	11.28	20.18	29.55	26.82	30.49
重 庆	Chongqing			2.68	3.61	2.66	7.84	8.14	7.59	8.61
四 川	Sichuan	6.92	11.41	13.32	8.08	9.50	7.17	12.60	13.34	62.82
贵 州	Guizhou	4.77	5.34	7.51	10.39	12.01	21.19	23.16	13.47	14.43
云 南	Yunnan	1.80	2.80	11.17	3.91	4.72	5.04	5.20	5.16	5.62
陕 西	Shaanxi	22.40	28.19	80.05	4.43	0.99	1.13	5.93	0.03	0.14
甘 肃	Gansu	62.59	76.48	58.00	16.03	14.05	14.33	12.73	13.39	14.63
青 海	Qinghai	10.72	14.96	6.93	0.02	0.06	0.22	0.13	0.16	0.12
宁 夏	Ningxia	23.70	27.67	33.13	1.80	0.98	0.53	1.98	0.52	39.76
新 疆	Xinjiang	89.95	117.03	56.59	17.32	19.31	22.26	27.34	22.37	14.95

4-22 分地区天然气消费量

NATURAL GAS CONSUMPTION BY REGION

单位：亿立方米 (100 million cu.m)

地 区	Region	1990	1995	2000	2005	2006	2007	2008	2009	2010
北 京	Beijing	0.83	1.16	10.90	32.04	40.65	46.64	60.65	69.40	74.79
天 津	Tianjin	2.45	3.93	5.40	9.04	11.22	14.27	16.84	18.12	22.93
河 北	Hebei	6.07	6.89	7.72	9.14	11.01	12.05	17.17	23.11	29.47
山 西	Shanxi	0.60	0.47	1.14	3.24	6.02	6.91	6.60	13.76	28.93
内蒙古	Inner Mongolia			0.01	6.35	30.53	26.51	30.53	44.29	45.30
辽 宁	Liaoning	20.42	21.12	20.15	14.81	13.10	14.24	16.21	16.44	19.02
吉 林	Jilin	0.98	1.83	2.98	7.65	7.48	9.63	13.83	16.66	22.01
黑龙江	Heilongjiang	22.47	25.91	23.04	24.43	24.53	30.70	31.47	30.00	29.90
上 海	Shanghai			2.54	18.72	22.60	27.96	30.00	33.52	45.01
江 苏	Jiangsu	0.38	0.19	0.24	13.62	31.30	44.58	63.13	63.43	71.57
浙 江	Zhejiang				2.25	11.89	18.09	17.70	19.30	31.81
安 徽	Anhui				0.85	1.95	4.03	7.17	9.77	12.48
福 建	Fujian				0.51	0.57	0.48	1.53	8.49	29.10
江 西	Jiangxi				0.11	0.68	1.04	2.50	2.58	3.85
山 东	Shandong	14.44	12.85	4.53	17.14	22.60	22.36	34.50	40.24	47.01
河 南	Henan	10.73	9.37	11.23	23.71	30.53	33.14	38.23	41.50	47.15
湖 北	Hubei	0.58	0.76	0.91	11.11	9.64	9.91	15.60	16.52	19.56
湖 南	Hunan				4.85	5.05	7.64	8.23	10.23	11.25
广 东	Guangdong		1.02	1.43	2.49	14.46	45.69	53.58	112.86	61.56
广 西	Guangxi				1.12	1.22	1.34	1.01	1.21	1.70
海 南	Hainan			5.28	20.97	23.97	23.49	26.78	24.94	29.72
重 庆	Chongqing			33.26	35.50	40.05	43.53	48.75	49.47	56.42
四 川	Sichuan	57.51	68.92	58.67	89.52	106.08	112.15	108.94	126.99	175.26
贵 州	Guizhou	4.74	5.08	5.72	5.05	4.98	5.14	4.74	4.18	4.14
云 南	Yunnan	4.53	4.71	5.17	6.12	5.45	5.49	5.28	4.52	3.64
陕 西	Shaanxi	0.07	0.38	6.67	18.76	28.43	41.34	51.60	50.01	59.19
甘 肃	Gansu	0.26	0.62	0.85	9.62	11.97	12.97	12.01	12.43	14.21
青 海	Qinghai	0.39	0.64	3.91	11.02	13.27	14.30	22.90	24.56	23.72
宁 夏	Ningxia	0.07	0.15	0.12	6.63	7.94	8.99	11.00	11.98	15.48
新 疆	Xinjiang	5.02	11.48	23.44	56.04	65.04	69.81	69.84	67.93	80.15

注：1.2010年起包括液化天然气数据。
a) Include the data of LNG since 2010.

4-23 分地区电力消费量

ELECTRICITY CONSUMPTION BY REGION

单位：亿千瓦小时 (100 million kW • h)

地 区	Region	1990	1995	2000	2005	2006	2007	2008	2009	2010
北 京	Beijing	174	262	384	567	619	675	708	759	831
天 津	Tianjin	124	179	237	396	446	511	535	577	675
河 北	Hebei	354	603	809	1502	1735	2014	2095	2344	2692
山 西	Shanxi	255	399	506	946	1098	1349	1313	1268	1460
内蒙古	Inner Mongolia	122	187	256	668	1221	1160	1221	1288	1537
辽 宁	Liaoning	462	623	797	1111	1228	1360	1412	1488	1715
吉 林	Jilin	191	268	301	378	412	463	496	515	577
黑龙江	Heilongjiang	296	409	397	569	597	643	697	689	763
上 海	Shanghai	265	403	559	922	990	1072	1138	1153	1296
江 苏	Jiangsu	412	685	972	2193	2570	2952	3118	3314	3864
浙 江	Zhejiang	230	440	743	1642	1909	2189	2323	2471	2821
安 徽	Anhui	186	289	339	582	662	769	859	952	1078
福 建	Fujian	137	261	403	757	867	1000	1150	1216	1315
江 西	Jiangxi	128	181	209	414	453	516	547	609	701
山 东	Shandong	449	741	1000	1977	2272	2596	2727	2941	3298
河 南	Henan	338	571	718	1387	1534	1864	2093	2275	2464
湖 北	Hubei	281	415	503	867	895	1009	1076	1183	1418
湖 南	Hunan	227	375	406	787	913	1020	1129	1232	1353
广 东	Guangdong	359	788	1335	2795	3004	3394	3507	3610	4060
广 西	Guangxi	126	221	322	510	579	681	761	856	993
海 南	Hainan	14	32	42	82	98	113	123	134	158
重 庆	Chongqing			308	349	405	449	486	532	625
四 川	Sichuan	350	583	462	943	1059	1178	1213	1362	1549
贵 州	Guizhou	103	204	335	487	582	669	679	750	836
云 南	Yunnan	125	224	317	557	646	746	829	891	1004
陕 西	Shaanxi	170	240	314	516	581	654	708	740	859
甘 肃	Gansu	178	241	295	489	536	615	678	706	804
青 海	Qinghai	42	69	116	208	246	287	313	337	465
宁 夏	Ningxia	55	92	115	307	378	440	440	470	547
新 疆	Xinjiang	70	120	183	310	356	417	479	548	662

五、全国能源平衡表

Chapter 5　Energy Balance Table of China

5-1 中国能源平衡表(实物量) -2010

项　目	Item	煤合计 (万吨) Coal Total (10^4 tn)	原煤 (万吨) Raw Coal (10^4 tn)
一.可供本地区消费的能源量	**Total Primary Energy Supply**	**319771.98**	**322524.47**
1.一次能源生产量	Indigenous Production	323500.00	323500.00
水电	Hydro Power		
核电	Nuclear Power		
风电	Wind Power		
2.回收能	Recovery of Energy		
3.进口量	Import	16309.52	16306.50
4.境内轮船和飞机在境外的加油量	Domestic Airplanes&Ships Refueling in Abroad		
5.出口量(-)	Export (-)	-1910.37	-1903.00
6.境外轮船和飞机在境内的加油量(-)	Oversea Airplanes&Ships Refueling in China		
7.库存增(-)、减(+)量	Stock Change	-18127.17	-15379.03
二.加工转换投入(-)产出(+)量	**Input(-) & Output(+) of Transformation**	**-227885.57**	**-242393.85**
1.火力发电	Thermal Power	-154542.48	-151307.09
2.供　热	Heating Supply	-15253.08	-14565.47
3.洗 选 煤	Coal Washing	-9484.62	69758.46
4.炼　焦	Coking	-47150.37	-5842.10
5.炼油及煤制油	Petroleum Refineries	-213.42	-114.30
#油品再投入量(-)	Petroleum Products Input (-)		
6.制　气	Gas Works	-1040.06	-603.38
#焦炭再投入量(-)	Coke Input (-)		
7.天然气液化	Natural Gas Liquefaction		
8.煤制品加工	Briquettes	-201.54	-203.05
三.损 失 量	**Loss**		
四.终端消费量	**Total Final Consumption**	**84350.93**	**73864.92**
1.农、林、牧、渔业	Farming, Forestry, Animal Husbandry, Fishery Conservancy	1711.10	1671.35
2.工业	Industry	68146.05	59538.89
#用作原料、材料	Non-Energy Use	4289.25	3915.52
3.建筑业	Construction	718.92	707.13
4.交通运输、仓储和邮政业	Transport, Storage and Post	639.23	612.99
5.批发、零售业和住宿、餐饮业	Wholesale, Retail Trade and Hotel, Restaurants	1969.87	1897.89
6.其他	Others	2006.59	1818.03
7.生活消费	Residential Consumption	9159.17	7618.64
城 镇	Urban	1902.68	1403.17
乡 村	Rural	7256.49	6215.47
五.平衡差额	**Statistical Difference**	**7535.48**	**6265.71**
六.消费量合计	**Total Final Consumption**	**312236.50**	**316258.76**

ENERGY BANLANCE OF CHINA -2010(PHYSICAL QUANTITY)

洗精煤 (万吨) Cleaned Coal (10^4 tn)	其他洗煤 (万吨) Other Washed Coal (10^4 tn)	型煤 (万吨) Briquettes (10^4 tn)	煤矸石 (万吨) Gangue (10^4 tn)	焦炭 (万吨) Coke (10^4 tn)	焦炉煤气 (亿立方米) Coke Oven Gas (10^8 cu.m)	高炉煤气 (亿立方米) Blast Furnace Gas (10^8 cu.m)	转炉煤气 (亿立方米) Converter Gas (10^8 cu.m)	其他煤气 (亿立方米) Other Gas (10^8 cu.m)
-938.55	**-1805.06**	**-8.88**		**-1950.74**		**2270.61**	**255.86**	
						2270.61	255.86	
		3.02		10.95				
		-7.37		-335.00				
-938.55	-1805.06	-4.53		-1626.69				
4152.31	**9268.46**	**1087.51**	**-0.08**	**36329.59**	**563.84**	**-1152.33**	**-78.45**	**174.50**
-4.69	-3230.70		-2226.54		-105.48	-792.00	-46.15	
-10.53	-677.08		-470.96		-72.83	-360.33	-32.30	
45949.21	14324.62		2697.42					
-41251.77	-56.49			36209.60	718.38			
-93.23	-5.89							
-436.68				248.23	23.77			174.50
				-128.24				
	-1086.00	1087.51						
2541.78	**6905.45**	**1038.79**		**33559.56**	**551.29**	**1110.00**	**179.02**	**168.61**
	39.75			46.82				
2529.37	5667.70	410.09		33455.45	494.55	1110.00	179.02	55.00
130.01	243.71			1338.45	4.95			
1.36	10.43			5.81				
11.05	15.19			0.12				
	39.13	32.86		5.10	0.80			
	177.11	11.46		2.77	2.68			
	956.15	584.38		43.49	53.26			113.61
	322.85	176.65		23.72	53.26			113.17
	633.30	407.73		19.77				0.44
671.98	**557.95**	**39.84**	**-0.08**	**819.29**	**12.55**	**8.28**	**-1.61**	**5.89**
44338.68	**11961.61**	**1038.79**	**2697.50**	**33687.80**	**705.83**	**2262.33**	**257.47**	**168.61**

续表 1

项　目	Item	其他焦化产品(万吨) Other Coking Products (10^4 tn)	油品合计(万吨) Petroleum Products Total (10^4 tn)
一.可供本地区消费的能源量	**Total Primary Energy Supply**		**44178.43**
1.一次能源生产量	Indigenous Production		20301.40
水电	Hydro Power		
核电	Nuclear Power		
风电	Wind Power		
2.回收能	Recovery of Energy		
3.进口量	Import		28791.77
4.境内轮船和飞机在境外的加油量	Domestic Airplanes&Ships Refueling in Abroad		645.45
5.出口量(-)	Export (-)		-3357.54
6.境外轮船和飞机在境内的加油量(-)	Oversea Airplanes&Ships Refueling in China		-721.46
7.库存增(-)、减(+)量	Stock Change		-1481.19
二.加工转换投入(-)产出(+)量	**Input(-) & Output(+) of Transformation**	**682.68**	**-2657.06**
1.火力发电	Thermal Power		-459.14
2.供　热	Heating Supply		-593.12
3.洗 选 煤	Coal Washing		
4.炼　焦	Coking	693.31	
5.炼油及煤制油	Petroleum Refineries	-44.25	2264.01
#油品再投入量(-)	Petroleum Products Input (-)		-3868.81
6.制　气	Gas Works	44.85	
#焦炭再投入量(-)	Coke Input (-)	-11.23	
7.天然气液化	Natural Gas Liquefaction		
8.煤制品加工	Briquettes		
三.损 失 量	**Loss**		**194.40**
四.终端消费量	**Total Final Consumption**	**673.00**	**40393.70**
1.农、林、牧、渔业	Farming,Forestry,Animal Husbandry, Fishery Conservancy		1382.50
2.工业	Industry	673.00	14757.76
#用作原料、材料	Non-Energy Use		4246.75
3.建筑业	Construction		3045.11
4.交通运输、仓储和邮政业	Transport, Storage and Post		14709.86
5.批发、零售业和住宿、餐饮业	Wholesale, Retail Trade and Hotel, Restaurants		481.01
6.其他	Others		2556.66
7.生活消费	Residential Consumption		3460.80
城 镇	Urban		2517.38
乡 村	Rural		943.41
五.平衡差额	**Statistical Difference**	**9.68**	**933.28**
六.消费量合计	**Total Final Consumption**	**728.48**	**43245.15**

Continued 1

原油 (万吨) Crude Oil (10^4 tn)	汽油 (万吨) Gasoline (10^4 tn)	煤油 (万吨) Kerosene (10^4 tn)	柴油 (万吨) Diesel Oil (10^4 tn)	燃料油 (万吨) Fuel Oil (10^4 tn)	石脑油 (万吨) Naphtha (10^4 tn)	润滑油 (万吨) Lubricants (10^4 tn)	石蜡 (万吨) Petroleum Waxes (10^4 tn)	溶剂油 (万吨) White Spirit (10^4 tn)
42876.63	**-446.17**	**-156.77**	**-222.52**	**1278.47**	**3.70**	**22.95**	**-51.10**	**-0.17**
20301.40								
23768.18	0.01	487.00	180.00	2299.00	290.70	34.20	0.90	3.36
		239.06	10.19	396.20				
-303.00	-517.00	-605.00	-464.00	-990.00	-87.00	-11.25	-52.00	-0.53
		-265.50	-26.24	-429.72				
-889.95	70.82	-12.33	77.53	2.99	-200.00			-3.00
-41876.43	**7360.38**	**1921.73**	**14806.74**	**1182.13**	**1931.57**	**218.94**	**160.11**	**74.33**
-3.71	-0.09		-113.86	-123.89				
-3.28			-3.78	-201.34				
-41869.44	7360.47	1924.39	14924.38	2536.97	1940.65	218.94	160.11	74.33
		-2.66		-1029.61	-9.08			
192.00								
806.12	**6886.12**	**1741.41**	**14516.17**	**2403.18**	**1841.02**	**225.00**	**103.00**	**70.00**
	169.07	0.90	1206.73	1.14				
806.12	689.37	37.54	2046.16	1022.48	1841.02	225.00	103.00	70.00
107.21	22.13				290.00	218.66	101.08	67.23
	274.70	8.77	490.20	30.76				
	3204.93	1601.08	8518.56	1326.65				
	168.18	34.98	196.60	8.62				
	1166.22	38.73	1287.19	13.53				
	1213.65	19.41	770.73					
	844.66	1.69	573.44					
	369.00	17.72	197.29					
2.08	**28.09**	**23.55**	**68.06**	**57.42**	**94.25**	**16.89**	**6.01**	**4.16**
42874.55	**6886.21**	**1744.07**	**14633.80**	**3758.02**	**1850.10**	**225.00**	**103.00**	**70.00**

续表 2

项　目	Item	石油沥青(万吨) Bitumen Asphalt (10^4 tn)	石油焦(万吨) Petroleum Coke (10^4 tn)
一.可供本地区消费的能源量	**Total Primary Energy Supply**	**392.70**	**443.66**
1.一次能源生产量	Indigenous Production		
水电	Hydro Power		
核电	Nuclear Power		
风电	Wind Power		
2.回收能	Recovery of Energy		
3.进口量	Import	407.70	773.86
4.境内轮船和飞机在境外的加油量	Domestic Airplanes&Ships Refueling in Abroad		
5.出口量(-)	Export (-)	-15.00	-210.20
6.境外轮船和飞机在境内的加油量(-)	Oversea Airplanes&Ships Refueling in China		
7.库存增(-)、减(+)量	Stock Change		-120.00
二.加工转换投入(-)产出(+)量	**Input(-) & Output(+) of Transformation**	**1963.90**	**1399.46**
1.火力发电	Thermal Power		-109.47
2.供　热	Heating Supply		-115.58
3.洗选煤	Coal Washing		
4.炼　焦	Coking		
5.炼油及煤制油	Petroleum Refineries	1963.90	1624.51
#油品再投入量(-)	Petroleum Products Input (-)		
6.制　气	Gas Works		
#焦炭再投入量(-)	Coke Input (-)		
7.天然气液化	Natural Gas Liquefaction		
8.煤制品加工	Briquettes		
三.损失量	**Loss**		
四.终端消费量	**Total Final Consumption**	**2218.37**	**1800.00**
1.农、林、牧、渔业	Farming, Forestry, Animal Husbandry, Fishery Conservancy		
2.工业	Industry	44.87	1800.00
#用作原料、材料	Non-Energy Use		1582.71
3.建筑业	Construction	2173.50	
4.交通运输、仓储和邮政业	Transport, Storage and Post		
5.批发、零售业和住宿、餐饮业	Wholesale, Retail Trade and Hotel, Restaurants		
6.其他	Others		
7.生活消费	Residential Consumption		
城镇	Urban		
乡村	Rural		
五.平衡差额	**Statistical Difference**	**138.23**	**43.12**
六.消费量合计	**Total Final Consumption**	**2218.37**	**2025.05**

Continued 2

液化石油气 (万吨) LPG (10^4 tn)	炼厂干气 (万吨) Refinery Gas (10^4 tn)	其他石油制品 (万吨) Other Petroleum Products (10^4 tn)	天然气 (亿立方米) Natural Gas (10^8 cu.m)	液化天然气 (万吨) LNG (10^4 tn)	热力 (万百万千焦) Heat (10^{10} kJ)	电力 (亿千瓦小时) Electricity (10^8 kW•h)	其他能源 (万吨标煤) Other Energy (10^4tce)
231.55		**-194.50**	**943.98**	**934.30**	**28465.63**	**8617.18**	**558.00**
			948.48			8752.32	
						7221.72	
						738.80	
						446.22	
					28465.63		558.00
327.00		219.86	35.80	934.30		55.45	
-93.00		-9.56	-40.30			-190.59	
-2.45		-404.80					
2044.57	**1123.96**	**5031.55**	**-200.99**	**-130.52**	**269355.59**	**33319.28**	**-556.89**
	-74.01	-34.11	-161.78	-167.69	-24067.15	33319.28	-378.85
-0.88	-175.78	-92.48	-27.96	-8.78	293422.74		-174.28
2102.27	1460.71	7841.82					-3.76
-56.82	-86.96	-2683.68					
			-3.92				
			-7.33	45.95			
2.40			**17.11**	**14.14**	**3400.00**	**2568.24**	
2180.20	**1102.44**	**4500.68**	**723.57**	**781.00**	**294418.28**	**39366.25**	
4.66			0.50		91.01	976.49	
529.08	1102.44	4440.68	362.07	655.00	213189.00	28303.53	
57.72		1800.00	90.52	163.75			
7.18		60.00	1.16		661.74	483.24	
58.64			79.71	126.00	1637.94	734.53	
72.63			27.24		3902.19	1292.00	
51.00			26.00		7526.18	2451.83	
1457.01			226.90		67410.23	5124.63	
1097.60			226.22		67410.23	2988.06	
359.41			0.68			2136.57	
93.52	**21.52**	**336.37**	**2.31**	**8.64**	**2.94**	**1.97**	**1.11**
2240.30	**1439.19**	**7310.95**	**941.67**	**971.61**	**321885.43**	**41934.49**	**556.89**

5-2 中国能源平衡表(标准量) -2010

单位：万吨标准煤

项　目	Item	能源合计 Energy Total (发电煤耗计算法) (coal equivalent calculation)	(电热当量计算法) (calorific value calculation)
一.可供本地区消费的能源量	**Total Primary Energy Supply**	**332703.37**	**315747.30**
1.一次能源生产量	Indigenous Production	296915.72	279693.73
水电	Hydro Power	23085.71	8875.49
核电	Nuclear Power	2361.73	907.99
风电	Wind Power	1426.43	548.40
2.回收能	Recovery of Energy	5143.08	5143.08
3.进口量	Import	54863.59	54754.48
4.境内轮船和飞机在境外的加油量	Domestic Airplanes&Ships Refueling in Abroad	932.61	932.61
5.出口量(-)	Export (-)	-7802.37	-7427.34
6.境外轮船和飞机在境内的加油量(-)	Oversea Airplanes&Ships Refueling in China	-1042.79	-1042.79
7.库存增(-)、减(+)量	Stock Change	-16306.47	-16306.47
二.加工转换投入(-)产出(+)量	**Input(-) & Output(+) of Transformation**	**-11072.83**	**-76635.35**
1.火力发电	Thermal Power	0.00	-65562.52
2.供　热	Heating Supply	-3580.18	-3580.18
3.洗 选 煤	Coal Washing	-3530.81	-3530.81
4.炼　焦	Coking	-1479.64	-1479.64
5.炼油及煤制油	Petroleum Refineries	3149.76	3149.76
#油品再投入量(-)	Petroleum Products Input (-)	-5291.78	-5291.78
6.制　气	Gas Works	-135.77	-135.77
#焦炭再投入量(-)	Coke Input (-)	-137.53	-137.53
7.天然气液化	Natural Gas Liquefaction	-16.75	-16.75
8.煤制品加工	Briquettes	-50.13	-50.13
三.损 失 量	**Loss**	**8856.66**	**3803.12**
四.终端消费量	**Total Final Consumption**	**305009.67**	**227548.49**
1.农、林、牧、渔业	Farming, Forestry, Animal Husbandry, Fishery Conservancy	6477.30	4555.85
2.工业	Industry	211626.09	155933.09
#用作原料、材料	Non-Energy Use	9811.58	9811.58
3.建筑业	Construction	6226.30	5275.42
4.交通运输、仓储和邮政业	Transport, Storage and Post	25614.71	24169.37
5.批发、零售业和住宿、餐饮业	Wholesale, Retail Trade and Hotel, Restaurants	6826.82	4284.55
6.其他	Others	13680.50	8856.03
7.生活消费	Residential Consumption	34557.94	24474.18
城 镇	Urban	20706.84	14827.22
乡 村	Rural	13851.10	9646.96
五.平衡差额	**Statistical Difference**	**7764.22**	**7760.34**
六.消费量合计	**Total Final Consumption**	**324939.15**	**307986.96**

ENERGY BALANCE OF CHINA -2010 (STANDARD QUANTITY)

(10 000 tce)

煤合计 Coal Total	原煤 Raw Coal	洗精煤 Cleaned Coal	其他洗煤 Other Washed Coal	型煤 Briquettes	煤矸石 Gangue	焦炭 Coke	焦炉煤气 Coke Oven Gas	高炉煤气 Blast Furnace Gas
224756.84	**226554.94**	**-844.70**	**-948.02**	**-5.39**		**-1894.95**		**2920.00**
227319.77	227319.77							
								2920.00
11649.15	11647.32			1.83		10.64		
-1526.85	-1522.38			-4.48		-325.42		
-12685.23	-10889.77	-844.70	-948.02	-2.75		-1580.17		
-157863.96	**-167129.16**	**3737.08**	**4867.80**	**660.33**	**-0.02**	**35290.56**	**3221.78**	**-1481.90**
-100049.33	-98348.34	-4.22	-1696.76		-445.31		-602.71	-1018.51
-11143.02	-10777.94	-9.48	-355.60		-94.19		-416.15	-463.38
-4070.29	-52947.87	41354.29	7523.29		539.48			
-41558.55	-4402.28	-37126.60	-29.67			35174.01	4104.82	
-168.64	-81.64	-83.91	-3.09					
-823.993238	-430.98	-393.012				241.1268903	135.82178	
						-124.57		
-50.13	-140.10		-570.37	660.33				
61385.13	**54840.04**	**2287.60**	**3626.74**	**630.75**		**32599.76**	**3150.07**	**1427.46**
1282.47	1261.60		20.88			45.48		
49318.47	43816.36	2276.43	2976.68	249.01		32498.63	2825.86	1427.46
3161.78	2916.77	117.01	128.00			1300.17	28.26	
523.15	516.45	1.22	5.48			5.64		
449.45	431.53	9.95	7.98			0.12		
1469.58	1429.08		20.55	19.95		4.95	4.57	
1467.00	1367.02		93.02	6.96		2.69	15.31	
6875.02	6018.01		502.17	354.84		42.24	304.33	
1355.50	1078.67		169.56	107.26		23.04	304.33	
5519.52	4939.34		332.61	247.57		19.21		
5507.75	**4585.74**	**604.78**	**293.04**	**24.19**	**-0.02**	**795.86**	**71.71**	**10.64**

续表 1

单位：万吨标准煤

项目	Item	转炉煤气 Converter Gas	其他煤气 Gasoline
一.可供本地区消费的能源量	**Total Primary Energy Supply**	**694.40**	
1.一次能源生产量	Indigenous Production		
水电	Hydro Power		
核电	Nuclear Power		
风电	Wind Power		
2.回收能	Recovery of Energy	694.40	
3.进口量	Import		
4.境内轮船和飞机在境外的加油量	Domestic Airplanes&Ships Refueling in Abroad		
5.出口量(−)	Export (-)		
6.境外轮船和飞机在境内的加油量(−)	Oversea Airplanes&Ships Refueling in China		
7.库存增(−)、减(+)量	Stock Change		
二.加工转换投入(−)产出(+)量	**Input(-) & Output(+) of Transformation**	**-212.91**	**311.66**
1.火力发电	Thermal Power	-125.25	
2.供　热	Heating Supply	-87.66	
3.洗 选 煤	Coal Washing		
4.炼　焦	Coking		
5.炼油及煤制油	Petroleum Refineries		
#油品再投入量(−)	Petroleum Products Input (-)		
6.制　气	Gas Works		311.66
#焦炭再投入量(−)	Coke Input (-)		
7.天然气液化	Natural Gas Liquefaction		
8.煤制品加工	Briquettes		
三.损 失 量	**Loss**		
四.终端消费量	**Total Final Consumption**	**485.86**	**301.14**
1.农、林、牧、渔业	Farming, Forestry, Animal Husbandry, Fishery Conservancy		
2.工业	Industry	485.86	98.23
#用作原料、材料	Non-Energy Use		
3.建筑业	Construction		
4.交通运输、仓储和邮政业	Transport, Storage and Post		
5.批发、零售业和住宿、餐饮业	Wholesale, Retail Trade and Hotel, Restaurants		
6.其他	Others		
7.生活消费	Residential Consumption		202.91
城 镇	Urban		202.13
乡 村	Rural		0.79
五.平衡差额	**Statistical Difference**	**-4.37**	**10.51**
六.消费量合计	**Total Final Consumption**		

Continued 1

(10 000 tce)

其他焦化产品 Other Coking Products	油品合计 Petroleum Products Total	原油 Crude Oil	汽油 Gasoline	煤油 Kerosene	柴油 Diesel Oil	燃料油 Fuel Oil	石脑油 Naphtha	润滑油 Lubricants	石蜡 Petroleum Waxes
	63233.54	**61527.84**	**-656.49**	**-230.67**	**-324.23**	**1826.42**	**5.55**	**32.46**	**-69.74**
	29002.58	29002.58							
	40908.64	33955.22	0.01	716.57	262.28	3284.35	436.05	48.37	1.23
	932.61			351.75	14.85	566.01			
	-4804.85	-432.87	-760.71	-890.20	-676.09	-1414.31	-130.50	-15.91	-70.97
	-1042.79			-390.66	-38.23	-613.90			
	-2041.07	-1271.38	104.20	-18.14	112.97	4.27	-300.00		
787.81	**-3363.39**	**-59824.67**	**10830.06**	**2827.63**	**21574.91**	**1688.79**	**2897.36**	**309.65**	**218.52**
	-624.93	-5.30	-0.13		-165.90	-176.99			
	-819.91	-4.69			-5.51	-287.63			
800.08									
-51.06	3373.23	-59814.68	10830.20	2831.55	21746.31	3624.32	2910.98	309.65	218.52
	-5291.78			-3.91		-1470.90	-13.62		
51.76									
-12.96									
	278.41	**274.29**							
776.64	**58005.74**	**1151.62**	**10132.23**	**2562.31**	**21151.51**	**3433.18**	**2761.53**	**318.22**	**140.57**
	2018.04		248.77	1.32	1758.33	1.63			
776.64	20480.66	1151.62	1014.34	55.24	2981.46	1460.71	2761.53	318.22	140.57
	5321.37	153.17	32.56				435.00	309.25	137.95
	4114.71		404.19	12.90	714.27	43.94			
	21479.73		4715.73	2355.83	12412.39	1895.26			
	722.22		247.45	51.47	286.47	12.31			
	3755.28		1715.98	56.98	1875.56	19.33			
	5435.10		1785.77	28.56	1123.02				
	3962.49		1242.83	2.49	835.55				
	1472.62		542.94	26.07	287.47				
11.17	**1307.60**	**2.97**	**41.34**	**34.66**	**99.17**	**82.04**	**141.38**	**23.89**	**8.20**

续表 2

单位：万吨标准煤

项 目	Item	溶剂油 White spirit	石油沥青 Bitumen Asphalt
一.可供本地区消费的能源量	**Total Primary Energy Supply**	**-0.25**	**514.44**
1.一次能源生产量	Indigenous Production		
水电	Hydro Power		
核电	Nuclear Power		
风电	Wind Power		
2.回收能	Recovery of Energy		
3.进口量	Import	4.93	534.09
4.境内轮船和飞机在境外的加油量	Domestic Airplanes&Ships Refueling in Abroad		
5.出口量(−)	Export (-)	-0.78	-19.65
6.境外轮船和飞机在境内的加油量(−)	Oversea Airplanes&Ships Refueling in China		
7.库存增(−)、减(+)量	Stock Change	-4.40	
二.加工转换投入(−)产出(+)量	**Input(-) & Output(+) of Transformation**	**109.06**	**2572.71**
1.火力发电	Thermal Power		
2.供　热	Heating Supply		
3.洗 选 煤	Coal Washing		
4.炼　焦	Coking		
5.炼油及煤制油	Petroleum Refineries	109.06	2572.71
#油品再投入量(−)	Petroleum Products Input (-)		
6.制　气	Gas Works		
#焦炭再投入量(−)	Coke Input (-)		
7.天然气液化	Natural Gas Liquefaction		
8.煤制品加工	Briquettes		
三.损 失 量	**Loss**		
四.终端消费量	**Total Final Consumption**	**102.70**	**2906.06**
1.农、林、牧、渔业	Farming, Forestry, Animal Husbandry, Fishery Conservancy		
2.工业	Industry	102.70	58.78
#用作原料、材料	Non-Energy Use	98.64	
3.建筑业	Construction		2847.29
4.交通运输、仓储和邮政业	Transport, Storage and Post		
5.批发、零售业和住宿、餐饮业	Wholesale, Retail Trade and Hotel, Restaurants		
6.其他	Others		
7.生活消费	Residential Consumption		
城 镇	Urban		
乡 村	Rural		
五.平衡差额	**Statistical Difference**	**6.10**	**181.08**
六.消费量合计	**Total Final Consumption**		

Continued 2

(10 000 tce)

石油焦 Petroleum Coke	液化石油气 LPG	炼厂干气 Refinery Gas	其他石油制品 Other Petroleum Products	天然气 Natural Gas	液化天然气 LNG	热力 Heat	电力 Electricity	其他能源 Other Energy
465.84	**401.06**		**-258.69**	**12554.93**	**1641.75**	**970.68**	**10590.51**	**558.00**
				12614.78			10756.60	
							8875.49	
							907.99	
							548.40	
						970.68		558.00
812.55	560.58		292.41	476.14	1641.75		68.15	
-220.71	-159.43		-12.71	-535.99			-234.24	
-126.00	-4.20		-538.38					
1469.43	**3505.01**	**1766.19**	**6691.96**	**-2673.17**	**-229.35**	**9185.03**	**40949.40**	**-556.89**
-114.94		-116.30	-45.37	-2151.67	-294.66	-820.69	40949.40	-378.85
-121.36	-1.51	-276.22	-123.00	-371.87	-15.43	10005.72		-174.28
1705.74	3603.92	2295.36	10429.62					-3.76
	-97.41	-136.65	-3569.29					
				-52.14				
				-97.49	80.74			
	4.11			**227.56**	**24.85**	**115.94**	**3156.37**	
1890.00	**3737.52**	**1732.37**	**5985.90**	**9623.53**	**1372.37**	**10039.66**	**48381.12**	
	7.99			6.65		3.10	1200.11	
1890.00	907.00	1732.37	5906.10	4815.53	1150.97	7269.74	34785.04	
1661.85	98.95		2394.00	1203.88	287.74			
	12.31		79.80	15.46		22.57	593.90	
	100.53			1060.08	221.41	55.85	902.74	
	124.52			362.30		133.06	1587.87	
	87.43			345.80		256.64	3013.30	
	2497.74			3017.71		2298.69	6298.17	
	1881.61			3008.72		2298.69	3672.33	
	616.13			8.99			2625.84	
45.28	**160.32**	**33.82**	**447.37**	**30.67**	**15.18**	**0.10**	**2.42**	**1.11**

5-3 综合能源平衡表

单位：万吨标准煤

项目	Item	1980	1985
可供消费的能源总量	**Total Energy Available for Consumption**	**61557**	**77603**
一次能源生产量	Primary Energy Output	63735	85546
回收能	Recovery of Energy		
进口量	Imports	261	340
出口量(-)	Exports (-)	3058	5774
年初年末库存差额	Stock Changes in the Year	619	-2509
能源消费总量	**Total Energy Consumption**	**60275**	**76682**
在总量中:	Consumption by Sector		
1.农、林、牧、渔业	Farming, Forestry, Animal Husbandry, Fishery Conservancy	4692	4045
2.工业	Industry	38986	51068
3.建筑业	Construction	957	1302
4.交通运输、仓储和邮政业	Transport, Storage and Post	2902	3713
5.批发、零售业和住宿、餐饮业	Wholesale, Retail Trade and Hotel, Restaurants	518	766
6.其他	Others	1205	2470
7.生活消费	Residential Consumption	11015	13318
在总量中:	Consumption by Usage		
(一) 终端消费	(I)Final Consumption	57508	73586
#工业	Industry	38293	48021
(二) 加工转换损失量	(II)Losses in Processing and	1358	1491
#炼焦	Coking	644	572
炼油	Petroleum Refining	113	110
(三) 损失量	(III)Other Losses	1409	1605
平衡差额	**Balance**	**1282**	**921**

注：1.村办工业包括在工业中(下同)。
2.电力、热力按等价热值折算，因此加工转换损失量中不包括发电、供热损失量。
3.进口量包括境内轮船和飞机在境外的加油量；出口量包括境外轮船和飞机在境内的加油量。

OVERALL ENERGY BALANCE SHEET

(10 000 tce)

1990	1995	2000	2005	2006	2007	2008	2009	2010
96138	**129535**	**142605**	**232225**	**256034**	**274800**	**287011**	**311277**	**332703**
103922	129034	135048	216219	232167	247279	260552	274619	296916
	2312	1760	2939	3725	6166	6511	7627	5143
1310	5456	14334	26952	31171	35062	36764	47313	55796
5875	6776	9633	11448	10925	9995	9955	8440	-8845
-3219	-491	1097	-2436	-104	-3711	-6860	-9841	-16306
98703	**131176**	**145531**	**235997**	**258676**	**280508**	**291448**	**306647**	**324939**
4852	5505	3914	6071	6331	6228	6013	6251	6477
67578	96191	103774	168724	184945	200531	209302	219197	231102
1213	1335	2179	3403	3761	4128	3813	4562	6226
4541	5863	11242	18391	20284	21959	22917	23692	26068
1247	2018	3048	4848	5314	5689	5734	6412	6827
3473	4519	5762	9255	10276	11158	11771	12690	13681
15799	15745	15614	25305	27765	30814	31898	33843	34558
94289	124252	139008	225690	247520	268610	278546	292299	305010
63239	89473	97597	158767	174225	189032	196832	205322	211626
2264	3634	2461	3823	4056	4241	5166	6283	11073
905		525	702	734	854	819	1010	1480
326		781	1305	1391	1325	1380	1784	2142
2150	3289	4062	6483	7100	7657	7736	8065	8857
-2565	**-1641**	**-2926**	**-3772**	**-2642**	**-5708**	**-4437**	**4630**	**7764**

a) Data on industry include the data of village-run industry.(The sane as in the following tables).

b) Electric power and heat are converted on the basic of equal caloric value. Therefore, losses in processing and transformation exclude losses in powe generation and heating.

c) Data on imports include the petroleum consumed by the domestic airplanes and ships in refueling abroad. Data on exports include the petroleum consumed by the oversea airplanes and ships in refueling in China.

5-4 煤炭平衡表

单位：万吨

项　目	Item	1980	1985
可供量	**Total Energy Available for Consumption**	**62601.0**	**82776.6**
生产量	Output	62015.0	87228.4
进口量	Imports	199.0	230.7
出口量(-)	Exports (-)	632.0	777.0
年初年末库存差额	Stock Changes in the Year	1019.0	-3905.5
消费量	**Total Energy Consumption**	**61009.5**	**81603.0**
在消费量中:	Consumption by Sector		
1.农、林、牧、渔业	Farming, Forestry, Animal Husbandry, Fishery Conservancy	1550.3	2208.6
2.工业	Industry	43848.4	58613.3
3.建筑业	Construction	556.0	531.9
4.交通运输、仓储和邮政业	Transport, Storage and Post	1934.4	2307.1
5.批发、零售业和住宿、餐饮业	Wholesale, Retail Trade and Hotel, Restaurants	455.2	738.2
6.其他	Others	1091.2	1579.5
7.生活消费	Residential Consumption	11574.0	15624.4
在消费量中:	Consumption by Usage		
(一) 终端消费	(I)Final Consumption	38804.2	52704.4
#工　业	Industry	21643.1	29715.0
(二) 中间消费	(2)Intermediate Consumption		
(用于加工转换)	(Consumed in Transformation)	19461.6	25397.4
发　电	Power Generation	12648.4	16440.7
供　热	Heating		1462.3
炼　焦	Coking	6682.2	7303.8
炼油及煤制油			
制　气	Gas Production	131.0	190.6
(三) 洗选损耗	(3) Losses in Coal Washing and Dressing	2743.7	3501.2
平衡差额	**Balance**	**1591.5**	**1173.6**

注：生产量为原煤产量。

COAL BALANCE SHEET

(10 000 ton)

1990	1995	2000	2005	2006	2007	2008	2009	2010
102221.0	**133461.7**	**136794.5**	**226941.0**	**251336.3**	**265543.5**	**275061.1**	**301283.8**	**319772.0**
107988.3	136073.1	138418.5	234951.8	252855.1	269164.3	280200.0	297300.0	323500.0
200.3	163.5	217.9	2617.1	3810.5	5101.6	4034.1	12584.0	16309.5
1729.0	2861.7	5506.5	7172.4	6327.3	5318.7	4543.4	2239.6	1910.4
-4238.5	86.8	3664.7	-3455.4	997.9	-3403.6	-4629.6	-6360.6	-18127.2
105523.0	**137676.5**	**141091.7**	**231851.1**	**255065.5**	**272745.9**	**281095.9**	**295833.1**	**312236.5**
2095.2	1856.7	933.4	1513.8	1502.6	1519.6	1522.6	1582.1	1711.1
81090.9	117570.7	127806.7	215493.3	238510.2	256202.8	265574.2	279888.5	296031.6
437.6	439.8	536.8	603.6	652.0	615.3	603.2	635.6	718.9
2160.9	1315.1	882.2	811.2	769.9	735.9	665.4	640.9	639.2
1058.3	977.4	1314.6	1674.4	1791.5	1868.3	1791.4	1977.9	1969.9
1980.4	1986.7	1161.0	1715.9	1802.9	2043.4	1791.6	1986.1	2006.6
16699.7	13530.1	8457.0	10039.0	10036.3	9760.6	9147.6	9121.9	9159.2
60205.9	66156.1	55913.1	75382.7	77532.6	79676.6	81089.2	83700.5	84350.9
35773.8	46050.3	42628.0	59024.9	60977.4	63133.5	65567.5	67755.9	68146.1
41257.8	69487.6	85178.6	156468.4	177532.8	193069.3	200006.7	212132.6	227885.6
27204.3	44440.2	55811.2	103263.5	118763.9	130548.8	135351.7	143967.3	154542.5
2995.5	5887.3	8794.1	13542.0	14561.4	15394.2	15029.2	15359.7	15253.1
10697.6	18396.4	16496.4	33167.1	37450.1	39659.0	41461.7	43691.7	47150.4
								213.4
360.4	763.7	960.0	1277.0	1257.1	1491.8	1227.2	1150.7	1040.1
4059.3	2032.8	3191.2	4982.1	5279.3	5754.6	6757.8	7765.5	9484.6
-3302.0	**-4214.8**	**-4297.2**	**-4910.0**	**-3729.2**	**-7202.4**	**-6034.9**	**5450.7**	**7535.5**

a) Data on output refer to the output of raw coal.

5-5 焦炭平衡表

单位: 万吨

项目	Item	1980	1985
可供量	**Total Energy Available for Consumption**	**4315.3**	**4689.7**
生产量	Output	4343.0	4802.1
进口量	Imports		2.1
出口量(-)	Exports (-)	27.1	36.9
年初年末库存差额	Stock Changes in the Year	-0.6	-77.6
消费量	**Total Energy Consumption**	**4303.0**	**4689.7**
在消费量中:	Consumption by Sector		
1.农、林、牧、渔业	Farming, Forestry, Animal Husbandry, Fishery Conservancy	10.6	20.8
2.工业	Industry	4266.7	4627.7
3.建筑业	Construction	11.9	7.8
4.交通运输、仓储和邮政业	Transport, Storage and Post	8.2	5.7
5.批发、零售业和住宿、餐饮业	Wholesale, Retail Trade and Hotel, Restaurants	0.9	2.7
6.其他	Others	4.7	2.0
7.生活消费	Residential Consumption		23.0
在消费量中:	Consumption by Usage		
(一) 终端消费	(1)Final Consumption	4294.7	4677.9
#工　业	Industry	4258.4	4615.9
(二) 中间消费	(2)Intermediate Consumption		
(用于加工转换)	(Consumed in Transformation)	8.3	11.8
制　气	Gas Production	8.3	11.8
(三) 损失量	(3) Losses in Coal Washing and Dressing		
平衡差额	**Balance**	**12.3**	

COKE BALANCE SHEET

(10 000 ton)

1990	1995	2000	2005	2006	2007	2008	2009	2010
7085.8	**12207.1**	**10892.3**	**25184.4**	**27990.5**	**29090.1**	**29994.0**	**31961.3**	**34507.1**
7328.3	13424.5	12184.0	26611.7	29768.3	31305.3	32313.9	34244.1	36457.8
	0.1		0.5				15.9	11.0
129.0	886.1	1519.7	1276.4	1446.8	1529.9	1221.3	54.5	335.0
-113.5	-331.4	228.0	-151.4	-331.1	-685.3	-1098.6	-2244.1	-1626.7
6914.7	**10725.3**	**10840.8**	**25105.8**	**27892.8**	**29168.1**	**29900.2**	**31850.0**	**33687.8**
60.1	128.6	70.9	63.5	55.7	57.2	53.1	44.6	46.8
6808.8	10412.0	10554.6	24860.9	27653.6	28932.2	29756.7	31743.3	33583.7
5.2	10.8	19.0	18.4	18.5	17.5	10.7	5.7	5.8
4.1	10.1	11.2	1.1	0.9	0.6	0.3	0.1	0.1
7.7	25.7	35.7	64.1	65.4	71.0	7.5	3.9	5.1
1.9	6.4	12.2	7.6	8.3	8.2	6.9	3.5	2.8
26.9	131.6	137.2	90.3	90.4	81.4	64.9	48.8	43.5
6846.3	10648.0	10697.9	24877.9	27664.9	28900.1	29712.6	31689.7	33559.6
6740.4	10334.7	10411.7	24633.0	27425.6	28664.2	29569.1	31583.0	33455.5
68.4	77.3	142.9	227.9	227.9	268.0	187.6	160.3	128.2
68.4	77.3	142.9	227.9	227.9	268.0	187.6	160.3	128.2
171.1	**1481.8**	**51.6**	**78.6**	**97.7**	**-78.1**	**93.8**	**111.4**	**819.3**

5-6 石油平衡表

单位: 万吨

项　　目	Item	1980	1985
可供量	**Total Energy Available for Consumption**	**8794.5**	**9193.7**
生产量	Output	10594.6	12489.5
进口量	Imports	82.7	90.0
出口量(-)	Exports (-)	1806.2	3630.4
年初年末库存差额	Stock Changes in the Year	-76.6	244.6
消费量	**Total Energy Consumption**	**8757.4**	**9168.8**
在消费量中:	Consumption by Sector		
1.农、林、牧、渔业	Farming, Forestry, Animal Husbandry, Fishery Conservancy	814..9	758.7
2.工业	Industry	6203.2	6171.4
3.建筑业	Construction	175.2	292.2
4.交通运输、仓储和邮政业	Transport, Storage and Post	911.5	1176.4
5.批发、零售业和住宿、餐饮业	Wholesale, Retail Trade and Hotel, Restaurants	29.0	38.1
6.其他	Others	481.7	506.1
7.生活消费	Residential Consumption	141.9	225.9
在消费量中:	Consumption by Usage	8838.9	
(一) 终端消费	(I)Final Consumption	6311.0	7063.3
#工　业	Industry	3780.3	4462.0
(二) 中间消费	(II)Intermediate Consumption		
(用于加工转换)	(Consumed in Transformation)	2183.6	1858.5
发　电	Power Generation	2065.4	1425.5
供　热	Heating		285.6
制　气	Gas Production	36.7	34.5
炼油损失量	Losses in Petroleum Refining	81.5	112.9
(三)损失量	(III) Other Losses	262.8	247.0
平衡差额	**Balance**	**37.1**	**24.9**

注: 1.生产量为原油产量。
2.进口量包括境内轮船和飞机在境外的加油量; 出口量包括境外轮船和飞机在境内的加油量。

PETROLEUM BALANCE

(10 000 ton)

1990	1995	2000	2005	2006	2007	2008	2009	2010
11435.0	**16072.7**	**22631.8**	**32539.1**	**34930.0**	**36648.9**	**37318.8**	**38462.8**	**44178.4**
13830.6	15005.0	16300.0	18135.3	18476.6	18631.8	19044.0	18949.0	20301.4
755.6	3673.2	9748.5	17163.2	19453.0	21139.4	23015.5	25642.4	29437.2
3110.4	2454.5	2172.1	2888.1	2626.2	2664.3	2945.7	3916.6	4079.0
-40.8	-151.0	-1244.6	128.8	-373.3	-458.0	-1795.0	-2211.9	-1481.2
11485.6	**16064.9**	**22495.9**	**32537.7**	**34876.2**	**36658.7**	**37302.9**	**38384.5**	**43245.2**
1033.6	1203.2	788.5	1451.7	1540.2	1399.9	1265.8	1308.1	1382.5
7321.6	9349.3	11248.5	14245.1	14804.3	14905.1	15603.1	15692.9	17448.8
327.3	242.8	840.6	1502.2	1648.5	1823.1	1517.5	1942.3	3045.1
1683.2	2863.6	6399.0	10709.5	11849.2	12906.7	13279.4	13548.5	14870.3
77.6	333.9	247.0	375.6	392.2	426.9	366.4	429.7	481.0
757.8	1390.3	1635.9	1969.2	2077.6	2215.9	2353.8	2296.3	2556.7
284.5	682.0	1336.5	2284.4	2564.2	2981.1	2916.9	3166.8	3460.8
9304.7	13676.3	19950.1	29191.6	31614.1	33857.6	34702.9	35689.9	40393.7
5180.4	7095.5	8860.0	11027.5	11707.5	12269.2	13170.8	13153.7	14757.8
1630.4	2230.0	2352.9	3190.7	3062.1	2601.2	2397.6	2505.9	2657.1
1234.4	1358.5	1178.2	1602.0	1343.7	884.0	618.1	501.2	459.1
356.3	399.9	427.0	407.6	427.8	430.1	413.8	383.3	593.1
39.7	51.6	25.9	14.4	13.4	5.0	2.0	0.3	
295.8	420.1	721.9	1166.7	1277.3	1282.1	1363.7	1621.1	1604.8
254.7	158.6	192.9	155.4	200.0	200.0	202.4	188.7	194.4
-50.6	**7.8**	**135.8**	**1.4**	**53.8**	**-9.9**	**15.9**	**78.3**	**933.3**

a) Data on output refer to the output of crude oil.

b) Data on imports include the petroleum consumed by the domestic airplanes and ships in refueling abroad.
Data on exports include the petroleum consumed by the oversea airplanes and ships in refueling in China.

5-7 原油平衡表

单位：万吨

项　目	Item	1980	1985
可供量	**Total Energy Available for Consumption**	**9222.9**	**9516.5**
生产量	Output	10594.6	12489.5
进口量	Imports	36.6	
出口量(-)	Exports (-)	1330.9	3003.0
年初年末库存差额	Stock Changes in the Year	-77.4	30.0
消费量	**Total Energy Consumption**	**9205.0**	**9509.5**
在消费量中:	Consumption by Sector		
1.农、林、牧、渔业	Farming, Forestry, Animal Husbandry, Fishery Conservancy	8.0	0.8
2.工业	Industry	9112.0	9389.9
3.建筑业	Construction	28.8	74.0
4.交通运输、仓储和邮政业	Transport, Storage and Post	50.1	44.3
5.批发、零售业和住宿、餐饮业	Wholesale, Retail Trade and Hotel, Restaurants		0.1
6.其他	Others	6.1	0.4
7.生活消费	Residential Consumption		
在消费量中:	Consumption by Usage		
(一) 终端消费	(I)Final Consumption	499.6	350.4
#工　业	Industry	429.7	254.9
(二) 中间消费	(II)Intermediate Consumption		
(用于加工转换)	(Consumed in Transformation)	8443.0	8929.7
发　电	Power Generation	574.0	279.5
供　热	Heating		61.3
炼　　油	Petroleum Refineries	7869.0	8588.9
(三) 油田原油损失量	(III)Losses in Oil Field for Crude Oil	262.4	229.4
平衡差额	**Balance**	**17.9**	**7.0**

CRUDE OIL BALANC SHEET

(10 000 ton)

	1990	1995	2000	2005	2006	2007	2008	2009	2010
	11770.6	**14794.9**	**21383.0**	**30089.2**	**32249.2**	**34035.1**	**35498.6**	**38130.5**	**42876.6**
	13830.6	15004.4	16300.0	18135.3	18476.6	18631.8	19044.0	18949.0	20301.4
	292.3	1709.0	7026.5	12681.7	14517.5	16316.0	17888.5	20365.3	23768.2
	2399.0	1822.7	1030.6	806.7	633.7	388.4	423.8	507.3	303.0
	46.7	-95.8	-912.9	78.8	-111.1	-524.4	-1010.1	-676.5	-890.0
	11762.2	**14886.4**	**21232.0**	**30086.2**	**32245.2**	**34031.6**	**35498.2**	**38128.6**	**42874.6**
	0.2	10.1							
	11653.8	14716.3	21052.1	29959.4	32081.5	33867.9	35332.6	37975.2	42716.6
	55.2	2.7	3.3						
	52.1	156.8	175.1	126.9	163.7	163.7	165.7	153.4	158.0
	0.3	0.5	0.2						
	0.6	1390.3	1.4						
	402.1	309.9	636.8	870.4	977.1	984.1	1192.8	826.2	806.1
	333.4	274.7	612.3	870.4	977.1	984.1	1192.8	826.2	806.1
	11106.9	14419.4	20404.3	29062.1	31069.8	32849.1	34105.1	37115.8	41876.4
	124.6	61.6	85.0	21.3	22.9	15.9	8.9	4.4	3.7
	21.1	4.4	14.0	0.3	0.8	0.6	1.0	2.0	3.3
	10961.2	14353.4	20305.3	29040.5	31046.0	32832.6	34095.3	37109.4	41869.4
	253.2	157.1	190.9	153.8	198.4	198.4	200.4	186.7	192.0
	8.4	**-91.5**	**151.0**	**2.9**	**4.0**	**3.5**	**0.4**	**1.9**	**2.1**

5-8 燃料油平衡表

单位：万吨

项目	Item	1980	1985
可供量	**Total Energy Available for Consumption**	**3096.1**	**2848.0**
生产量	Output	3142.0	2835.8
进口量	Imports	39.0	70.0
出口量(-)	Exports (-)	45.4	64.9
年初年末库存差额	Stock Changes in the Year	-39.5	7.1
消费量	**Total Energy Consumption**	**3073.7**	**2837.4**
在消费量中:	Consumption by Sector		
1.农、林、牧、渔业	Farming, Forestry, Animal Husbandry, Fishery Conservancy	2.3	3.1
2.工业	Industry	2937.4	2662.2
3.建筑业	Construction	15.0	18.9
4.交通运输、仓储和邮政业	Transport, Storage and Post	109.0	144.1
5.批发、零售业和住宿、餐饮业	Wholesale, Retail Trade and Hotel, Restaurants	2.9	3.1
6.其他	Others	7.1	6.0
7.生活消费	Residential Consumption		
在消费量中:	Consumption by Usage		
(一) 终端消费	(I)Final Consumption	1617.9	1538.8
#工　业	Industry	1481.6	1363.5
(二) 中间消费	(II)Intermediate Consumption		
(用于加工转换)	(Consumed in Transformation)	1455.8	1296.1
发　电	Power Generation	1419.1	1042.3
供　热	Heating		219.3
炼油再投入量	Petroleum Production		
制　气	Gas Production	36.7	34.5
(三)损失量	(III)Other Losses		2.5
平衡差额	**Balance**	**22.4**	**10.6**

FUEL OIL BALANCE SHEET

(10 000 ton)

1990	1995	2000	2005	2006	2007	2008	2009	2010
3320.7	**3717.3**	**3836.7**	**4237.3**	**4371.8**	**4158.4**	**3242.4**	**2829.3**	**3815.4**
3267.9	2960.8	2053.7	1767.4	1784.7	1967.2	1737.4	1353.4	2537.0
167.3	859.1	1704.3	2883.9	3138.1	2807.6	2533.2	2723.9	2695.2
97.2	68.6	57.9	427.6	466.9	631.4	1036.4	1222.4	1419.7
-17.3	-34.0	136.6	13.5	-84.1	14.9	8.3	-25.5	3.0
3367.8	**3693.7**	**3872.8**	**4242.1**	**4368.3**	**4157.5**	**3237.1**	**2827.8**	**3758.0**
2.9	8.4	0.4	0.7	0.7	1.0	1.5	1.1	1.1
3091.7	3406.2	2975.1	2924.8	2836.1	2329.2	2039.5	1521.5	2377.3
47.3	14.2	16.7	14.2	16.3	30.7	37.7	34.2	30.8
208.2	227.5	850.0	1261.0	1480.6	1760.0	1142.8	1250.6	1326.7
1.6	6.6	11.6	27.5	21.4	24.8	6.3	8.1	8.6
16.1	30.8	19.0	13.9	13.1	11.8	9.5	12.3	13.5
2042.6	2262.8	2741.4	2949.9	3267.7	3455.5	2757.8	2533.7	2403.2
1766.5	1975.3	1843.7	1632.6	1735.5	1627.2	1560.1	1227.5	1022.5
1325.2	1430.9	1131.3	1292.2	1100.6	702.0	479.3	294.1	1354.8
977.3	1071.5	814.2	1106.1	928.0	565.6	347.5	193.0	123.9
308.3	307.8	291.2	171.7	159.2	131.5	129.8	100.7	201.3
								1029.6
39.6	51.6	25.9	14.4	13.4	5.0	2.0	0.3	
-47.1	**23.6**	**-36.1**	**-4.8**	**3.5**	**0.9**	**5.3**	**1.5**	**57.4**

5-9 汽油平衡表

单位：万吨

项　目	Item	1980	1985
可供量	**Total Energy Available for Consumption**	**999.4**	**1399.6**
生产量	Output	1079.0	1471.9
进口量	Imports		0.3
出口量(-)	Exports (-)	117.8	129.9
年初年末库存差额	Stock Changes in the Year	38.2	57.3
消费量	**Total Energy Consumption**	**998.6**	**1396.3**
在消费量中:	Consumption by Sector		
1.农、林、牧、渔业	Farming, Forestry, Animal Husbandry, Fishery Conservancy	53.3	122.3
2.工业	Industry	273.2	451.3
3.建筑业	Construction	54.1	73.0
4.交通运输、仓储和邮政业	Transport, Storage and Post	404.9	477.4
5.批发、零售业和住宿、餐饮业	Wholesale, Retail Trade and Hotel, Restaurants	19.4	23.4
6.其他	Others	193.7	238.3
7.生活消费	Residential Consumption		10.6
平衡差额	**Balance**	**0.8**	**3.3**

5-10 煤油平衡表

单位：万吨

项　目	Item	1980	1985
可供量	**Total Energy Available for Consumption**	**359.0**	**383.2**
生产量	Output	398.5	405.3
进口量	Imports		15.2
出口量(-)	Exports (-)	46.8	46.0
年初年末库存差额	Stock Changes in the Year	2.3	8.7
消费量	**Total Energy Consumption**	**365.9**	**385.5**
在消费量中:	Consumption by Sector		
1.农、林、牧、渔业	Farming, Forestry, Animal Husbandry, Fishery Conservancy	2.3	3.3
2.工业	Industry	15.7	20.1
3.建筑业	Construction	0.8	1.3
4.交通运输、仓储和邮政业	Transport, Storage and Post	31.4	56.2
5.批发、零售业和住宿、餐饮业	Wholesale, Retail Trade and Hotel, Restaurants	0.2	0.1
6.其他	Others	216.7	182.9
7.生活消费	Residential Consumption	98.8	121.6
平衡差额	**Balance**	**-6.9**	**-2.3**

GASOLINE BALANCE SHEET

(10 000 ton)

1990	1995	2000	2005	2006	2007	2008	2009	2010
1884.1	**2902.0**	**3504.5**	**4854.7**	**5243.0**	**5519.3**	**6147.6**	**6181.8**	**6914.3**
2173.4	3051.6	4134.7	5433.0	5595.0	5917.9	6347.2	7320.7	7360.5
16.9	15.9			6.1	22.7	198.7	4.4	
233.8	193.1	467.7	559.7	350.5	464.3	203.4	491.9	517.0
-72.4	27.6	-162.5	-18.6	-7.5	42.9	-194.9	-651.4	70.8
1899.5	**2909.6**	**3504.6**	**4854.9**	**5242.5**	**5519.1**	**6145.5**	**6172.7**	**6886.2**
145.9	179.7	89.2	159.6	167.7	172.8	160.4	168.1	169.1
589.3	812.4	682.0	441.7	498.5	524.5	586.1	671.1	689.5
89.5	103.6	115.6	172.1	180.7	178.8	196.2	235.4	274.7
620.1	982.3	1527.8	2430.1	2592.4	2613.2	3090.4	2881.6	3204.9
46.0	197.2	69.8	129.4	123.3	131.7	135.3	147.5	168.2
390.7	570.7	792.7	998.2	1064.1	1119.7	1121.9	1069.9	1166.2
18.0	63.7	227.6	523.8	615.7	778.4	855.1	999.1	1213.7
-15.4	**-7.6**	**-0.1**	**-0.2**	**0.5**	**0.2**	**2.1**	**9.1**	**28.1**

KEROSENE BALANCE SHEET

(10 000 ton)

1990	1995	2000	2005	2006	2007	2008	2009	2010
350.9	**486.4**	**880.9**	**1070.0**	**1117.9**	**1239.2**	**1290.4**	**1448.2**	**1767.6**
392.5	445.8	872.3	1006.5	975.5	1153.3	1158.9	1480.3	1924.4
26.1	115.7	322.5	476.1	731.7	725.0	836.8	795.1	726.1
55.5	62.4	256.3	447.6	584.4	637.1	706.5	826.1	870.5
-12.2	-12.7	-57.6	35.0	-4.9	-2.0	1.3	-1.1	-12.3
350.9	**512.1**	**871.6**	**1076.8**	**1124.7**	**1243.7**	**1294.0**	**1439.4**	**1744.1**
3.1	3.6	1.5	1.6	1.5	0.9	1.3	0.8	0.9
20.6	44.9	84.0	57.5	48.2	45.2	49.1	32.0	40.2
1.3	3.5	4.0				9.7	10.4	8.8
93.4	250.0	535.9	952.4	1010.5	1130.0	1174.6	1314.3	1601.1
0.6	8.5	14.0	3.7	3.8	4.9	20.8	29.1	35.0
127.3	137.3	160.1	36.2	38.0	43.2	25.9	33.7	38.7
104.6	64.3	72.2	25.5	22.7	19.5	12.7	19.2	19.4
	-25.7	**9.3**	**-6.8**	**-6.9**	**-4.5**	**-3.6**	**8.8**	**23.6**

5-11 柴油平衡表

单位：万吨

项　目	Item	1980	1985
可供量	**Total Energy Available for Consumption**	**1663.2**	**1944.1**
生产量	Output	1827.8	2023.2
进口量	Imports	2.1	4.5
出口量(-)	Exports (-)	166.5	225.6
年初年末库存差额	Stock Changes in the Year	-0.2	142.0
消费量	**Total Energy Consumption**	**1663.2**	**1939.4**
在消费量中:	Consumption by Sector		
1.农、林、牧、渔业	Farming, Forestry, Animal Husbandry, Fishery Conservancy	749.0	629.2
2.工业	Industry	457.4	644.1
3.建筑业	Construction	76.5	125.0
4.交通运输、仓储和邮政业	Transport, Storage and Post	316.1	454.4
5.批发、零售业和住宿、餐饮业	Wholesale, Retail Trade and Hotel, Restaurants	6.5	10.9
6.其他	Others	57.7	74.0
7.生活消费	Residential Consumption		
在消费量中:	Consumption by Usage		
(一) 终端消费	(I)Final Consumption	1590.9	1827.4
#工　业	Industry	385.1	532.1
(二) 中间消费	(II)Intermediate Consumption		
(用于加工转换)	(Consumed in Transformation)	72.3	108.6
发　电	Power Generation	72.3	103.6
供　热	Heating		5.0
(三) 损失量	(III)Other Losses		3.4
平衡差额	**Balance**		**4.7**

5-12 液化石油气平衡表

单位：万吨

项　目	Item	1980	1985
可供量	**Total Energy Available for Consumption**	**122.5**	**157.3**
生产量	Output	122.5	159.7
进口量	Imports		
出口量(-)	Exports (-)		1.9
年初年末库存差额	Stock Changes in the Year		-0.5
消费量	**Total Energy Consumption**	**119.6**	**155.7**
在消费量中:	Consumption by Sector		
1.农、林、牧、渔业	Farming, Forestry, Animal Husbandry, Fishery Conservancy		
2.工业	Industry	76.1	59.9
3.建筑业	Construction		
4.交通运输、仓储和邮政业	Transport, Storage and Post		
5.批发、零售业和住宿、餐饮业	Wholesale, Retail Trade and Hotel, Restaurants		0.5
6.其他	Others	0.4	4.5
7.生活消费	Residential Consumption	43.1	90.8
平衡差额	**Balance**	**2.9**	**1.6**

DIESEL OIL BALANCE SHEET

(10 000 ton)

1990	1995	2000	2005	2006	2007	2008	2009	2010
2689.4	**4404.2**	**6806.5**	**10972.6**	**11836.1**	**12494.2**	**13543.1**	**13768.1**	**14701.9**
2609.0	3972.6	7079.6	11090.2	11762.4	12359.1	13409.2	14288.6	14924.4
233.8	645.3	51.9	61.0	80.7	173.7	633.1	192.5	190.2
169.8	169.5	77.5	170.9	102.6	93.3	89.1	478.7	490.2
16.4	-44.2	-247.6	-7.7	95.6	54.7	-410.0	-234.3	77.5
2691.7	**4321.4**	**6806.2**	**10972.2**	**11835.4**	**12496.7**	**13532.6**	**13756.6**	**14633.8**
881.5	1001.4	697.1	1286.3	1365.5	1219.0	1098.9	1134.1	1206.7
728.1	1189.9	1696.5	1991.3	1961.6	1972.8	2517.0	2348.8	2163.8
133.0	118.2	205.9	386.6	428.7	433.8	370.8	415.3	490.2
709.4	1246.6	3293.8	5890.4	6547.3	7184.4	7649.3	7892.0	8518.6
22.5	103.6	95.9	116.0	129.8	133.9	152.7	181.7	196.6
217.0	645.7	638.7	895.1	933.0	1007.5	1151.8	1131.8	1287.2
	16.1	178.4	406.4	469.6	545.3	592.1	652.9	770.7
2564.8	4070.0	6578.6	10605.4	11522.7	12265.3	13347.5	13604.8	14516.2
601.2	938.5	1468.8	1624.5	1648.9	1741.4	2331.9	2197.0	2046.2
126.9	251.4	227.7	366.7	312.7	231.4	185.1	151.8	117.6
124.5	204.9	227.7	366.7	312.7	231.4	185.1	151.8	113.9
2.4	46.6							3.8
-2.3	**82.7**	**0.3**	**0.4**	**0.7**	**-2.4**	**10.6**	**11.4**	**68.1**

LPG BALANCE SHEET

(10 000 ton)

1990	1995	2000	2005	2006	2007	2008	2009	2010
258.5	**774.3**	**1396.2**	**2052.2**	**2252.5**	**2320.2**	**2114.3**	**2157.7**	**2333.8**
261.6	540.8	916.6	1432.7	1745.3	1944.7	1914.8	1831.7	2102.3
	232.6	481.7	617.0	535.6	405.4	259.2	408.0	327.0
1.1	7.1	1.6	2.7	15.1	33.8	67.9	84.9	93.0
-2.0	8.0	-0.6	5.2	-13.3	3.8	8.1	2.9	-2.5
254.2	**750.6**	**1389.7**	**2046.5**	**2207.6**	**2327.9**	**2118.9**	**2153.1**	**2240.3**
	0.1	0.4	3.5	4.7	6.2	3.7	4.1	4.7
82.0	192.5	426.1	534.4	541.2	455.6	499.4	478.5	586.8
1.0	0.5	8.9	6.3	7.5	7.2	6.2	6.5	7.2
	0.5	16.5	48.7	54.7	55.5	56.7	56.6	61.0
6.6	17.4	55.5	99.0	113.9	131.6	51.4	63.2	72.6
6.1	5.7	24.0	25.8	29.4	33.8	44.7	48.6	51.0
158.5	534.0	858.3	1328.7	1456.2	1637.9	1457.0	1495.7	1457.0
4.3	**23.7**	**6.5**	**5.7**	**44.9**	**-7.6**	**-4.7**	**4.6**	**93.5**

5-13 天然气平衡表

单位：亿立方米

项　　目	Item	1980	1985
可供量	**Total Energy Available for Consumption**	**142.7**	**129.3**
生产量	Output	142.7	129.3
进口量	Imports		
出口量(－)	Exports (-)		
年初年末库存差额	Stock Changes in the Year		
消费量	**Total Energy Consumption**	**140.6**	**129.3**
在消费量中：	Consumption by Sector		
1.农、林、牧、渔业	Farming, Forestry, Animal Husbandry, Fishery Conservancy		
2.工业	Industry	131.4	109.6
3.建筑业	Construction	6.0	14.1
4.交通运输、仓储和邮政业	Transport, Storage and Post	0.7	0.8
5.批发、零售业和住宿、餐饮业	Wholesale, Retail Trade and Hotel, Restaurants		
6.其他	Others	0.5	0.5
7.生活消费	Residential Consumption	2.0	4.3
平衡差额	**Balance**	**2.1**	

注：从2010年起包括液化天然气数据。

5-14 电力平衡表

单位：亿千瓦小时

项　　目	Item	1980	1985
可供量	**Total Energy Available for Consumption**	**3006.3**	**4117.6**
生产量	Output	3006.3	4106.9
水　电	Hydropower	582.1	923.7
火　电	Thermal Power	2424.2	3183.2
核　电	Nuclear Power		
风　电	Wind Power		
进口量	Imports		11.1
出口量(－)	Exports (-)		0.4
消费量	**Total Energy Consumption**	**3006.3**	**4117.6**
在消费量中：	Consumption by Sector		
1.农、林、牧、渔业	Farming, Forestry, Animal Husbandry, Fishery Conservancy	270	317.4
2.工业	Industry	2471.9	3283.4
3.建筑业	Construction	47.1	71.2
4.交通运输、仓储和邮政业	Transport, Storage and Post	26.5	63.4
5.批发、零售业和住宿、餐饮业	Wholesale, Retail Trade and Hotel, Restaurants	16.8	38.0
6.其他	Others	68.8	121.7
7.生活消费	Residential Consumption	105.2	222.5
在消费量中：	Consumption by Usage		
(一) 终端消费	(I)Final Consumption	2763.4	3813.3
#工　业	Industry	2229.0	2979.1
(二) 输配电损失量	(II)Losses in Transmission	242.9	304.3

NATURAL GAS BALANCE SHEET

(100 million cu.m)

1990	1995	2000	2005	2006	2007	2008	2009	2010
153.0	**179.5**	**240.6**	**463.5**	**566.1**	**706.6**	**816.6**	**896.9**	**1072.9**
153.0	179.5	272.0	493.2	585.5	692.4	803.0	852.7	948.5
				9.5	40.2	46.0	76.3	164.7
		31.4	29.7	29.0	26.0	32.5	32.1	40.3
152.5	**177.4**	**245.0**	**467.6**	**561.4**	**705.2**	**812.9**	**895.2**	**1075.8**
								0.5
120.2	154.4	199.0	328.8	384.0	479.7	531.6	577.9	687.3
10.6	0.3	0.8	1.5	1.7	2.1	1.0	1.0	1.2
1.9	1.6	8.8	38.0	47.2	46.9	71.6	91.1	106.7
	0.6	3.4	10.8	13.2	17.1	17.8	24.0	27.2
1.2	1.2	0.6	9.1	12.8	16.1	20.9	23.6	26.0
18.6	19.4	32.3	79.4	102.6	143.4	170.1	177.7	226.9
0.5	**2.1**	**-4.4**	**-4.1**	**4.6**	**1.4**	**3.7**	**1.7**	**3.5**

a) Include the data of LNG since 2010.

ELECTRICITY BALANCE

(100 million kW•h)

1990	1995	2000	2005	2006	2007	2008	2009	2010
6230.4	**10023.4**	**13472.7**	**24940.8**	**28588.4**	**32712.4**	**34540.8**	**37032.7**	**41936.5**
6212.0	10077.3	13556.0	25002.6	28657.3	32815.5	34668.8	37146.5	42071.6
1267.2	1905.8	2224.1	3970.2	4357.9	4852.6	5851.9	6156.4	7221.7
4944.8	8043.2	11141.9	20473.4	23696.0	27229.3	27900.8	29827.8	33319.3
	128.3	167.4	530.9	548.4	621.3	683.9	701.3	738.8
								446.2
19.3	6.4	15.5	50.1	53.9	42.5	38.4	60.1	55.5
0.9	60.3	98.8	111.9	122.7	145.7	166.4	173.9	190.6
6230.4	**10023.4**	**13472.4**	**24940.3**	**28588.0**	**32711.8**	**34541.4**	**37032.2**	**41934.5**
426.8	582.4	533.0	776.3	827.0	879.0	887.1	939.9	976.5
4873.3	7659.8	10004.6	18521.7	21267.7	24290.8	25388.6	26854.5	30871.8
65.0	159.6	159.8	233.9	271.0	309.0	367.3	421.9	483.2
105.9	182.3	281.2	430.3	467.4	531.9	571.8	617.0	734.5
76.2	199.5	418.7	752.3	847.3	929.8	1017.4	1136.8	1292.0
202.4	234.2	623.2	1340.9	1555.9	1708.6	1913.0	2189.9	2451.8
480.8	1005.6	1452.0	2884.8	3351.6	4062.7	4396.1	4872.2	5124.6
5795.8	9278.9	12535.7	23233.8	26729.1	30650.1	32403.5	34773.9	39366.3
4438.7	6915.3	9067.9	16815.2	19408.9	22229.1	23250.8	24596.3	28303.5
434.6	744.5	936.7	1706.5	1858.8	2061.7	2137.9	2258.2	2568.2

六、地区能源平衡表

Chapter 6　Energy Balance Table by Region

6-1 北京能源平衡表(实物量)-2010

项 目	Item	煤合计 (万吨) Coal Total (10^4 tn)	原煤 (万吨) Raw Coal (10^4 tn)
一.可供本地区消费的能源量	**Total Primary Energy Supply**	**2628.22**	**2416.88**
1.一次能源生产量	Indigenous Production	500.12	500.12
2.回收能	Recovery of Energy		
3.外省(区、市)调入量	Moving In from Other Provinces	2670.03	2455.45
4.进口量	Import		
5.境内轮船和飞机在境外的加油量	Domestic Airplanes&Ships Refueling in Abroad		
6.本省(区、市)调出量(-)	Sending Out to Other Provinces(-)	-305.89	-299.10
7.出口量(-)	Export(-)	-198.66	-194.70
8.境外轮船和飞机在境内的加油量(-)	Oversea Airplanes&Ships Refueling in China		
9.库存增(-)、减(+)量	Stock Change	-37.38	-44.89
二.加工转换投入(-)产出(+)量	**Input(-) & Output(+) of Transformation**	**-1516.50**	**-1309.82**
1.火力发电	Thermal Power	-695.57	-688.66
2.供 热	Heating Supply	-612.51	-590.59
3.洗 选 煤	Coal Washing	-5.71	-24.75
4.炼 焦	Coking	-207.15	
5.炼油及煤制油	Petroleum Refineries		
#油品再投入量(-)	Petroleum Products Input (-)		
6.制 气	Gas Works	-1.82	-1.82
#焦炭再投入量(-)	Coke Input (-)		
7.天然气液化	Natural Gas Liquefaction		
8.煤制品加工	Briquettes	6.26	-3.99
三.损 失 量	**Loss**		
四.终端消费量	**Total Final Consumption**	**1118.12**	**1105.59**
1.农、林、牧、渔业	Farming, Forestry, Animal Husbandry, Fishery Conservancy	47.14	47.14
2.工业	Industry	497.67	493.37
#用作原料、材料	Non-Energy Use	0.69	0.68
3.建筑业	Construction	17.65	16.92
4.交通运输、仓储和邮政业	Transport, Storage and Post	20.29	19.43
5.批发、零售业和住宿、餐饮业	Wholesale, Retail Trade and Hotel, Restaurants	42.43	41.56
6.其他	Others	214.16	208.37
7.生活消费	Residential Consumption	278.79	278.79
城 镇	Urban	72.49	72.49
乡 村	Rural	206.30	206.30
五.平衡差额	**Statistical Difference**	**-6.40**	**1.47**
六.消费量合计	**Total Final Consumption**	**2634.62**	**2415.41**

ENERGY BALANCE OF BEIJING-2010 (PHYSICAL QUANTITY)

洗精煤 (万吨) Cleaned Coal (10^4 tn)	其他洗煤 (万吨) Other Washed Coal (10^4 tn)	型煤 (万吨) Briquettes (10^4 tn)	煤矸石 (万吨) Gangue (10^4 tn)	焦炭 (万吨) Coke (10^4 tn)	焦炉煤气 (亿立方米) Coke Oven Gas (10^8 cu.m)	高炉煤气 (亿立方米) Blast Furnace Gas (10^8 cu.m)	转炉煤气 (亿立方米) Converter Gas (10^8 cu.m)	其他煤气 (亿立方米) Other Gas (10^8 cu.m)
201.29	**6.42**	**3.63**	**0.37**	**56.49**	**1.46**	**56.31**	**3.38**	
						56.31	3.38	
198.62	12.47	3.49	0.34	75.92	1.46			
	-6.79			-8.16				
-3.96								
6.63	0.74	0.14	0.03	-11.27				
-201.18	**-6.41**	**0.90**		**160.43**	**6.88**	**-19.19**		**0.61**
	-5.38	-1.53			-0.04	-12.89		
	-1.02	-20.89			-0.15	-6.30		
19.04								
-207.15				160.43	7.07			
								0.61
-13.07		23.32						
0.31	**0.02**	**12.20**	**0.37**	**220.45**	**7.66**	**38.66**	**3.38**	**0.61**
0.31	0.02	3.97	0.37	220.44	7.65	38.66	3.38	0.61
		0.01		0.03				
		0.73						
		0.86						
		0.87						
		5.78			0.01			
-0.19	**-0.01**	**-7.67**		**-3.52**	**0.68**	**-1.54**		
220.52	**6.43**	**34.62**	**0.37**	**220.45**	**7.85**	**57.85**	**3.38**	**0.61**

续表 1

项目	Item	其他焦化产品(万吨) Other Coking Products (10^4 tn)	油品合计(万吨) Petroleum Products Total (10^4 tn)
一.可供本地区消费的能源量	**Total Primary Energy Supply**	**-8.32**	**1448.81**
1.一次能源生产量	Indigenous Production		
2.回收能	Recovery of Energy		
3.外省(区、市)调入量	Moving In from Other Provinces		1255.01
4.进口量	Import		856.17
5.境内轮船和飞机在境外的加油量	Domestic Airplanes&Ships Refueling in Abroad		77.54
6.本省(区、市)调出量(−)	Sending Out to Other Provinces(-)	-9.87	-662.77
7.出口量(−)	Export(-)		-1.76
8.境外轮船和飞机在境内的加油量(−)	Oversea Airplanes&Ships Refueling in China		-81.49
9.库存增(−)、减(+)量	Stock Change	1.55	6.11
二.加工转换投入(−)产出(+)量	**Input(-) & Output(+) of Transformation**	**8.32**	**-77.57**
1.火力发电	Thermal Power		-9.78
2.供热	Heating Supply		-46.53
3.洗选煤	Coal Washing		
4.炼焦	Coking	8.53	
5.炼油及煤制油	Petroleum Refineries		259.21
#油品再投入量(−)	Petroleum Products Input (-)		-280.47
6.制气	Gas Works		
#焦炭再投入量(−)	Coke Input (-)		
7.天然气液化	Natural Gas Liquefaction		
8.煤制品加工	Briquettes	-0.21	
三.损失量	**Loss**		**4.25**
四.终端消费量	**Total Final Consumption**		**1372.80**
1.农、林、牧、渔业	Farming, Forestry, Animal Husbandry, Fishery Conservancy		10.50
2.工业	Industry		390.87
#用作原料、材料	Non-Energy Use		234.70
3.建筑业	Construction		50.16
4.交通运输、仓储和邮政业	Transport, Storage and Post		561.10
5.批发、零售业和住宿、餐饮业	Wholesale, Retail Trade and Hotel, Restaurants		43.53
6.其他	Others		64.50
7.生活消费	Residential Consumption		252.14
城镇	Urban		238.38
乡村	Rural		13.76
五.平衡差额	**Statistical Difference**		**-5.81**
六.消费量合计	**Total Final Consumption**	**0.21**	**1454.62**

Continued 1

原油 (万吨) Crude Oil (10^4 tn)	汽油 (万吨) Gasoline (10^4 tn)	煤油 (万吨) Kerosene (10^4 tn)	柴油 (万吨) Diesel Oil (10^4 tn)	燃料油 (万吨) Fuel Oil (10^4 tn)	石脑油 (万吨) Naphtha (10^4 tn)	润滑油 (万吨) Lubricants (10^4 tn)	石蜡 (万吨) Petroleum Waxes (10^4 tn)	溶剂油 (万吨) White Spirit (10^4 tn)
1117.24	**114.48**	**273.69**	**-111.89**	**31.27**	**51.46**	**1.61**	**-9.04**	**0.03**
377.67	206.76	284.84	175.88	67.39	52.86	1.61	0.12	0.03
722.09		134.08						
		77.54						
	-89.14	-140.93	-289.19	-34.72			-7.46	
							-1.76	
		-81.49						
17.48	-3.14	-0.35	1.42	-1.40	-1.40		0.06	
-1114.41	**257.05**	**116.10**	**349.98**	**-22.01**	**127.98**		**9.16**	
			-0.10	-0.49				
			-0.31	-5.87				
-1114.41	257.05	116.10	350.39	34.89	137.06		9.16	
				-50.54	-9.08			
1.88								
	371.53	**392.63**	**237.00**	**9.78**	**179.44**	**1.61**	**0.12**	**0.03**
	4.63		5.83					
	17.96	0.14	39.97	9.51	179.44	1.61	0.12	0.03
	0.49	0.05	0.44	3.74	179.44	1.60	0.12	0.03
	9.45		39.95					
	41.04	392.15	127.27	0.20				
	21.71		8.19	0.06				
	46.73	0.34	15.17	0.02				
	230.00		0.64					
	223.62							
	6.38		0.64					
0.95		**-2.84**	**1.08**	**-0.52**				
1116.29	**371.53**	**392.63**	**237.42**	**66.69**	**188.52**	**1.61**	**0.12**	**0.03**

续表 2

项　　目	Item	石油沥青（万吨） Bitumen Asphalt (10^4 tn)	石油焦（万吨） Petroleum Coke (10^4 tn)
一.可供本地区消费的能源量	**Total Primary Energy Supply**	**11.06**	**-14.46**
1.一次能源生产量	Indigenous Production		
2.回收能	Recovery of Energy		
3.外省(区、市)调入量	Moving In from Other Provinces	23.75	
4.进口量	Import		
5.境内轮船和飞机在境外的加油量	Domestic Airplanes&Ships Refueling in Abroad		
6.本省(区、市)调出量(-)	Sending Out to Other Provinces(-)	-12.24	-13.77
7.出口量(-)	Export(-)		
8.境外轮船和飞机在境内的加油量(-)	Oversea Airplanes&Ships Refueling in China		
9.库存增(-)、减(+)量	Stock Change	-0.45	-0.69
二.加工转换投入(-)产出(+)量	**Input(-) & Output(+) of Transformation**	**12.20**	**14.60**
1.火力发电	Thermal Power		-6.97
2.供　　热	Heating Supply		-24.16
3.洗 选 煤	Coal Washing		
4.炼　　焦	Coking		
5.炼油及煤制油	Petroleum Refineries	12.20	45.73
#油品再投入量(-)	Petroleum Products Input (-)		
6.制　　气	Gas Works		
#焦炭再投入量(-)	Coke Input (-)		
7.天然气液化	Natural Gas Liquefaction		
8.煤制品加工	Briquettes		
三.损 失 量	**Loss**		
四.终端消费量	**Total Final Consumption**	**23.26**	
1.农、林、牧、渔业	Farming, Forestry, Animal Husbandry, Fishery Conservancy		
2.工业	Industry	23.26	
#用作原料、材料	Non-Energy Use	23.26	
3.建筑业	Construction		
4.交通运输、仓储和邮政业	Transport, Storage and Post		
5.批发、零售业和住宿、餐饮业	Wholesale, Retail Trade and Hotel, Restaurants		
6.其他	Others		
7.生活消费	Residential Consumption		
城 镇	Urban		
乡 村	Rural		
五.平衡差额	**Statistical Difference**		**0.14**
六.消费量合计	**Total Final Consumption**	**23.26**	**31.13**

液化石油气 (万吨) LPG (10^4 tn)	炼厂干气 (万吨) Refinery Gas (10^4 tn)	其他石油制品 (万吨) Other Petroleum Products (10^4 tn)	天然气 (亿立方米) Natural Gas (10^8 cu.m)	液化天然气 (万吨) LNG (10^4 tn)	热力 (万百万千焦) Heat (10^{10} kJ)	电力 (亿千瓦小时) Electricity (10^8 kW•h)	其他能源 (万吨标煤) Other Energy (10^4 tce)
8.17		**-24.81**	**75.03**			**558.13**	**20.52**
						3.25	
							20.52
14.02		50.08	75.03			565.64	
-3.90		-71.42				-10.76	
-1.95		-3.47					
29.62	**68.39**	**73.76**	**-26.09**		**15710.88**	**263.34**	**-20.42**
	-1.37	-0.85	-16.08			263.34	-20.42
	-4.40	-11.79	-10.01		15710.88		
32.93	74.16	303.93					
-3.32		-217.53					
2.37			**4.27**			**49.68**	
40.52	**68.39**	**48.47**	**44.43**		**16557.63**	**781.22**	**0.61**
0.04						16.89	
1.96	68.39	48.47	8.97		5407.14	256.15	0.61
0.29		25.24					
0.76			0.46		114.29	23.55	
0.44			2.44		667.89	50.37	
13.57			4.48		1339.20	76.47	
2.24			17.94		6178.11	218.46	
21.51			10.15		2851.00	139.33	
14.76			9.89		2851.00	95.38	
6.75			0.26			43.95	
-5.11		**0.48**	**0.24**		**-846.75**	**-9.44**	**-0.51**
46.21	**74.16**	**278.64**	**74.79**		**16557.63**	**830.90**	**21.03**

6-2 天津能源平衡表(实物量)-2010

项　　目	Item	煤合计 (万吨) Coal Total (10^4 tn)	原煤 (万吨) Raw Coal (10^4 tn)
一.可供本地区消费的能源量	**Total Primary Energy Supply**	**4805.54**	**4361.30**
1.一次能源生产量	Indigenous Production		
2.回收能	Recovery of Energy		
3.外省(区、市)调入量	Moving In from Other Provinces	4923.98	4486.10
4.进口量	Import		
5.境内轮船和飞机在境外的加油量	Domestic Airplanes&Ships Refueling in Abroad		
6.本省(区、市)调出量(-)	Sending Out to Other Provinces(-)		
7.出口量(-)	Export(-)		
8.境外轮船和飞机在境内的加油量(-)	Oversea Airplanes&Ships Refueling in China		
9.库存增(-)、减(+)量	Stock Change	-118.44	-124.80
二.加工转换投入(-)产出(+)量	**Input(-) & Output(+) of Transformation**	**-3680.22**	**-3363.44**
1.火力发电	Thermal Power	-2499.57	-2499.57
2.供　　热	Heating Supply	-863.87	-863.87
3.洗 选 煤	Coal Washing		
4.炼　　焦	Coking	-316.78	
5.炼油及煤制油	Petroleum Refineries		
#油品再投入量(-)	Petroleum Products Input (-)		
6.制　　气	Gas Works		
#焦炭再投入量(-)	Coke Input (-)		
7.天然气液化	Natural Gas Liquefaction		
8.煤制品加工	Briquettes		
三.损 失 量	**Loss**	**1.91**	**1.91**
四.终端消费量	**Total Final Consumption**	**1124.66**	**996.75**
1.农、林、牧、渔业	Farming, Forestry, Animal Husbandry, Fishery Conservancy	15.29	15.29
2.工业	Industry	883.68	755.77
#用作原料、材料	Non-Energy Use	45.05	41.88
3.建筑业	Construction	16.50	16.50
4.交通运输、仓储和邮政业	Transport, Storage and Post	30.74	30.74
5.批发、零售业和住宿、餐饮业	Wholesale, Retail Trade and Hotel, Restaurants	41.50	41.50
6.其他	Others	69.79	69.79
7.生活消费	Residential Consumption	67.16	67.16
城 镇	Urban	13.06	13.06
乡 村	Rural	54.10	54.10
五.平衡差额	**Statistical Difference**	**-1.25**	**-0.80**
六.消费量合计	**Total Final Consumption**	**4806.79**	**4362.10**

ENERGY BALANCE OF TIANJIN-2010 (PHYSICAL QUANTITY)

洗精煤 (万吨) Cleaned Coal (10^4 tn)	其他洗煤 (万吨) Other Washed Coal (10^4 tn)	型煤 (万吨) Briquettes (10^4 tn)	煤矸石 (万吨) Gangue (10^4 tn)	焦炭 (万吨) Coke (10^4 tn)	焦炉煤气 (亿立方米) Coke Oven Gas (10^8 cu.m)	高炉煤气 (亿立方米) Blast Furnace Gas (10^8 cu.m)	转炉煤气 (亿立方米) Converter Gas (10^8 cu.m)	其他煤气 (亿立方米) Other Gas (10^8 cu.m)
424.06	**16.87**	**3.31**	**58.65**	**425.69**	**1.09**	**106.51**	**6.50**	
						105.02	6.38	
415.50	19.11	3.27	58.65	439.21	1.94	3.27	0.54	
				-4.50	-0.85	-1.78	-0.42	
8.56	-2.24	0.04		-9.02				
-316.78				**237.53**	**3.10**	**-24.69**		
					-1.75	-18.53		
-316.78				237.53	4.85	-6.16		
107.73	**16.87**	**3.31**	**58.65**	**663.91**	**4.09**	**81.82**	**6.51**	
107.73	16.87	3.31	58.65	663.29	4.09	81.82	6.51	
3.01		0.16	55.81	53.13				
				0.62				
-0.45				**-0.69**	**0.10**		**-0.01**	
424.51	**16.87**	**3.31**	**58.65**	**663.91**	**5.84**	**106.51**	**6.51**	

续表 1

项　　目	Item	其他焦化产品(万吨) Other Coking Products (10^4 tn)	油品合计(万吨) Petroleum Products Total (10^4 tn)
一.可供本地区消费的能源量	**Total Primary Energy Supply**	**172.39**	**1283.40**
1.一次能源生产量	Indigenous Production		3332.73
2.回收能	Recovery of Energy		
3.外省(区、市)调入量	Moving In from Other Provinces	155.00	3647.64
4.进口量	Import		1266.33
5.境内轮船和飞机在境外的加油量	Domestic Airplanes&Ships Refueling in Abroad		51.99
6.本省(区、市)调出量(-)	Sending Out to Other Provinces(-)	-13.00	-6859.94
7.出口量(-)	Export(-)		-48.28
8.境外轮船和飞机在境内的加油量(-)	Oversea Airplanes&Ships Refueling in China		-107.86
9.库存增(-)、减(+)量	Stock Change	30.39	0.79
二.加工转换投入(-)产出(+)量	**Input(-) & Output(+) of Transformation**	**14.93**	**-78.66**
1.火力发电	Thermal Power		-12.47
2.供　　热	Heating Supply	-0.52	-39.85
3.洗 选 煤	Coal Washing		
4.炼　　焦	Coking	15.45	
5.炼油及煤制油	Petroleum Refineries		93.95
#油品再投入量(-)	Petroleum Products Input (-)		-120.29
6.制　　气	Gas Works		
#焦炭再投入量(-)	Coke Input (-)		
7.天然气液化	Natural Gas Liquefaction		
8.煤制品加工	Briquettes		
三.损 失 量	**Loss**	**1.35**	**3.13**
四.终端消费量	**Total Final Consumption**	**185.96**	**1200.88**
1.农、林、牧、渔业	Farming, Forestry, Animal Husbandry, Fishery Conservancy		27.42
2.工业	Industry	185.96	603.40
#用作原料、材料	Non-Energy Use		422.17
3.建筑业	Construction		82.96
4.交通运输、仓储和邮政业	Transport, Storage and Post		269.71
5.批发、零售业和住宿、餐饮业	Wholesale, Retail Trade and Hotel, Restaurants		48.96
6.其他	Others		49.67
7.生活消费	Residential Consumption		118.76
城　镇	Urban		106.18
乡　村	Rural		12.58
五.平衡差额	**Statistical Difference**	**0.01**	**0.73**
六.消费量合计	**Total Final Consumption**	**187.83**	**1282.67**

原油 (万吨) Crude Oil (10[4] tn)	汽油 (万吨) Gasoline (10[4] tn)	煤油 (万吨) Kerosene (10[4] tn)	柴油 (万吨) Diesel Oil (10[4] tn)	燃料油 (万吨) Fuel Oil (10[4] tn)	石脑油 (万吨) Naphtha (10[4] tn)	润滑油 (万吨) Lubricants (10[4] tn)	石蜡 (万吨) Petroleum Waxes (10[4] tn)	溶剂油 (万吨) White Spirit (10[4] tn)
1566.81	**40.66**	**-59.76**	**-269.47**	**123.22**	**-48.51**	**-15.64**	**0.17**	**0.31**
3332.73								
	1185.96	272.11	1986.64	156.87			0.15	
1152.46		13.20	2.56	98.11				
		1.38		50.61				
-2862.73	-1143.03	-333.08	-2240.07	-115.61	-48.51	-15.64		
-48.28								
		-14.11	-2.73	-91.02				
-7.37	-2.27	0.74	-15.87	24.26			0.02	0.31
-1544.66	**164.63**	**81.22**	**602.75**	**-34.65**	**274.84**	**15.73**		**20.11**
				-0.43				
-1544.66	164.63	81.22	602.75	20.72	274.84	15.73		20.11
				-54.94				
1.53								
20.60	**205.12**	**21.40**	**333.54**	**88.32**	**226.33**	**0.10**	**0.17**	**20.42**
	5.52		21.90					
20.60	11.55	0.51	41.82	9.23	226.33	0.10	0.17	20.42
0.06	0.09		0.50		226.33			
	10.32		70.08	2.55				
	63.50	18.64	112.00	75.57				
	11.38	2.08	29.69	0.94				
	10.45	0.17	38.99	0.03				
	92.40		19.06					
	87.30		17.53					
	5.10		1.53					
0.02	**0.17**	**0.06**	**-0.26**	**0.25**		**-0.01**		
1566.79	**205.12**	**21.40**	**333.54**	**143.69**	**226.33**	**0.10**	**0.17**	**20.42**

续表 2

项目	Item	石油沥青(万吨) Bitumen Asphalt (10^4 tn)	石油焦(万吨) Petroleum Coke (10^4 tn)
一.可供本地区消费的能源量	**Total Primary Energy Supply**		**-33.14**
1.一次能源生产量	Indigenous Production		
2.回收能	Recovery of Energy		
3.外省(区、市)调入量	Moving In from Other Provinces		
4.进口量	Import		
5.境内轮船和飞机在境外的加油量	Domestic Airplanes&Ships Refueling in Abroad		
6.本省(区、市)调出量(-)	Sending Out to Other Provinces(-)		-33.62
7.出口量(-)	Export(-)		
8.境外轮船和飞机在境内的加油量(-)	Oversea Airplanes&Ships Refueling in China		
9.库存增(-)、减(+)量	Stock Change		0.48
二.加工转换投入(-)产出(+)量	**Input(-) & Output(+) of Transformation**		**62.51**
1.火力发电	Thermal Power		-12.47
2.供　热	Heating Supply		-39.42
3.洗 选 煤	Coal Washing		
4.炼　焦	Coking		
5.炼油及煤制油	Petroleum Refineries		114.40
#油品再投入量(-)	Petroleum Products Input (-)		
6.制　气	Gas Works		
#焦炭再投入量(-)	Coke Input (-)		
7.天然气液化	Natural Gas Liquefaction		
8.煤制品加工	Briquettes		
三.损 失 量	**Loss**		**1.60**
四.终端消费量	**Total Final Consumption**		**27.77**
1.农、林、牧、渔业	Farming, Forestry, Animal Husbandry, Fishery Conservancy		
2.工业	Industry		27.77
#用作原料、材料	Non-Energy Use		
3.建筑业	Construction		
4.交通运输、仓储和邮政业	Transport, Storage and Post		
5.批发、零售业和住宿、餐饮业	Wholesale, Retail Trade and Hotel, Restaurants		
6.其他	Others		
7.生活消费	Residential Consumption		
城 镇	Urban		
乡 村	Rural		
五.平衡差额	**Statistical Difference**		
六.消费量合计	**Total Final Consumption**		**81.26**

Continued 2

液化石油气 (万吨) LPG (10^4 tn)	炼厂干气 (万吨) Refinery Gas (10^4 tn)	其他石油制品 (万吨) Other Petroleum Products (10^4 tn)	天然气 (亿立方米) Natural Gas (10^8 cu.m)	液化天然气 (万吨) LNG (10^4 tn)	热力 (万百万千焦) Heat (10^{10} kJ)	电力 (亿千瓦小时) Electricity (10^8 kW•h)	其他能源 (万吨标煤) Other Energy (10^4 tce)
-31.08		**9.83**	**22.96**	**1.22**		**109.17**	**69.33**
			34.37			0.25	17.07
1.18		44.73	12.22	1.22		109.78	52.26
-32.00		-35.65	-23.63			-0.86	
-0.26		0.75					
70.10	**42.42**	**166.34**	**-0.78**		**16053.00**	**566.20**	**-17.07**
			-0.57			566.20	-17.07
			-0.21		16053.00		
72.64	42.42	229.15					
-2.54		-62.81					
			0.70		**39.00**	**35.41**	
39.27	**42.43**	**175.41**	**21.45**	**1.22**	**16014.97**	**639.96**	**52.26**
						11.81	
27.06	42.43	175.41	12.79	0.57	7486.22	456.86	52.26
22.40		172.79	0.17	0.04			
0.01			0.02	0.23	286.29	12.33	
			0.23	0.05	166.56	15.81	
4.87			3.12	0.12	544.40	28.97	
0.03			1.16	0.25	916.56	46.77	
7.30			4.13		6614.94	67.41	
1.35			4.13		6614.94	50.98	
5.95						16.43	
-0.25	**-0.01**	**0.76**	**0.03**		**-0.97**		
41.81	**42.43**	**238.22**	**22.93**	**1.22**	**16053.97**	**675.37**	**69.33**

6-3 河北能源平衡表(实物量)-2010

项目	Item	煤合计(万吨) Coal Total (10^4 tn)	原煤(万吨) Raw Coal (10^4 tn)
一.可供本地区消费的能源量	**Total Primary Energy Supply**	**27464.72**	**26676.51**
1.一次能源生产量	Indigenous Production	10199.27	10199.27
2.回收能	Recovery of Energy		
3.外省(区、市)调入量	Moving In from Other Provinces	21867.27	18454.30
4.进口量	Import	266.53	24.30
5.境内轮船和飞机在境外的加油量	Domestic Airplanes&Ships Refueling in Abroad		
6.本省(区、市)调出量(-)	Sending Out to Other Provinces(-)	-4594.09	-1888.88
7.出口量(-)	Export(-)	-34.76	-0.36
8.境外轮船和飞机在境内的加油量(-)	Oversea Airplanes&Ships Refueling in China		
9.库存增(-)、减(+)量	Stock Change	-239.49	-112.11
二.加工转换投入(-)产出(+)量	**Input(-) & Output(+) of Transformation**	**-19081.90**	**-19722.49**
1.火力发电	Thermal Power	-9027.56	-8896.45
2.供　热	Heating Supply	-1335.03	-1284.87
3.洗 选 煤	Coal Washing	-2043.32	-9184.12
4.炼　焦	Coking	-6696.38	-101.80
5.炼油及煤制油	Petroleum Refineries		
#油品再投入量(-)	Petroleum Products Input (-)		
6.制　气	Gas Works	-1.14	-1.14
#焦炭再投入量(-)	Coke Input (-)		
7.天然气液化	Natural Gas Liquefaction		
8.煤制品加工	Briquettes	21.53	-254.11
三.损 失 量	**Loss**		
四.终端消费量	**Total Final Consumption**	**8382.82**	**6954.02**
1.农、林、牧、渔业	Farming, Forestry, Animal Husbandry, Fishery Conservancy	22.54	22.21
2.工业	Industry	6321.86	5438.96
#用作原料、材料	Non-Energy Use	273.24	224.65
3.建筑业	Construction	34.84	33.90
4.交通运输、仓储和邮政业	Transport, Storage and Post	43.44	42.98
5.批发、零售业和住宿、餐饮业	Wholesale, Retail Trade and Hotel, Restaurants	165.04	161.76
6.其他	Others	417.40	415.01
7.生活消费	Residential Consumption	1377.71	839.21
城 镇	Urban	583.79	366.80
乡 村	Rural	793.92	472.41
五.平衡差额	**Statistical Difference**		
六.消费量合计	**Total Final Consumption**	**27464.72**	**26676.51**

ENERGY BALANCE OF HEBEI-2010 (PHYSICAL QUANTITY)

洗精煤 (万吨) Cleaned Coal (10^4 tn)	其他洗煤 (万吨) Other Washed Coal (10^4 tn)	型煤 (万吨) Briquettes (10^4 tn)	煤矸石 (万吨) Gangue (10^4 tn)	焦炭 (万吨) Coke (10^4 tn)	焦炉煤气 (亿立方米) Coke Oven Gas (10^8 cu.m)	高炉煤气 (亿立方米) Blast Furnace Gas (10^8 cu.m)	转炉煤气 (亿立方米) Converter Gas (10^8 cu.m)	其他煤气 (亿立方米) Other Gas (10^8 cu.m)
1827.09	**-1041.54**	**2.66**	**-547.47**	**2395.51**		**1021.34**	**53.65**	
						1021.34	53.65	
3254.52	158.45			3302.53				
242.20		0.03						
-1534.22	-1170.99		-547.47	-986.70				
-34.30		-0.10		-4.80				
-101.11	-29.00	2.73		84.48				
-1238.20	**1603.15**	**275.64**	**550.43**	**4893.21**	**79.16**	**-482.82**	**-15.31**	**7.31**
	-131.11		-252.29		-17.20	-295.02	-8.48	
	-50.16		-92.96		-10.07	-187.80	-6.83	
5356.38	1784.42		895.68					
-6594.58				4923.49	106.43			
								7.31
				-30.28				
		275.64						
588.89	**561.61**	**278.30**	**2.96**	**7288.72**	**79.16**	**538.52**	**38.34**	**7.31**
		0.33		0.04				
588.89	88.37	205.64	2.96	7287.49	61.26	538.52	38.34	7.31
46.42	0.95	1.22		7.95				
		0.94		0.05	0.05			
		0.47			0.01			
		3.28		0.29	0.61			
		2.39		0.85	1.72			
	473.24	65.26			15.51			
	191.19	25.80			15.51			
	282.05	39.46						
7183.47	**742.88**	**278.30**	**348.21**	**7319.00**	**106.43**	**1021.34**	**53.65**	**7.31**

续表 1

项　　目	Item	其他焦化产品(万吨) Other Coking Products (10^4 tn)	油品合计(万吨) Petroleum Products Total (10^4 tn)
一.可供本地区消费的能源量	**Total Primary Energy Supply**	**-132.39**	**1423.90**
1.一次能源生产量	Indigenous Production		599.04
2.回收能	Recovery of Energy		
3.外省(区、市)调入量	Moving In from Other Provinces		842.43
4.进口量	Import	0.50	512.30
5.境内轮船和飞机在境外的加油量	Domestic Airplanes&Ships Refueling in Abroad		
6.本省(区、市)调出量(−)	Sending Out to Other Provinces(-)	-111.51	-505.58
7.出口量(−)	Export(-)	-9.70	-10.60
8.境外轮船和飞机在境内的加油量(−)	Oversea Airplanes&Ships Refueling in China		
9.库存增(−)、减(+)量	Stock Change	-11.68	-13.69
二.加工转换投入(−)产出(+)量	**Input(-) & Output(+) of Transformation**	**285.93**	**-98.40**
1.火力发电	Thermal Power	-7.99	-4.56
2.供　　热	Heating Supply		-17.80
3.洗 选 煤	Coal Washing		
4.炼　　焦	Coking	293.92	
5.炼油及煤制油	Petroleum Refineries		-28.94
#油品再投入量(−)	Petroleum Products Input (-)		-47.10
6.制　　气	Gas Works		
#焦炭再投入量(−)	Coke Input (-)		
7.天然气液化	Natural Gas Liquefaction		
8.煤制品加工	Briquettes		
三.损 失 量	**Loss**		**13.60**
四.终端消费量	**Total Final Consumption**	**153.54**	**1311.89**
1.农、林、牧、渔业	Farming, Forestry, Animal Husbandry, Fishery Conservancy		89.20
2.工业	Industry	153.54	290.63
#用作原料、材料	Non-Energy Use	24.25	1.51
3.建筑业	Construction		173.07
4.交通运输、仓储和邮政业	Transport, Storage and Post		491.00
5.批发、零售业和住宿、餐饮业	Wholesale, Retail Trade and Hotel, Restaurants		28.99
6.其他	Others		82.25
7.生活消费	Residential Consumption		156.75
城 镇	Urban		123.32
乡 村	Rural		33.43
五.平衡差额	**Statistical Difference**		
六.消费量合计	**Total Final Consumption**	**161.53**	**1423.90**

Continued 1

原油 (万吨) Crude Oil (10^4 tn)	汽油 (万吨) Gasoline (10^4 tn)	煤油 (万吨) Kerosene (10^4 tn)	柴油 (万吨) Diesel Oil (10^4 tn)	燃料油 (万吨) Fuel Oil (10^4 tn)	石脑油 (万吨) Naphtha (10^4 tn)	润滑油 (万吨) Lubricants (10^4 tn)	石蜡 (万吨) Petroleum Waxes (10^4 tn)	溶剂油 (万吨) White Spirit (10^4 tn)
1396.65	**-48.77**	**3.03**	**188.97**	**-67.74**	**-48.78**			
599.04								
493.95	78.31	5.94	227.70	32.89		1.04		
498.00		1.00	0.60	8.30				
-176.64	-125.81	-3.01	-41.68	-100.80	-48.78	-0.26		
		-1.00	-0.60	-8.40				
-17.70	-1.27	0.10	2.95	0.27		-0.78		
-1368.91	**287.52**	**4.31**	**500.22**	**105.67**	**63.78**	**0.04**		**3.59**
			-2.27	-0.17				
			-0.48	-0.43				
-1368.91	287.52	4.31	502.97	106.27	63.78	0.04		3.59
13.60								
14.14	**238.74**	**7.34**	**689.19**	**37.93**	**15.00**	**0.04**		**3.59**
	11.80	0.19	76.73	0.37				
14.14	27.26	1.13	119.64	25.61	15.00	0.04		3.59
	0.17	0.07	0.33	0.34				
	6.44	0.91	19.97	2.02				
	103.99	3.20	374.35	9.27				
	8.85	0.32	14.75	0.32				
	40.94	0.52	39.88	0.33				
	39.47	1.06	43.87					
	29.12	0.01	24.57					
	10.35	1.05	19.30					
1396.65	**238.75**	**7.34**	**691.94**	**38.53**	**15.00**	**0.04**		**3.59**

续表 2

项 目	Item	石油沥青(万吨) Bitumen Asphalt (10^4 tn)	石油焦(万吨) Petroleum Coke (10^4 tn)
一.可供本地区消费的能源量	**Total Primary Energy Supply**		
1.一次能源生产量	Indigenous Production		
2.回收能	Recovery of Energy		
3.外省(区、市)调入量	Moving In from Other Provinces		
4.进口量	Import		
5.境内轮船和飞机在境外的加油量	Domestic Airplanes&Ships Refueling in Abroad		
6.本省(区、市)调出量(-)	Sending Out to Other Provinces(-)		
7.出口量(-)	Export(-)		
8.境外轮船和飞机在境内的加油量(-)	Oversea Airplanes&Ships Refueling in China		
9.库存增(-)、减(+)量	Stock Change		
二.加工转换投入(-)产出(+)量	**Input(-) & Output(+) of Transformation**	**23.90**	**22.60**
1.火力发电	Thermal Power		
2.供 热	Heating Supply		
3.洗 选 煤	Coal Washing		
4.炼 焦	Coking		
5.炼油及煤制油	Petroleum Refineries	23.90	22.60
#油品再投入量(-)	Petroleum Products Input (-)		
6.制 气	Gas Works		
#焦炭再投入量(-)	Coke Input (-)		
7.天然气液化	Natural Gas Liquefaction		
8.煤制品加工	Briquettes		
三.损 失 量	**Loss**		
四.终端消费量	**Total Final Consumption**	**23.90**	**22.60**
1.农、林、牧、渔业	Farming, Forestry, Animal Husbandry, Fishery Conservancy		
2.工业	Industry		22.60
#用作原料、材料	Non-Energy Use		
3.建筑业	Construction	23.90	
4.交通运输、仓储和邮政业	Transport, Storage and Post		
5.批发、零售业和住宿、餐饮业	Wholesale, Retail Trade and Hotel, Restaurants		
6.其他	Others		
7.生活消费	Residential Consumption		
城 镇	Urban		
乡 村	Rural		
五.平衡差额	**Statistical Difference**		
六.消费量合计	**Total Final Consumption**	**23.90**	**22.60**

液化石油气（万吨） LPG (10^4 tn)	炼厂干气（万吨） Refinery Gas (10^4 tn)	其他石油制品（万吨） Other Petroleum Products (10^4 tn)	天然气（亿立方米） Natural Gas (10^8 cu.m)	液化天然气（万吨） LNG (10^4 tn)	热力（万百万千焦） Heat (10^{10} kJ)	电力（亿千瓦小时） Electricity (10^8 kW•h)	其他能源（万吨标煤） Other Energy (10^4 tce)
-8.03	**-0.55**	**9.12**	**29.47**	**1.98**	**1757.18**	**728.27**	**52.45**
			12.68			59.77	
					1757.18		52.35
		2.60	19.88	2.01		668.50	
		4.40					
-8.05	-0.55		-3.09	-0.03			
		-0.60					
0.02		2.72					0.10
89.43	**14.40**	**155.05**	**-0.76**	**-0.03**	**20059.30**	**1963.25**	**-46.85**
	-2.12		-0.22		-2414.62	1963.25	-45.53
	-16.89		-0.54	-0.03	22473.92		-1.32
89.43	33.41	202.15					
		-47.10					
						174.08	
81.40	**13.85**	**164.17**	**28.71**	**1.95**	**21816.48**	**2517.44**	**5.60**
0.11						159.10	
3.25	13.85	44.51	21.12	1.95	15143.32	1866.22	5.60
0.13		0.47	3.04	0.43			
0.17		119.66	0.01		57.12	22.28	
0.19			1.89		86.31	58.96	
4.75			0.66		335.82	44.16	
0.58			0.94		1260.02	83.28	
72.35			4.10		4933.89	283.44	
69.62			4.10		4933.89	116.18	
2.73						167.26	
81.40	**32.86**	**211.27**	**29.47**	**1.98**	**24231.10**	**2691.52**	**52.45**

6-4　山西能源平衡表(实物量)-2010

项　目	Item	煤合计(万吨) Coal Total (10⁴ tn)	原煤(万吨) Raw Coal (10⁴ tn)
一.可供本地区消费的能源量	**Total Primary Energy Supply**	**29865.10**	**35315.17**
1.一次能源生产量	Indigenous Production	74096.00	74096.00
2.回收能	Recovery of Energy		
3.外省(区、市)调入量	Moving In from Other Provinces	6007.95	4850.14
4.进口量	Import	2000.00	2000.00
5.境内轮船和飞机在境外的加油量	Domestic Airplanes&Ships Refueling in Abroad		
6.本省(区、市)调出量(-)	Sending Out to Other Provinces(-)	-50714.22	-44433.95
7.出口量(-)	Export(-)	-483.42	-483.42
8.境外轮船和飞机在境内的加油量(-)	Oversea Airplanes&Ships Refueling in China		
9.库存增(-)、减(+)量	Stock Change	-1041.21	-713.60
二.加工转换投入(-)产出(+)量	**Input(-) & Output(+) of Transformation**	**-24186.40**	**-30573.95**
1.火力发电	Thermal Power	-9968.04	-9347.83
2.供　热	Heating Supply	-741.92	-630.06
3.洗 选 煤	Coal Washing	-1824.45	-20225.00
4.炼　焦	Coking	-11639.81	-223.61
5.炼油及煤制油	Petroleum Refineries		
#油品再投入量(-)	Petroleum Products Input (-)		
6.制　气	Gas Works	-36.43	-33.76
#焦炭再投入量(-)	Coke Input (-)		
7.天然气液化	Natural Gas Liquefaction		
8.煤制品加工	Briquettes	24.25	-113.69
三.损 失 量	**Loss**		
四.终端消费量	**Total Final Consumption**	**5678.70**	**4741.22**
1.农、林、牧、渔业	Farming, Forestry, Animal Husbandry, Fishery Conservancy	175.55	175.55
2.工业	Industry	3849.34	3495.62
#用作原料、材料	Non-Energy Use	529.24	529.24
3.建筑业	Construction	72.07	71.00
4.交通运输、仓储和邮政业	Transport, Storage and Post	54.94	54.94
5.批发、零售业和住宿、餐饮业	Wholesale, Retail Trade and Hotel, Restaurants	219.19	216.91
6.其他	Others	225.15	225.15
7.生活消费	Residential Consumption	1082.46	502.05
城 镇	Urban	421.46	190.90
乡 村	Rural	661.00	311.15
五.平衡差额	**Statistical Difference**		
六.消费量合计	**Total Final Consumption**	**29865.10**	**35315.17**

ENERGY BALANCE OF SHANXI-2010 (PHYSICAL QUANTITY)

洗精煤 (万吨) Cleaned Coal (10^4 tn)	其他洗煤 (万吨) Other Washed Coal (10^4 tn)	型煤 (万吨) Briquettes (10^4 tn)	煤矸石 (万吨) Gangue (10^4 tn)	焦炭 (万吨) Coke (10^4 tn)	焦炉煤气 (亿立方米) Coke Oven Gas (10^8 cu.m)	高炉煤气 (亿立方米) Blast Furnace Gas (10^8 cu.m)	转炉煤气 (亿立方米) Converter Gas (10^8 cu.m)	其他煤气 (亿立方米) Other Gas (10^8 cu.m)
-3339.59	**-2110.24**	**-0.24**	**2248.64**	**-5887.22**		**133.08**	**8.09**	
			2248.64					
						133.08	8.09	
1157.81								
-4198.39	-2081.88			-5954.93				
				-166.07				
-299.01	-28.36	-0.24		233.78				
3443.61	**2803.85**	**140.09**	**-2196.00**	**8476.44**	**136.11**	**-87.61**	**-0.80**	**10.16**
	-620.21		-2120.95		-20.41	-41.74	-0.07	
	-111.86		-75.05		-4.20	-29.05		
14863.17	3537.38							
-11414.74	-1.46			8476.44	160.72	-16.82	-0.73	
-2.67								10.16
-2.15		140.09						
104.02	**693.61**	**139.85**	**52.64**	**2589.22**	**136.11**	**45.47**	**7.29**	**10.16**
104.02	161.30	88.40	52.64	2586.73	124.55	45.47	7.29	9.23
				39.81	26.39			
		1.07		0.20				
		2.28		1.11				0.93
	532.31	48.10		1.18	11.56			
	211.06	19.50		1.10	10.63			
	321.25	28.60		0.08	0.93			
11523.58	**1427.14**	**139.85**	**2248.64**	**2589.22**	**160.72**	**116.26**	**7.36**	**10.16**

续表 1

项目	Item	其他焦化产品(万吨) Other Coking Products (10^4 tn)	油品合计(万吨) Petroleum Products Total (10^4 tn)
一.可供本地区消费的能源量	**Total Primary Energy Supply**	**-173.06**	**754.18**
1.一次能源生产量	Indigenous Production		
2.回收能	Recovery of Energy		
3.外省(区、市)调入量	Moving In from Other Provinces		763.66
4.进口量	Import		
5.境内轮船和飞机在境外的加油量	Domestic Airplanes&Ships Refueling in Abroad		
6.本省(区、市)调出量(-)	Sending Out to Other Provinces(-)	-174.00	
7.出口量(-)	Export(-)		
8.境外轮船和飞机在境内的加油量(-)	Oversea Airplanes&Ships Refueling in China		
9.库存增(-)、减(+)量	Stock Change	0.94	-9.48
二.加工转换投入(-)产出(+)量	**Input(-) & Output(+) of Transformation**	**316.72**	
1.火力发电	Thermal Power		
2.供　　热	Heating Supply		
3.洗 选 煤	Coal Washing		
4.炼　　焦	Coking	316.72	
5.炼油及煤制油	Petroleum Refineries		
#油品再投入量(-)	Petroleum Products Input (-)		
6.制　　气	Gas Works		
#焦炭再投入量(-)	Coke Input (-)		
7.天然气液化	Natural Gas Liquefaction		
8.煤制品加工	Briquettes		
三.损 失 量	**Loss**		**1.20**
四.终端消费量	**Total Final Consumption**	**143.66**	**752.98**
1.农、林、牧、渔业	Farming, Forestry, Animal Husbandry, Fishery Conservancy		68.44
2.工业	Industry	143.66	91.22
#用作原料、材料	Non-Energy Use		
3.建筑业	Construction		27.98
4.交通运输、仓储和邮政业	Transport, Storage and Post		440.23
5.批发、零售业和住宿、餐饮业	Wholesale, Retail Trade and Hotel, Restaurants		31.90
6.其他	Others		36.38
7.生活消费	Residential Consumption		56.83
城 镇	Urban		34.75
乡 村	Rural		22.08
五.平衡差额	**Statistical Difference**		
六.消费量合计	**Total Final Consumption**	**143.66**	**754.18**

Continued 1

原油 (万吨) Crude Oil (10^4 tn)	汽油 (万吨) Gasoline (10^4 tn)	煤油 (万吨) Kerosene (10^4 tn)	柴油 (万吨) Diesel Oil (10^4 tn)	燃料油 (万吨) Fuel Oil (10^4 tn)	石脑油 (万吨) Naphtha (10^4 tn)	润滑油 (万吨) Lubricants (10^4 tn)	石蜡 (万吨) Petroleum Waxes (10^4 tn)	溶剂油 (万吨) White Spirit (10^4 tn)
	228.35	**14.64**	**474.38**	**12.25**				
	234.15	15.10	477.47	12.67				
	-5.80	-0.46	-3.09	-0.42				
	0.50		**0.70**					
	227.85	**14.64**	**473.68**	**12.25**				
	29.00		39.44					
	17.40	1.27	55.46	12.05				
	9.81	0.13	18.01					
	103.15	12.95	324.13					
	13.68	0.11	16.51	0.10				
	20.50	0.18	15.60	0.10				
	34.31		4.53					
	20.31		1.53					
	14.00		3.00					
	228.35	**14.64**	**474.38**	**12.25**				

续表 2

项　　目	Item	石油沥青(万吨) Bitumen Asphalt (10^4 tn)	石油焦(万吨) Petroleum Coke (10^4 tn)
一.可供本地区消费的能源量	**Total Primary Energy Supply**		
1.一次能源生产量	Indigenous Production		
2.回收能	Recovery of Energy		
3.外省(区、市)调入量	Moving In from Other Provinces		
4.进口量	Import		
5.境内轮船和飞机在境外的加油量	Domestic Airplanes&Ships Refueling in Abroad		
6.本省(区、市)调出量(-)	Sending Out to Other Provinces(-)		
7.出口量(-)	Export(-)		
8.境外轮船和飞机在境内的加油量(-)	Oversea Airplanes&Ships Refueling in China		
9.库存增(-)、减(+)量	Stock Change		
二.加工转换投入(-)产出(+)量	**Input(-) & Output(+) of Transformation**		
1.火力发电	Thermal Power		
2.供　　热	Heating Supply		
3.洗 选 煤	Coal Washing		
4.炼　　焦	Coking		
5.炼油及煤制油	Petroleum Refineries		
#油品再投入量(-)	Petroleum Products Input (-)		
6.制　　气	Gas Works		
#焦炭再投入量(-)	Coke Input (-)		
7.天然气液化	Natural Gas Liquefaction		
8.煤制品加工	Briquettes		
三.损 失 量	**Loss**		
四.终端消费量	**Total Final Consumption**		
1.农、林、牧、渔业	Farming, Forestry, Animal Husbandry, Fishery Conservancy		
2.工业	Industry		
#用作原料、材料	Non-Energy Use		
3.建筑业	Construction		
4.交通运输、仓储和邮政业	Transport, Storage and Post		
5.批发、零售业和住宿、餐饮业	Wholesale, Retail Trade and Hotel, Restaurants		
6.其他	Others		
7.生活消费	Residential Consumption		
城 镇	Urban		
乡 村	Rural		
五.平衡差额	**Statistical Difference**		
六.消费量合计	**Total Final Consumption**		

Continued 2

液化石油气(万吨) LPG (10^4 tn)	炼厂干气(万吨) Refinery Gas (10^4 tn)	其他石油制品(万吨) Other Petroleum Products (10^4 tn)	天然气(亿立方米) Natural Gas (10^8 cu.m)	液化天然气(万吨) LNG (10^4 tn)	热力(万百万千焦) Heat (10^{10} kJ)	电力(亿千瓦小时) Electricity (10^8 kW•h)	其他能源(万吨标煤) Other Energy (10^4 tce)
20.60		**3.96**	**28.93**		**4067.53**	**-644.30**	**48.56**
			21.50			46.21	40.18
					4067.53		
20.61		3.66	10.95			45.33	8.38
			-3.52			-735.84	
-0.01		0.30					
			-6.16		**9650.75**	**2104.35**	**-40.18**
			-6.16		-2439.18	2104.35	-34.66
					12089.93		-5.52
						78.80	
20.60		**3.96**	**22.77**		**13718.28**	**1381.25**	**8.38**
						35.14	
1.08		3.96	12.10		5618.53	1111.21	1.08
0.03			0.03			16.18	1.09
			5.12			45.63	
1.50			1.60		1305.00	20.17	6.21
			0.35		1895.00	47.44	
17.99			3.57		4899.75	105.48	
12.91			3.57		4899.75	64.12	
5.08						41.36	
20.60		**3.96**	**28.93**		**16157.46**	**1460.05**	**48.56**

6-5 内蒙古能源平衡表(实物量)-2010

项　　目	Item	煤合计(万吨) Coal Total (10^4 tn)	原煤(万吨) Raw Coal (10^4 tn)
一.可供本地区消费的能源量	**Total Primary Energy Supply**	**27016.94**	**29670.01**
1.一次能源生产量	Indigenous Production	78664.66	78664.66
2.回收能	Recovery of Energy		
3.外省(区、市)调入量	Moving In from Other Provinces	870.32	571.84
4.进口量	Import	1638.66	1638.66
5.境内轮船和飞机在境外的加油量	Domestic Airplanes&Ships Refueling in Abroad		
6.本省(区、市)调出量(-)	Sending Out to Other Provinces(-)	-49905.03	-47155.16
7.出口量(-)	Export(-)	-589.79	-589.79
8.境外轮船和飞机在境内的加油量(-)	Oversea Airplanes&Ships Refueling in China		
9.库存增(-)、减(+)量	Stock Change	-3661.87	-3460.20
二.加工转换投入(-)产出(+)量	**Input(-) & Output(+) of Transformation**	**-20670.57**	**-25160.93**
1.火力发电	Thermal Power	-13953.22	-13864.67
2.供　热	Heating Supply	-1816.96	-1798.94
3.洗 选 煤	Coal Washing	-1671.87	-9138.61
4.炼　焦	Coking	-3009.79	-239.09
5.炼油及煤制油	Petroleum Refineries	-211.61	-112.49
#油品再投入量(-)	Petroleum Products Input (-)		
6.制　气	Gas Works	-7.12	-7.12
#焦炭再投入量(-)	Coke Input (-)		
7.天然气液化	Natural Gas Liquefaction		
8.煤制品加工	Briquettes		
三.损 失 量	**Loss**		
四.终端消费量	**Total Final Consumption**	**6333.47**	**4496.17**
1.农、林、牧、渔业	Farming, Forestry, Animal Husbandry, Fishery Conservancy	272.22	182.19
2.工业	Industry	2684.29	2587.44
#用作原料、材料	Non-Energy Use	490.86	477.24
3.建筑业	Construction	256.96	190.48
4.交通运输、仓储和邮政业	Transport, Storage and Post	199.72	165.49
5.批发、零售业和住宿、餐饮业	Wholesale, Retail Trade and Hotel, Restaurants	1093.53	419.62
6.其他	Others	405.79	200.63
7.生活消费	Residential Consumption	1420.96	750.32
城 镇	Urban	864.11	417.88
乡 村	Rural	556.85	332.44
五.平衡差额	**Statistical Difference**	**12.91**	**12.91**
六.消费量合计	**Total Final Consumption**	**27004.04**	**29657.10**

ENERGY BALANCE OF INNER MONGOLIA-2010 (PHYSICAL QUANTITY)

洗精煤 (万吨) Cleaned Coal (10^4 tn)	其他洗煤 (万吨) Other Washed Coal (10^4 tn)	型煤 (万吨) Briquettes (10^4 tn)	煤矸石 (万吨) Gangue (10^4 tn)	焦炭 (万吨) Coke (10^4 tn)	焦炉煤气 (亿立方米) Coke Oven Gas (10^8 cu.m)	高炉煤气 (亿立方米) Blast Furnace Gas (10^8 cu.m)	转炉煤气 (亿立方米) Converter Gas (10^8 cu.m)	其他煤气 (亿立方米) Other Gas (10^8 cu.m)
-1486.05	**-1467.49**	**300.48**		**-742.04**	**1.62**	**251.80**	**12.67**	**1.59**
					1.62	251.80	12.67	1.59
		298.48						
				10.88				
-1395.09	-1354.78			-680.16				
-90.96	-112.71	2.00		-72.76				
1509.97	**2985.18**	**-4.79**		**2158.91**	**24.87**	**-66.01**	**-4.09**	**1.57**
	-88.54		-601.17		-4.40	-49.56		
	-13.23	-4.79	-12.38		-0.90	-16.45	-4.09	
4359.28	3107.46		613.55					
-2756.08	-14.62			2158.91	30.18			
-93.23	-5.89							
								1.57
23.92	**1517.69**	**295.69**		**1416.87**	**26.49**	**185.79**	**8.57**	**3.16**
	90.03			7.53				
23.67	40.95	32.22		1406.55	26.49	185.79	8.57	2.85
13.62				243.36				
	66.48							
	34.23							
0.25	412.57	261.09						
	205.16							
	668.27	2.38		2.79				0.31
	443.86	2.38		2.79				0.31
	224.41							
2873.23	**1639.97**	**300.48**	**613.55**	**1416.87**	**31.80**	**251.80**	**12.67**	**3.16**

续表 1

项　　目	Item	其他焦化产品(万吨) Other Coking Products (10^4 tn)	油品合计(万吨) Petroleum Products Total (10^4 tn)
一.可供本地区消费的能源量	**Total Primary Energy Supply**	**117.20**	**1160.82**
1.一次能源生产量	Indigenous Production		182.91
2.回收能	Recovery of Energy	114.66	
3.外省(区、市)调入量	Moving In from Other Provinces		1062.31
4.进口量	Import	1.43	
5.境内轮船和飞机在境外的加油量	Domestic Airplanes&Ships Refueling in Abroad		
6.本省(区、市)调出量(-)	Sending Out to Other Provinces(-)		-87.79
7.出口量(-)	Export(-)		-0.61
8.境外轮船和飞机在境内的加油量(-)	Oversea Airplanes&Ships Refueling in China		
9.库存增(-)、减(+)量	Stock Change	1.11	4.00
二.加工转换投入(-)产出(+)量	**Input(-) & Output(+) of Transformation**	**81.05**	**99.86**
1.火力发电	Thermal Power		-0.57
2.供　　热	Heating Supply		-0.03
3.洗 选 煤	Coal Washing		
4.炼　　焦	Coking	103.35	
5.炼油及煤制油	Petroleum Refineries	-22.30	102.82
#油品再投入量(-)	Petroleum Products Input (-)		-2.36
6.制　　气	Gas Works		
#焦炭再投入量(-)	Coke Input (-)		
7.天然气液化	Natural Gas Liquefaction		
8.煤制品加工	Briquettes		
三.损 失 量	**Loss**		
四.终端消费量	**Total Final Consumption**	**198.24**	**1260.67**
1.农、林、牧、渔业	Farming, Forestry, Animal Husbandry, Fishery Conservancy		112.32
2.工业	Industry	198.24	164.88
#用作原料、材料	Non-Energy Use	8.75	1.36
3.建筑业	Construction		74.40
4.交通运输、仓储和邮政业	Transport, Storage and Post		700.50
5.批发、零售业和住宿、餐饮业	Wholesale, Retail Trade and Hotel, Restaurants		126.31
6.其他	Others		45.59
7.生活消费	Residential Consumption		36.67
城 镇	Urban		26.69
乡 村	Rural		9.98
五.平衡差额	**Statistical Difference**		**0.01**
六.消费量合计	**Total Final Consumption**	**198.24**	**1160.81**

Continued 1

原油 (万吨) Crude Oil (10^4 tn)	汽油 (万吨) Gasoline (10^4 tn)	煤油 (万吨) Kerosene (10^4 tn)	柴油 (万吨) Diesel Oil (10^4 tn)	燃料油 (万吨) Fuel Oil (10^4 tn)	石脑油 (万吨) Naphtha (10^4 tn)	润滑油 (万吨) Lubricants (10^4 tn)	石蜡 (万吨) Petroleum Waxes (10^4 tn)	溶剂油 (万吨) White Spirit (10^4 tn)
140.74	**270.76**	**9.35**	**784.26**	**-15.63**	**-3.69**			**-3.56**
182.91								
	270.80	9.17	782.34					
-46.63				-13.13	-3.09			-3.56
					-0.60			
4.46	-0.04	0.18	1.92	-2.50				
-129.70	**54.91**		**78.73**	**30.76**	**3.69**		**0.02**	**3.56**
			-0.55	-0.01				
			-0.03					
-129.70	54.91		79.31	30.78	3.69		0.02	3.56
11.04	**325.68**	**9.35**	**862.98**	**15.13**			**0.02**	
	33.40		78.93					
11.04	11.24	0.31	114.78	15.13			0.02	
0.02		0.14	1.15	0.04				
	25.45		34.12					
	149.72	9.03	541.75					
	59.91		66.40					
	29.03		16.56					
	16.92		10.45					
	14.07		3.31					
	2.85		7.13					
140.74	**325.68**	**9.35**	**863.56**	**15.15**			**0.02**	

续表 2

项　　目	Item	石油沥青（万吨）Bitumen Asphalt (10^4 tn)	石油焦（万吨）Petroleum Coke (10^4 tn)
一.可供本地区消费的能源量	**Total Primary Energy Supply**	**-1.90**	
1.一次能源生产量	Indigenous Production		
2.回收能	Recovery of Energy		
3.外省(区、市)调入量	Moving In from Other Provinces		
4.进口量	Import		
5.境内轮船和飞机在境外的加油量	Domestic Airplanes&Ships Refueling in Abroad		
6.本省(区、市)调出量(-)	Sending Out to Other Provinces(-)	-1.89	
7.出口量(-)	Export(-)	-0.01	
8.境外轮船和飞机在境内的加油量(-)	Oversea Airplanes&Ships Refueling in China		
9.库存增(-)、减(+)量	Stock Change		
二.加工转换投入(-)产出(+)量	**Input(-) & Output(+) of Transformation**	**1.91**	
1.火力发电	Thermal Power		
2.供　　热	Heating Supply		
3.洗 选 煤	Coal Washing		
4.炼　　焦	Coking		
5.炼油及煤制油	Petroleum Refineries	1.91	
#油品再投入量(-)	Petroleum Products Input (-)		
6.制　　气	Gas Works		
#焦炭再投入量(-)	Coke Input (-)		
7.天然气液化	Natural Gas Liquefaction		
8.煤制品加工	Briquettes		
三.损 失 量	**Loss**		
四.终端消费量	**Total Final Consumption**		
1.农、林、牧、渔业	Farming, Forestry, Animal Husbandry, Fishery Conservancy		
2.工业	Industry		
#用作原料、材料	Non-Energy Use		
3.建筑业	Construction		
4.交通运输、仓储和邮政业	Transport, Storage and Post		
5.批发、零售业和住宿、餐饮业	Wholesale, Retail Trade and Hotel, Restaurants		
6.其他	Others		
7.生活消费	Residential Consumption		
城 镇	Urban		
乡 村	Rural		
五.平衡差额	**Statistical Difference**		
六.消费量合计	**Total Final Consumption**		

Continued 2

液化石油气 (万吨) LPG (10^4 tn)	炼厂干气 (万吨) Refinery Gas (10^4 tn)	其他石油制品 (万吨) Other Petroleum Products (10^4 tn)	天然气 (亿立方米) Natural Gas (10^8 cu.m)	液化天然气 (万吨) LNG (10^4 tn)	热力 (万百万千焦) Heat (10^{10} kJ)	电力 (亿千瓦小时) Electricity (10^8 kW•h)	其他能源 (万吨标煤) Other Energy (10^4 tce)
-5.56		**-13.95**	**45.30**	**-18.17**	**523.42**	**-845.54**	**401.83**
			202.87			218.92	23.66
					523.42		380.52
-5.55		-13.94	-157.57	-16.00		-1064.46	
-0.01		-0.01		-2.17			-2.35
15.64	**3.55**	**36.79**	**-2.98**	**18.38**	**21622.36**	**2352.90**	**-23.26**
			-0.18		-247.65	2352.90	-20.80
					21870.01		-2.46
16.06	3.55	38.73					
-0.42		-1.94					
			-2.79	18.38			
10.08	**3.55**	**22.84**	**42.32**	**0.21**	**22145.78**	**1536.83**	**378.57**
					205.54	41.04	41.66
0.78	3.55	8.01	27.05	0.21	4851.88	1340.34	36.84
			9.68				
		14.83	0.52		334.54	6.32	
			4.25		1073.96	18.47	26.11
			2.10		1539.62	23.97	51.50
			1.20		1660.38	27.91	38.24
9.30			7.20		12479.86	78.78	184.23
9.30			7.20		12479.86	53.99	158.91
						24.79	25.32
						-29.47	
10.50	**3.55**	**24.78**	**45.30**	**0.21**	**22393.43**	**1536.83**	**401.83**

6-6 辽宁能源平衡表(实物量)-2010

项　　目	Item	煤合计(万吨) Coal Total (10^4 tn)	原煤(万吨) Raw Coal (10^4 tn)
一.可供本地区消费的能源量	**Total Primary Energy Supply**	**16908.43**	**15311.14**
1.一次能源生产量	Indigenous Production	7525.21	7525.21
2.回收能	Recovery of Energy		
3.外省(区、市)调入量	Moving In from Other Provinces	9438.20	7309.65
4.进口量	Import	1117.09	763.62
5.境内轮船和飞机在境外的加油量	Domestic Airplanes&Ships Refueling in Abroad		
6.本省(区、市)调出量(-)	Sending Out to Other Provinces(-)	-1051.46	-232.26
7.出口量(-)	Export(-)	-14.68	-13.21
8.境外轮船和飞机在境内的加油量(-)	Oversea Airplanes&Ships Refueling in China		
9.库存增(-)、减(+)量	Stock Change	-105.93	-41.87
二.加工转换投入(-)产出(+)量	**Input(-) & Output(+) of Transformation**	**-12589.27**	**-11683.91**
1.火力发电	Thermal Power	-6656.05	-5998.09
2.供　热	Heating Supply	-2288.55	-2238.88
3.洗 选 煤	Coal Washing	-1039.04	-3401.46
4.炼　焦	Coking	-2578.83	
5.炼油及煤制油	Petroleum Refineries		
#油品再投入量(-)	Petroleum Products Input (-)		
6.制　气	Gas Works	-26.54	-26.54
#焦炭再投入量(-)	Coke Input (-)		
7.天然气液化	Natural Gas Liquefaction		
8.煤制品加工	Briquettes	-0.26	-18.94
三.损 失 量	**Loss**		
四.终端消费量	**Total Final Consumption**	**4319.16**	**3627.23**
1.农、林、牧、渔业	Farming, Forestry, Animal Husbandry, Fishery Conservancy	70.16	70.16
2.工业	Industry	3673.35	3218.54
#用作原料、材料	Non-Energy Use	13.03	10.43
3.建筑业	Construction	22.69	22.69
4.交通运输、仓储和邮政业	Transport, Storage and Post	67.03	58.00
5.批发、零售业和住宿、餐饮业	Wholesale, Retail Trade and Hotel, Restaurants	57.83	57.83
6.其他	Others	50.00	50.00
7.生活消费	Residential Consumption	378.10	150.01
城 镇	Urban	253.10	96.01
乡 村	Rural	125.00	54.00
五.平衡差额	**Statistical Difference**		
六.消费量合计	**Total Final Consumption**	**16908.43**	**15311.14**

ENERGY BALANCE OF LIAONING-2010 (PHYSICAL QUANTITY)

洗精煤 (万吨) Cleaned Coal (10^4 tn)	其他洗煤 (万吨) Other Washed Coal (10^4 tn)	型煤 (万吨) Briquettes (10^4 tn)	煤矸石 (万吨) Gangue (10^4 tn)	焦炭 (万吨) Coke (10^4 tn)	焦炉煤气 (亿立方米) Coke Oven Gas (10^8 cu.m)	高炉煤气 (亿立方米) Blast Furnace Gas (10^8 cu.m)	转炉煤气 (亿立方米) Converter Gas (10^8 cu.m)	其他煤气 (亿立方米) Other Gas (10^8 cu.m)
2226.49	**-629.25**	**0.05**	**98.71**	**1307.13**		**711.76**	**25.47**	
			98.71					
						711.76	25.47	
2096.89	31.66			1360.74				
353.47								
-159.58	-659.62			-26.43				
	-1.47			-0.06				
-64.29	0.18	0.05		-27.12				
-1887.87	**950.82**	**31.69**	**-88.36**	**1844.49**	**52.03**	**-210.71**	**-1.31**	**11.77**
	-657.96		-144.30	-9.01	-6.20	-94.87	-0.30	
-9.14	-40.53		-32.70	-0.23	-13.54	-68.95	-1.01	
700.10	1662.32		88.64					
-2578.83				1855.75	71.77	-46.89		
								11.77
				-2.02				
	-13.01	31.69						
338.62	**321.57**	**31.74**	**10.35**	**3151.62**	**52.03**	**501.05**	**24.16**	**11.77**
329.59	105.06	20.16	10.35	3151.61	52.03	501.05	24.16	6.00
0.01	2.27	0.32		7.78				
								0.03
9.03				0.01				0.23
								0.68
	216.51	11.58						4.83
	145.51	11.58						4.82
	71.00							0.01
2926.59	**1033.07**	**31.74**	**187.35**	**3162.88**	**71.77**	**664.87**	**25.47**	**11.77**

续表 1

项　　目	Item	其他焦化产品(万吨) Other Coking Products (10^4 tn)	油品合计(万吨) Petroleum Products Total (10^4 tn)
一.可供本地区消费的能源量	**Total Primary Energy Supply**	**-63.76**	**3815.55**
1.一次能源生产量	Indigenous Production		1050.02
2.回收能	Recovery of Energy		
3.外省(区、市)调入量	Moving In from Other Provinces	20.60	4058.98
4.进口量	Import	8.55	1558.31
5.境内轮船和飞机在境外的加油量	Domestic Airplanes&Ships Refueling in Abroad		41.52
6.本省(区、市)调出量(-)	Sending Out to Other Provinces(-)	-92.94	-2105.20
7.出口量(-)	Export(-)		-684.34
8.境外轮船和飞机在境内的加油量(-)	Oversea Airplanes&Ships Refueling in China		-63.93
9.库存增(-)、减(+)量	Stock Change	0.03	-39.81
二.加工转换投入(-)产出(+)量	**Input(-) & Output(+) of Transformation**	**104.07**	**-413.57**
1.火力发电	Thermal Power		-8.91
2.供　　热	Heating Supply	-0.45	-77.71
3.洗 选 煤	Coal Washing		
4.炼　　焦	Coking	99.93	
5.炼油及煤制油	Petroleum Refineries		-162.22
#油品再投入量(-)	Petroleum Products Input (-)		-154.87
6.制　　气	Gas Works	4.59	-9.86
#焦炭再投入量(-)	Coke Input (-)		
7.天然气液化	Natural Gas Liquefaction		
8.煤制品加工	Briquettes		
三.损 失 量	**Loss**		**52.92**
四.终端消费量	**Total Final Consumption**	**40.31**	**3349.06**
1.农、林、牧、渔业	Farming, Forestry, Animal Husbandry, Fishery Conservancy		122.03
2.工业	Industry	40.31	1606.18
#用作原料、材料	Non-Energy Use	19.40	426.10
3.建筑业	Construction		70.69
4.交通运输、仓储和邮政业	Transport, Storage and Post		1041.71
5.批发、零售业和住宿、餐饮业	Wholesale, Retail Trade and Hotel, Restaurants		31.94
6.其他	Others		285.35
7.生活消费	Residential Consumption		191.16
城 镇	Urban		137.12
乡 村	Rural		54.04
五.平衡差额	**Statistical Difference**		
六.消费量合计	**Total Final Consumption**	**40.76**	**3815.55**

Continued 1

原油 (万吨) Crude Oil (10^4 tn)	汽油 (万吨) Gasoline (10^4 tn)	煤油 (万吨) Kerosene (10^4 tn)	柴油 (万吨) Diesel Oil (10^4 tn)	燃料油 (万吨) Fuel Oil (10^4 tn)	石脑油 (万吨) Naphtha (10^4 tn)	润滑油 (万吨) Lubricants (10^4 tn)	石蜡 (万吨) Petroleum Waxes (10^4 tn)	溶剂油 (万吨) White Spirit (10^4 tn)
6558.91	**-475.87**	**-200.89**	**-1470.54**	**-47.84**	**-206.91**	**-1.22**	**-28.48**	**1.52**
1050.02								
4008.43	0.75	0.45	2.25	8.22	20.41			
1552.15		0.01	0.31	5.84				
		2.73		38.79				
-9.99	-148.82	-128.21	-1457.78	-18.15	-129.48			
-7.60	-323.28	-59.40	-12.78	-40.16	-86.64	-1.04	-28.47	
		-17.37	-3.12	-43.44				
-34.10	-4.52	0.90	0.58	1.06	-11.20	-0.18	-0.01	1.52
-6272.96	**1069.04**	**224.23**	**2433.82**	**329.41**	**400.75**	**37.49**	**83.48**	**3.12**
-0.34			-0.46	-6.71				
-1.96			-0.16	-45.29				
-6270.66	1069.04	224.23	2434.44	404.27	400.75	37.49	83.48	3.12
				-22.86				
30.00	**22.92**							
255.95	**570.25**	**23.34**	**963.28**	**281.57**	**193.84**	**36.27**	**55.00**	**4.64**
	53.40		68.63					
255.95	103.71	7.13	196.97	132.32	193.84	36.27	55.00	4.64
100.66	0.11	0.38	0.06		187.24			
	11.08	0.56	57.32	1.39				
	259.58	15.03	529.10	146.86				
	14.52	0.10	5.60	0.32				
	42.45	0.52	71.88	0.68				
	85.51		33.78					
	65.24		16.88					
	20.27		16.90					
6558.91	**593.17**	**23.34**	**963.90**	**356.43**	**193.84**	**36.27**	**55.00**	**4.64**

续表 2

项目	Item	石油沥青(万吨) Bitumen Asphalt (10^4 tn)	石油焦(万吨) Petroleum Coke (10^4 tn)
一.可供本地区消费的能源量	**Total Primary Energy Supply**	**-2.93**	**-22.74**
1.一次能源生产量	Indigenous Production		
2.回收能	Recovery of Energy		
3.外省(区、市)调入量	Moving In from Other Provinces		
4.进口量	Import		
5.境内轮船和飞机在境外的加油量	Domestic Airplanes&Ships Refueling in Abroad		
6.本省(区、市)调出量(-)	Sending Out to Other Provinces(-)	-4.32	
7.出口量(-)	Export(-)	-0.03	-24.18
8.境外轮船和飞机在境内的加油量(-)	Oversea Airplanes&Ships Refueling in China		
9.库存增(-)、减(+)量	Stock Change	1.42	1.44
二.加工转换投入(-)产出(+)量	**Input(-) & Output(+) of Transformation**	**258.18**	**126.42**
1.火力发电	Thermal Power		
2.供热	Heating Supply		
3.洗选煤	Coal Washing		
4.炼焦	Coking		
5.炼油及煤制油	Petroleum Refineries	258.18	126.42
#油品再投入量(-)	Petroleum Products Input (-)		
6.制气	Gas Works		
#焦炭再投入量(-)	Coke Input (-)		
7.天然气液化	Natural Gas Liquefaction		
8.煤制品加工	Briquettes		
三.损失量	**Loss**		
四.终端消费量	**Total Final Consumption**	**255.25**	**103.68**
1.农、林、牧、渔业	Farming, Forestry, Animal Husbandry, Fishery Conservancy		
2.工业	Industry	5.13	103.68
#用作原料、材料	Non-Energy Use		
3.建筑业	Construction		
4.交通运输、仓储和邮政业	Transport, Storage and Post	85.80	
5.批发、零售业和住宿、餐饮业	Wholesale, Retail Trade and Hotel, Restaurants		
6.其他	Others	164.32	
7.生活消费	Residential Consumption		
城镇	Urban		
乡村	Rural		
五.平衡差额	**Statistical Difference**		
六.消费量合计	**Total Final Consumption**	**255.25**	**103.68**

Continued 2

液化石油气 (万吨) LPG (10^4 tn)	炼厂干气 (万吨) Refinery Gas (10^4 tn)	其他石油制品 (万吨) Other Petroleum Products (10^4 tn)	天然气 (亿立方米) Natural Gas (10^8 cu.m)	液化天然气 (万吨) LNG (10^4 tn)	热力 (万百万千焦) Heat (10^{10} kJ)	电力 (亿千瓦小时) Electricity (10^8 kW•h)	其他能源 (万吨标煤) Other Energy (10^4 tce)
-64.77		**-222.69**	**19.02**	**0.31**	**2211.17**	**479.03**	**32.95**
			8.02			104.02	31.30
					2211.17		
		18.47	11.00	0.31		463.64	
-64.74		-143.71				-88.63	
		-100.76					
-0.03		3.31					1.65
186.63	**164.07**	**542.75**	**-0.13**		**37427.09**	**1236.24**	**-20.04**
	-1.40				-316.52	1236.24	-8.90
	-30.30		-0.13		37743.61		-10.87
195.31	239.78	631.93					-0.27
-3.31	-39.52	-89.18					
-5.37	-4.49						
					45.26	**102.33**	
121.86	**164.07**	**320.06**	**18.89**	**0.31**	**39593.00**	**1612.94**	**12.91**
						22.89	
27.41	164.07	320.06	16.80	0.31	20027.00	1210.55	12.91
0.01		137.64	5.35				0.99
0.34					39.97	20.27	
5.34			0.05		199.34	33.00	
11.40			0.98		107.00	57.18	
5.50			0.21		864.55	88.75	
71.87			0.85		18355.14	180.30	
55.00			0.73		18219.68	118.40	
16.87			0.12		135.46	61.90	
130.54	**239.78**	**409.24**	**19.02**	**0.31**	**39954.78**	**1715.27**	**32.95**

6-7 吉林能源平衡表(实物量)-2010

项目	Item	煤合计(万吨) Coal Total (10^4 tn)	原煤(万吨) Raw Coal (10^4 tn)
一.可供本地区消费的能源量	**Total Primary Energy Supply**	**9582.66**	**10087.31**
1.一次能源生产量	Indigenous Production	5238.99	5238.99
2.回收能	Recovery of Energy		
3.外省(区、市)调入量	Moving In from Other Provinces	6024.64	5938.60
4.进口量	Import	9.42	9.42
5.境内轮船和飞机在境外的加油量	Domestic Airplanes&Ships Refueling in Abroad		
6.本省(区、市)调出量(-)	Sending Out to Other Provinces(-)	-1657.44	-1073.54
7.出口量(-)	Export(-)	-8.00	-8.00
8.境外轮船和飞机在境内的加油量(-)	Oversea Airplanes&Ships Refueling in China		
9.库存增(-)、减(+)量	Stock Change	-24.95	-18.16
二.加工转换投入(-)产出(+)量	**Input(-) & Output(+) of Transformation**	**-5673.19**	**-6253.64**
1.火力发电	Thermal Power	-3037.36	-3019.59
2.供　热	Heating Supply	-1681.29	-1639.56
3.洗 选 煤	Coal Washing	-294.66	-1584.10
4.炼　焦	Coking	-561.81	
5.炼油及煤制油	Petroleum Refineries		
#油品再投入量(-)	Petroleum Products Input (-)		
6.制　气	Gas Works	-97.97	-2.81
#焦炭再投入量(-)	Coke Input (-)		
7.天然气液化	Natural Gas Liquefaction		
8.煤制品加工	Briquettes	-0.10	-7.58
三.损 失 量	**Loss**		
四.终端消费量	**Total Final Consumption**	**3909.47**	**3833.67**
1.农、林、牧、渔业	Farming, Forestry, Animal Husbandry, Fishery Conservancy	28.09	28.09
2.工业	Industry	3115.37	3049.59
#用作原料、材料	Non-Energy Use	81.81	70.45
3.建筑业	Construction	9.66	9.66
4.交通运输、仓储和邮政业	Transport, Storage and Post	127.31	125.30
5.批发、零售业和住宿、餐饮业	Wholesale, Retail Trade and Hotel, Restaurants	179.66	179.66
6.其他	Others	285.44	285.44
7.生活消费	Residential Consumption	163.94	155.93
城 镇	Urban	119.82	115.71
乡 村	Rural	44.12	40.22
五.平衡差额	**Statistical Difference**		
六.消费量合计	**Total Final Consumption**	**9582.66**	**10087.31**

ENERGY BALANCE OF JILIN-2010 (PHYSICAL QUANTITY)

洗精煤 (万吨) Cleaned Coal (10^4 tn)	其他洗煤 (万吨) Other Washed Coal (10^4 tn)	型煤 (万吨) Briquettes (10^4 tn)	煤矸石 (万吨) Gangue (10^4 tn)	焦炭 (万吨) Coke (10^4 tn)	焦炉煤气 (亿立方米) Coke Oven Gas (10^8 cu.m)	高炉煤气 (亿立方米) Blast Furnace Gas (10^8 cu.m)	转炉煤气 (亿立方米) Converter Gas (10^8 cu.m)	其他煤气 (亿立方米) Other Gas (10^8 cu.m)
70.85	**-583.67**	**8.17**		**200.21**		**78.36**	**3.70**	
						79.51	3.70	
77.89		8.15		204.74				
	-583.90					-1.15		
				-0.23				
-7.04	0.23	0.02		-4.30				
-15.00	**588.01**	**7.44**	**5.32**	**440.37**	**13.72**	**-8.10**	**-0.60**	
	-17.77			-0.01	-0.77	-8.10	-0.60	
	-41.69	-0.04		-0.02				
641.97	647.47		5.32					
-561.81				375.52	11.81			
-95.16				64.88	2.68			
		7.48						
55.85	**4.34**	**15.61**	**5.32**	**640.58**	**13.72**	**70.26**	**3.10**	
				6.80				
53.84	4.34	7.60	5.32	633.78	10.22	70.26	3.10	
11.36				4.82				
2.01								
		8.01			3.50			
		4.11			3.50			
		3.90						
712.82	**63.80**	**15.65**	**5.32**	**640.61**	**14.49**	**78.36**	**3.70**	

续表 1

项　　目	Item	其他焦化产品(万吨) Other Coking Products (10^4 tn)	油品合计(万吨) Petroleum Products Total (10^4 tn)
一.可供本地区消费的能源量	**Total Primary Energy Supply**	**-28.36**	**994.12**
1.一次能源生产量	Indigenous Production		702.33
2.回收能	Recovery of Energy		
3.外省(区、市)调入量	Moving In from Other Provinces		332.82
4.进口量	Import		0.24
5.境内轮船和飞机在境外的加油量	Domestic Airplanes&Ships Refueling in Abroad		
6.本省(区、市)调出量(-)	Sending Out to Other Provinces(-)	-28.47	-35.13
7.出口量(-)	Export(-)		-0.06
8.境外轮船和飞机在境内的加油量(-)	Oversea Airplanes&Ships Refueling in China		
9.库存增(-)、减(+)量	Stock Change	0.11	-6.08
二.加工转换投入(-)产出(+)量	**Input(-) & Output(+) of Transformation**	**30.01**	**-69.79**
1.火力发电	Thermal Power		-1.88
2.供　　热	Heating Supply		-6.32
3.洗 选 煤	Coal Washing		
4.炼　　焦	Coking	30.01	
5.炼油及煤制油	Petroleum Refineries		-61.59
#油品再投入量(-)	Petroleum Products Input (-)		
6.制　　气	Gas Works		
#焦炭再投入量(-)	Coke Input (-)		
7.天然气液化	Natural Gas Liquefaction		
8.煤制品加工	Briquettes		
三.损 失 量	**Loss**		
四.终端消费量	**Total Final Consumption**	**1.65**	**924.33**
1.农、林、牧、渔业	Farming, Forestry, Animal Husbandry, Fishery Conservancy		50.81
2.工业	Industry	1.65	444.64
#用作原料、材料	Non-Energy Use		284.68
3.建筑业	Construction		37.91
4.交通运输、仓储和邮政业	Transport, Storage and Post		235.07
5.批发、零售业和住宿、餐饮业	Wholesale, Retail Trade and Hotel, Restaurants		19.79
6.其他	Others		30.40
7.生活消费	Residential Consumption		105.71
城　镇	Urban		84.47
乡　村	Rural		21.24
五.平衡差额	**Statistical Difference**		
六.消费量合计	**Total Final Consumption**	**1.65**	**994.12**

Continued 1

原油 (万吨) Crude Oil (10⁴ tn)	汽油 (万吨) Gasoline (10⁴ tn)	煤油 (万吨) Kerosene (10⁴ tn)	柴油 (万吨) Diesel Oil (10⁴ tn)	燃料油 (万吨) Fuel Oil (10⁴ tn)	石脑油 (万吨) Naphtha (10⁴ tn)	润滑油 (万吨) Lubricants (10⁴ tn)	石蜡 (万吨) Petroleum Waxes (10⁴ tn)	溶剂油 (万吨) White Spirit (10⁴ tn)
939.97	**-0.12**	**1.21**	**-0.08**	**-0.46**	**88.06**			
702.33								
243.19		0.95			88.68			
		0.24						
	-0.01		-0.01	-0.04				
-5.55	-0.11	0.02	-0.07	-0.42	-0.62			
-912.45	**166.73**		**362.52**	**33.16**	**64.20**			
-0.07			-0.82	-0.99				
-0.01			-0.04	-6.27				
-912.37	166.73		363.38	40.42	64.20			
27.52	**166.61**	**1.21**	**362.44**	**32.70**	**152.26**			
	7.74		43.06					
27.52	26.55	0.29	61.17	30.32	152.26			
				24.22	152.26			
	12.56	0.39	24.13	0.83				
	40.43	0.23	194.06	0.06				
	10.43	0.13	8.42	0.11				
	25.16	0.17	4.64	0.15				
	43.74		26.96	1.23				
	33.94		22.69	1.23				
	9.80		4.27					
939.97	**166.61**	**1.21**	**363.30**	**39.96**	**152.26**			

续表 2

项　　目	Item	石油沥青(万吨) Bitumen Asphalt (10^4 tn)	石油焦(万吨) Petroleum Coke (10^4 tn)
一.可供本地区消费的能源量	**Total Primary Energy Supply**		**-22.43**
1.一次能源生产量	Indigenous Production		
2.回收能	Recovery of Energy		
3.外省(区、市)调入量	Moving In from Other Provinces		
4.进口量	Import		
5.境内轮船和飞机在境外的加油量	Domestic Airplanes&Ships Refueling in Abroad		
6.本省(区、市)调出量(-)	Sending Out to Other Provinces(-)		-22.43
7.出口量(-)	Export(-)		
8.境外轮船和飞机在境内的加油量(-)	Oversea Airplanes&Ships Refueling in China		
9.库存增(-)、减(+)量	Stock Change		
二.加工转换投入(-)产出(+)量	**Input(-) & Output(+) of Transformation**		**22.43**
1.火力发电	Thermal Power		
2.供　热	Heating Supply		
3.洗 选 煤	Coal Washing		
4.炼　焦	Coking		
5.炼油及煤制油	Petroleum Refineries		22.43
#油品再投入量(-)	Petroleum Products Input (-)		
6.制　气	Gas Works		
#焦炭再投入量(-)	Coke Input (-)		
7.天然气液化	Natural Gas Liquefaction		
8.煤制品加工	Briquettes		
三.损 失 量	**Loss**		
四.终端消费量	**Total Final Consumption**		
1.农、林、牧、渔业	Farming, Forestry, Animal Husbandry, Fishery Conservancy		
2.工业	Industry		
#用作原料、材料	Non-Energy Use		
3.建筑业	Construction		
4.交通运输、仓储和邮政业	Transport, Storage and Post		
5.批发、零售业和住宿、餐饮业	Wholesale, Retail Trade and Hotel, Restaurants		
6.其他	Others		
7.生活消费	Residential Consumption		
城 镇	Urban		
乡 村	Rural		
五.平衡差额	**Statistical Difference**		
六.消费量合计	**Total Final Consumption**		

Continued 2

液化石油气 (万吨) LPG (10^4 tn)	炼厂干气 (万吨) Refinery Gas (10^4 tn)	其他石油制品 (万吨) Other Petroleum Products (10^4 tn)	天然气 (亿立方米) Natural Gas (10^8 cu.m)	液化天然气 (万吨) LNG (10^4 tn)	热力 (万百万千焦) Heat (10^{10} kJ)	电力 (亿千瓦小时) Electricity (10^8 kW•h)	其他能源 (万吨标煤) Other Energy (10^4 tce)
0.01		**-12.04**	**22.01**		**444.99**	**55.17**	**52.29**
			17.50			136.42	32.18
					444.99		3.56
			4.51				16.58
		-12.70				-81.25	
0.01		0.66					-0.03
35.22	**23.25**	**135.15**	**-4.61**		**24738.24**	**521.80**	**-31.22**
			-2.11		-67.11	521.80	-25.76
			-2.50		24805.35		-5.46
35.22	23.25	135.15					
					2024.18		
35.23	**23.25**	**123.11**	**17.40**		**23159.05**	**576.97**	**21.07**
0.01						8.30	
0.17	23.25	123.11	8.08		13961.24	396.76	21.07
		108.20	0.45				
					71.32	5.82	
0.29			3.02		456.12	12.76	
0.70			0.07		124.73	20.87	
0.28			0.05		565.32	34.66	
33.78			6.18		7980.32	97.80	
26.61			6.16		7980.32	56.19	
7.17			0.02			41.61	
35.23	**23.25**	**123.11**	**22.01**		**25250.34**	**576.97**	**52.29**

6-8 黑龙江能源平衡表(实物量)-2010

项　　目	Item	煤合计(万吨) Coal Total (10^4 tn)	原煤(万吨) Raw Coal (10^4 tn)
一.可供本地区消费的能源量	**Total Primary Energy Supply**	**12219.13**	**14983.07**
1.一次能源生产量	Indigenous Production	9706.57	9706.57
2.回收能	Recovery of Energy		
3.外省(区、市)调入量	Moving In from Other Provinces	5086.77	5056.64
4.进口量	Import	35.30	35.30
5.境内轮船和飞机在境外的加油量	Domestic Airplanes&Ships Refueling in Abroad		
6.本省(区、市)调出量(-)	Sending Out to Other Provinces(-)	-2775.42	
7.出口量(-)	Export(-)	-0.26	-0.26
8.境外轮船和飞机在境内的加油量(-)	Oversea Airplanes&Ships Refueling in China		
9.库存增(-)、减(+)量	Stock Change	166.17	184.82
二.加工转换投入(-)产出(+)量	**Input(-) & Output(+) of Transformation**	**-9530.44**	**-13839.12**
1.火力发电	Thermal Power	-4117.40	-3865.59
2.供　　热	Heating Supply	-1697.37	-1585.81
3.洗 选 煤	Coal Washing	-2023.47	-8201.99
4.炼　　焦	Coking	-1538.82	-70.22
5.炼油及煤制油	Petroleum Refineries		
#油品再投入量(-)	Petroleum Products Input (-)		
6.制　　气	Gas Works	-153.38	-115.51
#焦炭再投入量(-)	Coke Input (-)		
7.天然气液化	Natural Gas Liquefaction		
8.煤制品加工	Briquettes		
三.损 失 量	**Loss**		
四.终端消费量	**Total Final Consumption**	**2688.69**	**1143.95**
1.农、林、牧、渔业	Farming, Forestry, Animal Husbandry, Fishery Conservancy	25.70	25.70
2.工业	Industry	2301.05	836.31
#用作原料、材料	Non-Energy Use	62.90	18.96
3.建筑业	Construction		
4.交通运输、仓储和邮政业	Transport, Storage and Post	78.78	78.78
5.批发、零售业和住宿、餐饮业	Wholesale, Retail Trade and Hotel, Restaurants	20.00	20.00
6.其他	Others		
7.生活消费	Residential Consumption	263.16	183.16
城 镇	Urban	197.61	117.61
乡 村	Rural	65.55	65.55
五.平衡差额	**Statistical Difference**		
六.消费量合计	**Total Final Consumption**	**12219.13**	**14983.07**

ENERGY BALANCE OF HEILONGJIANG-2010 (PHYSICAL QUANTITY)

洗精煤 (万吨) Cleaned Coal (10^4 tn)	其他洗煤 (万吨) Other Washed Coal (10^4 tn)	型煤 (万吨) Briquettes (10^4 tn)	煤矸石 (万吨) Gangue (10^4 tn)	焦炭 (万吨) Coke (10^4 tn)	焦炉煤气 (亿立方米) Coke Oven Gas (10^8 cu.m)	高炉煤气 (亿立方米) Blast Furnace Gas (10^8 cu.m)	转炉煤气 (亿立方米) Converter Gas (10^8 cu.m)	其他煤气 (亿立方米) Other Gas (10^8 cu.m)
-1926.45	**-865.70**	**28.21**	**301.58**	**-809.66**			**1.53**	
			301.58				1.53	
		30.13						
-1913.42	-862.00			-808.00				
-13.03	-3.70	-1.92		-1.66				
2585.45	**1729.62**	**-6.39**	**-301.58**	**1078.86**	**7.03**		**-1.53**	**23.59**
	-250.66	-1.15	-253.95		-3.88	-1.29	-0.67	
	-106.32	-5.24	-47.63		-2.38	-33.64	-0.86	
4091.92	2086.60							
-1468.60				1080.99	13.29			
-37.87						34.93		23.59
				-2.13				
659.00	**863.92**	**21.82**		**269.20**	**7.03**			**23.59**
659.00	783.92	21.82		269.20	7.03			23.59
30.23		13.71		2.70	0.98			
	80.00							
	80.00							
2165.47	**1220.90**	**28.21**	**301.58**	**271.33**	**13.29**	**34.93**	**1.53**	**23.59**

续表 1

项目	Item	其他焦化产品(万吨) Other Coking Products (10^4 tn)	油品合计(万吨) Petroleum Products Total (10^4 tn)
一.可供本地区消费的能源量	**Total Primary Energy Supply**		**1891.85**
1.一次能源生产量	Indigenous Production		4004.90
2.回收能	Recovery of Energy		
3.外省(区、市)调入量	Moving In from Other Provinces		
4.进口量	Import		724.95
5.境内轮船和飞机在境外的加油量	Domestic Airplanes&Ships Refueling in Abroad		
6.本省(区、市)调出量(-)	Sending Out to Other Provinces(-)		-2828.39
7.出口量(-)	Export(-)		0.02
8.境外轮船和飞机在境内的加油量(-)	Oversea Airplanes&Ships Refueling in China		
9.库存增(-)、减(+)量	Stock Change		-9.63
二.加工转换投入(-)产出(+)量	**Input(-) & Output(+) of Transformation**	**49.83**	**-160.67**
1.火力发电	Thermal Power		-7.66
2.供热	Heating Supply		-70.65
3.洗选煤	Coal Washing		
4.炼焦	Coking	49.83	
5.炼油及煤制油	Petroleum Refineries		-9.30
#油品再投入量(-)	Petroleum Products Input (-)		-73.06
6.制气	Gas Works		
#焦炭再投入量(-)	Coke Input (-)		
7.天然气液化	Natural Gas Liquefaction		
8.煤制品加工	Briquettes		
三.损失量	**Loss**		**48.00**
四.终端消费量	**Total Final Consumption**	**49.83**	**1683.17**
1.农、林、牧、渔业	Farming, Forestry, Animal Husbandry, Fishery Conservancy		170.96
2.工业	Industry	49.83	666.80
#用作原料、材料	Non-Energy Use		28.44
3.建筑业	Construction		3.55
4.交通运输、仓储和邮政业	Transport, Storage and Post		302.20
5.批发、零售业和住宿、餐饮业	Wholesale, Retail Trade and Hotel, Restaurants		145.54
6.其他	Others		13.96
7.生活消费	Residential Consumption		380.16
城镇	Urban		343.15
乡村	Rural		37.01
五.平衡差额	**Statistical Difference**		
六.消费量合计	**Total Final Consumption**	**49.83**	**1891.84**

Continued 1

原油 (万吨) Crude Oil (10^4 tn)	汽油 (万吨) Gasoline (10^4 tn)	煤油 (万吨) Kerosene (10^4 tn)	柴油 (万吨) Diesel Oil (10^4 tn)	燃料油 (万吨) Fuel Oil (10^4 tn)	石脑油 (万吨) Naphtha (10^4 tn)	润滑油 (万吨) Lubricants (10^4 tn)	石蜡 (万吨) Petroleum Waxes (10^4 tn)	溶剂油 (万吨) White Spirit (10^4 tn)
2106.53	**-98.97**	**-14.02**	**-16.24**	**38.69**	**-9.12**	**-28.42**	**-30.57**	
4004.90								
494.60	9.70		180.65	40.00				
-2382.25	-112.96	-14.00	-194.32		-9.12	-28.42	-30.57	
-10.72	4.29	-0.02	-2.57	-1.31				
-1658.08	**462.76**	**38.08**	**614.15**	**23.17**	**9.12**	**28.42**	**30.57**	**3.13**
			-0.34	-1.40				
			-0.13	-25.64				
-1658.08	462.76	38.08	614.62	50.21	9.12	28.42	30.57	3.13
48.00								
400.45	**363.79**	**24.06**	**597.91**	**61.86**				**3.13**
	20.90		150.06					
400.45	12.39	0.47	44.78	61.86				3.13
26.00				2.44				
			3.55					
	143.05	23.59	135.41					
	90.54		55.00					
	13.96							
	82.95		209.11					
	69.44		185.61					
	13.51		23.50					
2106.53	**363.79**	**24.06**	**598.38**	**88.90**				**3.13**

续表 2

项目	Item	石油沥青（万吨） Bitumen Asphalt (10^4 tn)	石油焦（万吨） Petroleum Coke (10^4 tn)
一.可供本地区消费的能源量	**Total Primary Energy Supply**	**-8.91**	**-18.94**
1.一次能源生产量	Indigenous Production		
2.回收能	Recovery of Energy		
3.外省(区、市)调入量	Moving In from Other Provinces		
4.进口量	Import		
5.境内轮船和飞机在境外的加油量	Domestic Airplanes&Ships Refueling in Abroad		
6.本省(区、市)调出量(-)	Sending Out to Other Provinces(-)	-8.91	-18.84
7.出口量(-)	Export(-)		
8.境外轮船和飞机在境内的加油量(-)	Oversea Airplanes&Ships Refueling in China		
9.库存增(-)、减(+)量	Stock Change		-0.10
二.加工转换投入(-)产出(+)量	**Input(-) & Output(+) of Transformation**	**8.91**	**20.70**
1.火力发电	Thermal Power		
2.供　热	Heating Supply		
3.洗 选 煤	Coal Washing		
4.炼　焦	Coking		
5.炼油及煤制油	Petroleum Refineries	8.91	20.70
#油品再投入量(-)	Petroleum Products Input (-)		
6.制　气	Gas Works		
#焦炭再投入量(-)	Coke Input (-)		
7.天然气液化	Natural Gas Liquefaction		
8.煤制品加工	Briquettes		
三.损 失 量	**Loss**		
四.终端消费量	**Total Final Consumption**		**1.76**
1.农、林、牧、渔业	Farming, Forestry, Animal Husbandry, Fishery Conservancy		
2.工业	Industry		1.76
#用作原料、材料	Non-Energy Use		
3.建筑业	Construction		
4.交通运输、仓储和邮政业	Transport, Storage and Post		
5.批发、零售业和住宿、餐饮业	Wholesale, Retail Trade and Hotel, Restaurants		
6.其他	Others		
7.生活消费	Residential Consumption		
城 镇	Urban		
乡 村	Rural		
五.平衡差额	**Statistical Difference**		
六.消费量合计	**Total Final Consumption**		**1.76**

液化石油气 (万吨) LPG (10^4 tn)	炼厂干气 (万吨) Refinery Gas (10^4 tn)	其他石油制品 (万吨) Other Petroleum Products (10^4 tn)	天然气 (亿立方米) Natural Gas (10^8 cu.m)	液化天然气 (万吨) LNG (10^4 tn)	热力 (万百万千焦) Heat (10^{10} kJ)	电力 (亿千瓦小时) Electricity (10^8 kW•h)	其他能源 (万吨标煤) Other Energy (10^4 tce)
0.02		**-28.21**	**29.90**			**37.96**	**262.50**
			29.90			61.05	
							6.95
						137.15	253.90
						9.84	
		-29.00				-170.08	
0.02							
		0.80					1.65
145.83	**32.33**	**80.24**	**-5.36**		**24227.85**	**724.68**	**-92.72**
	-5.92		-1.89			724.68	-62.95
	-44.88		-3.47		24227.85		-29.77
151.31	83.13	147.82					
-5.48		-67.58					
			1.60			**14.80**	
145.85	**32.33**	**52.03**	**22.94**		**24227.85**	**747.84**	**169.78**
					7.46	25.04	
57.60	32.33	52.03	19.45		5307.56	507.83	59.78
			5.93				
					74.43	6.91	
0.15					139.30	10.04	
					1559.92	20.99	
					1601.46	46.25	
88.10			3.49		15537.72	130.79	110.00
88.10			3.49		15537.72	84.75	110.00
						46.04	
151.33	**83.13**	**119.61**	**29.90**		**24227.85**	**762.64**	**262.50**

6-9 上海能源平衡表(实物量)-2010

项目	Item	煤合计(万吨) Coal Total (10^4 tn)	原煤(万吨) Raw Coal (10^4 tn)
一.可供本地区消费的能源量	**Total Primary Energy Supply**	**5874.97**	**4794.59**
1.一次能源生产量	Indigenous Production		
2.回收能	Recovery of Energy		
3.外省(区、市)调入量	Moving In from Other Provinces	7752.43	6673.05
4.进口量	Import	30.03	30.03
5.境内轮船和飞机在境外的加油量	Domestic Airplanes&Ships Refueling in Abroad		
6.本省(区、市)调出量(-)	Sending Out to Other Provinces(-)	-1867.12	-1867.12
7.出口量(-)	Export(-)	-0.27	-0.27
8.境外轮船和飞机在境内的加油量(-)	Oversea Airplanes&Ships Refueling in China		
9.库存增(-)、减(+)量	Stock Change	-40.09	-41.10
二.加工转换投入(-)产出(+)量	**Input(-) & Output(+) of Transformation**	**-4726.77**	**-3776.29**
1.火力发电	Thermal Power	-3421.20	-3421.20
2.供　热	Heating Supply	-322.46	-322.46
3.洗 选 煤	Coal Washing		
4.炼　焦	Coking	-975.12	-25.76
5.炼油及煤制油	Petroleum Refineries		
#油品再投入量(-)	Petroleum Products Input (-)		
6.制　气	Gas Works	-7.99	-6.87
#焦炭再投入量(-)	Coke Input (-)		
7.天然气液化	Natural Gas Liquefaction		
8.煤制品加工	Briquettes		
三.损 失 量	**Loss**	**12.00**	**12.00**
四.终端消费量	**Total Final Consumption**	**1136.75**	**1007.24**
1.农、林、牧、渔业	Farming, Forestry, Animal Husbandry, Fishery Conservancy	2.22	2.22
2.工业	Industry	984.22	854.71
#用作原料、材料	Non-Energy Use	143.89	142.86
3.建筑业	Construction	10.53	10.53
4.交通运输、仓储和邮政业	Transport, Storage and Post	4.81	4.81
5.批发、零售业和住宿、餐饮业	Wholesale, Retail Trade and Hotel, Restaurants	40.36	40.36
6.其他	Others	47.78	47.78
7.生活消费	Residential Consumption	46.83	46.83
城 镇	Urban	37.83	37.83
乡 村	Rural	9.00	9.00
五.平衡差额	**Statistical Difference**	**-0.55**	**-0.94**
六.消费量合计	**Total Final Consumption**	**5875.52**	**4795.53**

ENERGY BALANCE OF SHANGHAI-2010 (PHYSICAL QUANTITY)

洗精煤 (万吨) Cleaned Coal (10^4 tn)	其他洗煤 (万吨) Other Washed Coal (10^4 tn)	型煤 (万吨) Briquettes (10^4 tn)	煤矸石 (万吨) Gangue (10^4 tn)	焦炭 (万吨) Coke (10^4 tn)	焦炉煤气 (亿立方米) Coke Oven Gas (10^8 cu.m)	高炉煤气 (亿立方米) Blast Furnace Gas (10^8 cu.m)	转炉煤气 (亿立方米) Converter Gas (10^8 cu.m)	其他煤气 (亿立方米) Other Gas (10^8 cu.m)
1059.83	**9.86**	**10.69**		**83.93**		**106.03**	**12.19**	**0.82**
						106.03	12.19	0.82
1058.50	10.30	10.58		139.85				
				-54.54				
1.33	-0.44	0.11		-1.38				
-950.48				**621.24**	**22.84**	**-106.03**	**-12.19**	**13.81**
					-0.67	-106.03	-12.19	
-949.36				633.11	27.73			-2.20
-1.12					-4.22			16.01
				-11.87				
								1.36
109.02	**9.82**	**10.67**		**705.21**	**22.69**			**13.27**
109.02	9.82	10.67		705.21	22.69			2.10
0.50	0.52			0.33				
								0.01
								0.17
								2.85
								1.85
								6.29
								5.96
								0.33
0.33	**0.05**	**0.02**		**-0.04**	**0.15**			
1059.50	**9.82**	**10.67**		**717.08**	**27.58**	**106.03**	**12.19**	**16.83**

续表 1

项　　目	Item	其他焦化产品(万吨) Other Coking Products (10^4 tn)	油品合计(万吨) Petroleum Products Total (10^4 tn)
一.可供本地区消费的能源量	**Total Primary Energy Supply**	**70.32**	**3297.24**
1.一次能源生产量	Indigenous Production		13.68
2.回收能	Recovery of Energy		
3.外省(区、市)调入量	Moving In from Other Provinces	71.04	4297.90
4.进口量	Import		2172.41
5.境内轮船和飞机在境外的加油量	Domestic Airplanes&Ships Refueling in Abroad		597.98
6.本省(区、市)调出量(−)	Sending Out to Other Provinces(-)	-0.31	-3512.22
7.出口量(−)	Export(-)	-1.27	-119.09
8.境外轮船和飞机在境内的加油量(−)	Oversea Airplanes&Ships Refueling in China		-133.57
9.库存增(−)、减(+)量	Stock Change	0.86	-19.85
二.加工转换投入(−)产出(+)量	**Input(-) & Output(+) of Transformation**	**39.85**	**-31.14**
1.火力发电	Thermal Power		-42.73
2.供　热	Heating Supply		-25.73
3.洗 选 煤	Coal Washing		
4.炼　焦	Coking	39.85	
5.炼油及煤制油	Petroleum Refineries		58.69
#油品再投入量(−)	Petroleum Products Input (-)		-21.37
6.制　气	Gas Works		
#焦炭再投入量(−)	Coke Input (-)		
7.天然气液化	Natural Gas Liquefaction		
8.煤制品加工	Briquettes		
三.损 失 量	**Loss**		
四.终端消费量	**Total Final Consumption**	**110.19**	**3266.79**
1.农、林、牧、渔业	Farming, Forestry, Animal Husbandry, Fishery Conservancy		29.61
2.工业	Industry	110.19	1199.20
#用作原料、材料	Non-Energy Use	108.24	724.59
3.建筑业	Construction		92.07
4.交通运输、仓储和邮政业	Transport, Storage and Post		1350.34
5.批发、零售业和住宿、餐饮业	Wholesale, Retail Trade and Hotel, Restaurants		151.67
6.其他	Others		222.22
7.生活消费	Residential Consumption		221.69
城 镇	Urban		155.28
乡 村	Rural		66.41
五.平衡差额	**Statistical Difference**	**-0.01**	**-0.69**
六.消费量合计	**Total Final Consumption**	**110.19**	**3297.93**

Continued 1

原油（万吨） Crude Oil (10^4 tn)	汽油（万吨） Gasoline (10^4 tn)	煤油（万吨） Kerosene (10^4 tn)	柴油（万吨） Diesel Oil (10^4 tn)	燃料油（万吨） Fuel Oil (10^4 tn)	石脑油（万吨） Naphtha (10^4 tn)	润滑油（万吨） Lubricants (10^4 tn)	石蜡（万吨） Petroleum Waxes (10^4 tn)	溶剂油（万吨） White Spirit (10^4 tn)
2126.50	**154.69**	**249.86**	**-265.07**	**714.73**	**286.70**	**126.73**	**-6.61**	**-0.24**
9.64								
214.82	881.28	483.09	1856.08	361.46	304.84	123.93		
1905.25		239.68	12.10		9.67	2.79		
		135.14	9.54	453.30				
-5.32	-698.27	-437.29	-2085.51	-99.73	-20.70		-1.14	-0.24
	-25.09	-35.08	-51.20	-2.01			-5.71	
		-133.57						
2.11	-3.23	-2.11	-6.08	1.71	-7.11	0.01	0.24	
-2121.73	**259.67**	**149.30**	**772.59**	**9.64**	**266.24**		**11.64**	**2.26**
			-0.90	-17.53				
			-0.12	-2.40				
-2121.73	259.67	149.30	773.61	29.57	266.24		11.64	2.26
4.77	**415.37**	**399.07**	**508.02**	**724.35**	**552.28**	**126.80**	**5.03**	**1.09**
	16.34	0.01	13.24					
4.77	32.88	4.28	73.62	63.12	552.28	2.12	4.50	1.09
	0.48	3.49	3.93	0.49	550.65	0.43		
	25.54		39.60	9.62		1.09		
	98.11	394.75	168.79	643.36		38.74		
	49.65	0.01	74.11	6.82		13.33	0.50	
	73.62	0.03	96.78	1.43		43.99	0.03	
	119.23		41.88			27.53		
	102.42		23.03			20.22		
	16.81		18.85			7.31		
	-1.01	**0.09**	**-0.50**	**0.02**	**0.66**	**-0.06**		**0.93**
2126.50	**415.37**	**399.07**	**509.04**	**744.28**	**552.28**	**126.80**	**5.03**	**1.09**

续表 2

项目	Item	石油沥青(万吨) Bitumen Asphalt (10^4 tn)	石油焦(万吨) Petroleum Coke (10^4 tn)
一.可供本地区消费的能源量	**Total Primary Energy Supply**		**-23.22**
1.一次能源生产量	Indigenous Production		
2.回收能	Recovery of Energy		
3.外省(区、市)调入量	Moving In from Other Provinces		
4.进口量	Import		
5.境内轮船和飞机在境外的加油量	Domestic Airplanes&Ships Refueling in Abroad		
6.本省(区、市)调出量(-)	Sending Out to Other Provinces(-)		-23.92
7.出口量(-)	Export(-)		
8.境外轮船和飞机在境内的加油量(-)	Oversea Airplanes&Ships Refueling in China		
9.库存增(-)、减(+)量	Stock Change		0.70
二.加工转换投入(-)产出(+)量	**Input(-) & Output(+) of Transformation**	**27.08**	**94.82**
1.火力发电	Thermal Power		-23.49
2.供　热	Heating Supply		-22.07
3.洗 选 煤	Coal Washing		
4.炼　焦	Coking		
5.炼油及煤制油	Petroleum Refineries	27.08	140.38
#油品再投入量(-)	Petroleum Products Input (-)		
6.制　气	Gas Works		
#焦炭再投入量(-)	Coke Input (-)		
7.天然气液化	Natural Gas Liquefaction		
8.煤制品加工	Briquettes		
三.损 失 量	**Loss**		
四.终端消费量	**Total Final Consumption**	**27.17**	**71.60**
1.农、林、牧、渔业	Farming, Forestry, Animal Husbandry, Fishery Conservancy		
2.工业	Industry	11.05	71.60
#用作原料、材料	Non-Energy Use		0.07
3.建筑业	Construction	16.12	
4.交通运输、仓储和邮政业	Transport, Storage and Post		
5.批发、零售业和住宿、餐饮业	Wholesale, Retail Trade and Hotel, Restaurants		
6.其他	Others		
7.生活消费	Residential Consumption		
城 镇	Urban		
乡 村	Rural		
五.平衡差额	**Statistical Difference**	**-0.09**	
六.消费量合计	**Total Final Consumption**	**27.17**	**117.16**

Continued 2

液化石油气 (万吨) LPG (10^4 tn)	炼厂干气 (万吨) Refinery Gas (10^4 tn)	其他石油制品 (万吨) Other Petroleum Products (10^4 tn)	天然气 (亿立方米) Natural Gas (10^8 cu.m)	液化天然气 (万吨) LNG (10^4 tn)	热力 (万百万千焦) Heat (10^{10} kJ)	电力 (亿千瓦小时) Electricity (10^8 kW•h)	其他能源 (万吨标煤) Other Energy (10^4 tce)
48.92	**-0.06**	**-115.69**	**45.01**	**0.52**	**210.66**	**355.05**	**21.56**
4.04			3.26			3.07	2.06
					210.66		19.50
67.56		4.84	25.45	0.52		399.20	
2.92			16.30				
-24.04		-116.06				-47.22	
-1.56	-0.06	-4.47					
70.18	**133.69**	**293.48**	**-12.50**		**6966.22**	**940.82**	**-17.78**
	-0.76	-0.05	-7.47		-11.84	940.82	-15.59
-0.05	-1.04	-0.05	-1.53		7017.81		-2.19
70.23	135.49	314.95					
		-21.37					
			-3.50		-39.75		
			2.35			**67.98**	
119.56	**133.31**	**178.37**	**30.16**	**0.52**	**7176.88**	**1227.89**	**3.78**
0.02						6.07	
66.36	133.31	178.22	18.10	0.52	6942.52	718.63	3.78
39.00	14.57	111.48					
		0.10	0.01		2.71	25.68	
6.54		0.05	0.30		86.56	34.11	
7.25		0.01	1.19		50.53	69.44	
6.34			2.77		88.85	205.00	
33.05			7.79		5.71	168.95	
9.61			6.49		5.71	157.00	
23.44			1.30			11.94	
-0.46	**0.32**	**-0.58**					
119.61	**135.11**	**199.84**	**45.01**	**0.52**	**7228.47**	**1295.87**	**21.56**

6-10　江苏能源平衡表(实物量)-2010

项　　目	Item	煤合计 (万吨) Coal Total (10^4 tn)	原煤 (万吨) Raw Coal (10^4 tn)
一.可供本地区消费的能源量	**Total Primary Energy Supply**	**23100.48**	**21748.68**
1.一次能源生产量	Indigenous Production	2090.50	2090.50
2.回收能	Recovery of Energy		
3.外省(区、市)调入量	Moving In from Other Provinces	21655.06	19878.94
4.进口量	Import	690.00	658.00
5.境内轮船和飞机在境外的加油量	Domestic Airplanes&Ships Refueling in Abroad		
6.本省(区、市)调出量(-)	Sending Out to Other Provinces(-)	-982.95	-539.68
7.出口量(-)	Export(-)		
8.境外轮船和飞机在境内的加油量(-)	Oversea Airplanes&Ships Refueling in China		
9.库存增(-)、减(+)量	Stock Change	-352.13	-339.08
二.加工转换投入(-)产出(+)量	**Input(-) & Output(+) of Transformation**	**-17472.19**	**-16632.49**
1.火力发电	Thermal Power	-12843.06	-12612.92
2.供　热	Heating Supply	-2532.19	-2426.73
3.洗 选 煤	Coal Washing	-214.04	-1432.43
4.炼　焦	Coking	-1880.95	-159.81
5.炼油及煤制油	Petroleum Refineries		
#油品再投入量(-)	Petroleum Products Input (-)		
6.制　气	Gas Works	-1.95	-0.60
#焦炭再投入量(-)	Coke Input (-)		
7.天然气液化	Natural Gas Liquefaction		
8.煤制品加工	Briquettes		
三.损 失 量	**Loss**		
四.终端消费量	**Total Final Consumption**	**5628.29**	**5116.19**
1.农、林、牧、渔业	Farming, Forestry, Animal Husbandry, Fishery Conservancy	50.66	50.66
2.工业	Industry	5462.18	4950.08
#用作原料、材料	Non-Energy Use	341.45	278.12
3.建筑业	Construction	6.00	6.00
4.交通运输、仓储和邮政业	Transport, Storage and Post	35.00	35.00
5.批发、零售业和住宿、餐饮业	Wholesale, Retail Trade and Hotel, Restaurants	25.00	25.00
6.其他	Others	2.47	2.47
7.生活消费	Residential Consumption	46.98	46.98
城 镇	Urban	24.03	24.03
乡 村	Rural	22.95	22.95
五.平衡差额	**Statistical Difference**		
六.消费量合计	**Total Final Consumption**	**23100.48**	**21748.68**

ENERGY BALANCE OF JIANGSU-2010 (PHYSICAL QUANTITY)

洗精煤 (万吨) Cleaned Coal (10^4 tn)	其他洗煤 (万吨) Other Washed Coal (10^4 tn)	型煤 (万吨) Briquettes (10^4 tn)	煤矸石 (万吨) Gangue (10^4 tn)	焦炭 (万吨) Coke (10^4 tn)	焦炉煤气 (亿立方米) Coke Oven Gas (10^8 cu.m)	高炉煤气 (亿立方米) Blast Furnace Gas (10^8 cu.m)	转炉煤气 (亿立方米) Converter Gas (10^8 cu.m)	其他煤气 (亿立方米) Other Gas (10^8 cu.m)
1306.18	**21.34**	**24.28**	**56.05**	**1313.83**		**544.78**	**26.69**	
			56.05					
						544.78	26.69	
1751.20		24.92		1282.69				
32.00								
-443.27								
-33.75	21.34	-0.64		31.14				
-862.93	**23.54**	**-0.31**	**-31.07**	**1347.77**	**25.84**	**-145.76**	**-5.01**	**0.53**
	-230.14		-20.69		-10.80	-108.95	-4.31	
	-105.15	-0.31	-10.38		-1.11	-36.81	-0.70	
859.56	358.83							
-1721.14				1349.64	37.51			
-1.35					0.24			0.53
				-1.87				
443.25	**44.88**	**23.97**	**24.98**	**2661.60**	**25.84**	**399.02**	**21.68**	**0.53**
443.25	44.88	23.97	24.98	2661.60	25.84	399.02	20.71	0.53
63.33				82.09				
							0.97	
							0.97	
2165.74	**380.17**	**24.28**	**56.05**	**2663.47**	**37.75**	**544.78**	**26.69**	**0.53**

续表 1

项　　目	Item	其他焦化产品(万吨) Other Coking Products (10^4 tn)	油品合计(万吨) Petroleum Products Total (10^4 tn)
一.可供本地区消费的能源量	**Total Primary Energy Supply**	**-34.30**	**2570.29**
1.一次能源生产量	Indigenous Production		186.02
2.回收能	Recovery of Energy		
3.外省(区、市)调入量	Moving In from Other Provinces		2295.00
4.进口量	Import		1848.11
5.境内轮船和飞机在境外的加油量	Domestic Airplanes&Ships Refueling in Abroad		14.81
6.本省(区、市)调出量(-)	Sending Out to Other Provinces(-)	-34.69	-1547.23
7.出口量(-)	Export(-)		-122.10
8.境外轮船和飞机在境内的加油量(-)	Oversea Airplanes&Ships Refueling in China		-2.33
9.库存增(-)、减(+)量	Stock Change	0.39	-101.99
二.加工转换投入(-)产出(+)量	**Input(-) & Output(+) of Transformation**	**73.36**	**-104.76**
1.火力发电	Thermal Power		-3.42
2.供　热	Heating Supply		-2.71
3.洗 选 煤	Coal Washing		
4.炼　焦	Coking	73.36	
5.炼油及煤制油	Petroleum Refineries		428.21
#油品再投入量(-)	Petroleum Products Input (-)		-526.84
6.制　气	Gas Works		
#焦炭再投入量(-)	Coke Input (-)		
7.天然气液化	Natural Gas Liquefaction		
8.煤制品加工	Briquettes		
三.损 失 量	**Loss**		**11.32**
四.终端消费量	**Total Final Consumption**	**39.06**	**2454.21**
1.农、林、牧、渔业	Farming, Forestry, Animal Husbandry, Fishery Conservancy		188.08
2.工业	Industry	39.06	857.69
#用作原料、材料	Non-Energy Use	24.55	415.55
3.建筑业	Construction		126.04
4.交通运输、仓储和邮政业	Transport, Storage and Post		901.74
5.批发、零售业和住宿、餐饮业	Wholesale, Retail Trade and Hotel, Restaurants		13.73
6.其他	Others		40.92
7.生活消费	Residential Consumption		326.01
城 镇	Urban		271.90
乡 村	Rural		54.11
五.平衡差额	**Statistical Difference**		
六.消费量合计	**Total Final Consumption**	**39.06**	**2570.29**

Continued 1

原油(万吨) Crude Oil (10^4 tn)	汽油(万吨) Gasoline (10^4 tn)	煤油(万吨) Kerosene (10^4 tn)	柴油(万吨) Diesel Oil (10^4 tn)	燃料油(万吨) Fuel Oil (10^4 tn)	石脑油(万吨) Naphtha (10^4 tn)	润滑油(万吨) Lubricants (10^4 tn)	石蜡(万吨) Petroleum Waxes (10^4 tn)	溶剂油(万吨) White Spirit (10^4 tn)
2998.55	**450.54**	**-129.88**	**-80.36**	**-135.96**	**-153.55**	**-4.65**		**-7.23**
186.02								
1175.04	528.83	33.17	552.73	5.23				
1759.11			6.00	69.00				
		0.44	0.49	13.88				
-19.06	-85.17	-125.86	-603.17	-169.29	-154.37	-4.42		-7.20
		-36.25	-31.85	-54.00				
		-1.41	-0.26	-0.66				
-102.56	6.88	0.03	-4.30	-0.12	0.82	-0.23		-0.03
-2981.95	**299.30**	**165.57**	**806.25**	**288.59**	**160.20**	**6.41**		**8.31**
			-1.98	-0.06				
			-0.09	-0.17				
-2981.95	299.30	165.57	808.32	293.67	160.20	6.41		8.31
				-4.85				
6.41	**2.43**		**2.48**					
10.19	**747.41**	**35.69**	**723.41**	**152.63**	**6.65**	**1.76**		**1.08**
	18.43		169.65					
10.19	47.58	2.55	109.30	105.44	6.65	0.86		1.08
	0.70	0.10	1.26	1.10		0.73		0.96
	1.10		38.12	0.19				
	411.54	33.14	388.98	47.00				
	6.20		0.63			0.90		
	29.18		11.74					
	233.38		4.99					
	212.17							
	21.21		4.99					
2998.55	**749.84**	**35.69**	**727.96**	**157.71**	**6.65**	**1.76**		**1.08**

续表 2

项　　目	Item	石油沥青(万吨) Bitumen Asphalt (10^4 tn)	石油焦(万吨) Petroleum Coke (10^4 tn)
一.可供本地区消费的能源量	**Total Primary Energy Supply**	**-163.25**	**-174.57**
1.一次能源生产量	Indigenous Production		
2.回收能	Recovery of Energy		
3.外省(区、市)调入量	Moving In from Other Provinces		
4.进口量	Import		
5.境内轮船和飞机在境外的加油量	Domestic Airplanes&Ships Refueling in Abroad		
6.本省(区、市)调出量(-)	Sending Out to Other Provinces(-)	-163.45	-174.85
7.出口量(-)	Export(-)		
8.境外轮船和飞机在境内的加油量(-)	Oversea Airplanes&Ships Refueling in China		
9.库存增(-)、减(+)量	Stock Change	0.20	0.28
二.加工转换投入(-)产出(+)量	**Input(-) & Output(+) of Transformation**	**276.12**	**209.87**
1.火力发电	Thermal Power		
2.供　　热	Heating Supply		
3.洗 选 煤	Coal Washing		
4.炼　　焦	Coking		
5.炼油及煤制油	Petroleum Refineries	276.12	209.87
#油品再投入量(-)	Petroleum Products Input (-)		
6.制　　气	Gas Works		
#焦炭再投入量(-)	Coke Input (-)		
7.天然气液化	Natural Gas Liquefaction		
8.煤制品加工	Briquettes		
三.损 失 量	**Loss**		
四.终端消费量	**Total Final Consumption**	**112.87**	**35.30**
1.农、林、牧、渔业	Farming, Forestry, Animal Husbandry, Fishery Conservancy		
2.工业	Industry	7.14	35.30
#用作原料、材料	Non-Energy Use	0.22	13.86
3.建筑业	Construction	85.73	
4.交通运输、仓储和邮政业	Transport, Storage and Post	20.00	
5.批发、零售业和住宿、餐饮业	Wholesale, Retail Trade and Hotel, Restaurants		
6.其他	Others		
7.生活消费	Residential Consumption		
城 镇	Urban		
乡 村	Rural		
五.平衡差额	**Statistical Difference**		
六.消费量合计	**Total Final Consumption**	**112.87**	**35.30**

液化石油气（万吨） LPG (10^4 tn)	炼厂干气（万吨） Refinery Gas (10^4 tn)	其他石油制品（万吨） Other Petroleum Products (10^4 tn)	天然气（亿立方米） Natural Gas (10^8 cu.m)	液化天然气（万吨） LNG (10^4 tn)	热力（万百万千焦） Heat (10^{10} kJ)	电力（亿千瓦小时） Electricity (10^8 kW•h)	其他能源（万吨标煤） Other Energy (10^4 tce)
0.67		**-30.02**	**71.57**	**4.16**	**3278.82**	**559.53**	**161.41**
			0.56			194.45	
					3278.82		
			71.01	4.17		533.55	161.51
14.00							
-13.39		-27.00				-168.47	
0.06		-3.02		-0.01			-0.10
132.64	**80.62**	**443.31**	**-27.22**		**48513.83**	**3304.84**	**-125.22**
	-0.16	-1.22	-24.39		-1057.30	3304.84	-112.68
-0.35	-0.93	-1.17	-2.83		49571.13		-12.54
132.99	81.71	967.69					
		-521.99					
			0.88		**2822.32**	**268.38**	
133.31	**80.62**	**413.29**	**43.47**	**4.16**	**48970.33**	**3595.99**	**36.19**
						28.36	
37.69	80.62	413.29	32.84	4.16	47887.73	2783.75	36.19
		396.62					
0.90						33.23	
1.08			1.08		120.40	31.01	
6.00			1.40		98.00	108.25	
			0.01		165.00	221.77	
87.64			8.14		699.20	389.62	
59.73			8.14		699.20	194.26	
27.91						195.36	
133.66	**81.71**	**937.67**	**71.57**	**4.16**	**52849.95**	**3864.37**	**161.41**

6-11 浙江能源平衡表(实物量)-2010

项目	Item	煤合计(万吨) Coal Total (10^4 tn)	原煤(万吨) Raw Coal (10^4 tn)
一.可供本地区消费的能源量	**Total Primary Energy Supply**	**13949.83**	**13592.67**
1.一次能源生产量	Indigenous Production	15.05	15.05
2.回收能	Recovery of Energy		
3.外省(区、市)调入量	Moving In from Other Provinces	13448.59	13065.63
4.进口量	Import	536.08	536.08
5.境内轮船和飞机在境外的加油量	Domestic Airplanes&Ships Refueling in Abroad		
6.本省(区、市)调出量(−)	Sending Out to Other Provinces(-)		
7.出口量(−)	Export(-)		
8.境外轮船和飞机在境内的加油量(−)	Oversea Airplanes&Ships Refueling in China		
9.库存增(−)、减(+)量	Stock Change	-49.89	-24.09
二.加工转换投入(−)产出(+)量	**Input(-) & Output(+) of Transformation**	**-10816.79**	**-10629.79**
1.火力发电	Thermal Power	-8256.34	-8254.08
2.供热	Heating Supply	-2218.65	-2214.30
3.洗选煤	Coal Washing	-1.27	-15.91
4.炼焦	Coking	-372.16	-40.52
5.炼油及煤制油	Petroleum Refineries		
#油品再投入量(−)	Petroleum Products Input (-)		
6.制气	Gas Works	-0.97	-0.97
#焦炭再投入量(−)	Coke Input (-)		
7.天然气液化	Natural Gas Liquefaction		
8.煤制品加工	Briquettes	32.60	-104.00
三.损失量	**Loss**		
四.终端消费量	**Total Final Consumption**	**3133.07**	**2962.87**
1.农、林、牧、渔业	Farming, Forestry, Animal Husbandry, Fishery Conservancy	5.48	5.48
2.工业	Industry	3001.49	2910.29
#用作原料、材料	Non-Energy Use		
3.建筑业	Construction	8.10	8.10
4.交通运输、仓储和邮政业	Transport, Storage and Post	4.00	4.00
5.批发、零售业和住宿、餐饮业	Wholesale, Retail Trade and Hotel, Restaurants	44.00	35.00
6.其他	Others		
7.生活消费	Residential Consumption	70.00	
城镇	Urban	23.00	
乡村	Rural	47.00	
五.平衡差额	**Statistical Difference**	**-0.03**	
六.消费量合计	**Total Final Consumption**	**13949.86**	**13592.67**

ENERGY BALANCE OF ZHEJIANG-2010 (PHYSICAL QUANTITY)

洗精煤 (万吨) Cleaned Coal (10^4 tn)	其他洗煤 (万吨) Other Washed Coal (10^4 tn)	型煤 (万吨) Briquettes (10^4 tn)	煤矸石 (万吨) Gangue (10^4 tn)	焦炭 (万吨) Coke (10^4 tn)	焦炉煤气 (亿立方米) Coke Oven Gas (10^8 cu.m)	高炉煤气 (亿立方米) Blast Furnace Gas (10^8 cu.m)	转炉煤气 (亿立方米) Converter Gas (10^8 cu.m)	其他煤气 (亿立方米) Other Gas (10^8 cu.m)
349.00	**10.17**	**-2.01**	**35.24**	**160.62**		**87.68**	**5.64**	
						87.68	5.64	
372.73	10.23		35.24	164.09				
-23.73	-0.06	-2.01		-3.47				
-316.99	**-6.60**	**136.60**	**-1.86**	**282.47**	**6.41**	**-16.51**	**-1.22**	**0.18**
	-2.25		-1.40		-0.26	-14.19	-0.95	
	-4.35		-0.46		-0.08	-2.33	-0.27	
14.65								
-331.64				282.47	6.74			
								0.18
		136.60						
32.01	**3.57**	**134.62**	**33.38**	**443.09**	**6.39**	**71.16**	**4.42**	**0.18**
32.01	3.57	55.62	33.38	443.09	6.39	71.16	4.42	0.18
		9.00						
		70.00						
		23.00						
		47.00						
		-0.03			**0.02**			
363.65	**10.17**	**134.62**	**35.24**	**443.09**	**6.72**	**87.67**	**5.64**	**0.18**

续表 1

项　　目	Item	其他焦化产品(万吨) Other Coking Products (10^4 tn)	油品合计(万吨) Petroleum Products Total (10^4 tn)
一.可供本地区消费的能源量	**Total Primary Energy Supply**	**-5.73**	**2518.35**
1.一次能源生产量	Indigenous Production		
2.回收能	Recovery of Energy		
3.外省(区、市)调入量	Moving In from Other Provinces		2246.65
4.进口量	Import		2298.22
5.境内轮船和飞机在境外的加油量	Domestic Airplanes&Ships Refueling in Abroad		
6.本省(区、市)调出量(-)	Sending Out to Other Provinces(-)	-5.69	-1838.48
7.出口量(-)	Export(-)		-138.78
8.境外轮船和飞机在境内的加油量(-)	Oversea Airplanes&Ships Refueling in China		
9.库存增(-)、减(+)量	Stock Change	-0.04	-49.26
二.加工转换投入(-)产出(+)量	**Input(-) & Output(+) of Transformation**	**8.02**	**-206.19**
1.火力发电	Thermal Power		-46.91
2.供　热	Heating Supply		-11.58
3.洗 选 煤	Coal Washing		
4.炼　焦	Coking	8.02	
5.炼油及煤制油	Petroleum Refineries		132.82
#油品再投入量(-)	Petroleum Products Input (-)		-280.52
6.制　气	Gas Works		
#焦炭再投入量(-)	Coke Input (-)		
7.天然气液化	Natural Gas Liquefaction		
8.煤制品加工	Briquettes		
三.损 失 量	**Loss**		
四.终端消费量	**Total Final Consumption**	**2.29**	**2312.17**
1.农、林、牧、渔业	Farming, Forestry, Animal Husbandry, Fishery Conservancy		214.00
2.工业	Industry	2.29	652.03
#用作原料、材料	Non-Energy Use		
3.建筑业	Construction		149.80
4.交通运输、仓储和邮政业	Transport, Storage and Post		742.34
5.批发、零售业和住宿、餐饮业	Wholesale, Retail Trade and Hotel, Restaurants		86.50
6.其他	Others		93.50
7.生活消费	Residential Consumption		374.00
城 镇	Urban		201.00
乡 村	Rural		173.00
五.平衡差额	**Statistical Difference**		**-0.01**
六.消费量合计	**Total Final Consumption**	**2.29**	**2518.36**

Continued 1

原油 (万吨) Crude Oil (10^4 tn)	汽油 (万吨) Gasoline (10^4 tn)	煤油 (万吨) Kerosene (10^4 tn)	柴油 (万吨) Diesel Oil (10^4 tn)	燃料油 (万吨) Fuel Oil (10^4 tn)	石脑油 (万吨) Naphtha (10^4 tn)	润滑油 (万吨) Lubricants (10^4 tn)	石蜡 (万吨) Petroleum Waxes (10^4 tn)	溶剂油 (万吨) White Spirit (10^4 tn)
2835.41	**281.84**	**-84.14**	**125.76**	**197.24**	**-153.69**	**0.67**	**0.01**	**-2.58**
830.89	378.08		529.79	360.79		12.63	0.01	
1995.60		19.76	44.78	166.52		0.92		
	-75.28	-68.35	-339.55	-312.26	-153.69			-2.69
	-38.85	-37.37	-62.56					
8.92	17.89	1.82	-46.70	-17.81		-12.88		0.11
-2835.24	**304.86**	**154.56**	**831.48**	**-35.16**	**153.69**			**2.79**
-3.23			-1.04	-5.14				
			-0.05	-0.50				
-2832.02	304.86	154.56	832.57	133.24	153.69			2.79
				-162.77				
0.17	**586.70**	**70.42**	**957.24**	**162.08**		**0.67**	**0.01**	**0.20**
	18.00		196.00					
0.17	76.70	3.27	226.74	82.58		0.67	0.01	0.20
	30.00	1.80	118.00					
	268.00	65.34	342.00	67.00				
	21.00		25.50	9.00				
	48.00		25.00	3.50				
	125.00		24.00					
	70.00		11.00					
	55.00		13.00					
2835.41	**586.70**	**70.42**	**958.33**	**330.48**		**0.67**	**0.01**	**0.20**

续表 2

项　目	Item	石油沥青(万吨) Bitumen Asphalt (10^4 tn)	石油焦(万吨) Petroleum Coke (10^4 tn)
一.可供本地区消费的能源量	**Total Primary Energy Supply**	**-327.68**	**-91.46**
1.一次能源生产量	Indigenous Production		
2.回收能	Recovery of Energy		
3.外省(区、市)调入量	Moving In from Other Provinces		
4.进口量	Import		
5.境内轮船和飞机在境外的加油量	Domestic Airplanes&Ships Refueling in Abroad		
6.本省(区、市)调出量(-)	Sending Out to Other Provinces(-)	-327.68	-91.10
7.出口量(-)	Export(-)		
8.境外轮船和飞机在境内的加油量(-)	Oversea Airplanes&Ships Refueling in China		
9.库存增(-)、减(+)量	Stock Change		-0.36
二.加工转换投入(-)产出(+)量	**Input(-) & Output(+) of Transformation**	**327.87**	**115.85**
1.火力发电	Thermal Power		-37.50
2.供　热	Heating Supply		-10.62
3.洗 选 煤	Coal Washing		
4.炼　焦	Coking		
5.炼油及煤制油	Petroleum Refineries	327.87	163.97
#油品再投入量(-)	Petroleum Products Input (-)		
6.制　气	Gas Works		
#焦炭再投入量(-)	Coke Input (-)		
7.天然气液化	Natural Gas Liquefaction		
8.煤制品加工	Briquettes		
三.损 失 量	**Loss**		
四.终端消费量	**Total Final Consumption**	**0.19**	**24.39**
1.农、林、牧、渔业	Farming, Forestry, Animal Husbandry, Fishery Conservancy		
2.工业	Industry	0.19	24.39
#用作原料、材料	Non-Energy Use		
3.建筑业	Construction		
4.交通运输、仓储和邮政业	Transport, Storage and Post		
5.批发、零售业和住宿、餐饮业	Wholesale, Retail Trade and Hotel, Restaurants		
6.其他	Others		
7.生活消费	Residential Consumption		
城 镇	Urban		
乡 村	Rural		
五.平衡差额	**Statistical Difference**		
六.消费量合计	**Total Final Consumption**	**0.19**	**72.51**

Continued 2

液化石油气 (万吨) LPG (10^4 tn)	炼厂干气 (万吨) Refinery Gas (10^4 tn)	其他石油制品 (万吨) Other Petroleum Products (10^4 tn)	天然气 (亿立方米) Natural Gas (10^8 cu.m)	液化天然气 (万吨) LNG (10^4 tn)	热力 (万百万千焦) Heat (10^{10} kJ)	电力 (亿千瓦小时) Electricity (10^8 kW•h)	其他能源 (万吨标煤) Other Energy (10^4 tce)
174.13		**-437.16**	**31.80**	**5.93**	**567.99**	**738.45**	**129.75**
						485.03	129.75
					567.99		
134.46			31.80	5.93		278.98	
39.66		30.98					
		-467.88				-25.56	
0.01		-0.26					
115.23	**83.70**	**574.20**	**-17.58**	**-2.87**	**39406.03**	**2082.48**	**-68.13**
			-17.53	-2.76	-3237.19	2082.48	-49.33
	-0.41		-0.05	-0.11	42643.22		-18.80
128.86	97.64	664.78					
-13.63	-13.54	-90.58					
					1515.00	**119.22**	
289.36	**83.70**	**137.04**	**14.22**	**3.06**	**38459.02**	**2701.71**	**61.62**
						17.30	
16.36	83.70	137.04	7.81	3.06	31659.02	2049.34	61.62
						37.91	
						26.97	
31.00			1.50		5300.00	97.39	
17.00					1500.00	153.87	
225.00			4.91			318.94	
120.00			4.91			168.82	
105.00						150.12	
302.99	**97.65**	**227.63**	**31.80**	**5.93**	**43211.21**	**2820.93**	**129.75**

6-12 安徽能源平衡表(实物量)-2010

项目	Item	煤合计(万吨) Coal Total (10^4 tn)	原煤(万吨) Raw Coal (10^4 tn)
一.可供本地区消费的能源量	**Total Primary Energy Supply**	**13320.11**	**13653.25**
1.一次能源生产量	Indigenous Production	13346.37	13346.37
2.回收能	Recovery of Energy		
3.外省(区、市)调入量	Moving In from Other Provinces	3851.00	3851.00
4.进口量	Import	90.00	
5.境内轮船和飞机在境外的加油量	Domestic Airplanes&Ships Refueling in Abroad		
6.本省(区、市)调出量(-)	Sending Out to Other Provinces(-)	-3857.19	-3445.49
7.出口量(-)	Export(-)	-1.80	
8.境外轮船和飞机在境内的加油量(-)	Oversea Airplanes&Ships Refueling in China		
9.库存增(-)、减(+)量	Stock Change	-108.27	-98.63
二.加工转换投入(-)产出(+)量	**Input(-) & Output(+) of Transformation**	**-8549.18**	**-9417.17**
1.火力发电	Thermal Power	-6531.91	-5230.09
2.供　热	Heating Supply	-338.18	-338.18
3.洗选煤	Coal Washing	-427.85	-3761.20
4.炼　焦	Coking	-1177.28	-1.73
5.炼油及煤制油	Petroleum Refineries		
#油品再投入量(-)	Petroleum Products Input (-)		
6.制　气	Gas Works	-72.66	-72.66
#焦炭再投入量(-)	Coke Input (-)		
7.天然气液化	Natural Gas Liquefaction		
8.煤制品加工	Briquettes	-1.31	-13.31
三.损失量	**Loss**		
四.终端消费量	**Total Final Consumption**	**4826.52**	**4289.28**
1.农、林、牧、渔业	Farming, Forestry, Animal Husbandry, Fishery Conservancy	54.91	54.91
2.工业	Industry	4294.96	3763.09
#用作原料、材料	Non-Energy Use	450.22	411.50
3.建筑业	Construction	18.58	17.31
4.交通运输、仓储和邮政业	Transport, Storage and Post	38.35	38.35
5.批发、零售业和住宿、餐饮业	Wholesale, Retail Trade and Hotel, Restaurants	32.84	32.84
6.其他	Others	45.63	45.63
7.生活消费	Residential Consumption	341.25	337.15
城镇	Urban	230.85	226.75
乡村	Rural	110.40	110.40
五.平衡差额	**Statistical Difference**	**-55.59**	**-53.20**
六.消费量合计	**Total Final Consumption**	**13375.70**	**13706.45**

ENERGY BALANCE OF ANHUI-2010 (PHYSICAL QUANTITY)

洗精煤 (万吨) Cleaned Coal (10^4 tn)	其他洗煤 (万吨) Other Washed Coal (10^4 tn)	型煤 (万吨) Briquettes (10^4 tn)	煤矸石 (万吨) Gangue (10^4 tn)	焦炭 (万吨) Coke (10^4 tn)	焦炉煤气 (亿立方米) Coke Oven Gas (10^8 cu.m)	高炉煤气 (亿立方米) Blast Furnace Gas (10^8 cu.m)	转炉煤气 (亿立方米) Converter Gas (10^8 cu.m)	其他煤气 (亿立方米) Other Gas (10^8 cu.m)
-333.28	**-0.04**	**0.18**		**70.59**		**100.41**	**1.09**	
						100.41	1.09	
				76.22				
90.00								
-411.70								
-1.80								
-9.78	-0.04	0.18		-5.63				
418.71	**437.28**	**12.00**	**10.90**	**839.61**	**18.22**	**-100.41**	**-1.09**	**11.26**
	-1301.82		-236.33		-5.28	-76.22	-1.09	
					-2.16	-24.19		
1594.26	1739.10		247.23					
-1175.54				839.61	25.66			
								11.26
		12.00						
87.20	**436.94**	**13.11**	**10.90**	**910.17**	**17.54**			**11.26**
85.93	436.94	9.01	10.90	910.17	17.54			11.26
37.82		0.90		0.50				
1.27								
		4.10						
		4.10						
-1.77	**0.30**	**-0.93**		**0.03**	**0.68**			
1262.74	**1738.76**	**13.11**	**247.23**	**910.17**	**24.98**	**100.41**	**1.09**	**11.26**

续表 1

项 目	Item	其他焦化产品(万吨) Other Coking Products (10^4 tn)	油品合计(万吨) Petroleum Products Total (10^4 tn)
一.可供本地区消费的能源量	**Total Primary Energy Supply**	**-41.91**	**638.72**
1.一次能源生产量	Indigenous Production		
2.回收能	Recovery of Energy		
3.外省(区、市)调入量	Moving In from Other Provinces		665.58
4.进口量	Import		223.83
5.境内轮船和飞机在境外的加油量	Domestic Airplanes&Ships Refueling in Abroad		0.50
6.本省(区、市)调出量(-)	Sending Out to Other Provinces(-)	-42.20	-261.56
7.出口量(-)	Export(-)		
8.境外轮船和飞机在境内的加油量(-)	Oversea Airplanes&Ships Refueling in China		
9.库存增(-)、减(+)量	Stock Change	0.29	10.38
二.加工转换投入(-)产出(+)量	**Input(-) & Output(+) of Transformation**	**56.11**	**18.71**
1.火力发电	Thermal Power		-1.18
2.供 热	Heating Supply		-1.66
3.洗 选 煤	Coal Washing		
4.炼 焦	Coking	56.11	
5.炼油及煤制油	Petroleum Refineries		33.12
#油品再投入量(-)	Petroleum Products Input (-)		-11.57
6.制 气	Gas Works		
#焦炭再投入量(-)	Coke Input (-)		
7.天然气液化	Natural Gas Liquefaction		
8.煤制品加工	Briquettes		
三.损 失 量	**Loss**		
四.终端消费量	**Total Final Consumption**	**14.20**	**656.48**
1.农、林、牧、渔业	Farming, Forestry, Animal Husbandry, Fishery Conservancy		83.98
2.工业	Industry	14.20	126.41
#用作原料、材料	Non-Energy Use	13.76	17.30
3.建筑业	Construction		37.72
4.交通运输、仓储和邮政业	Transport, Storage and Post		296.00
5.批发、零售业和住宿、餐饮业	Wholesale, Retail Trade and Hotel, Restaurants		8.44
6.其他	Others		32.91
7.生活消费	Residential Consumption		71.02
城 镇	Urban		59.94
乡 村	Rural		11.09
五.平衡差额	**Statistical Difference**		**0.95**
六.消费量合计	**Total Final Consumption**	**14.20**	**637.77**

Continued 1

原油 (万吨) Crude Oil (10^4 tn)	汽油 (万吨) Gasoline (10^4 tn)	煤油 (万吨) Kerosene (10^4 tn)	柴油 (万吨) Diesel Oil (10^4 tn)	燃料油 (万吨) Fuel Oil (10^4 tn)	石脑油 (万吨) Naphtha (10^4 tn)	润滑油 (万吨) Lubricants (10^4 tn)	石蜡 (万吨) Petroleum Waxes (10^4 tn)	溶剂油 (万吨) White Spirit (10^4 tn)
477.81	**60.43**	**8.25**	**169.81**	**-0.60**	**-6.32**	**4.62**		**0.03**
254.54	73.70	7.72	281.37	8.68		4.51		0.03
223.83								
		0.50						
	-18.95		-115.36	-9.49	-6.32			
-0.56	5.68	0.03	3.80	0.22		0.11		
-476.62	**96.97**		**195.94**	**12.32**	**6.32**			
-476.62	96.97		195.94	12.32	6.32			
0.95	**157.40**	**8.41**	**365.75**	**11.73**		**4.62**		**0.03**
	13.40		65.98			4.60		
0.95	7.97	0.67	41.72	10.78		0.02		0.03
			0.83	0.68				
	7.28		29.49	0.96				
	70.32	7.74	217.92					
	3.67		4.19					
	25.86		6.45					
	28.90							
	28.90							
0.24		**-0.16**		**-0.01**				
477.57	**157.40**	**8.41**	**365.75**	**11.73**		**4.62**		**0.03**

续表 2

项　　目	Item	石油沥青(万吨) Bitumen Asphalt (10^4 tn)	石油焦(万吨) Petroleum Coke (10^4 tn)
一.可供本地区消费的能源量	**Total Primary Energy Supply**		**-39.32**
1.一次能源生产量	Indigenous Production		
2.回收能	Recovery of Energy		
3.外省(区、市)调入量	Moving In from Other Provinces		3.70
4.进口量	Import		
5.境内轮船和飞机在境外的加油量	Domestic Airplanes&Ships Refueling in Abroad		
6.本省(区、市)调出量(-)	Sending Out to Other Provinces(-)		-43.02
7.出口量(-)	Export(-)		
8.境外轮船和飞机在境内的加油量(-)	Oversea Airplanes&Ships Refueling in China		
9.库存增(-)、减(+)量	Stock Change		
二.加工转换投入(-)产出(+)量	**Input(-) & Output(+) of Transformation**		**43.44**
1.火力发电	Thermal Power		
2.供　　热	Heating Supply		
3.洗 选 煤	Coal Washing		
4.炼　　焦	Coking		
5.炼油及煤制油	Petroleum Refineries		43.44
#油品再投入量(-)	Petroleum Products Input (-)		
6.制　　气	Gas Works		
#焦炭再投入量(-)	Coke Input (-)		
7.天然气液化	Natural Gas Liquefaction		
8.煤制品加工	Briquettes		
三.损 失 量	**Loss**		
四.终端消费量	**Total Final Consumption**		**4.12**
1.农、林、牧、渔业	Farming, Forestry, Animal Husbandry, Fishery Conservancy		
2.工业	Industry		4.12
#用作原料、材料	Non-Energy Use		
3.建筑业	Construction		
4.交通运输、仓储和邮政业	Transport, Storage and Post		
5.批发、零售业和住宿、餐饮业	Wholesale, Retail Trade and Hotel, Restaurants		
6.其他	Others		
7.生活消费	Residential Consumption		
城 镇	Urban		
乡 村	Rural		
五.平衡差额	**Statistical Difference**		
六.消费量合计	**Total Final Consumption**		**4.12**

Continued 2

液化石油气 (万吨) LPG (10^4 tn)	炼厂干气 (万吨) Refinery Gas (10^4 tn)	其他石油制品 (万吨) Other Petroleum Products (10^4 tn)	天然气 (亿立方米) Natural Gas (10^8 cu.m)	液化天然气 (万吨) LNG (10^4 tn)	热力 (万百万千焦) Heat (10^{10} kJ)	电力 (亿千瓦小时) Electricity (10^8 kW•h)	其他能源 (万吨标煤) Other Energy (10^4 tce)
11.93		**-47.91**	**12.04**	**0.42**	**2463.74**	**-348.36**	**68.18**
						37.04	41.68
					2463.74		26.50
31.33			12.04	0.42		1.71	
-19.42		-49.00				-387.11	
0.02		1.09					
34.05	**9.17**	**97.12**			**4038.25**	**1426.27**	**-39.48**
	-1.18				-2395.75	1426.27	-28.77
	-1.66				6434.00		-10.71
34.05	17.50	103.20					
	-5.49	-6.08					
			0.51			**76.81**	
45.98	**8.90**	**48.60**	**11.97**	**0.42**	**6501.70**	**1001.11**	**28.70**
						11.91	
2.65	8.90	48.60	6.57	0.42	5840.70	700.37	28.70
		15.79					
						14.75	
0.02			1.17			14.58	
0.58			0.41			34.97	
0.60			1.02			50.55	
42.13			2.80		661.00	173.98	
31.04			2.80		661.00	89.50	
11.09						84.48	
	0.27	**0.61**	**-0.44**		**0.29**		
45.98	**17.23**	**54.68**	**12.48**	**0.42**	**8897.45**	**1077.92**	**68.18**

6-13 福建能源平衡表(实物量)-2010

项 目	Item	煤合计 (万吨) Coal Total (10^4 tn)	原煤 (万吨) Raw Coal (10^4 tn)
一.可供本地区消费的能源量	**Total Primary Energy Supply**	**7026.24**	**6805.98**
1.一次能源生产量	Indigenous Production	2524.93	2524.93
2.回收能	Recovery of Energy		
3.外省(区、市)调入量	Moving In from Other Provinces	3360.17	3068.46
4.进口量	Import	1953.00	1953.00
5.境内轮船和飞机在境外的加油量	Domestic Airplanes&Ships Refueling in Abroad		
6.本省(区、市)调出量(-)	Sending Out to Other Provinces(-)	-746.26	-671.29
7.出口量(-)	Export(-)		
8.境外轮船和飞机在境内的加油量(-)	Oversea Airplanes&Ships Refueling in China		
9.库存增(-)、减(+)量	Stock Change	-65.60	-69.12
二.加工转换投入(-)产出(+)量	**Input(-) & Output(+) of Transformation**	**-3754.31**	**-3642.79**
1.火力发电	Thermal Power	-3371.11	-3371.11
2.供 热	Heating Supply	-185.47	-185.47
3.洗 选 煤	Coal Washing	-5.34	-80.31
4.炼 焦	Coking	-189.59	-4.84
5.炼油及煤制油	Petroleum Refineries		
#油品再投入量(-)	Petroleum Products Input (-)		
6.制 气	Gas Works	-2.80	-1.06
#焦炭再投入量(-)	Coke Input (-)		
7.天然气液化	Natural Gas Liquefaction		
8.煤制品加工	Briquettes		
三.损 失 量	**Loss**		
四.终端消费量	**Total Final Consumption**	**3271.93**	**3163.19**
1.农、林、牧、渔业	Farming, Forestry, Animal Husbandry, Fishery Conservancy	60.15	60.15
2.工业	Industry	3058.88	2950.14
#用作原料、材料	Non-Energy Use	227.25	224.93
3.建筑业	Construction	9.00	9.00
4.交通运输、仓储和邮政业	Transport, Storage and Post		
5.批发、零售业和住宿、餐饮业	Wholesale, Retail Trade and Hotel, Restaurants	30.00	30.00
6.其他	Others	15.00	15.00
7.生活消费	Residential Consumption	98.90	98.90
城 镇	Urban	18.90	18.90
乡 村	Rural	80.00	80.00
五.平衡差额	**Statistical Difference**		
六.消费量合计	**Total Final Consumption**	**7026.24**	**6805.98**

ENERGY BALANCE OF FUJIAN-2010 (PHYSICAL QUANTITY)

洗精煤 (万吨) Cleaned Coal (10^4 tn)	其他洗煤 (万吨) Other Washed Coal (10^4 tn)	型煤 (万吨) Briquettes (10^4 tn)	煤矸石 (万吨) Gangue (10^4 tn)	焦炭 (万吨) Coke (10^4 tn)	焦炉煤气 (亿立方米) Coke Oven Gas (10^8 cu.m)	高炉煤气 (亿立方米) Blast Furnace Gas (10^8 cu.m)	转炉煤气 (亿立方米) Converter Gas (10^8 cu.m)	其他煤气 (亿立方米) Other Gas (10^8 cu.m)
120.88	**0.87**	**98.51**	**34.67**	**541.85**		**67.38**	**4.30**	
			34.67					
						67.38	4.30	
194.13	0.87	96.71		532.45				
-74.97				-2.27				
1.72		1.80		11.67				
-109.78		**-1.74**	**-34.67**	**142.69**	**5.24**	**-25.06**	**-1.06**	**0.63**
			-34.67		-0.19	-6.21	-0.46	
					-0.28	-12.38	-0.60	
74.97								
-184.75				142.69	5.71	-6.47		
		-1.74						0.63
11.10	**0.87**	**96.77**		**684.54**	**5.24**	**42.32**	**3.24**	**0.63**
11.10	0.87	96.77		684.54	5.24	42.32	3.24	0.63
2.10		0.22		18.58				
195.85	**0.87**	**98.51**	**34.67**	**684.54**	**5.71**	**60.91**	**4.30**	**0.63**

续表 1

项　　目	Item	其他焦化产品(万吨) Other Coking Products (10^4 tn)	油品合计(万吨) Petroleum Products Total (10^4 tn)
一.可供本地区消费的能源量	**Total Primary Energy Supply**	**0.04**	**1575.37**
1.一次能源生产量	Indigenous Production		
2.回收能	Recovery of Energy		
3.外省(区、市)调入量	Moving In from Other Provinces		1638.74
4.进口量	Import		
5.境内轮船和飞机在境外的加油量	Domestic Airplanes&Ships Refueling in Abroad		
6.本省(区、市)调出量(-)	Sending Out to Other Provinces(-)		-82.52
7.出口量(-)	Export(-)		
8.境外轮船和飞机在境内的加油量(-)	Oversea Airplanes&Ships Refueling in China		
9.库存增(-)、减(+)量	Stock Change	0.04	19.15
二.加工转换投入(-)产出(+)量	**Input(-) & Output(+) of Transformation**	**6.46**	**-138.71**
1.火力发电	Thermal Power		-46.09
2.供　热	Heating Supply		-22.99
3.洗 选 煤	Coal Washing		
4.炼　焦	Coking	6.46	
5.炼油及煤制油	Petroleum Refineries		-69.63
#油品再投入量(-)	Petroleum Products Input (-)		
6.制　气	Gas Works		
#焦炭再投入量(-)	Coke Input (-)		
7.天然气液化	Natural Gas Liquefaction		
8.煤制品加工	Briquettes		
三.损 失 量	**Loss**		
四.终端消费量	**Total Final Consumption**	**6.50**	**1436.66**
1.农、林、牧、渔业	Farming, Forestry, Animal Husbandry, Fishery Conservancy		114.66
2.工业	Industry	6.50	525.82
#用作原料、材料	Non-Energy Use		150.00
3.建筑业	Construction		63.82
4.交通运输、仓储和邮政业	Transport, Storage and Post		502.31
5.批发、零售业和住宿、餐饮业	Wholesale, Retail Trade and Hotel, Restaurants		41.85
6.其他	Others		80.21
7.生活消费	Residential Consumption		107.99
城 镇	Urban		67.12
乡 村	Rural		40.87
五.平衡差额	**Statistical Difference**		
六.消费量合计	**Total Final Consumption**	**6.50**	**1575.37**

Continued 1

原油 (万吨) Crude Oil (10^4 tn)	汽油 (万吨) Gasoline (10^4 tn)	煤油 (万吨) Kerosene (10^4 tn)	柴油 (万吨) Diesel Oil (10^4 tn)	燃料油 (万吨) Fuel Oil (10^4 tn)	石脑油 (万吨) Naphtha (10^4 tn)	润滑油 (万吨) Lubricants (10^4 tn)	石蜡 (万吨) Petroleum Waxes (10^4 tn)	溶剂油 (万吨) White Spirit (10^4 tn)
1141.74	**182.91**	**-39.94**	**119.61**	**146.66**		**4.00**	**0.01**	
1121.27	182.93		119.24	148.26		4.00	0.01	
		-39.91						
20.47	-0.02	-0.03	0.37	-1.60				
-1138.72	**150.29**	**96.44**	**387.64**	**15.34**				
			-3.19	-0.73				
			-0.13	-20.02				
-1138.72	150.29	96.44	390.96	36.09				
3.02	**333.20**	**56.50**	**507.25**	**162.00**		**4.00**	**0.01**	
	17.97		70.00	11.87		0.02		
3.02	63.86	0.73	99.26	70.00		0.06	0.01	
	10.00		40.00					
	88.00	55.77	267.70	80.13		3.91		
	27.85		11.26					
	68.00		11.10			0.01		
	57.52		7.93					
	39.00		2.58					
	18.52		5.35					
1141.74	**333.20**	**56.50**	**510.57**	**182.75**		**4.00**	**0.01**	

续表 2

项目	Item	石油沥青(万吨) Bitumen Asphalt (10^4 tn)	石油焦(万吨) Petroleum Coke (10^4 tn)
一.可供本地区消费的能源量	**Total Primary Energy Supply**		**0.01**
1.一次能源生产量	Indigenous Production		
2.回收能	Recovery of Energy		
3.外省(区、市)调入量	Moving In from Other Provinces		
4.进口量	Import		
5.境内轮船和飞机在境外的加油量	Domestic Airplanes&Ships Refueling in Abroad		
6.本省(区、市)调出量(-)	Sending Out to Other Provinces(-)		
7.出口量(-)	Export(-)		
8.境外轮船和飞机在境内的加油量(-)	Oversea Airplanes&Ships Refueling in China		
9.库存增(-)、减(+)量	Stock Change		0.01
二.加工转换投入(-)产出(+)量	**Input(-) & Output(+) of Transformation**		**14.23**
1.火力发电	Thermal Power		
2.供　热	Heating Supply		
3.洗选煤	Coal Washing		
4.炼　焦	Coking		
5.炼油及煤制油	Petroleum Refineries		14.23
#油品再投入量(-)	Petroleum Products Input (-)		
6.制　气	Gas Works		
#焦炭再投入量(-)	Coke Input (-)		
7.天然气液化	Natural Gas Liquefaction		
8.煤制品加工	Briquettes		
三.损失量	**Loss**		
四.终端消费量	**Total Final Consumption**		**14.24**
1.农、林、牧、渔业	Farming, Forestry, Animal Husbandry, Fishery Conservancy		
2.工业	Industry		14.24
#用作原料、材料	Non-Energy Use		
3.建筑业	Construction		
4.交通运输、仓储和邮政业	Transport, Storage and Post		
5.批发、零售业和住宿、餐饮业	Wholesale, Retail Trade and Hotel, Restaurants		
6.其他	Others		
7.生活消费	Residential Consumption		
城镇	Urban		
乡村	Rural		
五.平衡差额	**Statistical Difference**		
六.消费量合计	**Total Final Consumption**		**14.24**

液化石油气(万吨) LPG (10^4 tn)	炼厂干气(万吨) Refinery Gas (10^4 tn)	其他石油制品(万吨) Other Petroleum Products (10^4 tn)	天然气(亿立方米) Natural Gas (10^8 cu.m)	液化天然气(万吨) LNG (10^4 tn)	热力(万百万千焦) Heat (10^{10} kJ)	电力(亿千瓦小时) Electricity (10^8 kW•h)	其他能源(万吨标煤) Other Energy (10^4 tce)
53.12		**-32.75**	**29.10**		**909.26**	**424.47**	**109.43**
						465.71	
					909.26		109.43
53.07		9.96				1.71	
			29.38				
		-42.61				-42.95	
0.05		-0.10	-0.28				
31.88	**67.72**	**236.47**	**-19.09**		**3779.84**	**890.61**	**-3.98**
	-42.17		-19.09		-626.08	890.61	-1.10
	-2.82	-0.02			4405.92		-2.88
31.88	112.71	236.49					
						81.99	
85.00	**67.72**	**203.72**	**10.01**		**4689.10**	**1233.09**	**105.45**
2.80		12.00				13.35	15.00
28.75	67.72	178.17	4.33		4689.10	810.82	90.45
		150.00					
0.27		13.55				20.73	
6.80			0.18			17.43	
2.74			0.41			48.29	
1.10			0.20			83.59	
42.54			4.89			238.88	
25.54			4.53			125.78	
17.00			0.36			113.10	
85.00	**112.71**	**203.74**	**29.10**		**5315.18**	**1315.08**	**109.43**

6-14 江西能源平衡表(实物量)-2010

项目	Item	煤合计(万吨) Coal Total (10^4 tn)	原煤(万吨) Raw Coal (10^4 tn)
一.可供本地区消费的能源量	**Total Primary Energy Supply**	**6246.24**	**5689.50**
1.一次能源生产量	Indigenous Production	2912.22	2912.22
2.回收能	Recovery of Energy		
3.外省(区、市)调入量	Moving In from Other Provinces	3829.37	3013.00
4.进口量	Import		
5.境内轮船和飞机在境外的加油量	Domestic Airplanes&Ships Refueling in Abroad		
6.本省(区、市)调出量(-)	Sending Out to Other Provinces(-)	-389.23	-124.96
7.出口量(-)	Export(-)		
8.境外轮船和飞机在境内的加油量(-)	Oversea Airplanes&Ships Refueling in China		
9.库存增(-)、减(+)量	Stock Change	-106.12	-110.76
二.加工转换投入(-)产出(+)量	**Input(-) & Output(+) of Transformation**	**-3973.62**	**-3680.67**
1.火力发电	Thermal Power	-2648.31	-2648.31
2.供　热	Heating Supply	-94.89	-94.89
3.洗选煤	Coal Washing	-291.59	-847.47
4.炼　焦	Coking	-920.48	
5.炼油及煤制油	Petroleum Refineries		
#油品再投入量(-)	Petroleum Products Input (-)		
6.制　气	Gas Works	-9.11	
#焦炭再投入量(-)	Coke Input (-)		
7.天然气液化	Natural Gas Liquefaction		
8.煤制品加工	Briquettes	-9.24	-90.00
三.损失量	**Loss**		
四.终端消费量	**Total Final Consumption**	**2272.62**	**2008.83**
1.农、林、牧、渔业	Farming, Forestry, Animal Husbandry, Fishery Conservancy	23.00	23.00
2.工业	Industry	2015.56	1966.28
#用作原料、材料	Non-Energy Use	182.15	181.65
3.建筑业	Construction	3.00	2.00
4.交通运输、仓储和邮政业	Transport, Storage and Post	3.06	1.55
5.批发、零售业和住宿、餐饮业	Wholesale, Retail Trade and Hotel, Restaurants	16.00	
6.其他	Others	24.00	
7.生活消费	Residential Consumption	188.00	16.00
城镇	Urban	35.00	1.00
乡村	Rural	153.00	15.00
五.平衡差额	**Statistical Difference**		
六.消费量合计	**Total Final Consumption**	**6246.24**	**5689.50**

ENERGY BALANCE OF JIANGXI-2010 (PHYSICAL QUANTITY)

洗精煤 (万吨) Cleaned Coal (10^4 tn)	其他洗煤 (万吨) Other Washed Coal (10^4 tn)	型煤 (万吨) Briquettes (10^4 tn)	煤矸石 (万吨) Gangue (10^4 tn)	焦炭 (万吨) Coke (10^4 tn)	焦炉煤气 (亿立方米) Coke Oven Gas (10^8 cu.m)	高炉煤气 (亿立方米) Blast Furnace Gas (10^8 cu.m)	转炉煤气 (亿立方米) Converter Gas (10^8 cu.m)	其他煤气 (亿立方米) Other Gas (10^8 cu.m)
809.68	**-260.83**	**7.89**	**75.22**	**94.17**	**11.45**	**48.56**	**1.51**	**0.40**
						48.56	1.51	
806.90	1.87	7.60		170.17				
-1.90	-262.37			-86.97				
4.68	-0.33	0.29	75.22	10.97	11.45			0.40
-803.49	**295.78**	**214.76**	**-48.80**	**678.44**	**15.41**	**-45.81**	**-1.49**	**1.31**
			-48.80		-0.30	-45.81	-1.49	
126.10	429.78							
-920.48				678.44	15.71			
-9.11								1.31
	-134.00	214.76						
6.19	**34.95**	**222.65**	**26.42**	**772.61**	**26.86**	**2.75**	**0.02**	**1.71**
6.19	34.95	8.14	26.42	772.61	19.81	2.75	0.02	1.71
0.50			0.94	0.18				
		1.00						
		1.51						
		16.00			4.00			
		24.00			1.00			
		172.00			2.05			
		34.00			2.00			
		138.00			0.05			
935.78	**168.95**	**222.65**	**75.22**	**772.61**	**27.16**	**48.56**	**1.51**	**1.71**

续表 1

项　　目	Item	其他焦化产品(万吨) Other Coking Products (10^4 tn)	油品合计(万吨) Petroleum Products Total (10^4 tn)
一.可供本地区消费的能源量	**Total Primary Energy Supply**	**-5.36**	**713.89**
1.一次能源生产量	Indigenous Production		
2.回收能	Recovery of Energy		
3.外省(区、市)调入量	Moving In from Other Provinces	15.46	837.82
4.进口量	Import		230.28
5.境内轮船和飞机在境外的加油量	Domestic Airplanes&Ships Refueling in Abroad		
6.本省(区、市)调出量(-)	Sending Out to Other Provinces(-)	-20.82	-354.02
7.出口量(-)	Export(-)		
8.境外轮船和飞机在境内的加油量(-)	Oversea Airplanes&Ships Refueling in China		
9.库存增(-)、减(+)量	Stock Change		-0.19
二.加工转换投入(-)产出(+)量	**Input(-) & Output(+) of Transformation**	**21.20**	**-4.74**
1.火力发电	Thermal Power		-0.86
2.供　　热	Heating Supply		-7.00
3.洗 选 煤	Coal Washing		
4.炼　　焦	Coking	21.20	
5.炼油及煤制油	Petroleum Refineries		3.12
#油品再投入量(-)	Petroleum Products Input (-)		
6.制　　气	Gas Works		
#焦炭再投入量(-)	Coke Input (-)		
7.天然气液化	Natural Gas Liquefaction		
8.煤制品加工	Briquettes		
三.损 失 量	**Loss**		**1.49**
四.终端消费量	**Total Final Consumption**	**15.84**	**707.66**
1.农、林、牧、渔业	Farming, Forestry, Animal Husbandry, Fishery Conservancy		55.00
2.工业	Industry	15.84	227.94
#用作原料、材料	Non-Energy Use	0.06	10.10
3.建筑业	Construction		23.43
4.交通运输、仓储和邮政业	Transport, Storage and Post		287.24
5.批发、零售业和住宿、餐饮业	Wholesale, Retail Trade and Hotel, Restaurants		17.06
6.其他	Others		20.57
7.生活消费	Residential Consumption		76.42
城 镇	Urban		61.80
乡 村	Rural		14.62
五.平衡差额	**Statistical Difference**		
六.消费量合计	**Total Final Consumption**	**15.84**	**713.89**

Continued 1

原油 (万吨) Crude Oil (10^4 tn)	汽油 (万吨) Gasoline (10^4 tn)	煤油 (万吨) Kerosene (10^4 tn)	柴油 (万吨) Diesel Oil (10^4 tn)	燃料油 (万吨) Fuel Oil (10^4 tn)	石脑油 (万吨) Naphtha (10^4 tn)	润滑油 (万吨) Lubricants (10^4 tn)	石蜡 (万吨) Petroleum Waxes (10^4 tn)	溶剂油 (万吨) White Spirit (10^4 tn)
469.92	**47.16**	**8.50**	**177.90**	**2.78**	**-14.04**	**0.30**		**-1.80**
240.67	153.25	8.50	367.77	20.42		0.30		
230.28								
	-107.81		-189.09	-17.54	-14.04			-1.80
-1.03	1.72		-0.78	-0.10				
-468.43	**108.07**		**190.14**	**18.33**	**14.04**			**1.80**
			-0.65	-0.06				
			-0.06	-2.50				
-468.43	108.07		190.85	20.89	14.04			1.80
1.49								
	155.23	**8.50**	**368.04**	**21.11**		**0.30**		
	4.00		51.00					
	35.19	0.47	80.37	20.24				
	0.15		0.19					
	2.50	0.05	7.00					
	68.57	7.97	209.77	0.87				
	3.00	0.01	6.00					
	13.55		6.00					
	28.42		7.90			0.30		
	22.80		4.00			0.20		
	5.62		3.90			0.10		
469.92	**155.23**	**8.50**	**368.75**	**23.67**		**0.30**		

项　　目	Item	石油沥青(万吨) Bitumen Asphalt (10^4 tn)	石油焦(万吨) Petroleum Coke (10^4 tn)
一.可供本地区消费的能源量	**Total Primary Energy Supply**	**-4.00**	**-11.17**
1.一次能源生产量	Indigenous Production		
2.回收能	Recovery of Energy		
3.外省(区、市)调入量	Moving In from Other Provinces		
4.进口量	Import		
5.境内轮船和飞机在境外的加油量	Domestic Airplanes&Ships Refueling in Abroad		
6.本省(区、市)调出量(-)	Sending Out to Other Provinces(-)	-4.00	-11.17
7.出口量(-)	Export(-)		
8.境外轮船和飞机在境内的加油量(-)	Oversea Airplanes&Ships Refueling in China		
9.库存增(-)、减(+)量	Stock Change		
二.加工转换投入(-)产出(+)量	**Input(-) & Output(+) of Transformation**	**28.65**	**31.17**
1.火力发电	Thermal Power		
2.供　热	Heating Supply		
3.洗 选 煤	Coal Washing		
4.炼　焦	Coking		
5.炼油及煤制油	Petroleum Refineries	28.65	31.17
#油品再投入量(-)	Petroleum Products Input (-)		
6.制　气	Gas Works		
#焦炭再投入量(-)	Coke Input (-)		
7.天然气液化	Natural Gas Liquefaction		
8.煤制品加工	Briquettes		
三.损 失 量	**Loss**		
四.终端消费量	**Total Final Consumption**	**24.65**	**20.00**
1.农、林、牧、渔业	Farming, Forestry, Animal Husbandry, Fishery Conservancy		
2.工业	Industry	10.82	20.00
#用作原料、材料	Non-Energy Use	9.11	
3.建筑业	Construction	13.83	
4.交通运输、仓储和邮政业	Transport, Storage and Post		
5.批发、零售业和住宿、餐饮业	Wholesale, Retail Trade and Hotel, Restaurants		
6.其他	Others		
7.生活消费	Residential Consumption		
城 镇	Urban		
乡 村	Rural		
五.平衡差额	**Statistical Difference**		
六.消费量合计	**Total Final Consumption**	**24.65**	**20.00**

Continued 2

液化石油气 (万吨) LPG (10^4 tn)	炼厂干气 (万吨) Refinery Gas (10^4 tn)	其他石油制品 (万吨) Other Petroleum Products (10^4 tn)	天然气 (亿立方米) Natural Gas (10^8 cu.m)	液化天然气 (万吨) LNG (10^4 tn)	热力 (万百万千焦) Heat (10^{10} kJ)	电力 (亿千瓦小时) Electricity (10^8 kW•h)	其他能源 (万吨标煤) Other Energy (10^4 tce)
34.69		**3.65**	**3.84**	**10.33**		**150.76**	**179.42**
			0.33			87.84	
							42.51
43.28		3.63	3.51	10.36		62.92	136.91
-8.57							
-0.02		0.02		-0.03			
24.27	**10.25**	**36.97**			**1518.78**	**549.75**	**-50.93**
	-0.15					549.75	-41.43
	-4.44				1518.78		-9.50
24.27	14.84	36.97					
						52.37	
58.96	**10.25**	**40.62**	**3.84**	**10.33**	**1518.78**	**648.14**	**128.49**
						13.00	
10.14	10.25	40.46	1.77	8.33	1518.78	444.35	128.49
0.21	0.06	0.38	0.03				0.29
		0.05				6.69	
0.02		0.04				13.28	
8.00		0.05	0.50			21.73	
1.00		0.02	0.03			38.27	
39.80			1.54	2.00		110.82	
34.80			1.50	2.00		61.48	
5.00			0.04			49.34	
58.96	**14.84**	**40.62**	**3.84**	**10.33**	**1518.78**	**700.51**	**179.42**

6-15 山东能源平衡表(实物量)-2010

项目	Item	煤合计(万吨) Coal Total (10^4 tn)	原煤(万吨) Raw Coal (10^4 tn)
一.可供本地区消费的能源量	**Total Primary Energy Supply**	**37327.88**	**38490.24**
1.一次能源生产量	Indigenous Production	15653.86	15653.86
2.回收能	Recovery of Energy		
3.外省(区、市)调入量	Moving In from Other Provinces	27674.88	27674.88
4.进口量	Import		
5.境内轮船和飞机在境外的加油量	Domestic Airplanes&Ships Refueling in Abroad		
6.本省(区、市)调出量(-)	Sending Out to Other Provinces(-)	-5797.60	-4775.97
7.出口量(-)	Export(-)	-47.50	
8.境外轮船和飞机在境内的加油量(-)	Oversea Airplanes&Ships Refueling in China		
9.库存增(-)、减(+)量	Stock Change	-155.76	-62.53
二.加工转换投入(-)产出(+)量	**Input(-) & Output(+) of Transformation**	**-24877.97**	**-27597.52**
1.火力发电	Thermal Power	-14295.20	-13605.64
2.供　热	Heating Supply	-3875.22	-3602.98
3.洗 选 煤	Coal Washing	-1669.00	-10169.12
4.炼　焦	Coking	-4985.39	-3.52
5.炼油及煤制油	Petroleum Refineries		
#油品再投入量(-)	Petroleum Products Input (-)		
6.制　气	Gas Works	-58.12	
#焦炭再投入量(-)	Coke Input (-)		
7.天然气液化	Natural Gas Liquefaction		
8.煤制品加工	Briquettes	4.96	-216.27
三.损 失 量	**Loss**		
四.终端消费量	**Total Final Consumption**	**12449.92**	**10892.72**
1.农、林、牧、渔业	Farming, Forestry, Animal Husbandry, Fishery Conservancy	86.90	86.90
2.工业	Industry	10359.86	9181.12
#用作原料、材料	Non-Energy Use		
3.建筑业	Construction	91.60	91.60
4.交通运输、仓储和邮政业	Transport, Storage and Post	29.40	29.40
5.批发、零售业和住宿、餐饮业	Wholesale, Retail Trade and Hotel, Restaurants	825.70	695.10
6.其他	Others	585.61	535.61
7.生活消费	Residential Consumption	470.86	273.00
城 镇	Urban	271.68	140.00
乡 村	Rural	199.18	133.00
五.平衡差额	**Statistical Difference**	**-0.01**	**-0.01**
六.消费量合计	**Total Final Consumption**	**37327.89**	**38490.24**

ENERGY BALANCE OF SHANDONG-2010 (PHYSICAL QUANTITY)

洗精煤 (万吨) Cleaned Coal (10^4 tn)	其他洗煤 (万吨) Other Washed Coal (10^4 tn)	型煤 (万吨) Briquettes (10^4 tn)	煤矸石 (万吨) Gangue (10^4 tn)	焦炭 (万吨) Coke (10^4 tn)	焦炉煤气 (亿立方米) Coke Oven Gas (10^8 cu.m)	高炉煤气 (亿立方米) Blast Furnace Gas (10^8 cu.m)	转炉煤气 (亿立方米) Converter Gas (10^8 cu.m)	其他煤气 (亿立方米) Other Gas (10^8 cu.m)
-1172.61	**19.54**	**-9.29**	**-0.45**	**-432.45**		**312.90**	**6.48**	
						312.90	6.48	
-1021.63				-384.44				
-47.50								
-103.48	19.54	-9.29	-0.45	-48.01				
1665.07	**562.42**	**492.07**	**44.89**	**3500.03**	**35.41**	**-223.39**		
-0.87	-646.71	-41.98	-898.03		-11.86	-203.79		
	-203.06	-69.18	-137.15		-4.02	-19.60		
6705.93	1794.19		1080.08					
-4981.87				3489.53	44.94			
-58.12				10.50	6.35			
	-382.00	603.23						
492.46	**581.96**	**482.78**	**44.44**	**3067.58**	**35.41**	**89.51**	**6.48**	
492.46	581.96	104.32	44.44	3067.58	32.54	89.51	6.48	
		130.60			1.10			
		50.00			0.34			
		197.86			1.43			
		131.68			1.43			
		66.18						
5533.33	**1813.73**	**593.94**	**1079.63**	**3067.58**	**51.29**	**312.90**	**6.48**	

续表 1

项　　目	Item	其他焦化产品(万吨) Other Coking Products (10^4 tn)	油品合计(万吨) Petroleum Products Total (10^4 tn)
一.可供本地区消费的能源量	**Total Primary Energy Supply**	**-114.69**	**4691.47**
1.一次能源生产量	Indigenous Production		2786.00
2.回收能	Recovery of Energy		
3.外省(区、市)调入量	Moving In from Other Provinces		2627.96
4.进口量	Import		2855.04
5.境内轮船和飞机在境外的加油量	Domestic Airplanes&Ships Refueling in Abroad		
6.本省(区、市)调出量(−)	Sending Out to Other Provinces(-)	-112.74	-3460.53
7.出口量(−)	Export(-)		-76.00
8.境外轮船和飞机在境内的加油量(−)	Oversea Airplanes&Ships Refueling in China		
9.库存增(−)、减(+)量	Stock Change	-1.95	-41.00
二.加工转换投入(−)产出(+)量	**Input(-) & Output(+) of Transformation**	**194.85**	**-797.37**
1.火力发电	Thermal Power	-3.40	-39.28
2.供　　热	Heating Supply	-0.73	-73.49
3.洗 选 煤	Coal Washing		
4.炼　　焦	Coking	196.24	
5.炼油及煤制油	Petroleum Refineries		1183.00
#油品再投入量(−)	Petroleum Products Input (-)		-1867.60
6.制　　气	Gas Works	2.73	
#焦炭再投入量(−)	Coke Input (-)		
7.天然气液化	Natural Gas Liquefaction		
8.煤制品加工	Briquettes		
三.损 失 量	**Loss**		
四.终端消费量	**Total Final Consumption**	**80.16**	**3894.11**
1.农、林、牧、渔业	Farming, Forestry, Animal Husbandry, Fishery Conservancy		153.10
2.工业	Industry	80.16	964.12
#用作原料、材料	Non-Energy Use		
3.建筑业	Construction		400.34
4.交通运输、仓储和邮政业	Transport, Storage and Post		1584.39
5.批发、零售业和住宿、餐饮业	Wholesale, Retail Trade and Hotel, Restaurants		91.08
6.其他	Others		122.94
7.生活消费	Residential Consumption		578.14
城 镇	Urban		425.15
乡 村	Rural		152.99
五.平衡差额	**Statistical Difference**		**-0.01**
六.消费量合计	**Total Final Consumption**	**84.28**	**4691.48**

Continued 1

原油 (万吨) Crude Oil (10^4 tn)	汽油 (万吨) Gasoline (10^4 tn)	煤油 (万吨) Kerosene (10^4 tn)	柴油 (万吨) Diesel Oil (10^4 tn)	燃料油 (万吨) Fuel Oil (10^4 tn)	石脑油 (万吨) Naphtha (10^4 tn)	润滑油 (万吨) Lubricants (10^4 tn)	石蜡 (万吨) Petroleum Waxes (10^4 tn)	溶剂油 (万吨) White Spirit (10^4 tn)
5593.39	**-400.91**	**-48.08**	**-842.99**	**795.54**	**-194.89**	**-15.00**		**-29.23**
2786.00								
925.47	282.69		454.62	801.51				
2855.04								
-929.25	-650.47	-48.03	-1253.46		-194.89	-15.00		-29.22
	-32.20		-43.80					
-43.87	-0.93	-0.05	-0.35	-5.97				-0.01
-5465.12	**1203.31**	**86.69**	**2288.15**	**-417.84**	**194.89**	**15.19**		**29.50**
			-2.66	-3.24				
-1.31			-0.30	-2.92				
-5463.80	1203.31	86.69	2291.11	491.23	194.89	15.19		29.50
				-902.90				
128.28	**802.40**	**38.61**	**1445.16**	**377.71**		**0.19**		**0.27**
	10.50		142.60					
128.28	80.10	1.27	109.37	51.74				0.27
	18.15	0.08	45.14	2.91				
	317.00	37.26	905.00	322.00		0.19		
	21.60		40.25	0.66				
	33.05		79.70	0.40				
	322.00		123.10					
	266.00		51.00					
	56.00		72.10					
5593.40	**802.40**	**38.61**	**1448.12**	**1286.77**		**0.19**		**0.27**

续表 2

项　　目	Item	石油沥青(万吨) Bitumen Asphalt (10^4 tn)	石油焦(万吨) Petroleum Coke (10^4 tn)
一.可供本地区消费的能源量	**Total Primary Energy Supply**	**-104.46**	**-127.14**
1.一次能源生产量	Indigenous Production		
2.回收能	Recovery of Energy		
3.外省(区、市)调入量	Moving In from Other Provinces		
4.进口量	Import		
5.境内轮船和飞机在境外的加油量	Domestic Airplanes&Ships Refueling in Abroad		
6.本省(区、市)调出量(-)	Sending Out to Other Provinces(-)	-104.46	-127.45
7.出口量(-)	Export(-)		
8.境外轮船和飞机在境内的加油量(-)	Oversea Airplanes&Ships Refueling in China		
9.库存增(-)、减(+)量	Stock Change		0.31
二.加工转换投入(-)产出(+)量	**Input(-) & Output(+) of Transformation**	**435.67**	**143.99**
1.火力发电	Thermal Power		-2.82
2.供　热	Heating Supply		-8.43
3.洗 选 煤	Coal Washing		
4.炼　焦	Coking		
5.炼油及煤制油	Petroleum Refineries	435.67	155.24
#油品再投入量(-)	Petroleum Products Input (-)		
6.制　气	Gas Works		
#焦炭再投入量(-)	Coke Input (-)		
7.天然气液化	Natural Gas Liquefaction		
8.煤制品加工	Briquettes		
三.损 失 量	**Loss**		
四.终端消费量	**Total Final Consumption**	**331.21**	**16.84**
1.农、林、牧、渔业	Farming, Forestry, Animal Husbandry, Fishery Conservancy		
2.工业	Industry	0.01	16.84
#用作原料、材料	Non-Energy Use		
3.建筑业	Construction	331.20	
4.交通运输、仓储和邮政业	Transport, Storage and Post		
5.批发、零售业和住宿、餐饮业	Wholesale, Retail Trade and Hotel, Restaurants		
6.其他	Others		
7.生活消费	Residential Consumption		
城 镇	Urban		
乡 村	Rural		
五.平衡差额	**Statistical Difference**		
六.消费量合计	**Total Final Consumption**	**331.21**	**28.09**

液化石油气 (万吨) LPG (10^4 tn)	炼厂干气 (万吨) Refinery Gas (10^4 tn)	其他石油制品 (万吨) Other Petroleum Products (10^4 tn)	天然气 (亿立方米) Natural Gas (10^8 cu.m)	液化天然气 (万吨) LNG (10^4 tn)	热力 (万百万千焦) Heat (10^{10} kJ)	电力 (亿千瓦小时) Electricity (10^8 kW•h)	其他能源 (万吨标煤) Other Energy (10^4 tce)
-108.30		**173.54**	**47.00**	**5.40**	**4125.28**	**234.85**	**125.44**
			9.70			27.24	125.44
					4125.28		
		163.67	37.30	5.40		207.61	
-108.30							
		9.87					
316.39	**90.06**	**281.76**	**-0.86**		**64823.75**	**3063.60**	**-76.58**
	-2.41	-28.14	-0.16		-1879.16	3063.60	-38.56
-0.48	-12.23	-47.82	-0.70		66702.91		-38.02
344.99	104.69	1294.29					
-28.13		-936.57					
208.09	**90.06**	**455.30**	**46.15**	**5.40**	**68949.02**	**3298.46**	**48.86**
						84.55	
36.31	90.06	449.88	27.82	5.40	55860.44	2555.72	48.86
0.87		2.00	0.04		655.08	27.19	
0.04		2.90	4.80		423.15	44.70	
28.16		0.41	3.90		2583.00	69.13	
9.68		0.11	0.19		2856.00	149.19	
133.04			9.39		6571.35	367.97	
108.15			9.39		6195.00	177.20	
24.89					376.35	190.77	
						-0.01	
236.70	**104.69**	**1467.83**	**47.00**	**5.40**	**70828.19**	**3298.46**	**125.44**

6-16 河南能源平衡表(实物量)-2010

项　目	Item	煤合计(万吨) Coal Total (10⁴ tn)	原煤(万吨) Raw Coal (10⁴ tn)
一.可供本地区消费的能源量	**Total Primary Energy Supply**	**23805.02**	**27570.82**
1.一次能源生产量	Indigenous Production	22384.11	22384.11
2.回收能	Recovery of Energy		
3.外省(区、市)调入量	Moving In from Other Provinces	11919.99	11039.99
4.进口量	Import		
5.境内轮船和飞机在境外的加油量	Domestic Airplanes&Ships Refueling in Abroad		
6.本省(区、市)调出量(-)	Sending Out to Other Provinces(-)	-10352.54	-5786.62
7.出口量(-)	Export(-)		
8.境外轮船和飞机在境内的加油量(-)	Oversea Airplanes&Ships Refueling in China		
9.库存增(-)、减(+)量	Stock Change	-146.54	-66.66
二.加工转换投入(-)产出(+)量	**Input(-) & Output(+) of Transformation**	**-16801.34**	**-22686.84**
1.火力发电	Thermal Power	-10462.79	-9925.73
2.供　热	Heating Supply	-939.47	-936.14
3.洗 选 煤	Coal Washing	-1629.11	-10286.49
4.炼　焦	Coking	-3590.74	-1347.75
5.炼油及煤制油	Petroleum Refineries		
#油品再投入量(-)	Petroleum Products Input (-)		
6.制　气	Gas Works	-183.21	-170.03
#焦炭再投入量(-)	Coke Input (-)		
7.天然气液化	Natural Gas Liquefaction		
8.煤制品加工	Briquettes	3.98	-20.70
三.损 失 量	**Loss**	**1.97**	
四.终端消费量	**Total Final Consumption**	**9246.69**	**7129.26**
1.农、林、牧、渔业	Farming, Forestry, Animal Husbandry, Fishery Conservancy	100.00	100.00
2.工业	Industry	8287.40	6272.26
#用作原料、材料	Non-Energy Use		
3.建筑业	Construction		
4.交通运输、仓储和邮政业	Transport, Storage and Post	25.11	19.00
5.批发、零售业和住宿、餐饮业	Wholesale, Retail Trade and Hotel, Restaurants	41.82	21.00
6.其他	Others	5.36	
7.生活消费	Residential Consumption	787.00	717.00
城 镇	Urban	165.00	165.00
乡 村	Rural	622.00	552.00
五.平衡差额	**Statistical Difference**	**-2244.98**	**-2245.28**
六.消费量合计	**Total Final Consumption**	**26050.00**	**29816.10**

ENERGY BALANCE OF HENAN-2010 (PHYSICAL QUANTITY)

洗精煤 (万吨) Cleaned Coal (10^4 tn)	其他洗煤 (万吨) Other Washed Coal (10^4 tn)	型煤 (万吨) Briquettes (10^4 tn)	煤矸石 (万吨) Gangue (10^4 tn)	焦炭 (万吨) Coke (10^4 tn)	焦炉煤气 (亿立方米) Coke Oven Gas (10^8 cu.m)	高炉煤气 (亿立方米) Blast Furnace Gas (10^8 cu.m)	转炉煤气 (亿立方米) Converter Gas (10^8 cu.m)	其他煤气 (亿立方米) Other Gas (10^8 cu.m)
-1793.11	**-2051.52**	**78.83**	**94.00**	**-801.47**	**18.00**	**244.57**	**3.66**	**25.00**
						244.57	3.66	
800.00		80.00	94.00		18.00			25.00
-2514.03	-2051.89			-767.07				
-79.08	0.37	-1.17		-34.40				
3600.94	**2259.88**	**24.68**	**-75.55**	**2513.21**	**40.16**	**-61.58**		**70.96**
-331.40	-205.66		-256.37		-3.76	-61.58		-0.02
	-3.33		-24.04					
6188.51	2468.87		204.86					
-2242.99				2544.99	43.92			
-13.18				-31.78				70.98
		24.68						
1.97								
1805.57	**208.36**	**103.50**	**18.32**	**1711.66**	**58.16**	**185.22**	**3.59**	**96.15**
1799.17	184.47	31.50	18.32	1711.66	44.98	185.22	3.59	96.15
0.64	3.47	2.00						
0.40	20.42							
5.36								
		70.00			13.18			
					13.18			
		70.00						
0.29		**0.01**	**0.13**	**0.08**		**-2.23**	**0.07**	**-0.19**
4395.11	**417.35**	**103.50**	**298.73**	**1743.44**	**61.92**	**246.80**	**3.59**	**96.17**

项目	Item	其他焦化产品(万吨) Other Coking Products (10^4 tn)	油品合计(万吨) Petroleum Products Total (10^4 tn)
一.可供本地区消费的能源量	**Total Primary Energy Supply**	**-45.42**	**1336.40**
1.一次能源生产量	Indigenous Production		497.90
2.回收能	Recovery of Energy		
3.外省(区、市)调入量	Moving In from Other Provinces		872.63
4.进口量	Import		365.93
5.境内轮船和飞机在境外的加油量	Domestic Airplanes&Ships Refueling in Abroad		
6.本省(区、市)调出量(-)	Sending Out to Other Provinces(-)	-45.54	-393.37
7.出口量(-)	Export(-)		
8.境外轮船和飞机在境内的加油量(-)	Oversea Airplanes&Ships Refueling in China		
9.库存增(-)、减(+)量	Stock Change	0.12	-6.69
二.加工转换投入(-)产出(+)量	**Input(-) & Output(+) of Transformation**	**74.32**	**-219.97**
1.火力发电	Thermal Power		-39.90
2.供　热	Heating Supply		-36.57
3.洗 选 煤	Coal Washing		
4.炼　焦	Coking	74.32	
5.炼油及煤制油	Petroleum Refineries		-12.14
#油品再投入量(-)	Petroleum Products Input (-)		-131.36
6.制　气	Gas Works		
#焦炭再投入量(-)	Coke Input (-)		
7.天然气液化	Natural Gas Liquefaction		
8.煤制品加工	Briquettes		
三.损 失 量	**Loss**		
四.终端消费量	**Total Final Consumption**	**28.90**	**1114.19**
1.农、林、牧、渔业	Farming, Forestry, Animal Husbandry, Fishery Conservancy		105.50
2.工业	Industry	28.90	222.43
#用作原料、材料	Non-Energy Use		10.51
3.建筑业	Construction		52.80
4.交通运输、仓储和邮政业	Transport, Storage and Post		571.86
5.批发、零售业和住宿、餐饮业	Wholesale, Retail Trade and Hotel, Restaurants		36.99
6.其他	Others		18.57
7.生活消费	Residential Consumption		106.04
城 镇	Urban		76.86
乡 村	Rural		29.18
五.平衡差额	**Statistical Difference**		**2.24**
六.消费量合计	**Total Final Consumption**	**28.90**	**1334.16**

Continued 1

原油 (万吨) Crude Oil (10^4 tn)	汽油 (万吨) Gasoline (10^4 tn)	煤油 (万吨) Kerosene (10^4 tn)	柴油 (万吨) Diesel Oil (10^4 tn)	燃料油 (万吨) Fuel Oil (10^4 tn)	石脑油 (万吨) Naphtha (10^4 tn)	润滑油 (万吨) Lubricants (10^4 tn)	石蜡 (万吨) Petroleum Waxes (10^4 tn)	溶剂油 (万吨) White Spirit (10^4 tn)
835.07	**108.76**	**-26.18**	**269.72**	**4.69**	**-17.08**	**1.82**	**-1.18**	**-1.30**
497.90								
187.21	109.00	28.98	352.00	14.00		4.34		
365.93								
-205.92		-56.10	-69.08	-12.06	-17.20	-1.39	-1.18	-1.40
-10.05	-0.24	0.94	-13.20	2.75	0.12	-1.13		0.10
-812.47	**188.32**	**56.92**	**262.50**	**11.19**	**32.24**	**5.41**	**1.18**	**3.65**
-0.08			-31.41	-1.14				
			-0.09	-1.32				
-812.39	188.32	56.92	294.00	13.65	32.24	5.41	1.18	3.65
22.60	**297.49**	**30.64**	**529.72**	**15.88**	**15.16**	**7.23**		**2.35**
			105.50					
22.60	35.91	1.22	28.99	15.88	15.16	1.47		2.35
	0.70	0.01						
	9.15	0.31	20.19			0.02		
	160.73	28.76	350.01			0.36		
	7.85	0.35	18.00			3.81		
	17.00					1.57		
	66.85		7.03					
	46.85		0.03					
	20.00		7.00					
	-0.41	**0.10**	**2.50**					
835.07	**297.49**	**30.64**	**561.22**	**18.34**	**15.16**	**7.23**		**2.35**

续表 2

项　　目	Item	石油沥青(万吨) Bitumen Asphalt (10^4 tn)	石油焦(万吨) Petroleum Coke (10^4 tn)
一.可供本地区消费的能源量	**Total Primary Energy Supply**	**-29.61**	**4.48**
1.一次能源生产量	Indigenous Production		
2.回收能	Recovery of Energy		
3.外省(区、市)调入量	Moving In from Other Provinces		5.00
4.进口量	Import		
5.境内轮船和飞机在境外的加油量	Domestic Airplanes&Ships Refueling in Abroad		
6.本省(区、市)调出量(-)	Sending Out to Other Provinces(-)	-29.04	
7.出口量(-)	Export(-)		
8.境外轮船和飞机在境内的加油量(-)	Oversea Airplanes&Ships Refueling in China		
9.库存增(-)、减(+)量	Stock Change	-0.57	-0.52
二.加工转换投入(-)产出(+)量	**Input(-) & Output(+) of Transformation**	**30.70**	**11.02**
1.火力发电	Thermal Power		-5.82
2.供　　热	Heating Supply		-30.89
3.洗 选 煤	Coal Washing		
4.炼　　焦	Coking		
5.炼油及煤制油	Petroleum Refineries	30.70	47.73
#油品再投入量(-)	Petroleum Products Input (-)		
6.制　　气	Gas Works		
#焦炭再投入量(-)	Coke Input (-)		
7.天然气液化	Natural Gas Liquefaction		
8.煤制品加工	Briquettes		
三.损 失 量	**Loss**		
四.终端消费量	**Total Final Consumption**	**1.09**	**15.50**
1.农、林、牧、渔业	Farming, Forestry, Animal Husbandry, Fishery Conservancy		
2.工业	Industry		15.50
#用作原料、材料	Non-Energy Use		
3.建筑业	Construction	1.09	
4.交通运输、仓储和邮政业	Transport, Storage and Post		
5.批发、零售业和住宿、餐饮业	Wholesale, Retail Trade and Hotel, Restaurants		
6.其他	Others		
7.生活消费	Residential Consumption		
城 镇	Urban		
乡 村	Rural		
五.平衡差额	**Statistical Difference**		
六.消费量合计	**Total Final Consumption**	**1.09**	**52.21**

Continued 2

液化石油气（万吨） LPG (10^4 tn)	炼厂干气（万吨） Refinery Gas (10^4 tn)	其他石油制品（万吨） Other Petroleum Products (10^4 tn)	天然气（亿立方米） Natural Gas (10^8 cu.m)	液化天然气（万吨） LNG (10^4 tn)	热力（万百万千焦） Heat (10^{10} kJ)	电力（亿千瓦小时） Electricity (10^8 kW•h)	其他能源（万吨标煤） Other Energy (10^4 tce)
-2.09		**189.30**	**47.15**	**0.44**	**1371.66**	**315.76**	**325.11**
			6.75			165.64	
					1371.66		
		172.10	42.44	0.44		196.53	324.27
			-2.04			-46.41	
-2.09		17.20					0.84
52.25	**21.59**	**-84.47**	**-13.79**		**14559.55**	**2147.88**	**-314.65**
	-1.45		-13.76		-232.33	2147.88	-266.07
	-4.27		-0.03		14791.88		-48.58
52.25	27.31	46.89					
		-131.36					
			0.65		**433.13**	**109.67**	
50.16	**21.54**	**104.83**	**32.71**	**0.44**	**16309.78**	**2353.87**	**13.79**
					460.67	82.97	
10.98	21.54	50.83	25.32	0.44	12941.51	1806.93	13.79
9.80			3.00				
0.04		22.00	0.40			14.55	
		32.00			18.80	44.71	
6.98			0.90		282.80	44.11	
					370.00	88.37	
32.16			6.09		2236.00	272.23	
29.98			6.09		2236.00	126.76	
2.18						145.47	
	0.05				**-811.70**	**0.10**	**-3.33**
50.16	**27.26**	**236.19**	**47.15**	**0.44**	**16975.24**	**2463.54**	**328.44**

6-17 湖北能源平衡表(实物量)-2010

项目	Item	煤合计 (万吨) Coal Total (10⁴ tn)	原煤 (万吨) Raw Coal (10⁴ tn)
一.可供本地区消费的能源量	**Total Primary Energy Supply**	**13470.06**	**11899.26**
1.一次能源生产量	Indigenous Production	1291.71	1291.71
2.回收能	Recovery of Energy		
3.外省(区、市)调入量	Moving In from Other Provinces	12096.14	10525.22
4.进口量	Import		
5.境内轮船和飞机在境外的加油量	Domestic Airplanes&Ships Refueling in Abroad		
6.本省(区、市)调出量(-)	Sending Out to Other Provinces(-)		
7.出口量(-)	Export(-)		
8.境外轮船和飞机在境内的加油量(-)	Oversea Airplanes&Ships Refueling in China		
9.库存增(-)、减(+)量	Stock Change	82.21	82.33
二.加工转换投入(-)产出(+)量	**Input(-) & Output(+) of Transformation**	**-5230.37**	**-3894.84**
1.火力发电	Thermal Power	-3474.75	-3474.75
2.供　热	Heating Supply	-397.37	-395.76
3.洗 选 煤	Coal Washing		
4.炼　焦	Coking	-1323.18	-2.50
5.炼油及煤制油	Petroleum Refineries		
#油品再投入量(-)	Petroleum Products Input (-)		
6.制　气	Gas Works	-35.07	-21.83
#焦炭再投入量(-)	Coke Input (-)		
7.天然气液化	Natural Gas Liquefaction		
8.煤制品加工	Briquettes		
三.损 失 量	**Loss**	**1.05**	
四.终端消费量	**Total Final Consumption**	**8238.64**	**8004.42**
1.农、林、牧、渔业	Farming, Forestry, Animal Husbandry, Fishery Conservancy	157.02	157.02
2.工业	Industry	6384.50	6181.25
#用作原料、材料	Non-Energy Use		
3.建筑业	Construction	132.77	132.77
4.交通运输、仓储和邮政业	Transport, Storage and Post	334.67	334.67
5.批发、零售业和住宿、餐饮业	Wholesale, Retail Trade and Hotel, Restaurants	431.18	400.21
6.其他	Others	166.72	166.72
7.生活消费	Residential Consumption	631.78	631.78
城 镇	Urban	364.63	364.63
乡 村	Rural	267.15	267.15
五.平衡差额	**Statistical Difference**		
六.消费量合计	**Total Final Consumption**	**13470.06**	**11899.26**

ENERGY BALANCE OF HUBEI-2010 (PHYSICAL QUANTITY)

洗精煤 (万吨) Cleaned Coal (10^4 tn)	其他洗煤 (万吨) Other Washed Coal (10^4 tn)	型煤 (万吨) Briquettes (10^4 tn)	煤矸石 (万吨) Gangue (10^4 tn)	焦炭 (万吨) Coke (10^4 tn)	焦炉煤气 (亿立方米) Coke Oven Gas (10^8 cu.m)	高炉煤气 (亿立方米) Blast Furnace Gas (10^8 cu.m)	转炉煤气 (亿立方米) Converter Gas (10^8 cu.m)	其他煤气 (亿立方米) Other Gas (10^8 cu.m)
1465.95	**36.47**	**68.38**	**171.93**	**182.77**		**333.15**	**18.24**	
			176.63					
						333.15	18.24	
1465.11	36.38	69.43		176.25				
0.84	0.09	-1.05	-4.70	6.52				
-1333.92	**-1.61**		**-78.86**	**938.06**	**10.84**	**-147.38**	**-16.38**	**8.14**
			-78.86		-0.07	-131.21		
	-1.61				-28.67		-16.38	
-1320.68				938.06	39.58	-16.17		8.14
-13.24								
		1.05						
132.03	**34.86**	**67.33**	**93.07**	**1120.83**	**10.84**	**185.77**	**1.86**	**8.14**
132.03	34.86	36.36	93.07	1120.83	9.77	128.14	1.86	8.14
		30.97				42.32		
					1.07	15.31		
					1.07	15.31		
1465.95	**36.47**	**68.38**	**171.93**	**1120.83**	**39.58**	**333.15**	**18.24**	**8.14**

续表 1

项目	Item	其他焦化产品(万吨) Other Coking Products (10^4 tn)	油品合计(万吨) Petroleum Products Total (10^4 tn)
一.可供本地区消费的能源量	**Total Primary Energy Supply**	**-21.09**	**1760.32**
1.一次能源生产量	Indigenous Production		86.50
2.回收能	Recovery of Energy		
3.外省(区、市)调入量	Moving In from Other Provinces		1656.77
4.进口量	Import		
5.境内轮船和飞机在境外的加油量	Domestic Airplanes&Ships Refueling in Abroad		
6.本省(区、市)调出量(−)	Sending Out to Other Provinces(-)	-21.09	-20.52
7.出口量(−)	Export(-)		
8.境外轮船和飞机在境内的加油量(−)	Oversea Airplanes&Ships Refueling in China		
9.库存增(−)、减(+)量	Stock Change		37.57
二.加工转换投入(−)产出(+)量	**Input(-) & Output(+) of Transformation**	**51.37**	**-48.63**
1.火力发电	Thermal Power		-2.52
2.供　热	Heating Supply		-14.15
3.洗 选 煤	Coal Washing		
4.炼　焦	Coking	51.37	
5.炼油及煤制油	Petroleum Refineries		-31.96
#油品再投入量(−)	Petroleum Products Input (-)		
6.制　气	Gas Works		
#焦炭再投入量(−)	Coke Input (-)		
7.天然气液化	Natural Gas Liquefaction		
8.煤制品加工	Briquettes		
三.损 失 量	**Loss**		**9.43**
四.终端消费量	**Total Final Consumption**	**30.28**	**1702.26**
1.农、林、牧、渔业	Farming, Forestry, Animal Husbandry, Fishery Conservancy		138.29
2.工业	Industry	30.28	338.99
#用作原料、材料	Non-Energy Use		
3.建筑业	Construction		135.35
4.交通运输、仓储和邮政业	Transport, Storage and Post		666.97
5.批发、零售业和住宿、餐饮业	Wholesale, Retail Trade and Hotel, Restaurants		156.23
6.其他	Others		77.14
7.生活消费	Residential Consumption		189.29
城 镇	Urban		104.68
乡 村	Rural		84.61
五.平衡差额	**Statistical Difference**		
六.消费量合计	**Total Final Consumption**	**30.28**	**1760.32**

Continued 1

原油 (万吨) Crude Oil (10^4 tn)	汽油 (万吨) Gasoline (10^4 tn)	煤油 (万吨) Kerosene (10^4 tn)	柴油 (万吨) Diesel Oil (10^4 tn)	燃料油 (万吨) Fuel Oil (10^4 tn)	石脑油 (万吨) Naphtha (10^4 tn)	润滑油 (万吨) Lubricants (10^4 tn)	石蜡 (万吨) Petroleum Waxes (10^4 tn)	溶剂油 (万吨) White Spirit (10^4 tn)
1033.86	**218.03**	**-5.81**	**269.52**	**71.77**	**-14.89**	**5.67**	**0.07**	
86.50								
918.85	214.56		259.13	71.88		5.67		
		-5.78			-14.74			
28.51	3.47	-0.03	10.39	-0.11	-0.15		0.07	
-1013.49	**239.77**	**46.22**	**378.13**	**19.42**	**31.29**		**9.84**	**3.25**
			-1.20	-0.27				
			-0.11	-0.55				
-1013.49	239.77	46.22	379.44	20.24	31.29		9.84	3.25
8.60	**0.83**							
11.77	**456.97**	**40.41**	**647.65**	**91.19**	**16.40**	**5.67**	**9.91**	**3.25**
	34.10		97.43					
11.77	27.53	2.54	47.12	43.48	12.67	0.67	2.07	2.16
	14.54		83.28			1.01	1.30	0.19
	238.69	18.57	287.14	47.71	3.73	3.59	4.12	0.36
	29.87		82.67					
	48.24	6.78				0.40	2.42	0.54
	64.00	12.52	50.01					
	36.68		31.34					
	27.32	12.52	18.67					
1033.86	**457.80**	**40.41**	**648.96**	**92.01**	**16.40**	**5.67**	**9.91**	**3.25**

续表 2

项　　目	Item	石油沥青(万吨) Bitumen Asphalt (10^4 tn)	石油焦(万吨) Petroleum Coke (10^4 tn)
一.可供本地区消费的能源量	**Total Primary Energy Supply**	**7.78**	**-1.18**
1.一次能源生产量	Indigenous Production		
2.回收能	Recovery of Energy		
3.外省(区、市)调入量	Moving In from Other Provinces	8.46	
4.进口量	Import		
5.境内轮船和飞机在境外的加油量	Domestic Airplanes&Ships Refueling in Abroad		
6.本省(区、市)调出量(-)	Sending Out to Other Provinces(-)		
7.出口量(-)	Export(-)		
8.境外轮船和飞机在境内的加油量(-)	Oversea Airplanes&Ships Refueling in China		
9.库存增(-)、减(+)量	Stock Change	-0.68	-1.18
二.加工转换投入(-)产出(+)量	**Input(-) & Output(+) of Transformation**	**17.10**	**77.31**
1.火力发电	Thermal Power		
2.供　热	Heating Supply		
3.洗 选 煤	Coal Washing		
4.炼　焦	Coking		
5.炼油及煤制油	Petroleum Refineries	17.10	77.31
#油品再投入量(-)	Petroleum Products Input (-)		
6.制　气	Gas Works		
#焦炭再投入量(-)	Coke Input (-)		
7.天然气液化	Natural Gas Liquefaction		
8.煤制品加工	Briquettes		
三.损 失 量	**Loss**		
四.终端消费量	**Total Final Consumption**	**24.88**	**76.13**
1.农、林、牧、渔业	Farming, Forestry, Animal Husbandry, Fishery Conservancy		
2.工业	Industry		63.85
#用作原料、材料	Non-Energy Use		
3.建筑业	Construction	19.86	5.76
4.交通运输、仓储和邮政业	Transport, Storage and Post	2.32	
5.批发、零售业和住宿、餐饮业	Wholesale, Retail Trade and Hotel, Restaurants		
6.其他	Others		6.52
7.生活消费	Residential Consumption	2.70	
城 镇	Urban	1.67	
乡 村	Rural	1.03	
五.平衡差额	**Statistical Difference**		
六.消费量合计	**Total Final Consumption**	**24.88**	**76.13**

Continued 2

液化石油气 (万吨) LPG (10^4 tn)	炼厂干气 (万吨) Refinery Gas (10^4 tn)	其他石油制品 (万吨) Other Petroleum Products (10^4 tn)	天然气 (亿立方米) Natural Gas (10^8 cu.m)	液化天然气 (万吨) LNG (10^4 tn)	热力 (万百万千焦) Heat (10^{10} kJ)	电力 (亿千瓦小时) Electricity (10^8 kW•h)	其他能源 (万吨标煤) Other Energy (10^4 tce)
26.26	**15.82**	**133.42**	**19.56**	**0.59**		**658.91**	
						1258.10	
26.26	15.82	136.14	19.56	0.59		262.53	
						-861.72	
		-2.72					
66.96	**22.94**	**52.63**	**-0.19**		**7701.12**	**758.92**	
	-1.05		-0.15			758.92	
	-6.91	-6.58			7701.12		
66.96	30.90	59.21	-0.04				
						85.01	
93.22	**38.76**	**186.05**	**19.37**	**0.59**	**7701.12**	**1332.82**	
		6.76				37.23	
4.27	38.76	82.10	10.26	0.59	7053.41	947.56	
		9.41	0.05			14.66	
10.31		50.43	3.21			20.41	
23.88		19.81	2.67		252.71	56.77	
		12.24				61.67	
54.76		5.30	3.18		395.00	194.52	
31.29		3.70	3.18		395.00	133.94	
23.47		1.60				60.58	
93.22	**46.72**	**192.63**	**19.56**	**0.59**	**7701.12**	**1417.83**	

6-18 湖南能源平衡表(实物量)-2010

项　目	Item	煤合计(万吨) Coal Total (10^4 tn)	原煤(万吨) Raw Coal (10^4 tn)
一.可供本地区消费的能源量	**Total Primary Energy Supply**	**11323.33**	**10448.50**
1.一次能源生产量	Indigenous Production	7902.91	7902.91
2.回收能	Recovery of Energy		
3.外省(区、市)调入量	Moving In from Other Provinces	4712.07	3668.01
4.进口量	Import	107.38	107.38
5.境内轮船和飞机在境外的加油量	Domestic Airplanes&Ships Refueling in Abroad		
6.本省(区、市)调出量(-)	Sending Out to Other Provinces(-)	-1281.01	-1151.58
7.出口量(-)	Export(-)		
8.境外轮船和飞机在境内的加油量(-)	Oversea Airplanes&Ships Refueling in China		
9.库存增(-)、减(+)量	Stock Change	-118.02	-78.22
二.加工转换投入(-)产出(+)量	**Input(-) & Output(+) of Transformation**	**-5072.31**	**-5413.25**
1.火力发电	Thermal Power	-3320.39	-3318.57
2.供　热	Heating Supply	-366.37	-231.35
3.洗 选 煤	Coal Washing	-609.81	-1828.43
4.炼　焦	Coking	-746.61	-9.03
5.炼油及煤制油	Petroleum Refineries		
#油品再投入量(-)	Petroleum Products Input (-)		
6.制　气	Gas Works	-29.13	-25.87
#焦炭再投入量(-)	Coke Input (-)		
7.天然气液化	Natural Gas Liquefaction		
8.煤制品加工	Briquettes		
三.损 失 量	**Loss**	**24.59**	**2.18**
四.终端消费量	**Total Final Consumption**	**6226.43**	**5033.07**
1.农、林、牧、渔业	Farming, Forestry, Animal Husbandry, Fishery Conservancy	342.26	325.54
2.工业	Industry	4945.26	4241.46
#用作原料、材料	Non-Energy Use	294.62	294.30
3.建筑业	Construction	21.47	19.50
4.交通运输、仓储和邮政业	Transport, Storage and Post	59.62	6.66
5.批发、零售业和住宿、餐饮业	Wholesale, Retail Trade and Hotel, Restaurants	279.75	197.04
6.其他	Others	126.10	89.72
7.生活消费	Residential Consumption	451.97	153.15
城 镇	Urban	86.41	29.09
乡 村	Rural	365.56	124.06
五.平衡差额	**Statistical Difference**		
六.消费量合计	**Total Final Consumption**	**11323.33**	**10448.50**

ENERGY BALANCE OF HUNAN-2010 (PHYSICAL QUANTITY)

洗精煤 (万吨) Cleaned Coal (10[4] tn)	其他洗煤 (万吨) Other Washed Coal (10[4] tn)	型煤 (万吨) Briquettes (10[4] tn)	煤矸石 (万吨) Gangue (10[4] tn)	焦炭 (万吨) Coke (10[4] tn)	焦炉煤气 (亿立方米) Coke Oven Gas (10[8] cu.m)	高炉煤气 (亿立方米) Blast Furnace Gas (10[8] cu.m)	转炉煤气 (亿立方米) Converter Gas (10[8] cu.m)	其他煤气 (亿立方米) Other Gas (10[8] cu.m)
10.32	**252.64**	**611.87**	**67.24**	**516.96**		**173.08**	**10.45**	
						173.08	10.45	
166.73	261.37	615.96	67.24	520.28				
-128.18	-1.25			-24.64				
-28.23	-7.48	-4.09		21.32				
465.38	**-111.98**	**-12.46**	**-36.85**	**300.18**	**12.94**	**-108.35**	**-4.42**	**1.75**
		-1.82	-36.85		-0.19	-46.32	-4.42	-0.13
	-124.38	-10.64		-188.93		-62.03		
1206.22	12.40							
-737.58				572.23				
-3.26					13.13			1.88
				-83.12				
22.41								**0.01**
453.29	**140.66**	**599.41**	**30.39**	**817.14**	**12.94**	**64.73**	**6.03**	**1.74**
		16.72		13.22				
451.08	140.55	112.17	30.39	803.92	10.35	64.73	6.03	1.55
0.29		0.03	0.80	5.32				
0.09	0.11	1.77						0.01
		52.96						
2.12		80.59			0.40			
		36.38						
		298.82			2.19			0.18
		57.32			1.57			0.16
		241.50			0.62			0.02
1216.54	**265.04**	**611.87**	**67.24**	**1089.19**	**13.13**	**173.08**	**10.45**	**1.88**

续表 1

项　目	Item	其他焦化产品(万吨) Other Coking Products (10^4 tn)	油品合计(万吨) Petroleum Products Total (10^4 tn)
一.可供本地区消费的能源量	**Total Primary Energy Supply**	**7.73**	**1145.84**
1.一次能源生产量	Indigenous Production		
2.回收能	Recovery of Energy		
3.外省(区、市)调入量	Moving In from Other Provinces	7.59	1248.20
4.进口量	Import		5.43
5.境内轮船和飞机在境外的加油量	Domestic Airplanes&Ships Refueling in Abroad		
6.本省(区、市)调出量(-)	Sending Out to Other Provinces(-)		-95.26
7.出口量(-)	Export(-)		
8.境外轮船和飞机在境内的加油量(-)	Oversea Airplanes&Ships Refueling in China		
9.库存增(-)、减(+)量	Stock Change	0.14	-12.53
二.加工转换投入(-)产出(+)量	**Input(-) & Output(+) of Transformation**	**16.92**	**-76.84**
1.火力发电	Thermal Power		-6.63
2.供　热	Heating Supply		-25.48
3.洗 选 煤	Coal Washing		
4.炼　焦	Coking	16.92	
5.炼油及煤制油	Petroleum Refineries		-12.01
#油品再投入量(-)	Petroleum Products Input (-)		-32.72
6.制　气	Gas Works		
#焦炭再投入量(-)	Coke Input (-)		
7.天然气液化	Natural Gas Liquefaction		
8.煤制品加工	Briquettes		
三.损 失 量	**Loss**		
四.终端消费量	**Total Final Consumption**	**24.65**	**1069.00**
1.农、林、牧、渔业	Farming, Forestry, Animal Husbandry, Fishery Conservancy		16.69
2.工业	Industry	24.65	244.93
#用作原料、材料	Non-Energy Use		32.58
3.建筑业	Construction		76.77
4.交通运输、仓储和邮政业	Transport, Storage and Post		544.45
5.批发、零售业和住宿、餐饮业	Wholesale, Retail Trade and Hotel, Restaurants		75.23
6.其他	Others		24.59
7.生活消费	Residential Consumption		86.34
城 镇	Urban		52.93
乡 村	Rural		33.41
五.平衡差额	**Statistical Difference**		
六.消费量合计	**Total Final Consumption**	**24.65**	**1145.84**

Continued 1

原油 (万吨) Crude Oil (10^4 tn)	汽油 (万吨) Gasoline (10^4 tn)	煤油 (万吨) Kerosene (10^4 tn)	柴油 (万吨) Diesel Oil (10^4 tn)	燃料油 (万吨) Fuel Oil (10^4 tn)	石脑油 (万吨) Naphtha (10^4 tn)	润滑油 (万吨) Lubricants (10^4 tn)	石蜡 (万吨) Petroleum Waxes (10^4 tn)	溶剂油 (万吨) White Spirit (10^4 tn)
587.60	**141.06**	**25.49**	**287.96**	**52.56**		**4.98**		
588.89	149.80	27.84	323.58	58.89		4.87		
5.43								
	-6.62	-2.34	-31.13	-6.90				
-6.72	-2.12	-0.01	-4.49	0.57		0.11		
-572.90	**121.30**	**4.76**	**214.04**	**19.85**				
			-0.91	-1.86				
			-0.07	-0.95				
-572.90	121.30	4.76	215.02	22.66				
14.70	**262.36**	**30.25**	**502.00**	**72.41**		**4.98**		
	9.19		7.38	0.01				
14.70	23.83	0.77	52.81	23.86		0.16		
	1.08		4.91	0.30				
	22.30	0.14	53.40	0.09				
	120.44	27.84	345.77	45.53		2.32		
	28.12	1.10	26.22	1.29		1.00		
	8.80	0.40	11.65	0.63		1.00		
	49.68		4.77	1.00		0.50		
	27.21		3.76	0.60		0.50		
	22.47		1.01	0.40				
587.60	**262.36**	**30.25**	**502.98**	**75.22**		**4.98**		

续表 2

项　　目	Item	石油沥青(万吨) Bitumen Asphalt (10^4 tn)	石油焦(万吨) Petroleum Coke (10^4 tn)
一.可供本地区消费的能源量	**Total Primary Energy Supply**		**3.20**
1.一次能源生产量	Indigenous Production		
2.回收能	Recovery of Energy		
3.外省(区、市)调入量	Moving In from Other Provinces		3.37
4.进口量	Import		
5.境内轮船和飞机在境外的加油量	Domestic Airplanes&Ships Refueling in Abroad		
6.本省(区、市)调出量(-)	Sending Out to Other Provinces(-)		
7.出口量(-)	Export(-)		
8.境外轮船和飞机在境内的加油量(-)	Oversea Airplanes&Ships Refueling in China		
9.库存增(-)、减(+)量	Stock Change		-0.17
二.加工转换投入(-)产出(+)量	**Input(-) & Output(+) of Transformation**		
1.火力发电	Thermal Power		
2.供　热	Heating Supply		
3.洗 选 煤	Coal Washing		
4.炼　焦	Coking		
5.炼油及煤制油	Petroleum Refineries		
#油品再投入量(-)	Petroleum Products Input (-)		
6.制　气	Gas Works		
#焦炭再投入量(-)	Coke Input (-)		
7.天然气液化	Natural Gas Liquefaction		
8.煤制品加工	Briquettes		
三.损 失 量	**Loss**		
四.终端消费量	**Total Final Consumption**		**3.20**
1.农、林、牧、渔业	Farming, Forestry, Animal Husbandry, Fishery Conservancy		
2.工业	Industry		3.20
#用作原料、材料	Non-Energy Use		
3.建筑业	Construction		
4.交通运输、仓储和邮政业	Transport, Storage and Post		
5.批发、零售业和住宿、餐饮业	Wholesale, Retail Trade and Hotel, Restaurants		
6.其他	Others		
7.生活消费	Residential Consumption		
城 镇	Urban		
乡 村	Rural		
五.平衡差额	**Statistical Difference**		
六.消费量合计	**Total Final Consumption**		**3.20**

Continued 2

液化石油气 (万吨) LPG (10^4 tn)	炼厂干气 (万吨) Refinery Gas (10^4 tn)	其他石油制品 (万吨) Other Petroleum Products (10^4 tn)	天然气 (亿立方米) Natural Gas (10^8 cu.m)	液化天然气 (万吨) LNG (10^4 tn)	热力 (万百万千焦) Heat (10^{10} kJ)	电力 (亿千瓦小时) Electricity (10^8 kW•h)	其他能源 (万吨标煤) Other Energy (10^4 tce)
5.11	**11.81**	**26.07**	**11.25**	**4.57**	**2669.82**	**636.64**	**1146.99**
						502.53	85.14
					2669.82		
17.79	11.81	61.36	11.25	4.57		257.57	1061.85
-12.68		-35.59				-123.46	
		0.30					
59.46	**6.37**	**70.28**	**-0.04**		**8421.45**	**716.70**	**-8.12**
	-1.11	-2.75			-2587.27	716.70	-8.12
	-0.90	-23.56	-0.04		11008.72		
59.46	8.38	129.31					
		-32.72					
						89.01	
64.57	**18.18**	**96.35**	**11.21**	**4.57**	**11091.27**	**1264.33**	**1138.87**
0.11			0.01			95.92	99.65
14.46	18.18	92.96	5.38	0.27	11085.08	833.53	298.14
0.57		25.72					10.75
0.39		0.45	0.05		4.18	10.45	130.71
0.39		2.16	0.58	1.89		31.85	0.90
17.50			2.32	0.56		32.15	145.37
1.58		0.53	0.95		2.01	56.28	70.66
30.14		0.25	1.92	1.85		204.15	393.44
20.71		0.15	1.80	1.85		118.56	39.27
9.43		0.10	0.12			85.59	354.17
64.57	**20.19**	**155.38**	**11.25**	**4.57**	**13678.54**	**1353.34**	**1146.99**

6-19 广东能源平衡表(实物量)-2010

项目	Item	煤合计(万吨) Coal Total (10^4 tn)	原煤(万吨) Raw Coal (10^4 tn)
一.可供本地区消费的能源量	**Total Primary Energy Supply**	**15983.62**	**14488.43**
1.一次能源生产量	Indigenous Production		
2.回收能	Recovery of Energy		
3.外省(区、市)调入量	Moving In from Other Provinces	11255.79	10859.87
4.进口量	Import	4795.17	3699.65
5.境内轮船和飞机在境外的加油量	Domestic Airplanes&Ships Refueling in Abroad		
6.本省(区、市)调出量(-)	Sending Out to Other Provinces(-)		
7.出口量(-)	Export(-)	-13.98	-0.04
8.境外轮船和飞机在境内的加油量(-)	Oversea Airplanes&Ships Refueling in China		
9.库存增(-)、减(+)量	Stock Change	-53.36	-71.05
二.加工转换投入(-)产出(+)量	**Input(-) & Output(+) of Transformation**	**-10745.05**	**-10323.16**
1.火力发电	Thermal Power	-9938.75	-9758.45
2.供　热	Heating Supply	-533.89	-518.64
3.洗 选 煤	Coal Washing		
4.炼　焦	Coking	-270.51	
5.炼油及煤制油	Petroleum Refineries		
#油品再投入量(-)	Petroleum Products Input (-)		
6.制　气	Gas Works	-12.38	-12.38
#焦炭再投入量(-)	Coke Input (-)		
7.天然气液化	Natural Gas Liquefaction		
8.煤制品加工	Briquettes	10.48	-33.69
三.损 失 量	**Loss**	**9.10**	**9.10**
四.终端消费量	**Total Final Consumption**	**5229.47**	**4156.17**
1.农、林、牧、渔业	Farming, Forestry, Animal Husbandry, Fishery Conservancy	59.80	59.80
2.工业	Industry	5058.51	4008.11
#用作原料、材料	Non-Energy Use	267.50	265.87
3.建筑业	Construction	2.86	2.86
4.交通运输、仓储和邮政业	Transport, Storage and Post	2.04	2.04
5.批发、零售业和住宿、餐饮业	Wholesale, Retail Trade and Hotel, Restaurants	34.70	34.70
6.其他	Others		
7.生活消费	Residential Consumption	71.56	48.66
城 镇	Urban	38.91	24.19
乡 村	Rural	32.65	24.47
五.平衡差额	**Statistical Difference**		
六.消费量合计	**Total Final Consumption**	**15983.62**	**14488.43**

ENERGY BALANCE OF GUANGDONG-2010 (PHYSICAL QUANTITY)

洗精煤 (万吨) Cleaned Coal (10^4 tn)	其他洗煤 (万吨) Other Washed Coal (10^4 tn)	型煤 (万吨) Briquettes (10^4 tn)	煤矸石 (万吨) Gangue (10^4 tn)	焦炭 (万吨) Coke (10^4 tn)	焦炉煤气 (亿立方米) Coke Oven Gas (10^8 cu.m)	高炉煤气 (亿立方米) Blast Furnace Gas (10^8 cu.m)	转炉煤气 (亿立方米) Converter Gas (10^8 cu.m)	其他煤气 (亿立方米) Other Gas (10^8 cu.m)
1176.15	**18.43**	**300.61**	**307.00**	**290.57**		**87.49**	**3.63**	**15.00**
						87.49	3.63	
80.80	18.42	296.70	307.00	291.62				15.00
1094.72		0.80						
-13.77		-0.17						
14.40	0.01	3.28		-1.05				
-272.89		**-149.00**	**-301.69**	**195.40**	**6.40**	**-4.44**	**-0.33**	**4.65**
-1.03		-179.27	-301.69			-0.79	-0.33	
-1.35		-13.90				-3.65		
-270.51				195.40	6.40			
								1.95
								2.70
		44.17						
					0.03			
903.26	**18.43**	**151.61**	**5.31**	**485.97**	**6.37**	**83.05**	**3.30**	**19.65**
903.26	18.43	128.71	5.31	485.97	6.37	83.05	3.30	4.65
		1.63	0.04					
		22.90						15.00
		14.72						15.00
		8.18						
1176.15	**18.43**	**344.78**	**307.00**	**485.97**	**6.40**	**87.49**	**3.63**	**19.65**

续表 1

项目	Item	其他焦化产品(万吨) Other Coking Products (10^4 tn)	油品合计(万吨) Petroleum Products Total (10^4 tn)
一.可供本地区消费的能源量	**Total Primary Energy Supply**	**1.07**	**5563.44**
1.一次能源生产量	Indigenous Production		1287.15
2.回收能	Recovery of Energy		
3.外省(区、市)调入量	Moving In from Other Provinces		3510.70
4.进口量	Import	93.40	2373.27
5.境内轮船和飞机在境外的加油量	Domestic Airplanes&Ships Refueling in Abroad		127.85
6.本省(区、市)调出量(-)	Sending Out to Other Provinces(-)	-94.42	-871.83
7.出口量(-)	Export(-)	1.80	-693.20
8.境外轮船和飞机在境内的加油量(-)	Oversea Airplanes&Ships Refueling in China		-191.77
9.库存增(-)、减(+)量	Stock Change	0.29	21.27
二.加工转换投入(-)产出(+)量	**Input(-) & Output(+) of Transformation**	**10.51**	**-323.94**
1.火力发电	Thermal Power		-109.63
2.供　　热	Heating Supply		-88.29
3.洗 选 煤	Coal Washing		
4.炼　　焦	Coking	10.51	
5.炼油及煤制油	Petroleum Refineries		106.51
#油品再投入量(-)	Petroleum Products Input (-)		-232.53
6.制　　气	Gas Works		
#焦炭再投入量(-)	Coke Input (-)		
7.天然气液化	Natural Gas Liquefaction		
8.煤制品加工	Briquettes		
三.损 失 量	**Loss**		**14.04**
四.终端消费量	**Total Final Consumption**	**11.58**	**5225.46**
1.农、林、牧、渔业	Farming, Forestry, Animal Husbandry, Fishery Conservancy		107.09
2.工业	Industry	11.58	2053.79
#用作原料、材料	Non-Energy Use		562.31
3.建筑业	Construction		345.24
4.交通运输、仓储和邮政业	Transport, Storage and Post		1736.59
5.批发、零售业和住宿、餐饮业	Wholesale, Retail Trade and Hotel, Restaurants		224.17
6.其他	Others		58.67
7.生活消费	Residential Consumption		699.91
城 镇	Urban		473.11
乡 村	Rural		226.80
五.平衡差额	**Statistical Difference**		
六.消费量合计	**Total Final Consumption**	**11.58**	**5563.44**

Continued 1

原油 (万吨) Crude Oil (10^4 tn)	汽油 (万吨) Gasoline (10^4 tn)	煤油 (万吨) Kerosene (10^4 tn)	柴油 (万吨) Diesel Oil (10^4 tn)	燃料油 (万吨) Fuel Oil (10^4 tn)	石脑油 (万吨) Naphtha (10^4 tn)	润滑油 (万吨) Lubricants (10^4 tn)	石蜡 (万吨) Petroleum Waxes (10^4 tn)	溶剂油 (万吨) White Spirit (10^4 tn)
4455.31	**450.45**	**-141.58**	**137.53**	**490.55**	**78.50**	**9.83**	**-10.13**	**-5.86**
1287.15								
1969.43	470.05	0.48	169.70	460.64	88.66	32.36		
1226.98		163.28	76.94	418.36				
		16.94	2.50	108.41				
	-6.35	-169.05	-41.41	-42.53		-17.47	-10.07	-5.86
	-10.59	-110.35	-76.49	-346.45				
		-25.41	-3.75	-162.61				
-28.25	-2.66	-17.47	10.04	54.73	-10.16	-5.06	-0.06	
-4434.30	**635.67**	**343.96**	**1526.24**	**-10.90**	**361.97**	**6.41**	**10.72**	**6.55**
			-4.65	-83.39				
			-0.14	-83.47				
-4434.30	635.67	343.96	1531.03	156.38	361.97	6.41	10.72	6.55
				-0.42				
3.48	**2.31**	**0.48**	**7.76**	**0.01**				
17.53	**1083.81**	**201.90**	**1656.01**	**479.64**	**440.47**	**16.24**	**0.59**	**0.69**
	14.45		85.68			6.96		
17.53	81.73	4.33	564.18	348.26	440.47	0.11	0.59	0.69
	1.32	0.08	3.76	14.75	336.93	0.02	0.57	0.63
	32.24		29.49					
	543.48	193.97	834.71	118.11		5.30		
	65.43		120.49	12.12		0.04		
	48.53		7.16	1.15		0.03		
	297.95	3.60	14.30			3.80		
	207.04	0.40	3.18			2.50		
	90.91	3.20	11.12			1.30		
4455.31	**1086.12**	**202.38**	**1668.56**	**646.93**	**440.47**	**16.24**	**0.59**	**0.69**

续表 2

项　　目	Item	石油沥青(万吨) Bitumen Asphalt (10^4 tn)	石油焦(万吨) Petroleum Coke (10^4 tn)
一.可供本地区消费的能源量	**Total Primary Energy Supply**		**-184.84**
1.一次能源生产量	Indigenous Production		
2.回收能	Recovery of Energy		
3.外省(区、市)调入量	Moving In from Other Provinces		
4.进口量	Import		
5.境内轮船和飞机在境外的加油量	Domestic Airplanes&Ships Refueling in Abroad		
6.本省(区、市)调出量(−)	Sending Out to Other Provinces(-)		-184.54
7.出口量(−)	Export(-)		
8.境外轮船和飞机在境内的加油量(−)	Oversea Airplanes&Ships Refueling in China		
9.库存增(−)、减(+)量	Stock Change		-0.30
二.加工转换投入(−)产出(+)量	**Input(-) & Output(+) of Transformation**	**283.28**	**215.92**
1.火力发电	Thermal Power		-20.40
2.供　　热	Heating Supply		
3.洗 选 煤	Coal Washing		
4.炼　　焦	Coking		
5.炼油及煤制油	Petroleum Refineries	283.28	236.32
#油品再投入量(−)	Petroleum Products Input (-)		
6.制　　气	Gas Works		
#焦炭再投入量(−)	Coke Input (-)		
7.天然气液化	Natural Gas Liquefaction		
8.煤制品加工	Briquettes		
三.损 失 量	**Loss**		
四.终端消费量	**Total Final Consumption**	**283.28**	**31.08**
1.农、林、牧、渔业	Farming, Forestry, Animal Husbandry, Fishery Conservancy		
2.工业	Industry	0.53	31.08
#用作原料、材料	Non-Energy Use		
3.建筑业	Construction	282.75	
4.交通运输、仓储和邮政业	Transport, Storage and Post		
5.批发、零售业和住宿、餐饮业	Wholesale, Retail Trade and Hotel, Restaurants		
6.其他	Others		
7.生活消费	Residential Consumption		
城 镇	Urban		
乡 村	Rural		
五.平衡差额	**Statistical Difference**		
六.消费量合计	**Total Final Consumption**	**283.28**	**51.48**

Continued 2

液化石油气 (万吨) LPG (10^4 tn)	炼厂干气 (万吨) Refinery Gas (10^4 tn)	其他石油制品 (万吨) Other Petroleum Products (10^4 tn)	天然气 (亿立方米) Natural Gas (10^8 cu.m)	液化天然气 (万吨) LNG (10^4 tn)	热力 (万百万千焦) Heat (10^{10} kJ)	电力 (亿千瓦小时) Electricity (10^8 kW•h)	其他能源 (万吨标煤) Other Energy (10^4 tce)
445.52	**9.06**	**-170.90**	**61.38**	**248.76**	**39.24**	**1470.20**	**473.99**
			78.36			613.42	
					39.24		
310.32	9.06			14.14		856.78	457.82
227.06		260.65	14.72	378.85			15.30
-20.10		-374.45					
-72.93		-76.39	-33.90	-126.62			
1.17		19.29	2.20	-17.61			0.87
189.84	**69.38**	**471.32**	**-34.21**	**-173.57**	**12708.69**	**2589.93**	**-163.98**
	-0.56	-0.63	-34.04	-164.94	-104.47	2589.93	-163.95
	-3.19	-1.49	-0.17	-8.63	12813.16		-0.03
189.84	73.13	705.55					
		-232.11					
				1.68		**217.06**	**28.18**
635.36	**78.44**	**300.42**	**27.17**	**73.51**	**12747.93**	**3843.07**	**281.83**
						64.70	
185.43	78.44	300.42	15.87	58.75	12277.07	2557.72	266.53
25.47		178.78	0.14	0.40			0.02
0.76						49.52	15.30
41.02			1.96	2.30		54.40	
26.09			5.15	12.46	470.86	214.00	
1.80						350.81	
380.26			4.19			551.92	
259.99			4.19			334.20	
120.27						217.72	
635.36	**82.19**	**534.65**	**61.38**	**248.76**	**12852.40**	**4060.13**	**473.99**

6-20 广西能源平衡表(实物量)-2010

项目	Item	煤合计(万吨) Coal Total (10^4 tn)	原煤(万吨) Raw Coal (10^4 tn)
一.可供本地区消费的能源量	**Total Primary Energy Supply**	**6202.60**	**5629.45**
1.一次能源生产量	Indigenous Production	757.57	757.57
2.回收能	Recovery of Energy		
3.外省(区、市)调入量	Moving In from Other Provinces	5413.57	4877.16
4.进口量	Import	1415.36	1376.00
5.境内轮船和飞机在境外的加油量	Domestic Airplanes&Ships Refueling in Abroad		
6.本省(区、市)调出量(-)	Sending Out to Other Provinces(-)	-1258.00	-1258.00
7.出口量(-)	Export(-)		
8.境外轮船和飞机在境内的加油量(-)	Oversea Airplanes&Ships Refueling in China		
9.库存增(-)、减(+)量	Stock Change	-125.90	-123.28
二.加工转换投入(-)产出(+)量	**Input(-) & Output(+) of Transformation**	**-3365.74**	**-2863.26**
1.火力发电	Thermal Power	-2330.98	-2330.59
2.供　热	Heating Supply	-389.87	-389.87
3.洗 选 煤	Coal Washing	-17.90	-36.36
4.炼　焦	Coking	-536.10	
5.炼油及煤制油	Petroleum Refineries		
#油品再投入量(-)	Petroleum Products Input (-)		
6.制　气	Gas Works	-91.40	-91.40
#焦炭再投入量(-)	Coke Input (-)		
7.天然气液化	Natural Gas Liquefaction		
8.煤制品加工	Briquettes	0.51	-15.04
三.损 失 量	**Loss**		
四.终端消费量	**Total Final Consumption**	**2841.08**	**2770.19**
1.农、林、牧、渔业	Farming, Forestry, Animal Husbandry, Fishery Conservancy	9.00	9.00
2.工业	Industry	2691.66	2620.77
#用作原料、材料	Non-Energy Use	194.45	194.45
3.建筑业	Construction		
4.交通运输、仓储和邮政业	Transport, Storage and Post	0.15	0.15
5.批发、零售业和住宿、餐饮业	Wholesale, Retail Trade and Hotel, Restaurants	55.63	55.63
6.其他	Others	52.12	52.12
7.生活消费	Residential Consumption	32.52	32.52
城 镇	Urban	25.63	25.63
乡 村	Rural	6.89	6.89
五.平衡差额	**Statistical Difference**	**-4.22**	**-4.00**
六.消费量合计	**Total Final Consumption**	**6206.82**	**5633.45**

ENERGY BALANCE OF GUANGXI-2010 (PHYSICAL QUANTITY)

洗精煤 (万吨) Cleaned Coal (10^4 tn)	其他洗煤 (万吨) Other Washed Coal (10^4 tn)	型煤 (万吨) Briquettes (10^4 tn)	煤矸石 (万吨) Gangue (10^4 tn)	焦炭 (万吨) Coke (10^4 tn)	焦炉煤气 (亿立方米) Coke Oven Gas (10^8 cu.m)	高炉煤气 (亿立方米) Blast Furnace Gas (10^8 cu.m)	转炉煤气 (亿立方米) Converter Gas (10^8 cu.m)	其他煤气 (亿立方米) Other Gas (10^8 cu.m)
562.80	**-0.22**	**10.57**		**290.56**		**176.64**	**7.28**	
						176.64	7.28	
525.92		10.49		285.00				
39.36								
-2.48	-0.22	0.08		5.56				
-523.44	**5.41**	**15.55**	**17.81**	**391.51**	**13.44**	**-42.32**	**-4.40**	**28.64**
-0.39					-2.82	-42.32	-4.25	
							-0.15	
13.05	5.41		17.81					
-536.10				391.51	16.26			
								28.64
		15.55						
39.36	**5.41**	**26.12**	**17.81**	**682.07**	**13.44**	**134.32**	**3.03**	**28.64**
39.36	5.41	26.12	17.81	682.07	13.44	133.79	3.03	28.64
						0.53		
	-0.22						**-0.15**	
575.85	**5.41**	**26.12**	**17.81**	**682.07**	**16.26**	**176.64**	**7.43**	**28.64**

续表 1

项　　目	Item	其他焦化产品(万吨) Other Coking Products (10^4 tn)	油品合计(万吨) Petroleum Products Total (10^4 tn)
一.可供本地区消费的能源量	**Total Primary Energy Supply**	**-12.02**	**889.38**
1.一次能源生产量	Indigenous Production		2.69
2.回收能	Recovery of Energy		
3.外省(区、市)调入量	Moving In from Other Provinces		1069.84
4.进口量	Import		
5.境内轮船和飞机在境外的加油量	Domestic Airplanes&Ships Refueling in Abroad		
6.本省(区、市)调出量(-)	Sending Out to Other Provinces(-)	-12.26	-127.00
7.出口量(-)	Export(-)		
8.境外轮船和飞机在境内的加油量(-)	Oversea Airplanes&Ships Refueling in China		
9.库存增(-)、减(+)量	Stock Change	0.24	-56.15
二.加工转换投入(-)产出(+)量	**Input(-) & Output(+) of Transformation**	**19.51**	**-24.83**
1.火力发电	Thermal Power		-0.51
2.供　热	Heating Supply		-0.58
3.洗 选 煤	Coal Washing		
4.炼　焦	Coking	19.51	
5.炼油及煤制油	Petroleum Refineries		-23.74
#油品再投入量(-)	Petroleum Products Input (-)		
6.制　气	Gas Works		
#焦炭再投入量(-)	Coke Input (-)		
7.天然气液化	Natural Gas Liquefaction		
8.煤制品加工	Briquettes		
三.损 失 量	**Loss**		
四.终端消费量	**Total Final Consumption**	**7.25**	**865.20**
1.农、林、牧、渔业	Farming, Forestry, Animal Husbandry, Fishery Conservancy		35.22
2.工业	Industry	7.25	83.99
#用作原料、材料	Non-Energy Use		1.96
3.建筑业	Construction		3.87
4.交通运输、仓储和邮政业	Transport, Storage and Post		494.49
5.批发、零售业和住宿、餐饮业	Wholesale, Retail Trade and Hotel, Restaurants		43.99
6.其他	Others		37.07
7.生活消费	Residential Consumption		166.57
城 镇	Urban		125.09
乡 村	Rural		41.48
五.平衡差额	**Statistical Difference**	**0.24**	**-0.65**
六.消费量合计	**Total Final Consumption**	**7.25**	**890.03**

Continued 1

原油 (万吨) Crude Oil (10^4 tn)	汽油 (万吨) Gasoline (10^4 tn)	煤油 (万吨) Kerosene (10^4 tn)	柴油 (万吨) Diesel Oil (10^4 tn)	燃料油 (万吨) Fuel Oil (10^4 tn)	石脑油 (万吨) Naphtha (10^4 tn)	润滑油 (万吨) Lubricants (10^4 tn)	石蜡 (万吨) Petroleum Waxes (10^4 tn)	溶剂油 (万吨) White Spirit (10^4 tn)
396.02	**170.26**	**-2.09**	**296.41**	**5.27**	**-3.70**		**0.01**	**-0.14**
2.69								
434.85	185.31		354.00	5.28			0.01	
	-13.44	-2.91	-43.76		-3.70			-0.14
-41.52	-1.61	0.82	-13.83	-0.01				
-396.02	**77.42**	**4.82**	**145.03**	**29.12**	**3.70**	**0.02**		**0.15**
			-0.41	-0.10				
			-0.15	-0.15				
-396.02	77.42	4.82	145.59	29.37	3.70	0.02		0.15
	247.68	**2.73**	**441.81**	**34.39**		**0.02**	**0.01**	**0.01**
	6.12		25.00					
	5.98	2.73	32.74	7.20		0.02	0.01	0.01
	0.47							
	3.12		0.75					
	115.93		351.37	27.19				
	9.12		17.39					
	20.53		14.56					
	86.88							
	56.36							
	30.52							
			-0.37					
396.02	**247.68**	**2.73**	**442.37**	**34.64**		**0.02**	**0.01**	**0.01**

续表 2

项　　目	Item	石油沥青(万吨) Bitumen Asphalt (10^4 tn)	石油焦(万吨) Petroleum Coke (10^4 tn)
一.可供本地区消费的能源量	**Total Primary Energy Supply**	**-15.38**	**6.08**
1.一次能源生产量	Indigenous Production		
2.回收能	Recovery of Energy		
3.外省(区、市)调入量	Moving In from Other Provinces		6.08
4.进口量	Import		
5.境内轮船和飞机在境外的加油量	Domestic Airplanes&Ships Refueling in Abroad		
6.本省(区、市)调出量(-)	Sending Out to Other Provinces(-)	-15.38	
7.出口量(-)	Export(-)		
8.境外轮船和飞机在境内的加油量(-)	Oversea Airplanes&Ships Refueling in China		
9.库存增(-)、减(+)量	Stock Change		
二.加工转换投入(-)产出(+)量	**Input(-) & Output(+) of Transformation**	**15.38**	
1.火力发电	Thermal Power		
2.供　热	Heating Supply		
3.洗 选 煤	Coal Washing		
4.炼　焦	Coking		
5.炼油及煤制油	Petroleum Refineries	15.38	
#油品再投入量(-)	Petroleum Products Input (-)		
6.制　气	Gas Works		
#焦炭再投入量(-)	Coke Input (-)		
7.天然气液化	Natural Gas Liquefaction		
8.煤制品加工	Briquettes		
三.损 失 量	**Loss**		
四.终端消费量	**Total Final Consumption**		**6.08**
1.农、林、牧、渔业	Farming, Forestry, Animal Husbandry, Fishery Conservancy		
2.工业	Industry		6.08
#用作原料、材料	Non-Energy Use		
3.建筑业	Construction		
4.交通运输、仓储和邮政业	Transport, Storage and Post		
5.批发、零售业和住宿、餐饮业	Wholesale, Retail Trade and Hotel, Restaurants		
6.其他	Others		
7.生活消费	Residential Consumption		
城 镇	Urban		
乡 村	Rural		
五.平衡差额	**Statistical Difference**		
六.消费量合计	**Total Final Consumption**		**6.08**

Continued 2

液化石油气(万吨) LPG (10^4 tn)	炼厂干气(万吨) Refinery Gas (10^4 tn)	其他石油制品(万吨) Other Petroleum Products (10^4 tn)	天然气(亿立方米) Natural Gas (10^8 cu.m)	液化天然气(万吨) LNG (10^4 tn)	热力(万百万千焦) Heat (10^{10} kJ)	电力(亿千瓦小时) Electricity (10^8 kW•h)	其他能源(万吨标煤) Other Energy (10^4 tce)
84.31		**-47.67**	**1.70**	**0.90**	**2388.76**	**436.26**	**344.61**
						475.26	345.43
					2388.76		
84.31			1.70	0.93		46.00	
		-47.67				-85.00	
				-0.03			-0.82
20.27	**9.65**	**65.63**			**2528.92**	**556.89**	**-91.70**
					-2334.82	556.89	-77.36
	-0.28				4863.74		-14.34
20.27	9.93	65.63					
						61.50	
104.58	**9.93**	**17.96**	**1.70**	**0.90**	**4917.68**	**931.74**	**253.39**
4.10						20.09	
1.50	9.76	17.96		0.90	4917.68	676.05	253.39
1.49							
						9.84	
						11.52	
17.48						23.92	
1.98						46.20	
79.52	0.17		1.70			144.12	
68.56	0.17		1.70			81.96	
10.96						62.16	
	-0.28					**-0.09**	**-0.48**
104.58	**10.21**	**17.96**	**1.70**	**0.90**	**7252.50**	**993.24**	**345.09**

6-21 海南能源平衡表(实物量)-2010

项　　目	Item	煤合计(万吨) Coal Total (10^4 tn)	原煤(万吨) Raw Coal (10^4 tn)
一.可供本地区消费的能源量	**Total Primary Energy Supply**	**647.50**	**643.67**
1.一次能源生产量	Indigenous Production		
2.回收能	Recovery of Energy		
3.外省(区、市)调入量	Moving In from Other Provinces	353.34	349.51
4.进口量	Import	297.90	297.90
5.境内轮船和飞机在境外的加油量	Domestic Airplanes&Ships Refueling in Abroad		
6.本省(区、市)调出量(-)	Sending Out to Other Provinces(-)		
7.出口量(-)	Export(-)		
8.境外轮船和飞机在境内的加油量(-)	Oversea Airplanes&Ships Refueling in China		
9.库存增(-)、减(+)量	Stock Change	-3.74	-3.74
二.加工转换投入(-)产出(+)量	**Input(-) & Output(+) of Transformation**	**-471.84**	**-471.84**
1.火力发电	Thermal Power	-471.84	-471.84
2.供　热	Heating Supply		
3.洗 选 煤	Coal Washing		
4.炼　焦	Coking		
5.炼油及煤制油	Petroleum Refineries		
#油品再投入量(-)	Petroleum Products Input (-)		
6.制　气	Gas Works		
#焦炭再投入量(-)	Coke Input (-)		
7.天然气液化	Natural Gas Liquefaction		
8.煤制品加工	Briquettes		
三.损 失 量	**Loss**		
四.终端消费量	**Total Final Consumption**	**175.36**	**171.53**
1.农、林、牧、渔业	Farming, Forestry, Animal Husbandry, Fishery Conservancy		
2.工业	Industry	171.68	171.53
#用作原料、材料	Non-Energy Use		
3.建筑业	Construction		
4.交通运输、仓储和邮政业	Transport, Storage and Post		
5.批发、零售业和住宿、餐饮业	Wholesale, Retail Trade and Hotel, Restaurants	3.68	
6.其他	Others		
7.生活消费	Residential Consumption		
城 镇	Urban		
乡 村	Rural		
五.平衡差额	**Statistical Difference**	**0.30**	**0.30**
六.消费量合计	**Total Final Consumption**	**647.20**	**643.37**

ENERGY BALANCE OF HAINAN -2010 (PHYSICAL QUANTITY)

洗精煤 (万吨) Cleaned Coal (10^4 tn)	其他洗煤 (万吨) Other Washed Coal (10^4 tn)	型煤 (万吨) Briquettes (10^4 tn)	煤矸石 (万吨) Gangue (10^4 tn)	焦炭 (万吨) Coke (10^4 tn)	焦炉煤气 (亿立方米) Coke Oven Gas (10^8 cu.m)	高炉煤气 (亿立方米) Blast Furnace Gas (10^8 cu.m)	转炉煤气 (亿立方米) Converter Gas (10^8 cu.m)	其他煤气 (亿立方米) Other Gas (10^8 cu.m)
		3.83		**0.05**				
		3.83		0.05				
		3.83		**0.05**				
		0.15		0.05				
		3.68						
		3.83		**0.05**				

续表 1

项　　目	Item	其他焦化产品(万吨) Other Coking Products (10^4 tn)	油品合计(万吨) Petroleum Products Total (10^4 tn)
一.可供本地区消费的能源量	**Total Primary Energy Supply**		**393.40**
1.一次能源生产量	Indigenous Production		19.96
2.回收能	Recovery of Energy		
3.外省(区、市)调入量	Moving In from Other Provinces		92.71
4.进口量	Import		817.38
5.境内轮船和飞机在境外的加油量	Domestic Airplanes&Ships Refueling in Abroad		
6.本省(区、市)调出量(−)	Sending Out to Other Provinces(-)		-448.87
7.出口量(−)	Export(-)		-91.60
8.境外轮船和飞机在境内的加油量(−)	Oversea Airplanes&Ships Refueling in China		
9.库存增(−)、减(+)量	Stock Change		3.82
二.加工转换投入(−)产出(+)量	**Input(-) & Output(+) of Transformation**		**-21.93**
1.火力发电	Thermal Power		-0.55
2.供　　热	Heating Supply		-2.71
3.洗 选 煤	Coal Washing		
4.炼　　焦	Coking		
5.炼油及煤制油	Petroleum Refineries		-0.07
#油品再投入量(−)	Petroleum Products Input (-)		-18.60
6.制　　气	Gas Works		
#焦炭再投入量(−)	Coke Input (-)		
7.天然气液化	Natural Gas Liquefaction		
8.煤制品加工	Briquettes		
三.损 失 量	**Loss**		
四.终端消费量	**Total Final Consumption**		**369.37**
1.农、林、牧、渔业	Farming, Forestry, Animal Husbandry, Fishery Conservancy		58.08
2.工业	Industry		53.51
#用作原料、材料	Non-Energy Use		
3.建筑业	Construction		8.67
4.交通运输、仓储和邮政业	Transport, Storage and Post		194.79
5.批发、零售业和住宿、餐饮业	Wholesale, Retail Trade and Hotel, Restaurants		5.63
6.其他	Others		20.48
7.生活消费	Residential Consumption		28.21
城 镇	Urban		23.31
乡 村	Rural		4.90
五.平衡差额	**Statistical Difference**		**2.10**
六.消费量合计	**Total Final Consumption**		**391.30**

Continued 1

原油（万吨） Crude Oil (10^4 tn)	汽油（万吨） Gasoline (10^4 tn)	煤油（万吨） Kerosene (10^4 tn)	柴油（万吨） Diesel Oil (10^4 tn)	燃料油（万吨） Fuel Oil (10^4 tn)	石脑油（万吨） Naphtha (10^4 tn)	润滑油（万吨） Lubricants (10^4 tn)	石蜡（万吨） Petroleum Waxes (10^4 tn)	溶剂油（万吨） White Spirit (10^4 tn)
861.63	**-209.35**	**42.30**	**-208.23**	**3.30**	**-18.75**			
19.96								
31.71		56.00		5.00				
815.78			0.50	1.10				
	-175.12		-177.00		-18.75			
	-36.10	-16.50	-35.70	-3.30				
-5.82	1.87	2.80	3.97	0.50				
-856.89	**263.23**	**44.58**	**345.90**	**27.04**	**18.75**			
			-0.08					
-856.89	263.23	44.58	345.98	27.04	18.75			
2.28	**52.63**	**87.43**	**139.90**	**30.49**				
	2.88		55.20					
2.28	0.68		4.56	1.77				
	3.25		5.42					
	7.20	87.43	71.44	28.72				
	2.25		1.18					
	18.02		2.10					
	18.35							
	14.60							
	3.75							
2.46	**1.25**	**-0.55**	**-2.23**	**-0.15**				
859.17	**52.63**	**87.43**	**139.98**	**30.49**				

续表 2

项　　目	Item	石油沥青 (万吨) Bitumen Asphalt (10^4 tn)	石油焦 (万吨) Petroleum Coke (10^4 tn)
一.可供本地区消费的能源量	**Total Primary Energy Supply**		
1.一次能源生产量	Indigenous Production		
2.回收能	Recovery of Energy		
3.外省(区、市)调入量	Moving In from Other Provinces		
4.进口量	Import		
5.境内轮船和飞机在境外的加油量	Domestic Airplanes&Ships Refueling in Abroad		
6.本省(区、市)调出量(-)	Sending Out to Other Provinces(-)		
7.出口量(-)	Export(-)		
8.境外轮船和飞机在境内的加油量(-)	Oversea Airplanes&Ships Refueling in China		
9.库存增(-)、减(+)量	Stock Change		
二.加工转换投入(-)产出(+)量	**Input(-) & Output(+) of Transformation**		
1.火力发电	Thermal Power		
2.供　　热	Heating Supply		
3.洗 选 煤	Coal Washing		
4.炼　　焦	Coking		
5.炼油及煤制油	Petroleum Refineries		
#油品再投入量(-)	Petroleum Products Input (-)		
6.制　　气	Gas Works		
#焦炭再投入量(-)	Coke Input (-)		
7.天然气液化	Natural Gas Liquefaction		
8.煤制品加工	Briquettes		
三.损 失 量	**Loss**		
四.终端消费量	**Total Final Consumption**		
1.农、林、牧、渔业	Farming, Forestry, Animal Husbandry, Fishery Conservancy		
2.工业	Industry		
#用作原料、材料	Non-Energy Use		
3.建筑业	Construction		
4.交通运输、仓储和邮政业	Transport, Storage and Post		
5.批发、零售业和住宿、餐饮业	Wholesale, Retail Trade and Hotel, Restaurants		
6.其他	Others		
7.生活消费	Residential Consumption		
城 镇	Urban		
乡 村	Rural		
五.平衡差额	**Statistical Difference**		
六.消费量合计	**Total Final Consumption**		

Continued 2

液化石油气(万吨) LPG (10^4 tn)	炼厂干气(万吨) Refinery Gas (10^4 tn)	其他石油制品(万吨) Other Petroleum Products (10^4 tn)	天然气(亿立方米) Natural Gas (10^8 cu.m)	液化天然气(万吨) LNG (10^4 tn)	热力(万百万千焦) Heat (10^{10} kJ)	电力(亿千瓦小时) Electricity (10^8 kW•h)	其他能源(万吨标煤) Other Energy (10^4 tce)
-42.00		**-35.50**	**29.44**			**19.60**	**39.20**
			1.84			21.65	
			54.00			0.06	39.00
-42.00		-36.00				-2.11	
			-26.40				
		0.50					0.20
55.04	**18.66**	**61.76**	**-7.62**		**330.83**	**136.21**	**-38.19**
		-0.47	-7.62			136.21	-23.47
	-2.71				330.83		-14.72
55.04	33.28	68.92					
	-11.91	-6.69					
						10.01	
12.48	**18.66**	**25.50**	**22.10**		**232.74**	**148.16**	**1.88**
						7.92	
0.06	18.66	25.50	20.69		232.74	73.70	1.88
			16.08				
						3.44	
			0.59			1.84	
2.20			0.33			12.37	
0.36			0.27			25.39	
9.86			0.22			23.50	
8.71			0.22			13.35	
1.15						10.15	
0.56		**0.76**	**-0.28**		**98.09**	**-2.36**	**-0.87**
12.48	**33.28**	**32.66**	**29.72**		**232.74**	**158.17**	**40.07**

6-22 重庆能源平衡表(实物量)-2010

项 目	Item	煤合计(万吨) Coal Total (10^4 tn)	原煤(万吨) Raw Coal (10^4 tn)
一.可供本地区消费的能源量	**Total Primary Energy Supply**	**6396.91**	**6475.45**
1.一次能源生产量	Indigenous Production	4575.00	4575.00
2.回收能	Recovery of Energy		
3.外省(区、市)调入量	Moving In from Other Provinces	3158.66	2986.73
4.进口量	Import		
5.境内轮船和飞机在境外的加油量	Domestic Airplanes&Ships Refueling in Abroad		
6.本省(区、市)调出量(−)	Sending Out to Other Provinces(-)	-1372.48	-1090.74
7.出口量(−)	Export(-)		
8.境外轮船和飞机在境内的加油量(−)	Oversea Airplanes&Ships Refueling in China		
9.库存增(−)、减(+)量	Stock Change	35.73	4.46
二.加工转换投入(−)产出(+)量	**Input(-) & Output(+) of Transformation**	**-2880.86**	**-3864.87**
1.火力发电	Thermal Power	-1687.56	-1542.19
2.供 热	Heating Supply	-156.97	-154.63
3.洗 选 煤	Coal Washing	-535.24	-2110.86
4.炼 焦	Coking	-500.03	-52.69
5.炼油及煤制油	Petroleum Refineries		
#油品再投入量(−)	Petroleum Products Input (-)		
6.制 气	Gas Works		
#焦炭再投入量(−)	Coke Input (-)		
7.天然气液化	Natural Gas Liquefaction		
8.煤制品加工	Briquettes	-1.06	-4.50
三.损 失 量	**Loss**		
四.终端消费量	**Total Final Consumption**	**3516.04**	**2610.58**
1.农、林、牧、渔业	Farming, Forestry, Animal Husbandry, Fishery Conservancy	288.52	270.25
2.工业	Industry	2894.89	2007.70
#用作原料、材料	Non-Energy Use	100.97	95.41
3.建筑业	Construction	22.81	22.81
4.交通运输、仓储和邮政业	Transport, Storage and Post	28.43	28.43
5.批发、零售业和住宿、餐饮业	Wholesale, Retail Trade and Hotel, Restaurants	11.02	11.02
6.其他	Others	75.14	75.14
7.生活消费	Residential Consumption	195.23	195.23
城 镇	Urban	2.57	2.57
乡 村	Rural	192.66	192.66
五.平衡差额	**Statistical Difference**		
六.消费量合计	**Total Final Consumption**	**6396.90**	**6475.45**

ENERGY BALANCE OF CHONGQING-2010 (PHYSICAL QUANTITY)

洗精煤 (万吨) Cleaned Coal (10^4 tn)	其他洗煤 (万吨) Other Washed Coal (10^4 tn)	型煤 (万吨) Briquettes (10^4 tn)	煤矸石 (万吨) Gangue (10^4 tn)	焦炭 (万吨) Coke (10^4 tn)	焦炉煤气 (亿立方米) Coke Oven Gas (10^8 cu.m)	高炉煤气 (亿立方米) Blast Furnace Gas (10^8 cu.m)	转炉煤气 (亿立方米) Converter Gas (10^8 cu.m)	其他煤气 (亿立方米) Other Gas (10^8 cu.m)
-93.58	**13.53**	**1.51**	**580.46**	**-58.90**		**7.19**	**0.18**	**0.38**
						7.19	0.18	0.38
38.79	122.89	10.25	418.96	110.80				
-158.71	-114.22	-8.81		-172.54				
26.34	4.86	0.07	161.50	2.84				
746.27	**234.29**	**3.44**	**-210.02**	**358.37**	**0.50**	**-7.19**	**-0.18**	
	-145.37		-237.58		-1.12	-7.19	-0.18	
	-2.35							
1193.61	382.01		27.56					
-447.33				358.37	1.62			
		3.44						
652.70	**247.82**	**4.95**	**370.44**	**299.47**	**0.50**			**0.38**
	18.27			27.14				
652.70	229.55	4.95	370.44	272.33	0.50			0.38
2.86		2.71		2.17				
1100.03	**395.53**	**4.95**	**608.02**	**299.47**	**1.62**	**7.19**	**0.18**	**0.38**

续表 1

项目	Item	其他焦化产品(万吨) Other Coking Products (10^4 tn)	油品合计(万吨) Petroleum Products Total (10^4 tn)
一.可供本地区消费的能源量	**Total Primary Energy Supply**		**505.35**
1.一次能源生产量	Indigenous Production		
2.回收能	Recovery of Energy		
3.外省(区、市)调入量	Moving In from Other Provinces		497.91
4.进口量	Import		
5.境内轮船和飞机在境外的加油量	Domestic Airplanes&Ships Refueling in Abroad		
6.本省(区、市)调出量(-)	Sending Out to Other Provinces(-)		
7.出口量(-)	Export(-)		
8.境外轮船和飞机在境内的加油量(-)	Oversea Airplanes&Ships Refueling in China		
9.库存增(-)、减(+)量	Stock Change		7.44
二.加工转换投入(-)产出(+)量	**Input(-) & Output(+) of Transformation**	**16.26**	**-1.18**
1.火力发电	Thermal Power		-1.18
2.供热	Heating Supply		
3.洗选煤	Coal Washing		
4.炼焦	Coking	16.26	
5.炼油及煤制油	Petroleum Refineries		
#油品再投入量(-)	Petroleum Products Input (-)		
6.制气	Gas Works		
#焦炭再投入量(-)	Coke Input (-)		
7.天然气液化	Natural Gas Liquefaction		
8.煤制品加工	Briquettes		
三.损失量	**Loss**		
四.终端消费量	**Total Final Consumption**	**16.26**	**504.17**
1.农、林、牧、渔业	Farming, Forestry, Animal Husbandry, Fishery Conservancy		13.28
2.工业	Industry	16.26	42.61
#用作原料、材料	Non-Energy Use	15.88	
3.建筑业	Construction		30.45
4.交通运输、仓储和邮政业	Transport, Storage and Post		340.19
5.批发、零售业和住宿、餐饮业	Wholesale, Retail Trade and Hotel, Restaurants		20.90
6.其他	Others		9.18
7.生活消费	Residential Consumption		47.57
城镇	Urban		30.51
乡村	Rural		17.06
五.平衡差额	**Statistical Difference**		
六.消费量合计	**Total Final Consumption**	**16.26**	**505.35**

Continued 1

原油 (万吨) Crude Oil (10^4 tn)	汽油 (万吨) Gasoline (10^4 tn)	煤油 (万吨) Kerosene (10^4 tn)	柴油 (万吨) Diesel Oil (10^4 tn)	燃料油 (万吨) Fuel Oil (10^4 tn)	石脑油 (万吨) Naphtha (10^4 tn)	润滑油 (万吨) Lubricants (10^4 tn)	石蜡 (万吨) Petroleum Waxes (10^4 tn)	溶剂油 (万吨) White Spirit (10^4 tn)
	102.63	**41.78**	**338.51**	**8.61**		**0.47**		
	102.54	41.76	331.73	8.52		0.12		
	0.09	0.02	6.78	0.09		0.35		
	-0.01		**-1.12**	**-0.05**				
	-0.01		-1.12	-0.05				
	102.62	**41.78**	**337.39**	**8.56**		**0.47**		
	6.04		7.25					
	11.71	0.95	25.98	1.85		0.47		
	5.53	0.18	23.50	0.49				
	25.15	38.42	270.40	6.22				
	11.29		4.16					
	8.63		0.55					
	34.28	2.24	5.56					
	24.48	2.24	0.42					
	9.80		5.14					
	102.63	**41.78**	**338.51**	**8.61**		**0.47**		

续表 2

项　　目	Item	石油沥青(万吨) Bitumen Asphalt (10^4 tn)	石油焦(万吨) Petroleum Coke (10^4 tn)
一.可供本地区消费的能源量	**Total Primary Energy Supply**		
1.一次能源生产量	Indigenous Production		
2.回收能	Recovery of Energy		
3.外省(区、市)调入量	Moving In from Other Provinces		
4.进口量	Import		
5.境内轮船和飞机在境外的加油量	Domestic Airplanes&Ships Refueling in Abroad		
6.本省(区、市)调出量(-)	Sending Out to Other Provinces(-)		
7.出口量(-)	Export(-)		
8.境外轮船和飞机在境内的加油量(-)	Oversea Airplanes&Ships Refueling in China		
9.库存增(-)、减(+)量	Stock Change		
二.加工转换投入(-)产出(+)量	**Input(-) & Output(+) of Transformation**		
1.火力发电	Thermal Power		
2.供　热	Heating Supply		
3.洗 选 煤	Coal Washing		
4.炼　焦	Coking		
5.炼油及煤制油	Petroleum Refineries		
#油品再投入量(-)	Petroleum Products Input (-)		
6.制　气	Gas Works		
#焦炭再投入量(-)	Coke Input (-)		
7.天然气液化	Natural Gas Liquefaction		
8.煤制品加工	Briquettes		
三.损 失 量	**Loss**		
四.终端消费量	**Total Final Consumption**		
1.农、林、牧、渔业	Farming, Forestry, Animal Husbandry, Fishery Conservancy		
2.工业	Industry		
#用作原料、材料	Non-Energy Use		
3.建筑业	Construction		
4.交通运输、仓储和邮政业	Transport, Storage and Post		
5.批发、零售业和住宿、餐饮业	Wholesale, Retail Trade and Hotel, Restaurants		
6.其他	Others		
7.生活消费	Residential Consumption		
城 镇	Urban		
乡 村	Rural		
五.平衡差额	**Statistical Difference**		
六.消费量合计	**Total Final Consumption**		

Continued 2

液化石油气 (万吨) LPG (10^4 tn)	炼厂干气 (万吨) Refinery Gas (10^4 tn)	其他石油制品 (万吨) Other Petroleum Products (10^4 tn)	天然气 (亿立方米) Natural Gas (10^8 cu.m)	液化天然气 (万吨) LNG (10^4 tn)	热力 (万百万千焦) Heat (10^{10} kJ)	电力 (亿千瓦小时) Electricity (10^8 kW•h)	其他能源 (万吨标煤) Other Energy (10^4 tce)
12.14		**1.21**	**56.42**	**1.20**		**288.01**	**508.28**
			67.01			146.56	
							1.46
12.06		1.18	33.42	1.20		216.77	504.94
			-44.01			-75.32	
0.08		0.03					1.88
			-0.21		**2312.38**	**337.04**	**-2.40**
			-0.05		-19.34	337.04	-2.40
			-0.16		2331.72		
			0.34			**29.20**	
12.14		**1.21**	**55.87**	**1.20**	**2312.38**	**595.84**	**505.88**
			0.71			1.40	
0.45		1.21	41.41	0.14	2312.38	396.08	505.88
			18.09				
0.75			0.11			15.01	
			2.14			9.52	
5.45			3.14			24.88	
			0.17			50.38	
5.49			8.20	1.06		98.57	
3.37			8.20	1.06		64.02	
2.12						34.55	
12.14		**1.21**	**56.42**	**1.20**	**2331.72**	**625.04**	**508.28**

6-23 四川能源平衡表(实物量)-2010

项目	Item	煤合计(万吨) Coal Total (10^4 tn)	原煤(万吨) Raw Coal (10^4 tn)
一.可供本地区消费的能源量	**Total Primary Energy Supply**	**11520.40**	**11505.96**
1.一次能源生产量	Indigenous Production	9247.93	9247.93
2.回收能	Recovery of Energy		
3.外省(区、市)调入量	Moving In from Other Provinces	2647.83	2451.93
4.进口量	Import		
5.境内轮船和飞机在境外的加油量	Domestic Airplanes&Ships Refueling in Abroad		
6.本省(区、市)调出量(-)	Sending Out to Other Provinces(-)	-364.35	-207.70
7.出口量(-)	Export(-)		
8.境外轮船和飞机在境内的加油量(-)	Oversea Airplanes&Ships Refueling in China		
9.库存增(-)、减(+)量	Stock Change	-11.01	13.80
二.加工转换投入(-)产出(+)量	**Input(-) & Output(+) of Transformation**	**-5648.35**	**-6751.68**
1.火力发电	Thermal Power	-2784.78	-2667.82
2.供　热	Heating Supply	-144.91	-144.91
3.洗 选 煤	Coal Washing	-1018.10	-3710.39
4.炼　焦	Coking	-1696.92	-191.33
5.炼油及煤制油	Petroleum Refineries		
#油品再投入量(-)	Petroleum Products Input (-)		
6.制　气	Gas Works	-4.85	-1.49
#焦炭再投入量(-)	Coke Input (-)		
7.天然气液化	Natural Gas Liquefaction		
8.煤制品加工	Briquettes	1.21	-35.74
三.损 失 量	**Loss**	**73.79**	**68.73**
四.终端消费量	**Total Final Consumption**	**5798.26**	**4685.55**
1.农、林、牧、渔业	Farming, Forestry, Animal Husbandry, Fishery Conservancy	29.19	29.19
2.工业	Industry	5075.07	3962.36
#用作原料、材料	Non-Energy Use	335.77	306.56
3.建筑业	Construction	25.00	25.00
4.交通运输、仓储和邮政业	Transport, Storage and Post	10.00	10.00
5.批发、零售业和住宿、餐饮业	Wholesale, Retail Trade and Hotel, Restaurants	50.00	50.00
6.其他	Others	15.00	15.00
7.生活消费	Residential Consumption	594.00	594.00
城 镇	Urban	27.00	27.00
乡 村	Rural	567.00	567.00
五.平衡差额	**Statistical Difference**		
六.消费量合计	**Total Final Consumption**	**11520.40**	**11505.96**

ENERGY BALANCE OF SICHUAN -2010 (PHYSICAL QUANTITY)

洗精煤 (万吨) Cleaned Coal (10^4 tn)	其他洗煤 (万吨) Other Washed Coal (10^4 tn)	型煤 (万吨) Briquettes (10^4 tn)	煤矸石 (万吨) Gangue (10^4 tn)	焦炭 (万吨) Coke (10^4 tn)	焦炉煤气 (亿立方米) Coke Oven Gas (10^8 cu.m)	高炉煤气 (亿立方米) Blast Furnace Gas (10^8 cu.m)	转炉煤气 (亿立方米) Converter Gas (10^8 cu.m)	其他煤气 (亿立方米) Other Gas (10^8 cu.m)
-172.49	**168.02**	**18.91**	**209.33**	**204.66**		**243.91**	**5.88**	
			209.52					
						243.91	5.88	
	174.04	21.86		210.45				
-156.65								
-15.84	-6.02	-2.95	-0.19	-5.79				
481.06	**582.49**	**39.78**	**-9.80**	**1148.98**	**29.65**	**-16.66**	**-0.37**	**1.12**
	-116.96							
			-9.80		-3.44	-16.66	-0.37	
1992.73	699.56							
-1505.48	-0.11			1148.98	33.09			
		-3.36						1.12
-6.19		43.14						
4.47	**0.58**	**0.01**		**2.70**				
304.10	**749.93**	**58.68**	**199.53**	**1350.94**	**29.65**	**227.25**	**5.51**	**1.12**
304.10	749.93	58.68	199.53	1339.49	29.65	227.25	5.51	1.12
17.43	5.11	6.67	35.70	59.44				
				3.91				
				3.84				
				3.70				
1820.24	**867.58**	**62.05**	**209.33**	**1353.64**	**33.09**	**243.91**	**5.88**	**1.12**

续表 1

项　　目	Item	其他焦化产品(万吨) Other Coking Products (10^4 tn)	油品合计(万吨) Petroleum Products Total (10^4 tn)
一.可供本地区消费的能源量	**Total Primary Energy Supply**	**-19.75**	**1497.38**
1.一次能源生产量	Indigenous Production		15.13
2.回收能	Recovery of Energy		
3.外省(区、市)调入量	Moving In from Other Provinces		1487.26
4.进口量	Import		
5.境内轮船和飞机在境外的加油量	Domestic Airplanes&Ships Refueling in Abroad		8.00
6.本省(区、市)调出量(-)	Sending Out to Other Provinces(-)	-20.64	
7.出口量(-)	Export(-)		
8.境外轮船和飞机在境内的加油量(-)	Oversea Airplanes&Ships Refueling in China		-1.63
9.库存增(-)、减(+)量	Stock Change	0.89	-11.38
二.加工转换投入(-)产出(+)量	**Input(-) & Output(+) of Transformation**	**46.97**	**2.06**
1.火力发电	Thermal Power		-1.51
2.供　　热	Heating Supply		-0.14
3.洗 选 煤	Coal Washing		
4.炼　　焦	Coking	46.97	
5.炼油及煤制油	Petroleum Refineries		106.19
#油品再投入量(-)	Petroleum Products Input (-)		-102.48
6.制　　气	Gas Works		
#焦炭再投入量(-)	Coke Input (-)		
7.天然气液化	Natural Gas Liquefaction		
8.煤制品加工	Briquettes		
三.损 失 量	**Loss**		**3.35**
四.终端消费量	**Total Final Consumption**	**27.22**	**1496.09**
1.农、林、牧、渔业	Farming, Forestry, Animal Husbandry, Fishery Conservancy		131.04
2.工业	Industry	27.22	254.56
#用作原料、材料	Non-Energy Use	4.71	28.74
3.建筑业	Construction		60.04
4.交通运输、仓储和邮政业	Transport, Storage and Post		697.23
5.批发、零售业和住宿、餐饮业	Wholesale, Retail Trade and Hotel, Restaurants		140.22
6.其他	Others		123.37
7.生活消费	Residential Consumption		89.63
城 镇	Urban		52.10
乡 村	Rural		37.53
五.平衡差额	**Statistical Difference**		
六.消费量合计	**Total Final Consumption**	**27.22**	**1497.38**

Continued 1

原油 (万吨) Crude Oil (10^4 tn)	汽油 (万吨) Gasoline (10^4 tn)	煤油 (万吨) Kerosene (10^4 tn)	柴油 (万吨) Diesel Oil (10^4 tn)	燃料油 (万吨) Fuel Oil (10^4 tn)	石脑油 (万吨) Naphtha (10^4 tn)	润滑油 (万吨) Lubricants (10^4 tn)	石蜡 (万吨) Petroleum Waxes (10^4 tn)	溶剂油 (万吨) White Spirit (10^4 tn)
351.76	**484.06**	**172.25**	**441.80**	**47.51**				
15.13								
340.51	489.04	165.85	441.55	50.31				
		8.00						
		-1.63						
-3.88	-4.98	0.03	0.25	-2.80				
-350.20	**57.76**	**1.06**	**83.21**	**-40.81**		**44.91**		**3.72**
				-1.51				
			-0.09	-0.05				
-350.20	57.76	1.06	83.30	15.31		44.91		3.72
				-54.56				
1.00	**1.31**	**0.04**	**1.00**					
0.56	**540.51**	**173.27**	**524.01**	**6.70**		**44.91**		**3.72**
	4.84	0.16	126.04					
0.56	28.83	3.53	82.96	6.70		30.13		3.20
0.22	0.51	0.23	1.23	3.75				
	32.53	0.10	1.85			4.70		0.10
	221.20	159.51	223.02			10.08		0.42
	76.98	6.95	56.29					
	87.28	2.32	33.77					
	88.85	0.70	0.08					
	52.00	0.10						
	36.85	0.60	0.08					
351.76	**541.82**	**173.31**	**525.10**	**62.82**		**44.91**		**3.72**

续表 2

项　　目	Item	石油沥青(万吨) Bitumen Asphalt (10^4 tn)	石油焦(万吨) Petroleum Coke (10^4 tn)
一.可供本地区消费的能源量	**Total Primary Energy Supply**		
1.一次能源生产量	Indigenous Production		
2.回收能	Recovery of Energy		
3.外省(区、市)调入量	Moving In from Other Provinces		
4.进口量	Import		
5.境内轮船和飞机在境外的加油量	Domestic Airplanes&Ships Refueling in Abroad		
6.本省(区、市)调出量(-)	Sending Out to Other Provinces(-)		
7.出口量(-)	Export(-)		
8.境外轮船和飞机在境内的加油量(-)	Oversea Airplanes&Ships Refueling in China		
9.库存增(-)、减(+)量	Stock Change		
二.加工转换投入(-)产出(+)量	**Input(-) & Output(+) of Transformation**	**104.39**	
1.火力发电	Thermal Power		
2.供　热	Heating Supply		
3.洗 选 煤	Coal Washing		
4.炼　焦	Coking		
5.炼油及煤制油	Petroleum Refineries	104.39	
#油品再投入量(-)	Petroleum Products Input (-)		
6.制　气	Gas Works		
#焦炭再投入量(-)	Coke Input (-)		
7.天然气液化	Natural Gas Liquefaction		
8.煤制品加工	Briquettes		
三.损 失 量	**Loss**		
四.终端消费量	**Total Final Consumption**	**104.39**	
1.农、林、牧、渔业	Farming, Forestry, Animal Husbandry, Fishery Conservancy		
2.工业	Industry	0.63	
#用作原料、材料	Non-Energy Use		
3.建筑业	Construction	20.76	
4.交通运输、仓储和邮政业	Transport, Storage and Post	83.00	
5.批发、零售业和住宿、餐饮业	Wholesale, Retail Trade and Hotel, Restaurants		
6.其他	Others		
7.生活消费	Residential Consumption		
城 镇	Urban		
乡 村	Rural		
五.平衡差额	**Statistical Difference**		
六.消费量合计	**Total Final Consumption**	**104.39**	

Continued 2

液化石油气（万吨） LPG (10⁴ tn)	炼厂干气（万吨） Refinery Gas (10⁴ tn)	其他石油制品（万吨） Other Petroleum Products (10⁴ tn)	天然气（亿立方米） Natural Gas (10⁸ cu.m)	液化天然气（万吨） LNG (10⁴ tn)	热力（万百万千焦） Heat (10¹⁰ kJ)	电力（亿千瓦小时） Electricity (10⁸ kW•h)	其他能源（万吨标煤） Other Energy (10⁴ tce)
			175.26			**984.96**	**26.19**
			234.16			1139.82	
							26.19
						46.60	
			-58.90			-201.46	
21.68	**3.73**	**72.61**	**-12.91**	**0.96**	**4725.81**	**564.07**	**-1.14**
			-11.97			564.07	
			-0.79		4725.81		-1.14
21.68	3.73	120.53					
		-47.92					
			-0.15	0.96			
			5.00		**4.07**	**148.33**	
21.68	**3.73**	**72.61**	**157.35**	**0.96**	**4721.74**	**1400.70**	**25.05**
			0.05			13.64	
21.68	3.73	72.61	102.61		4721.74	961.30	25.05
18.00		4.80	30.35				3.41
			4.72			34.30	
			6.30	0.96		25.66	
			4.06			47.51	
						76.78	
			39.61			241.51	
			39.61			143.49	
						98.02	
21.68	**3.73**	**120.53**	**175.26**	**0.96**	**4725.81**	**1549.03**	**26.19**

6-24 贵州能源平衡表(实物量)-2010

项 目	Item	煤合计 (万吨) Coal Total (10^4 tn)	原煤 (万吨) Raw Coal (10^4 tn)
一.可供本地区消费的能源量	**Total Primary Energy Supply**	**11220.28**	**13283.13**
1.一次能源生产量	Indigenous Production	15954.00	15954.00
2.回收能	Recovery of Energy		
3.外省(区、市)调入量	Moving In from Other Provinces		
4.进口量	Import		
5.境内轮船和飞机在境外的加油量	Domestic Airplanes&Ships Refueling in Abroad		
6.本省(区、市)调出量(-)	Sending Out to Other Provinces(-)	-4993.21	-2724.48
7.出口量(-)	Export(-)		
8.境外轮船和飞机在境内的加油量(-)	Oversea Airplanes&Ships Refueling in China		
9.库存增(-)、减(+)量	Stock Change	259.49	53.61
二.加工转换投入(-)产出(+)量	**Input(-) & Output(+) of Transformation**	**-6556.93**	**-8756.32**
1.火力发电	Thermal Power	-4888.04	-4876.80
2.供 热	Heating Supply	-9.62	-9.62
3.洗 选 煤	Coal Washing	-661.49	-3650.84
4.炼 焦	Coking	-995.61	-144.29
5.炼油及煤制油	Petroleum Refineries		
#油品再投入量(-)	Petroleum Products Input (-)		
6.制 气	Gas Works	-3.27	-3.27
#焦炭再投入量(-)	Coke Input (-)		
7.天然气液化	Natural Gas Liquefaction		
8.煤制品加工	Briquettes	1.10	-71.50
三.损 失 量	**Loss**	**35.00**	**35.00**
四.终端消费量	**Total Final Consumption**	**4316.17**	**4179.63**
1.农、林、牧、渔业	Farming, Forestry, Animal Husbandry, Fishery Conservancy	144.69	144.69
2.工业	Industry	2397.06	2293.97
#用作原料、材料	Non-Energy Use	427.64	415.69
3.建筑业	Construction	26.89	26.89
4.交通运输、仓储和邮政业	Transport, Storage and Post	15.32	15.32
5.批发、零售业和住宿、餐饮业	Wholesale, Retail Trade and Hotel, Restaurants	503.12	499.10
6.其他	Others	550.51	549.90
7.生活消费	Residential Consumption	678.58	649.76
城 镇	Urban	171.46	159.46
乡 村	Rural	507.12	490.30
五.平衡差额	**Statistical Difference**	**312.18**	**312.18**
六.消费量合计	**Total Final Consumption**	**10908.10**	**12970.95**

ENERGY BALANCE OF GUIZHOU-2010 (PHYSICAL QUANTITY)

洗精煤 (万吨) Cleaned Coal (10^4 tn)	其他洗煤 (万吨) Other Washed Coal (10^4 tn)	型煤 (万吨) Briquettes (10^4 tn)	煤矸石 (万吨) Gangue (10^4 tn)	焦炭 (万吨) Coke (10^4 tn)	焦炉煤气 (亿立方米) Coke Oven Gas (10^8 cu.m)	高炉煤气 (亿立方米) Blast Furnace Gas (10^8 cu.m)	转炉煤气 (亿立方米) Converter Gas (10^8 cu.m)	其他煤气 (亿立方米) Other Gas (10^8 cu.m)
-912.18	**-1137.85**	**-12.82**		**-332.74**		**55.03**	**2.11**	
						55.03	2.11	
-900.88	-1367.85			-326.72				
-11.30	230.00	-12.82		-6.02				
972.18	**1154.61**	**72.60**	**12.44**	**709.66**	**10.45**	**-9.32**		**1.77**
	-11.24		-26.13		-2.02	-9.32		
1823.50	1165.85		38.57					
-851.32				713.18	12.47			
				-3.52				1.77
		72.60						
					0.03			
60.00	**16.76**	**59.78**	**12.44**	**376.92**	**10.42**	**45.71**	**2.11**	**1.77**
					0.73			
60.00	16.76	26.33	12.44	375.27	6.66	45.71	2.11	1.77
2.75	3.03	6.17	3.62	21.31	1.34			
				1.65	0.05			
					0.01			
		4.02			1.38			
		0.61			0.45			
		28.82			1.14			
		12.00			1.14			
		16.82						
911.32	**28.00**	**59.78**	**38.57**	**380.44**	**12.47**	**55.03**	**2.11**	**1.77**

续表 1

项目	Item	其他焦化产品(万吨) Other Coking Products (10^4 tn)	油品合计(万吨) Petroleum Products Total (10^4 tn)
一.可供本地区消费的能源量	**Total Primary Energy Supply**	**-12.81**	**502.34**
1.一次能源生产量	Indigenous Production		
2.回收能	Recovery of Energy		
3.外省(区、市)调入量	Moving In from Other Provinces		492.93
4.进口量	Import		
5.境内轮船和飞机在境外的加油量	Domestic Airplanes&Ships Refueling in Abroad		5.09
6.本省(区、市)调出量(-)	Sending Out to Other Provinces(-)	-14.39	
7.出口量(-)	Export(-)		
8.境外轮船和飞机在境内的加油量(-)	Oversea Airplanes&Ships Refueling in China		
9.库存增(-)、减(+)量	Stock Change	1.58	4.32
二.加工转换投入(-)产出(+)量	**Input(-) & Output(+) of Transformation**	**18.93**	**-2.29**
1.火力发电	Thermal Power		-2.29
2.供　　热	Heating Supply		
3.洗 选 煤	Coal Washing		
4.炼　　焦	Coking	18.93	
5.炼油及煤制油	Petroleum Refineries		
#油品再投入量(-)	Petroleum Products Input (-)		
6.制　　气	Gas Works		
#焦炭再投入量(-)	Coke Input (-)		
7.天然气液化	Natural Gas Liquefaction		
8.煤制品加工	Briquettes		
三.损 失 量	**Loss**		
四.终端消费量	**Total Final Consumption**	**6.12**	**491.52**
1.农、林、牧、渔业	Farming, Forestry, Animal Husbandry, Fishery Conservancy		0.28
2.工业	Industry	6.12	81.58
#用作原料、材料	Non-Energy Use		
3.建筑业	Construction		15.27
4.交通运输、仓储和邮政业	Transport, Storage and Post		309.96
5.批发、零售业和住宿、餐饮业	Wholesale, Retail Trade and Hotel, Restaurants		22.10
6.其他	Others		46.29
7.生活消费	Residential Consumption		16.04
城 镇	Urban		14.37
乡 村	Rural		1.67
五.平衡差额	**Statistical Difference**		**8.53**
六.消费量合计	**Total Final Consumption**	**6.12**	**493.81**

Continued 1

原油 (万吨) Crude Oil (10^4 tn)	汽油 (万吨) Gasoline (10^4 tn)	煤油 (万吨) Kerosene (10^4 tn)	柴油 (万吨) Diesel Oil (10^4 tn)	燃料油 (万吨) Fuel Oil (10^4 tn)	石脑油 (万吨) Naphtha (10^4 tn)	润滑油 (万吨) Lubricants (10^4 tn)	石蜡 (万吨) Petroleum Waxes (10^4 tn)	溶剂油 (万吨) White Spirit (10^4 tn)
	143.36	**17.47**	**264.66**	**14.43**				
	136.80	12.70	266.60	14.54				
		5.09						
	6.56	-0.32	-1.94	-0.11				
			-2.29					
			-2.29					
	143.36	**8.94**	**262.37**	**14.43**				
	0.14	0.03	0.11					
	4.83	1.06	18.53	12.66				
	5.14		9.98					
	108.30	7.73	192.16	1.77				
	4.38	0.08	8.79					
	13.62		32.57					
	6.95	0.04	0.23					
	5.70							
	1.25	0.04	0.23					
		8.53						
	143.36	**8.94**	**264.66**	**14.43**				

续表 2

项　　目	Item	石油沥青(万吨) Bitumen Asphalt (10^4 tn)	石油焦(万吨) Petroleum Coke (10^4 tn)
一.可供本地区消费的能源量	**Total Primary Energy Supply**		**2.00**
1.一次能源生产量	Indigenous Production		
2.回收能	Recovery of Energy		
3.外省(区、市)调入量	Moving In from Other Provinces		2.00
4.进口量	Import		
5.境内轮船和飞机在境外的加油量	Domestic Airplanes&Ships Refueling in Abroad		
6.本省(区、市)调出量(-)	Sending Out to Other Provinces(-)		
7.出口量(-)	Export(-)		
8.境外轮船和飞机在境内的加油量(-)	Oversea Airplanes&Ships Refueling in China		
9.库存增(-)、减(+)量	Stock Change		
二.加工转换投入(-)产出(+)量	**Input(-) & Output(+) of Transformation**		
1.火力发电	Thermal Power		
2.供　　热	Heating Supply		
3.洗 选 煤	Coal Washing		
4.炼　　焦	Coking		
5.炼油及煤制油	Petroleum Refineries		
#油品再投入量(-)	Petroleum Products Input (-)		
6.制　　气	Gas Works		
#焦炭再投入量(-)	Coke Input (-)		
7.天然气液化	Natural Gas Liquefaction		
8.煤制品加工	Briquettes		
三.损 失 量	**Loss**		
四.终端消费量	**Total Final Consumption**		**2.00**
1.农、林、牧、渔业	Farming, Forestry, Animal Husbandry, Fishery Conservancy		
2.工业	Industry		2.00
#用作原料、材料	Non-Energy Use		
3.建筑业	Construction		
4.交通运输、仓储和邮政业	Transport, Storage and Post		
5.批发、零售业和住宿、餐饮业	Wholesale, Retail Trade and Hotel, Restaurants		
6.其他	Others		
7.生活消费	Residential Consumption		
城 镇	Urban		
乡 村	Rural		
五.平衡差额	**Statistical Difference**		
六.消费量合计	**Total Final Consumption**		**2.00**

Continued 2

液化石油气 (万吨) LPG (10^4 tn)	炼厂干气 (万吨) Refinery Gas (10^4 tn)	其他石油制品 (万吨) Other Petroleum Products (10^4 tn)	天然气 (亿立方米) Natural Gas (10^8 cu.m)	液化天然气 (万吨) LNG (10^4 tn)	热力 (万百万千焦) Heat (10^10 kJ)	电力 (亿千瓦小时) Electricity (10^8 kW•h)	其他能源 (万吨标煤) Other Energy (10^4 tce)
18.03		**42.39**	**4.14**	**0.37**	**1931.90**	**-133.54**	
						416.58	
					1931.90		
18.01		42.28	4.14	0.37		0.28	
						-550.40	
0.02		0.11					
					-1714.81	**969.06**	
					-1846.08	969.06	
					131.27		
						60.90	
18.03		**42.39**	**4.14**	**0.37**	**217.09**	**774.62**	
						4.22	
0.11		42.39	4.02	0.37	217.09	578.74	
0.15						11.10	
						22.71	
8.85						12.42	
0.10						23.26	
8.82			0.12			122.17	
8.67			0.12			78.79	
0.15						43.38	
18.03		**42.39**	**4.14**	**0.37**	**2063.17**	**835.52**	

6-25 云南能源平衡表(实物量)-2010

项目	Item	煤合计(万吨) Coal Total (10^4 tn)	原煤(万吨) Raw Coal (10^4 tn)
一.可供本地区消费的能源量	**Total Primary Energy Supply**	**9349.42**	**9027.61**
1.一次能源生产量	Indigenous Production	9763.38	9763.38
2.回收能	Recovery of Energy		
3.外省(区、市)调入量	Moving In from Other Provinces	1147.86	402.60
4.进口量	Import		
5.境内轮船和飞机在境外的加油量	Domestic Airplanes&Ships Refueling in Abroad		
6.本省(区、市)调出量(-)	Sending Out to Other Provinces(-)	-1308.90	-909.60
7.出口量(-)	Export(-)		
8.境外轮船和飞机在境内的加油量(-)	Oversea Airplanes&Ships Refueling in China		
9.库存增(-)、减(+)量	Stock Change	-252.93	-228.77
二.加工转换投入(-)产出(+)量	**Input(-) & Output(+) of Transformation**	**-6059.05**	**-5911.86**
1.火力发电	Thermal Power	-3384.19	-3345.11
2.供　热	Heating Supply	-29.11	-29.11
3.洗 选 煤	Coal Washing	-452.71	-1907.68
4.炼　焦	Coking	-1959.80	-518.96
5.炼油及煤制油	Petroleum Refineries		
#油品再投入量(-)	Petroleum Products Input (-)		
6.制　气	Gas Works	-237.44	-31.84
#焦炭再投入量(-)	Coke Input (-)		
7.天然气液化	Natural Gas Liquefaction		
8.煤制品加工	Briquettes	4.20	-79.16
三.损 失 量	**Loss**		
四.终端消费量	**Total Final Consumption**	**3290.35**	**3115.74**
1.农、林、牧、渔业	Farming, Forestry, Animal Husbandry, Fishery Conservancy	220.24	219.65
2.工业	Industry	2611.74	2485.40
#用作原料、材料	Non-Energy Use	320.04	317.00
3.建筑业	Construction	19.95	19.58
4.交通运输、仓储和邮政业	Transport, Storage and Post	18.38	18.38
5.批发、零售业和住宿、餐饮业	Wholesale, Retail Trade and Hotel, Restaurants	53.76	52.80
6.其他	Others	30.95	30.85
7.生活消费	Residential Consumption	335.33	289.09
城 镇	Urban	78.91	58.94
乡 村	Rural	256.42	230.15
五.平衡差额	**Statistical Difference**	**0.02**	**0.01**
六.消费量合计	**Total Final Consumption**	**9349.40**	**9027.60**

ENERGY BALANCE OF YUNNAN-2010 (PHYSICAL QUANTITY)

洗精煤 (万吨) Cleaned Coal (10^4 tn)	其他洗煤 (万吨) Other Washed Coal (10^4 tn)	型煤 (万吨) Briquettes (10^4 tn)	煤矸石 (万吨) Gangue (10^4 tn)	焦炭 (万吨) Coke (10^4 tn)	焦炉煤气 (亿立方米) Coke Oven Gas (10^8 cu.m)	高炉煤气 (亿立方米) Blast Furnace Gas (10^8 cu.m)	转炉煤气 (亿立方米) Converter Gas (10^8 cu.m)	其他煤气 (亿立方米) Other Gas (10^8 cu.m)
683.93	**-348.79**	**-13.34**	**65.45**	**-376.05**		**141.71**	**4.65**	
			65.45					
						141.71	4.65	
740.53	4.73			21.28				
-42.72	-356.58			-430.21				
-13.88	3.06	-13.34		32.88				
-643.85	**414.26**	**82.40**	**-62.95**	**1606.66**	**18.83**	**-48.03**	**-1.80**	**0.28**
	-39.08		-62.95		-3.25	-48.03	-1.80	
990.63	464.34							
-1429.84	-11.00			1460.78	19.11			
-204.64		-0.96		146.48	2.97			0.28
				-0.60				
		83.36						
40.09	**65.46**	**69.05**	**2.50**	**1230.61**	**18.83**	**93.68**	**2.85**	**0.28**
		0.59		1.35				
40.09	24.58	61.67	2.50	1228.93	14.67	93.68	2.85	
2.23	0.01	0.80		81.39	0.05			
	0.37							
		0.96			1.03			
		0.10			0.10			
	40.51	5.73		0.33	3.03			0.28
	18.16	1.81		0.21	3.03			0.20
	22.35	3.92		0.12				0.08
-0.01	**0.01**	**0.01**						
1674.57	**115.54**	**70.01**	**65.45**	**1231.21**	**22.08**	**141.71**	**4.65**	**0.28**

续表 1

项　目	Item	其他焦化产品(万吨) Other Coking Products (10^4 tn)	油品合计(万吨) Petroleum Products Total (10^4 tn)
一.可供本地区消费的能源量	**Total Primary Energy Supply**	**-51.58**	**899.05**
1.一次能源生产量	Indigenous Production		0.04
2.回收能	Recovery of Energy		
3.外省(区、市)调入量	Moving In from Other Provinces		920.78
4.进口量	Import		
5.境内轮船和飞机在境外的加油量	Domestic Airplanes&Ships Refueling in Abroad		0.34
6.本省(区、市)调出量(-)	Sending Out to Other Provinces(-)	-50.81	-17.49
7.出口量(-)	Export(-)		-2.19
8.境外轮船和飞机在境内的加油量(-)	Oversea Airplanes&Ships Refueling in China		-0.34
9.库存增(-)、减(+)量	Stock Change	-0.77	-2.09
二.加工转换投入(-)产出(+)量	**Input(-) & Output(+) of Transformation**	**77.24**	**-0.85**
1.火力发电	Thermal Power		-0.76
2.供　热	Heating Supply		-0.02
3.洗选煤	Coal Washing		
4.炼　焦	Coking	63.93	
5.炼油及煤制油	Petroleum Refineries		
#油品再投入量(-)	Petroleum Products Input (-)		
6.制　气	Gas Works	24.54	-0.07
#焦炭再投入量(-)	Coke Input (-)	-11.23	
7.天然气液化	Natural Gas Liquefaction		
8.煤制品加工	Briquettes		
三.损失量	**Loss**		
四.终端消费量	**Total Final Consumption**	**25.66**	**898.26**
1.农、林、牧、渔业	Farming, Forestry, Animal Husbandry, Fishery Conservancy		25.12
2.工业	Industry	24.97	123.44
#用作原料、材料	Non-Energy Use	0.17	21.45
3.建筑业	Construction	0.69	55.01
4.交通运输、仓储和邮政业	Transport, Storage and Post		555.84
5.批发、零售业和住宿、餐饮业	Wholesale, Retail Trade and Hotel, Restaurants		32.15
6.其他	Others		27.19
7.生活消费	Residential Consumption		79.51
城镇	Urban		39.92
乡村	Rural		39.59
五.平衡差额	**Statistical Difference**	**-0.01**	**-0.06**
六.消费量合计	**Total Final Consumption**	**36.89**	**899.11**

Continued 1

原油 (万吨) Crude Oil (10^4 tn)	汽油 (万吨) Gasoline (10^4 tn)	煤油 (万吨) Kerosene (10^4 tn)	柴油 (万吨) Diesel Oil (10^4 tn)	燃料油 (万吨) Fuel Oil (10^4 tn)	石脑油 (万吨) Naphtha (10^4 tn)	润滑油 (万吨) Lubricants (10^4 tn)	石蜡 (万吨) Petroleum Waxes (10^4 tn)	溶剂油 (万吨) White Spirit (10^4 tn)
0.04	**232.49**	**47.44**	**562.04**	**5.61**		**1.37**		**0.13**
0.04								
	240.94	47.53	574.18	5.66		1.38		0.13
		0.34						
	-4.70	-0.01	-12.78					
	-0.92		-1.27					
		-0.34						
	-2.83	-0.09	1.91	-0.06				
			-0.78					
			-0.76					
			-0.02					
0.06	**232.49**	**47.44**	**561.26**	**5.62**		**1.38**		**0.13**
	8.56	0.08	16.42					
0.06	12.78	0.25	75.56	5.62		1.17		0.13
	0.04	0.03	0.11			0.07		0.11
	17.15	1.12	36.67					
	111.51	44.38	399.68			0.21		
	14.48	1.52	11.17					
	16.68	0.07	9.34					
	51.33	0.02	12.43					
	27.09	0.01	4.72					
	24.24	0.01	7.71					
-0.02		**-0.01**		**-0.01**				
0.06	**232.49**	**47.44**	**562.04**	**5.62**		**1.38**		**0.13**

续表 2

项目	Item	石油沥青(万吨) Bitumen Asphalt (10^4 tn)	石油焦(万吨) Petroleum Coke (10^4 tn)
一.可供本地区消费的能源量	**Total Primary Energy Supply**	**3.02**	**22.70**
1.一次能源生产量	Indigenous Production		
2.回收能	Recovery of Energy		
3.外省(区、市)调入量	Moving In from Other Provinces	3.17	23.32
4.进口量	Import		
5.境内轮船和飞机在境外的加油量	Domestic Airplanes&Ships Refueling in Abroad		
6.本省(区、市)调出量(−)	Sending Out to Other Provinces(-)		
7.出口量(−)	Export(-)		
8.境外轮船和飞机在境内的加油量(−)	Oversea Airplanes&Ships Refueling in China		
9.库存增(−)、减(+)量	Stock Change	-0.15	-0.62
二.加工转换投入(−)产出(+)量	**Input(-) & Output(+) of Transformation**		
1.火力发电	Thermal Power		
2.供　　热	Heating Supply		
3.洗 选 煤	Coal Washing		
4.炼　　焦	Coking		
5.炼油及煤制油	Petroleum Refineries		
#油品再投入量(−)	Petroleum Products Input (-)		
6.制　　气	Gas Works		
#焦炭再投入量(−)	Coke Input (-)		
7.天然气液化	Natural Gas Liquefaction		
8.煤制品加工	Briquettes		
三.损 失 量	**Loss**		
四.终端消费量	**Total Final Consumption**	**3.02**	**22.70**
1.农、林、牧、渔业	Farming, Forestry, Animal Husbandry, Fishery Conservancy		
2.工业	Industry	3.02	22.70
#用作原料、材料	Non-Energy Use	2.61	18.38
3.建筑业	Construction		
4.交通运输、仓储和邮政业	Transport, Storage and Post		
5.批发、零售业和住宿、餐饮业	Wholesale, Retail Trade and Hotel, Restaurants		
6.其他	Others		
7.生活消费	Residential Consumption		
城 镇	Urban		
乡 村	Rural		
五.平衡差额	**Statistical Difference**		
六.消费量合计	**Total Final Consumption**	**3.02**	**22.70**

液化石油气 (万吨) LPG (10^4 tn)	炼厂干气 (万吨) Refinery Gas (10^4 tn)	其他石油制品 (万吨) Other Petroleum Products (10^4 tn)	天然气 (亿立方米) Natural Gas (10^8 cu.m)	液化天然气 (万吨) LNG (10^4 tn)	热力 (万百万千焦) Heat (10^{10} kJ)	电力 (亿千瓦小时) Electricity (10^8 kW•h)	其他能源 (万吨标煤) Other Energy (10^4 tce)
22.43		**1.78**	**3.64**		**449.85**	**457.58**	**101.00**
			0.06			818.36	100.92
					449.85		0.08
22.63		1.83	3.58			4.02	
						17.20	
						-325.71	
						-56.29	
-0.20		-0.05					
-0.07					**-40.76**	**546.49**	**-26.02**
					-448.49	546.49	-26.02
					407.73		
-0.07							
						71.84	
22.38		**1.78**	**3.64**		**409.10**	**932.23**	**74.98**
0.06			0.01			10.66	
0.38		1.78	3.34		409.09	698.42	64.39
		0.09	3.34				1.34
0.07						18.10	
0.06			0.01			15.96	
4.98			0.05			19.25	
1.10			0.01		0.01	29.88	
15.73			0.23			139.95	10.59
8.10			0.22			94.55	1.28
7.63			0.01			45.40	9.31
-0.02					**-0.01**		
22.45		**1.78**	**3.64**		**857.59**	**1004.07**	**101.00**

6-26 陕西能源平衡表(实物量)-2010

项目	Item	煤合计(万吨) Coal Total (10^4 tn)	原煤(万吨) Raw Coal (10^4 tn)
一.可供本地区消费的能源量	**Total Primary Energy Supply**	**12122.96**	**12558.49**
1.一次能源生产量	Indigenous Production	36164.15	36164.15
2.回收能	Recovery of Energy		-
3.外省(区、市)调入量	Moving In from Other Provinces	1240.69	1240.69
4.进口量	Import		
5.境内轮船和飞机在境外的加油量	Domestic Airplanes&Ships Refueling in Abroad		
6.本省(区、市)调出量(-)	Sending Out to Other Provinces(-)	-24464.62	-24050.62
7.出口量(-)	Export(-)	-545.34	-545.34
8.境外轮船和飞机在境内的加油量(-)	Oversea Airplanes&Ships Refueling in China		
9.库存增(-)、减(+)量	Stock Change	-271.91	-250.39
二.加工转换投入(-)产出(+)量	**Input(-) & Output(+) of Transformation**	**-8354.31**	**-8863.59**
1.火力发电	Thermal Power	-4861.49	-4850.49
2.供热	Heating Supply	-307.86	-307.86
3.洗选煤	Coal Washing	-371.63	-1691.81
4.炼焦	Coking	-2814.03	-2008.02
5.炼油及煤制油	Petroleum Refineries		
#油品再投入量(-)	Petroleum Products Input (-)		
6.制气	Gas Works		
#焦炭再投入量(-)	Coke Input (-)		
7.天然气液化	Natural Gas Liquefaction		
8.煤制品加工	Briquettes	0.69	-5.41
三.损失量	**Loss**		
四.终端消费量	**Total Final Consumption**	**3284.22**	**3221.76**
1.农、林、牧、渔业	Farming, Forestry, Animal Husbandry, Fishery Conservancy	23.00	23.00
2.工业	Industry	2423.52	2361.06
#用作原料、材料	Non-Energy Use	534.25	508.09
3.建筑业	Construction	31.50	31.50
4.交通运输、仓储和邮政业	Transport, Storage and Post	52.00	52.00
5.批发、零售业和住宿、餐饮业	Wholesale, Retail Trade and Hotel, Restaurants	91.00	91.00
6.其他	Others	259.25	259.25
7.生活消费	Residential Consumption	403.95	403.95
城镇	Urban	140.00	140.00
乡村	Rural	263.95	263.95
五.平衡差额	**Statistical Difference**	**484.43**	**473.14**
六.消费量合计	**Total Final Consumption**	**11638.53**	**12085.35**

ENERGY BALANCE OF SHAANXI-2010 (PHYSICAL QUANTITY)

洗精煤 (万吨) Cleaned Coal (10^4 tn)	其他洗煤 (万吨) Other Washed Coal (10^4 tn)	型煤 (万吨) Briquettes (10^4 tn)	煤矸石 (万吨) Gangue (10^4 tn)	焦炭 (万吨) Coke (10^4 tn)	焦炉煤气 (亿立方米) Coke Oven Gas (10^8 cu.m)	高炉煤气 (亿立方米) Blast Furnace Gas (10^8 cu.m)	转炉煤气 (亿立方米) Converter Gas (10^8 cu.m)	其他煤气 (亿立方米) Other Gas (10^8 cu.m)
-145.66	**-289.76**	**-0.11**	**340.00**	**-870.25**		**44.78**	**1.20**	
			340.00					
						44.78	1.20	
-124.00	-290.00			-850.00				
				-0.49				
-21.66	0.24	-0.11		-19.76				
211.35	**291.82**	**6.10**	**-329.10**	**1702.19**	**5.89**	**-25.00**		
	-11.01		-355.13		-1.97	-18.24		
			-2.81		-0.29	-6.76		
1017.35	302.83		28.85					
-806.01				1702.19	8.15			
		6.10						
55.50	**2.50**	**4.46**	**12.00**	**731.25**	**5.80**	**22.10**	**1.20**	
55.50	2.50	4.46	12.00	731.25	5.80	22.10	1.20	
25.60		0.55	8.80	54.17				
10.18	**-0.43**	**1.54**	**-1.10**	**100.68**	**0.09**	**-2.33**		
861.51	**13.51**	**4.46**	**369.95**	**731.25**	**8.06**	**47.10**	**1.20**	

续表 1

项目	Item	其他焦化产品(万吨) Other Coking Products (10^4 tn)	油品合计(万吨) Petroleum Products Total (10^4 tn)
一.可供本地区消费的能源量	**Total Primary Energy Supply**	**-64.95**	**1040.88**
1.一次能源生产量	Indigenous Production		3017.28
2.回收能	Recovery of Energy		
3.外省(区、市)调入量	Moving In from Other Provinces		63.56
4.进口量	Import		
5.境内轮船和飞机在境外的加油量	Domestic Airplanes&Ships Refueling in Abroad		
6.本省(区、市)调出量(-)	Sending Out to Other Provinces(-)	-65.90	-2023.90
7.出口量(-)	Export(-)		
8.境外轮船和飞机在境内的加油量(-)	Oversea Airplanes&Ships Refueling in China		
9.库存增(-)、减(+)量	Stock Change	0.95	-16.06
二.加工转换投入(-)产出(+)量	**Input(-) & Output(+) of Transformation**	**94.80**	**-156.86**
1.火力发电	Thermal Power		-0.68
2.供　热	Heating Supply		-1.43
3.洗 选 煤	Coal Washing		
4.炼　焦	Coking	94.80	
5.炼油及煤制油	Petroleum Refineries		-151.13
#油品再投入量(-)	Petroleum Products Input (-)		-3.63
6.制　气	Gas Works		
#焦炭再投入量(-)	Coke Input (-)		
7.天然气液化	Natural Gas Liquefaction		
8.煤制品加工	Briquettes		
三.损 失 量	**Loss**		
四.终端消费量	**Total Final Consumption**	**7.90**	**946.40**
1.农、林、牧、渔业	Farming, Forestry, Animal Husbandry, Fishery Conservancy		46.52
2.工业	Industry	7.90	186.02
#用作原料、材料	Non-Energy Use	1.24	4.24
3.建筑业	Construction		57.86
4.交通运输、仓储和邮政业	Transport, Storage and Post		499.00
5.批发、零售业和住宿、餐饮业	Wholesale, Retail Trade and Hotel, Restaurants		39.90
6.其他	Others		14.30
7.生活消费	Residential Consumption		102.80
城 镇	Urban		77.30
乡 村	Rural		25.50
五.平衡差额	**Statistical Difference**	**21.95**	**-62.38**
六.消费量合计	**Total Final Consumption**	**7.90**	**1103.26**

Continued 1

原油 (万吨) Crude Oil (10^4 tn)	汽油 (万吨) Gasoline (10^4 tn)	煤油 (万吨) Kerosene (10^4 tn)	柴油 (万吨) Diesel Oil (10^4 tn)	燃料油 (万吨) Fuel Oil (10^4 tn)	石脑油 (万吨) Naphtha (10^4 tn)	润滑油 (万吨) Lubricants (10^4 tn)	石蜡 (万吨) Petroleum Waxes (10^4 tn)	溶剂油 (万吨) White Spirit (10^4 tn)
1977.74	**-317.11**	**-15.26**	**-287.55**	**-85.01**	**-3.56**			
3017.28								
	22.50		41.06					
-1032.19	-345.67		-328.57	-85.50	-3.56			
-7.35	6.06	-15.26	-0.03	0.49				
-1980.87	**572.48**	**27.65**	**853.68**	**85.15**	**3.56**			
	-0.01		-0.67					
			-0.09					
-1980.87	572.49	27.65	854.44	85.15	3.56			
123.74	**255.22**	**8.94**	**530.74**	**0.14**				
	7.02		39.50					
123.74	10.40	2.08	44.34	0.14				
	0.92	0.06	0.37					
	9.50	0.36	48.00					
	136.50	6.50	356.00					
	11.50		25.60					
	4.30		10.00					
	76.00		7.30					
	60.00		2.30					
	16.00		5.00					
-126.87	**0.15**	**3.45**	**35.39**	**0.01**				
2104.61	**255.23**	**8.94**	**531.50**	**0.14**				

续表 2

项　　目	Item	石油沥青(万吨) Bitumen Asphalt (10^4 tn)	石油焦(万吨) Petroleum Coke (10^4 tn)
一.可供本地区消费的能源量	**Total Primary Energy Supply**		**-48.90**
1.一次能源生产量	Indigenous Production		
2.回收能	Recovery of Energy		
3.外省(区、市)调入量	Moving In from Other Provinces		
4.进口量	Import		
5.境内轮船和飞机在境外的加油量	Domestic Airplanes&Ships Refueling in Abroad		
6.本省(区、市)调出量(−)	Sending Out to Other Provinces(-)		-48.90
7.出口量(−)	Export(-)		
8.境外轮船和飞机在境内的加油量(−)	Oversea Airplanes&Ships Refueling in China		
9.库存增(−)、减(+)量	Stock Change		
二.加工转换投入(−)产出(+)量	**Input(-) & Output(+) of Transformation**	**16.43**	**50.29**
1.火力发电	Thermal Power		
2.供　　热	Heating Supply		
3.洗 选 煤	Coal Washing		
4.炼　　焦	Coking		
5.炼油及煤制油	Petroleum Refineries	16.43	50.29
#油品再投入量(−)	Petroleum Products Input (-)		
6.制　　气	Gas Works		
#焦炭再投入量(−)	Coke Input (-)		
7.天然气液化	Natural Gas Liquefaction		
8.煤制品加工	Briquettes		
三.损 失 量	**Loss**		
四.终端消费量	**Total Final Consumption**		
1.农、林、牧、渔业	Farming, Forestry, Animal Husbandry, Fishery Conservancy		
2.工业	Industry		
#用作原料、材料	Non-Energy Use		
3.建筑业	Construction		
4.交通运输、仓储和邮政业	Transport, Storage and Post		
5.批发、零售业和住宿、餐饮业	Wholesale, Retail Trade and Hotel, Restaurants		
6.其他	Others		
7.生活消费	Residential Consumption		
城 镇	Urban		
乡 村	Rural		
五.平衡差额	**Statistical Difference**	**16.43**	**1.39**
六.消费量合计	**Total Final Consumption**		

液化石油气（万吨） LPG (10^4 tn)	炼厂干气（万吨） Refinery Gas (10^4 tn)	其他石油制品（万吨） Other Petroleum Products (10^4 tn)	天然气（亿立方米） Natural Gas (10^8 cu.m)	液化天然气（万吨） LNG (10^4 tn)	热力（万百万千焦） Heat (10^{10} kJ)	电力（亿千瓦小时） Electricity (10^8 kW•h)	其他能源（万吨标煤） Other Energy (10^4 tce)
-52.49		**-126.98**	**57.48**	**0.01**	**440.02**	**-8.07**	**22.40**
			223.47			87.25	
					440.02		22.47
				0.01		164.68	
-52.50		-127.00	-165.99			-260.00	
0.01		0.02					-0.07
82.18	**1.37**	**131.22**	**-1.41**		**4915.69**	**1039.73**	**-1.76**
			-0.87		-387.80	1039.73	-1.76
	-1.34		-0.54		5303.49		
82.18	2.71	134.85					
		-3.63					
			0.41			**60.91**	
22.70	**1.30**	**3.62**	**57.37**	**0.01**	**5118.31**	**798.31**	**23.13**
			0.04			39.13	
0.40	1.30	3.62	28.53	0.01	2352.60	512.14	23.13
		2.90	6.11				
						16.46	
			4.35		0.15	38.62	
2.80			7.52		88.00	27.11	
			0.30		277.56	52.48	
19.50			16.64		2400.00	112.38	
15.00			16.00		2400.00	67.24	
4.50			0.64			45.14	
6.99	**0.07**	**0.62**	**-1.71**		**237.40**	**172.44**	**-2.48**
22.70	**2.64**	**7.25**	**59.19**	**0.01**	**5506.11**	**859.22**	**24.88**

6-27 甘肃能源平衡表(实物量)-2010

项目	Item	煤合计(万吨) Coal Total (10^4 tn)	原煤(万吨) Raw Coal (10^4 tn)
一.可供本地区消费的能源量	**Total Primary Energy Supply**	**5389.57**	**5126.28**
1.一次能源生产量	Indigenous Production	4688.25	4688.25
2.回收能	Recovery of Energy		
3.外省(区、市)调入量	Moving In from Other Provinces	2353.75	2064.37
4.进口量	Import		
5.境内轮船和飞机在境外的加油量	Domestic Airplanes&Ships Refueling in Abroad		
6.本省(区、市)调出量(-)	Sending Out to Other Provinces(-)	-1610.87	-1610.87
7.出口量(-)	Export(-)		
8.境外轮船和飞机在境内的加油量(-)	Oversea Airplanes&Ships Refueling in China		
9.库存增(-)、减(+)量	Stock Change	-41.56	-15.47
二.加工转换投入(-)产出(+)量	**Input(-) & Output(+) of Transformation**	**-3640.62**	**-3507.00**
1.火力发电	Thermal Power	-2771.89	-2771.89
2.供　热	Heating Supply	-439.89	-439.89
3.洗选煤	Coal Washing	-31.00	-172.00
4.炼　焦	Coking	-388.55	-113.93
5.炼油及煤制油	Petroleum Refineries		
#油品再投入量(-)	Petroleum Products Input (-)		
6.制　气	Gas Works	-9.29	-9.29
#焦炭再投入量(-)	Coke Input (-)		
7.天然气液化	Natural Gas Liquefaction		
8.煤制品加工	Briquettes		
三.损失量	**Loss**		
四.终端消费量	**Total Final Consumption**	**1748.95**	**1619.28**
1.农、林、牧、渔业	Farming, Forestry, Animal Husbandry, Fishery Conservancy	58.80	51.60
2.工业	Industry	1050.45	1007.98
#用作原料、材料	Non-Energy Use	74.74	68.05
3.建筑业	Construction	28.00	28.00
4.交通运输、仓储和邮政业	Transport, Storage and Post	50.00	50.00
5.批发、零售业和住宿、餐饮业	Wholesale, Retail Trade and Hotel, Restaurants	33.00	33.00
6.其他	Others	22.00	22.00
7.生活消费	Residential Consumption	506.70	426.70
城镇	Urban	103.00	73.00
乡村	Rural	403.70	353.70
五.平衡差额	**Statistical Difference**		
六.消费量合计	**Total Final Consumption**	**5389.57**	**5126.28**

ENERGY BALANCE OF GANSU-2010 (PHYSICAL QUANTITY)

洗精煤（万吨） Cleaned Coal (10^4 tn)	其他洗煤（万吨） Other Washed Coal (10^4 tn)	型煤（万吨） Briquettes (10^4 tn)	煤矸石（万吨） Gangue (10^4 tn)	焦炭（万吨） Coke (10^4 tn)	焦炉煤气（亿立方米） Coke Oven Gas (10^8 cu.m)	高炉煤气（亿立方米） Blast Furnace Gas (10^8 cu.m)	转炉煤气（亿立方米） Converter Gas (10^8 cu.m)	其他煤气（亿立方米） Other Gas (10^8 cu.m)
168.05	**1.01**	**94.23**	**42.32**	**297.28**		**107.50**	**4.36**	
						107.50	4.36	
194.14	1.01	94.23	42.32	297.34				
-26.09				-0.06				
-133.62			**-42.32**	**244.04**	**9.40**	**-7.95**	**-0.35**	**2.32**
			-37.86		-0.89	-4.06	-0.31	
			-4.46		-0.70	-3.89	-0.04	
141.00								
-274.62				244.32	10.99			
								2.32
				-0.28				
34.43	**1.01**	**94.23**		**541.32**	**9.40**	**99.55**	**4.01**	**2.32**
		7.20						
34.43	1.01	7.03		541.32	8.31	99.55	3.96	2.32
		6.69		29.84				
		80.00			1.09		0.05	
		30.00			1.09		0.05	
		50.00						
309.05	**1.01**	**94.23**	**42.32**	**541.60**	**10.99**	**107.50**	**4.36**	**2.32**

续表 1

项　　目	Item	其他焦化产品(万吨) Other Coking Products (10^4 tn)	油品合计(万吨) Petroleum Products Total (10^4 tn)
一.可供本地区消费的能源量	**Total Primary Energy Supply**	**-9.86**	**607.54**
1.一次能源生产量	Indigenous Production		382.14
2.回收能	Recovery of Energy		
3.外省(区、市)调入量	Moving In from Other Provinces		1062.56
4.进口量	Import		
5.境内轮船和飞机在境外的加油量	Domestic Airplanes&Ships Refueling in Abroad		
6.本省(区、市)调出量(-)	Sending Out to Other Provinces(-)	-10.13	-875.23
7.出口量(-)	Export(-)		
8.境外轮船和飞机在境内的加油量(-)	Oversea Airplanes&Ships Refueling in China		
9.库存增(-)、减(+)量	Stock Change	0.27	38.07
二.加工转换投入(-)产出(+)量	**Input(-) & Output(+) of Transformation**	**16.61**	**-104.86**
1.火力发电	Thermal Power		-0.59
2.供　热	Heating Supply		-11.35
3.洗 选 煤	Coal Washing		
4.炼　焦	Coking	16.61	
5.炼油及煤制油	Petroleum Refineries		-91.49
#油品再投入量(-)	Petroleum Products Input (-)		-1.43
6.制　气	Gas Works		
#焦炭再投入量(-)	Coke Input (-)		
7.天然气液化	Natural Gas Liquefaction		
8.煤制品加工	Briquettes		
三.损 失 量	**Loss**		
四.终端消费量	**Total Final Consumption**	**6.75**	**502.68**
1.农、林、牧、渔业	Farming, Forestry, Animal Husbandry, Fishery Conservancy		32.90
2.工业	Industry	6.75	252.29
#用作原料、材料	Non-Energy Use		84.32
3.建筑业	Construction		22.80
4.交通运输、仓储和邮政业	Transport, Storage and Post		163.91
5.批发、零售业和住宿、餐饮业	Wholesale, Retail Trade and Hotel, Restaurants		7.71
6.其他	Others		11.21
7.生活消费	Residential Consumption		11.86
城 镇	Urban		9.35
乡 村	Rural		2.51
五.平衡差额	**Statistical Difference**		
六.消费量合计	**Total Final Consumption**	**6.75**	**607.54**

Continued 1

原油 (万吨) Crude Oil (10^4 tn)	汽油 (万吨) Gasoline (10^4 tn)	煤油 (万吨) Kerosene (10^4 tn)	柴油 (万吨) Diesel Oil (10^4 tn)	燃料油 (万吨) Fuel Oil (10^4 tn)	石脑油 (万吨) Naphtha (10^4 tn)	润滑油 (万吨) Lubricants (10^4 tn)	石蜡 (万吨) Petroleum Waxes (10^4 tn)	溶剂油 (万吨) White Spirit (10^4 tn)
1400.18	**-231.34**	**-27.30**	**-409.30**	**-7.01**	**53.58**	**-23.00**	**-3.41**	
382.14								
1008.98					53.58			
	-229.19	-24.29	-443.97	-6.92		-23.06	-3.38	
9.06	-2.15	-3.01	34.67	-0.09		0.06	-0.03	
-1392.65	**287.91**	**32.28**	**619.41**	**19.01**	**6.98**	**23.02**	**3.52**	**0.18**
			-0.42	-0.17				
			-0.11	-2.46				
-1392.65	287.91	32.28	619.94	21.64	6.98	23.02	3.52	0.18
7.53	**56.57**	**4.98**	**210.11**	**12.00**	**60.56**	**0.02**	**0.11**	**0.18**
	3.90	0.02	28.98					
7.53	7.78	0.22	20.90	12.00	60.56	0.01	0.11	0.18
			0.06		60.56		0.11	
	9.10		11.70					
	16.19	4.72	143.00					
	4.80	0.01	2.90					
	8.90	0.01	2.30					
	5.90		0.33			0.01		
	5.00		0.05					
	0.90		0.28			0.01		
1400.18	**56.57**	**4.98**	**210.64**	**14.63**	**60.56**	**0.02**	**0.11**	**0.18**

续表 2

项　　目	Item	石油沥青(万吨) Bitumen Asphalt (10^4 tn)	石油焦(万吨) Petroleum Coke (10^4 tn)
一.可供本地区消费的能源量	**Total Primary Energy Supply**	**-7.64**	**-6.11**
1.一次能源生产量	Indigenous Production		
2.回收能	Recovery of Energy		
3.外省(区、市)调入量	Moving In from Other Provinces		
4.进口量	Import		
5.境内轮船和飞机在境外的加油量	Domestic Airplanes&Ships Refueling in Abroad		
6.本省(区、市)调出量(−)	Sending Out to Other Provinces(-)	-7.64	-5.67
7.出口量(−)	Export(-)		
8.境外轮船和飞机在境内的加油量(−)	Oversea Airplanes&Ships Refueling in China		
9.库存增(−)、减(+)量	Stock Change		-0.44
二.加工转换投入(−)产出(+)量	**Input(-) & Output(+) of Transformation**	**9.64**	**36.41**
1.火力发电	Thermal Power		
2.供　　热	Heating Supply		
3.洗 选 煤	Coal Washing		
4.炼　　焦	Coking		
5.炼油及煤制油	Petroleum Refineries	9.64	36.41
#油品再投入量(−)	Petroleum Products Input (-)		
6.制　　气	Gas Works		
#焦炭再投入量(−)	Coke Input (-)		
7.天然气液化	Natural Gas Liquefaction		
8.煤制品加工	Briquettes		
三.损 失 量	**Loss**		
四.终端消费量	**Total Final Consumption**	**2.00**	**30.30**
1.农、林、牧、渔业	Farming, Forestry, Animal Husbandry, Fishery Conservancy		
2.工业	Industry		30.30
#用作原料、材料	Non-Energy Use		
3.建筑业	Construction	2.00	
4.交通运输、仓储和邮政业	Transport, Storage and Post		
5.批发、零售业和住宿、餐饮业	Wholesale, Retail Trade and Hotel, Restaurants		
6.其他	Others		
7.生活消费	Residential Consumption		
城 镇	Urban		
乡 村	Rural		
五.平衡差额	**Statistical Difference**		
六.消费量合计	**Total Final Consumption**	**2.00**	**30.30**

Continued 2

液化石油气(万吨) LPG (10^4 tn)	炼厂干气(万吨) Refinery Gas (10^4 tn)	其他石油制品(万吨) Other Petroleum Products (10^4 tn)	天然气(亿立方米) Natural Gas (10^8 cu.m)	液化天然气(万吨) LNG (10^4 tn)	热力(万百万千焦) Heat (10^{10} kJ)	电力(亿千瓦小时) Electricity (10^8 kW•h)	其他能源(万吨标煤) Other Energy (10^4 tce)
-20.38		**-110.73**	**14.21**	**1.50**	**300.00**	**213.08**	**33.32**
			1.03			283.16	
							33.32
			13.18	1.50	300.00	119.73	
-20.38		-110.73				-189.81	
26.78	**65.86**	**156.79**	**-0.35**		**8150.03**	**591.35**	**-2.68**
					-13.89	591.35	-2.68
	-8.78		-0.35		8163.92		
26.78	74.64	158.22					
		-1.43					
						42.52	
6.40	**65.86**	**46.06**	**13.86**	**1.50**	**8450.03**	**761.91**	**30.64**
						54.37	
0.78	65.86	46.06	10.39	1.50	6572.87	574.61	30.64
		23.59	2.78				
			0.08			8.33	
			1.33			32.56	
			0.50			11.41	
			0.21			27.11	
5.62			1.35		1877.16	53.52	
4.30			1.35		1877.16	32.09	
1.32						21.43	
6.40	**74.64**	**47.49**	**14.21**	**1.50**	**8463.92**	**804.43**	**33.32**

6-28 青海能源平衡表(实物量)-2010

项　　目	Item	煤合计（万吨）Coal Total (10^4 tn)	原煤（万吨）Raw Coal (10^4 tn)
一.可供本地区消费的能源量	**Total Primary Energy Supply**	**1270.74**	**1458.51**
1.一次能源生产量	Indigenous Production	2015.51	2015.51
2.回收能	Recovery of Energy		
3.外省(区、市)调入量	Moving In from Other Provinces	362.72	353.18
4.进口量	Import		
5.境内轮船和飞机在境外的加油量	Domestic Airplanes&Ships Refueling in Abroad		
6.本省(区、市)调出量(-)	Sending Out to Other Provinces(-)	-1070.17	-875.07
7.出口量(-)	Export(-)		
8.境外轮船和飞机在境内的加油量(-)	Oversea Airplanes&Ships Refueling in China		
9.库存增(-)、减(+)量	Stock Change	-37.32	-35.11
二.加工转换投入(-)产出(+)量	**Input(-) & Output(+) of Transformation**	**-792.89**	**-994.99**
1.火力发电	Thermal Power	-483.72	-483.72
2.供　　热	Heating Supply	-11.48	-11.48
3.洗 选 煤	Coal Washing	-125.96	-422.06
4.炼　　焦	Coking	-171.72	-77.73
5.炼油及煤制油	Petroleum Refineries		
#油品再投入量(-)	Petroleum Products Input (-)		
6.制　　气	Gas Works		
#焦炭再投入量(-)	Coke Input (-)		
7.天然气液化	Natural Gas Liquefaction		
8.煤制品加工	Briquettes		
三.损 失 量	**Loss**	**1.95**	**1.95**
四.终端消费量	**Total Final Consumption**	**475.84**	**461.50**
1.农、林、牧、渔业	Farming, Forestry, Animal Husbandry, Fishery Conservancy	4.33	4.33
2.工业	Industry	268.78	254.44
#用作原料、材料	Non-Energy Use	46.46	43.55
3.建筑业	Construction	4.21	4.21
4.交通运输、仓储和邮政业	Transport, Storage and Post	12.49	12.49
5.批发、零售业和住宿、餐饮业	Wholesale, Retail Trade and Hotel, Restaurants	13.10	13.10
6.其他	Others	58.06	58.06
7.生活消费	Residential Consumption	114.87	114.87
城 镇	Urban	19.11	19.11
乡 村	Rural	95.76	95.76
五.平衡差额	**Statistical Difference**	**0.06**	**0.07**
六.消费量合计	**Total Final Consumption**	**1270.68**	**1458.44**

ENERGY BALANCE OF QINGHAI-2010 (PHYSICAL QUANTITY)

洗精煤 (万吨) Cleaned Coal (10^4 tn)	其他洗煤 (万吨) Other Washed Coal (10^4 tn)	型煤 (万吨) Briquettes (10^4 tn)	煤矸石 (万吨) Gangue (10^4 tn)	焦炭 (万吨) Coke (10^4 tn)	焦炉煤气 (亿立方米) Coke Oven Gas (10^8 cu.m)	高炉煤气 (亿立方米) Blast Furnace Gas (10^8 cu.m)	转炉煤气 (亿立方米) Converter Gas (10^8 cu.m)	其他煤气 (亿立方米) Other Gas (10^8 cu.m)
-197.10	**8.48**	**0.85**	**0.78**	**33.35**		**15.67**		
						15.67		
	8.65	0.89	0.78	33.20				
-195.10								
-2.00	-0.17	-0.04		0.15				
202.11				**126.76**	**2.32**	**-3.74**		
						-3.74		
296.10								
-93.99				126.76	2.32			
4.98	**8.50**	**0.86**	**0.77**	**160.13**	**2.38**	**11.92**		
4.98	8.50	0.86	0.77	160.13	2.38	11.92		
2.92				65.63				
0.02	**-0.02**	**-0.01**	**0.01**	**-0.02**	**-0.06**			
98.98	**8.50**	**0.86**	**0.77**	**160.13**	**2.38**	**15.67**		

续表 1

项　　目	Item	其他焦化产品(万吨) Other Coking Products (10^4 tn)	油品合计(万吨) Petroleum Products Total (10^4 tn)
一.可供本地区消费的能源量	**Total Primary Energy Supply**	**-1.80**	**149.28**
1.一次能源生产量	Indigenous Production		186.13
2.回收能	Recovery of Energy		
3.外省(区、市)调入量	Moving In from Other Provinces		85.39
4.进口量	Import		
5.境内轮船和飞机在境外的加油量	Domestic Airplanes&Ships Refueling in Abroad		
6.本省(区、市)调出量(-)	Sending Out to Other Provinces(-)	-1.60	-127.69
7.出口量(-)	Export(-)		
8.境外轮船和飞机在境内的加油量(-)	Oversea Airplanes&Ships Refueling in China		
9.库存增(-)、减(+)量	Stock Change	-0.20	5.45
二.加工转换投入(-)产出(+)量	**Input(-) & Output(+) of Transformation**	**2.28**	**-12.49**
1.火力发电	Thermal Power		-0.33
2.供　　热	Heating Supply		
3.洗 选 煤	Coal Washing		
4.炼　　焦	Coking	2.28	
5.炼油及煤制油	Petroleum Refineries		-12.17
#油品再投入量(-)	Petroleum Products Input (-)		
6.制　　气	Gas Works		
#焦炭再投入量(-)	Coke Input (-)		
7.天然气液化	Natural Gas Liquefaction		
8.煤制品加工	Briquettes		
三.损 失 量	**Loss**		**0.06**
四.终端消费量	**Total Final Consumption**	**0.46**	**136.62**
1.农、林、牧、渔业	Farming, Forestry, Animal Husbandry, Fishery Conservancy		8.03
2.工业	Industry	0.46	32.27
#用作原料、材料	Non-Energy Use	0.46	5.17
3.建筑业	Construction		7.38
4.交通运输、仓储和邮政业	Transport, Storage and Post		62.70
5.批发、零售业和住宿、餐饮业	Wholesale, Retail Trade and Hotel, Restaurants		11.57
6.其他	Others		7.56
7.生活消费	Residential Consumption		7.11
城 镇	Urban		2.95
乡 村	Rural		4.16
五.平衡差额	**Statistical Difference**	**0.02**	**0.11**
六.消费量合计	**Total Final Consumption**	**0.46**	**149.17**

Continued 1

原油 (万吨) Crude Oil (10^4 tn)	汽油 (万吨) Gasoline (10^4 tn)	煤油 (万吨) Kerosene (10^4 tn)	柴油 (万吨) Diesel Oil (10^4 tn)	燃料油 (万吨) Fuel Oil (10^4 tn)	石脑油 (万吨) Naphtha (10^4 tn)	润滑油 (万吨) Lubricants (10^4 tn)	石蜡 (万吨) Petroleum Waxes (10^4 tn)	溶剂油 (万吨) White Spirit (10^4 tn)
128.00	**-14.57**	**0.18**	**33.22**	**-3.21**				
186.13								
	16.00	0.18	65.00					
-61.34	-32.05		-28.20	-3.20				
3.21	1.48		-3.58	-0.01				
-126.50	**40.75**		**56.48**	**3.26**				
	-0.03		-0.21	-0.09				
-126.50	40.79		56.69	3.34				
	0.01		**0.05**					
1.48	**26.15**	**0.17**	**89.63**	**0.03**				
	1.74		6.29					
1.48	0.90	0.01	18.52	0.03				
			0.07					
	1.87	0.16	5.34					
	8.35		54.34					
	2.54		3.32					
	6.23		1.33					
	4.51		0.49					
	2.05							
	2.46		0.49					
0.02	**0.03**	**0.01**	**0.02**	**0.01**				
127.98	**26.19**	**0.17**	**89.89**	**0.12**				

续表 2

项　目	Item	石油沥青(万吨) Bitumen Asphalt (10^4 tn)	石油焦(万吨) Petroleum Coke (10^4 tn)
一.可供本地区消费的能源量	**Total Primary Energy Supply**		
1.一次能源生产量	Indigenous Production		
2.回收能	Recovery of Energy		
3.外省(区、市)调入量	Moving In from Other Provinces		
4.进口量	Import		
5.境内轮船和飞机在境外的加油量	Domestic Airplanes&Ships Refueling in Abroad		
6.本省(区、市)调出量(-)	Sending Out to Other Provinces(-)		
7.出口量(-)	Export(-)		
8.境外轮船和飞机在境内的加油量(-)	Oversea Airplanes&Ships Refueling in China		
9.库存增(-)、减(+)量	Stock Change		
二.加工转换投入(-)产出(+)量	**Input(-) & Output(+) of Transformation**		
1.火力发电	Thermal Power		
2.供　热	Heating Supply		
3.洗 选 煤	Coal Washing		
4.炼　焦	Coking		
5.炼油及煤制油	Petroleum Refineries		
#油品再投入量(-)	Petroleum Products Input (-)		
6.制　气	Gas Works		
#焦炭再投入量(-)	Coke Input (-)		
7.天然气液化	Natural Gas Liquefaction		
8.煤制品加工	Briquettes		
三.损 失 量	**Loss**		
四.终端消费量	**Total Final Consumption**		
1.农、林、牧、渔业	Farming, Forestry, Animal Husbandry, Fishery Conservancy		
2.工业	Industry		
#用作原料、材料	Non-Energy Use		
3.建筑业	Construction		
4.交通运输、仓储和邮政业	Transport, Storage and Post		
5.批发、零售业和住宿、餐饮业	Wholesale, Retail Trade and Hotel, Restaurants		
6.其他	Others		
7.生活消费	Residential Consumption		
城 镇	Urban		
乡 村	Rural		
五.平衡差额	**Statistical Difference**		
六.消费量合计	**Total Final Consumption**		

Continued 2

液化石油气 (万吨) LPG (10^4 tn)	炼厂干气 (万吨) Refinery Gas (10^4 tn)	其他石油制品 (万吨) Other Petroleum Products (10^4 tn)	天然气 (亿立方米) Natural Gas (10^8 cu.m)	液化天然气 (万吨) LNG (10^4 tn)	热力 (万百万千焦) Heat (10^10 kJ)	电力 (亿千瓦小时) Electricity (10^8 kW•h)	其他能源 (万吨标煤) Other Energy (10^4 tce)
2.91		**2.75**	**23.74**			**363.04**	
			56.10			369.78	
4.21						50.21	
-1.30		-1.60	-32.36			-56.95	
		4.35					
4.94	**6.21**	**2.37**	**-3.79**		**681.12**	**102.13**	
			-2.48			102.13	
			-1.32		681.12		
4.94	6.21	2.37					
			0.40			**16.30**	
7.84	**6.21**	**5.11**	**19.53**		**681.12**	**448.87**	
						1.13	
	6.21	5.11	12.03			412.95	
		5.10	0.24				
0.01			0.10		0.33	4.13	
0.01			0.60		6.21	1.78	
5.71			0.63		29.62	4.05	
			2.74		110.47	8.82	
2.11			3.43		534.49	16.02	
0.90			3.41		534.49	11.45	
1.21			0.02			4.57	
0.01		**0.01**	**0.02**				
7.84	**6.21**	**5.11**	**23.72**		**681.12**	**465.18**	

6-29 宁夏能源平衡表(实物量)-2010

项目	Item	煤合计(万吨) Coal Total (10^4 tn)	原煤(万吨) Raw Coal (10^4 tn)
一.可供本地区消费的能源量	**Total Primary Energy Supply**	**5763.85**	**7680.95**
1.一次能源生产量	Indigenous Production	6807.62	6807.62
2.回收能	Recovery of Energy		
3.外省(区、市)调入量	Moving In from Other Provinces	3011.70	2676.40
4.进口量	Import		
5.境内轮船和飞机在境外的加油量	Domestic Airplanes&Ships Refueling in Abroad		
6.本省(区、市)调出量(-)	Sending Out to Other Provinces(-)	-3765.00	-1569.00
7.出口量(-)	Export(-)		
8.境外轮船和飞机在境内的加油量(-)	Oversea Airplanes&Ships Refueling in China		
9.库存增(-)、减(+)量	Stock Change	-290.48	-234.07
二.加工转换投入(-)产出(+)量	**Input(-) & Output(+) of Transformation**	**-4555.59**	**-6674.55**
1.火力发电	Thermal Power	-2960.47	-2916.46
2.供　热	Heating Supply	-248.00	-239.96
3.洗 选 煤	Coal Washing	-569.99	-3139.01
4.炼　焦	Coking	-751.99	-353.98
5.炼油及煤制油	Petroleum Refineries		
#油品再投入量(-)	Petroleum Products Input (-)		
6.制　气	Gas Works	-25.14	-25.14
#焦炭再投入量(-)	Coke Input (-)		
7.天然气液化	Natural Gas Liquefaction		
8.煤制品加工	Briquettes		
三.损 失 量	**Loss**	**5.50**	**5.50**
四.终端消费量	**Total Final Consumption**	**1203.83**	**1001.08**
1.农、林、牧、渔业	Farming, Forestry, Animal Husbandry, Fishery Conservancy	6.20	5.22
2.工业	Industry	1063.78	862.01
#用作原料、材料	Non-Energy Use	110.52	22.99
3.建筑业	Construction	7.20	7.20
4.交通运输、仓储和邮政业	Transport, Storage and Post	6.75	6.75
5.批发、零售业和住宿、餐饮业	Wholesale, Retail Trade and Hotel, Restaurants	6.02	6.02
6.其他	Others	39.40	39.40
7.生活消费	Residential Consumption	74.48	74.48
城 镇	Urban	9.68	9.68
乡 村	Rural	64.80	64.80
五.平衡差额	**Statistical Difference**	**-1.08**	**-0.18**
六.消费量合计	**Total Final Consumption**	**5764.92**	**7681.13**

ENERGY BALANCE OF NINGXIA-2010 (PHYSICAL QUANTITY)

洗精煤（万吨） Cleaned Coal (10^4 tn)	其他洗煤（万吨） Other Washed Coal (10^4 tn)	型煤（万吨） Briquettes (10^4 tn)	煤矸石（万吨） Gangue (10^4 tn)	焦炭（万吨） Coke (10^4 tn)	焦炉煤气（亿立方米） Coke Oven Gas (10^8 cu.m)	高炉煤气（亿立方米） Blast Furnace Gas (10^8 cu.m)	转炉煤气（亿立方米） Converter Gas (10^8 cu.m)	其他煤气（亿立方米） Other Gas (10^8 cu.m)
-1243.97	**-676.57**	**3.43**		**-304.57**				
306.00	26.00	3.30		104.00				
-1481.00	-715.00			-375.00				
-68.97	12.43	0.13		-33.57				
1424.60	**694.36**		**54.37**	**533.21**	**13.17**			
-1.05	-42.96		-163.58					
	-8.04		-13.45					
1798.84	770.17		231.40					
-373.20	-24.81			533.21	9.33			
					3.84			
180.70	**18.55**	**3.49**	**53.76**	**228.90**	**13.17**			
		0.98						
180.70	18.55	2.51	53.76	228.90	13.17			
86.33		1.20	0.64	25.76	0.10			
-0.07	**-0.77**	**-0.06**	**0.61**	**-0.26**				
554.95	**94.37**	**3.49**	**230.79**	**228.90**	**13.17**			

续表 1

项　　目	Item	其他焦化产品(万吨) Other Coking Products (10^4 tn)	油品合计(万吨) Petroleum Products Total (10^4 tn)
一.可供本地区消费的能源量	**Total Primary Energy Supply**	**9.92**	**203.27**
1.一次能源生产量	Indigenous Production		8.30
2.回收能	Recovery of Energy		
3.外省(区、市)调入量	Moving In from Other Provinces	10.10	356.30
4.进口量	Import		
5.境内轮船和飞机在境外的加油量	Domestic Airplanes&Ships Refueling in Abroad		
6.本省(区、市)调出量(-)	Sending Out to Other Provinces(-)		-147.92
7.出口量(-)	Export(-)		
8.境外轮船和飞机在境内的加油量(-)	Oversea Airplanes&Ships Refueling in China		
9.库存增(-)、减(+)量	Stock Change	-0.18	-13.41
二.加工转换投入(-)产出(+)量	**Input(-) & Output(+) of Transformation**	**-2.75**	**-11.78**
1.火力发电	Thermal Power		-0.33
2.供　热	Heating Supply		
3.洗 选 煤	Coal Washing		
4.炼　焦	Coking		
5.炼油及煤制油	Petroleum Refineries	-2.75	27.67
#油品再投入量(-)	Petroleum Products Input (-)		-39.12
6.制　气	Gas Works		
#焦炭再投入量(-)	Coke Input (-)		
7.天然气液化	Natural Gas Liquefaction		
8.煤制品加工	Briquettes		
三.损 失 量	**Loss**		
四.终端消费量	**Total Final Consumption**	**7.25**	**192.33**
1.农、林、牧、渔业	Farming, Forestry, Animal Husbandry, Fishery Conservancy		10.12
2.工业	Industry	7.25	62.60
#用作原料、材料	Non-Energy Use	2.89	0.02
3.建筑业	Construction		14.70
4.交通运输、仓储和邮政业	Transport, Storage and Post		87.06
5.批发、零售业和住宿、餐饮业	Wholesale, Retail Trade and Hotel, Restaurants		1.11
6.其他	Others		9.20
7.生活消费	Residential Consumption		7.54
城 镇	Urban		5.27
乡 村	Rural		2.27
五.平衡差额	**Statistical Difference**	**-0.07**	**-0.84**
六.消费量合计	**Total Final Consumption**	**7.25**	**204.11**

Continued 1

原油 (万吨) Crude Oil (10^4 tn)	汽油 (万吨) Gasoline (10^4 tn)	煤油 (万吨) Kerosene (10^4 tn)	柴油 (万吨) Diesel Oil (10^4 tn)	燃料油 (万吨) Fuel Oil (10^4 tn)	石脑油 (万吨) Naphtha (10^4 tn)	润滑油 (万吨) Lubricants (10^4 tn)	石蜡 (万吨) Petroleum Waxes (10^4 tn)	溶剂油 (万吨) White Spirit (10^4 tn)
175.77	**-53.58**	**5.16**	**13.03**	**36.21**	**-10.48**			
8.30								
169.92	11.83	5.20	82.54	36.10				
	-62.00		-65.24		-10.48			
-2.46	-3.41	-0.04	-4.27	0.11				
-175.77	**76.62**		**91.74**	**-35.69**	**10.48**			
			-0.23	-0.10				
-175.77	76.62		91.98	3.53	10.48			
				-39.12				
	22.68	**5.16**	**105.59**	**0.55**				
	0.27		9.85					
	0.74	0.03	5.14	0.55				
			0.02					
	2.40		12.30					
	6.39	5.13	75.54					
	0.34		0.77					
	7.30		1.90					
	5.25		0.09					
	3.23							
	2.02		0.09					
	0.36		**-0.81**	**-0.03**				
175.77	**22.68**	**5.16**	**105.82**	**39.76**				

续表 2

项　目	Item	石油沥青(万吨) Bitumen Asphalt (10^4 tn)	石油焦(万吨) Petroleum Coke (10^4 tn)
一.可供本地区消费的能源量	**Total Primary Energy Supply**		**8.70**
1.一次能源生产量	Indigenous Production		
2.回收能	Recovery of Energy		
3.外省(区、市)调入量	Moving In from Other Provinces		10.79
4.进口量	Import		
5.境内轮船和飞机在境外的加油量	Domestic Airplanes&Ships Refueling in Abroad		
6.本省(区、市)调出量(-)	Sending Out to Other Provinces(-)		
7.出口量(-)	Export(-)		
8.境外轮船和飞机在境内的加油量(-)	Oversea Airplanes&Ships Refueling in China		
9.库存增(-)、减(+)量	Stock Change		-2.09
二.加工转换投入(-)产出(+)量	**Input(-) & Output(+) of Transformation**		
1.火力发电	Thermal Power		
2.供　热	Heating Supply		
3.洗 选 煤	Coal Washing		
4.炼　焦	Coking		
5.炼油及煤制油	Petroleum Refineries		
#油品再投入量(-)	Petroleum Products Input (-)		
6.制　气	Gas Works		
#焦炭再投入量(-)	Coke Input (-)		
7.天然气液化	Natural Gas Liquefaction		
8.煤制品加工	Briquettes		
三.损 失 量	**Loss**		
四.终端消费量	**Total Final Consumption**		**8.70**
1.农、林、牧、渔业	Farming, Forestry, Animal Husbandry, Fishery Conservancy		
2.工业	Industry		8.70
#用作原料、材料	Non-Energy Use		
3.建筑业	Construction		
4.交通运输、仓储和邮政业	Transport, Storage and Post		
5.批发、零售业和住宿、餐饮业	Wholesale, Retail Trade and Hotel, Restaurants		
6.其他	Others		
7.生活消费	Residential Consumption		
城 镇	Urban		
乡 村	Rural		
五.平衡差额	**Statistical Difference**		
六.消费量合计	**Total Final Consumption**		**8.70**

Continued 2

液化石油气（万吨） LPG (10^4 tn)	炼厂干气（万吨） Refinery Gas (10^4 tn)	其他石油制品（万吨） Other Petroleum Products (10^4 tn)	天然气（亿立方米） Natural Gas (10^8 cu.m)	液化天然气（万吨） LNG (10^4 tn)	热力（万百万千焦） Heat (10^{10} kJ)	电力（亿千瓦小时） Electricity (10^8 kW•h)	其他能源（万吨标煤） Other Energy (10^4 tce)
-5.02		**33.48**	**15.48**	**-4.45**	**129.07**	**-26.21**	
						30.78	
					129.07		
5.10		34.82	15.48			30.08	
-10.20				-4.45		-87.07	
0.08		-1.34					
19.12	**5.26**	**-3.55**	**-1.29**	**4.45**	**3821.04**	**572.97**	
			-0.30		-92.81	572.97	
			-0.26		3913.85		
19.12	5.26	-3.55					
			-0.73	4.45			
						19.18	
14.52	**5.20**	**29.93**	**14.19**		**3950.11**	**527.59**	
					14.00	11.32	
12.31	5.20	29.93	8.73		2095.64	475.30	
			6.25				
					118.00	5.34	
			0.82		18.00	6.43	
			1.73		142.00	5.47	
			1.36		541.00	8.29	
2.20			1.55		1021.47	15.44	
2.04			1.55		1021.47	9.49	
0.16						5.95	
-0.42	**0.06**						
14.52	**5.20**	**33.48**	**15.48**		**4042.92**	**546.77**	

6-30 新疆能源平衡表(实物量)-2010

项　　目	Item	煤合计(万吨) Coal Total (10^4 tn)	原煤(万吨) Raw Coal (10^4 tn)
一.可供本地区消费的能源量	**Total Primary Energy Supply**	**8106.35**	**8079.80**
1.一次能源生产量	Indigenous Production	9926.73	9926.73
2.回收能	Recovery of Energy		
3.外省(区、市)调入量	Moving In from Other Provinces	213.43	91.09
4.进口量	Import	0.52	0.52
5.境内轮船和飞机在境外的加油量	Domestic Airplanes&Ships Refueling in Abroad		
6.本省(区、市)调出量(-)	Sending Out to Other Provinces(-)	-1916.20	-1908.20
7.出口量(-)	Export(-)		
8.境外轮船和飞机在境内的加油量(-)	Oversea Airplanes&Ships Refueling in China		
9.库存增(-)、减(+)量	Stock Change	-118.13	-30.34
二.加工转换投入(-)产出(+)量	**Input(-) & Output(+) of Transformation**	**-5755.84**	**-5735.18**
1.火力发电	Thermal Power	-2501.72	-2494.90
2.供　热	Heating Supply	-1096.50	-1096.50
3.洗 选 煤	Coal Washing	-167.52	-750.93
4.炼　焦	Coking	-1988.54	-1391.29
5.炼油及煤制油	Petroleum Refineries		
#油品再投入量(-)	Petroleum Products Input (-)		
6.制　气	Gas Works	-1.56	-1.56
#焦炭再投入量(-)	Coke Input (-)		
7.天然气液化	Natural Gas Liquefaction		
8.煤制品加工	Briquettes		
三.损 失 量	**Loss**		
四.终端消费量	**Total Final Consumption**	**2350.51**	**2344.62**
1.农、林、牧、渔业	Farming, Forestry, Animal Husbandry, Fishery Conservancy	101.00	101.00
2.工业	Industry	1837.51	1831.62
#用作原料、材料	Non-Energy Use		
3.建筑业	Construction	19.00	19.00
4.交通运输、仓储和邮政业	Transport, Storage and Post	50.00	50.00
5.批发、零售业和住宿、餐饮业	Wholesale, Retail Trade and Hotel, Restaurants	47.00	47.00
6.其他	Others	44.00	44.00
7.生活消费	Residential Consumption	252.00	252.00
城 镇	Urban	64.00	64.00
乡 村	Rural	188.00	188.00
五.平衡差额	**Statistical Difference**		
六.消费量合计	**Total Final Consumption**	**8106.35**	**8079.80**

ENERGY BALANCE OF XINJIANG-2010 (PHYSICAL QUANTITY)

洗精煤 (万吨) Cleaned Coal (10^4 tn)	其他洗煤 (万吨) Other Washed Coal (10^4 tn)	型煤 (万吨) Briquettes (10^4 tn)	煤矸石 (万吨) Gangue (10^4 tn)	焦炭 (万吨) Coke (10^4 tn)	焦炉煤气 (亿立方米) Coke Oven Gas (10^8 cu.m)	高炉煤气 (亿立方米) Blast Furnace Gas (10^8 cu.m)	转炉煤气 (亿立方米) Converter Gas (10^8 cu.m)	其他煤气 (亿立方米) Other Gas (10^8 cu.m)
53.42	**-26.87**		**-0.09**	**-539.62**		**30.84**	**2.00**	
						30.84	2.00	
122.34								
	-8.00			-424.58				
				-20.33				
-68.92	-18.87		-0.09	-94.71				
-50.28	**29.62**		**0.09**	**1187.83**	**18.21**	**-30.84**		**0.45**
	-6.82		-2.85		-0.70	-5.28		
					-0.82	-25.56		
542.47	40.94		2.94					
-592.75	-4.50			1187.83	19.73			
								0.45
3.14	**2.75**			**648.21**	**16.38**		**2.00**	**0.45**
3.14	2.75			648.21	16.20		2.00	0.45
					0.18			
					0.18			
					1.83			
595.89	**14.07**		**2.85**	**648.21**	**17.90**	**30.84**	**2.00**	**0.45**

续表 1

项目	Item	其他焦化产品(万吨) Other Coking Products (10^4 tn)	油品合计(万吨) Petroleum Products Total (10^4 tn)
一.可供本地区消费的能源量	**Total Primary Energy Supply**	**-74.83**	**869.02**
1.一次能源生产量	Indigenous Production		2558.16
2.回收能	Recovery of Energy		
3.外省(区、市)调入量	Moving In from Other Provinces		
4.进口量	Import		991.93
5.境内轮船和飞机在境外的加油量	Domestic Airplanes&Ships Refueling in Abroad		1.50
6.本省(区、市)调出量(-)	Sending Out to Other Provinces(-)	-74.37	-2682.12
7.出口量(-)	Export(-)		-0.13
8.境外轮船和飞机在境内的加油量(-)	Oversea Airplanes&Ships Refueling in China		-0.95
9.库存增(-)、减(+)量	Stock Change	-0.46	0.63
二.加工转换投入(-)产出(+)量	**Input(-) & Output(+) of Transformation**	**104.52**	**-101.31**
1.火力发电	Thermal Power		-13.31
2.供　热	Heating Supply		-27.43
3.洗 选 煤	Coal Washing		
4.炼　焦	Coking	104.47	
5.炼油及煤制油	Petroleum Refineries		-20.05
#油品再投入量(-)	Petroleum Products Input (-)		-40.52
6.制　气	Gas Works	0.05	
#焦炭再投入量(-)	Coke Input (-)		
7.天然气液化	Natural Gas Liquefaction		
8.煤制品加工	Briquettes		
三.损 失 量	**Loss**		**80.26**
四.终端消费量	**Total Final Consumption**	**29.69**	**687.45**
1.农、林、牧、渔业	Farming, Forestry, Animal Husbandry, Fishery Conservancy		71.27
2.工业	Industry	29.69	197.11
#用作原料、材料	Non-Energy Use		
3.建筑业	Construction		23.81
4.交通运输、仓储和邮政业	Transport, Storage and Post		280.53
5.批发、零售业和住宿、餐饮业	Wholesale, Retail Trade and Hotel, Restaurants		40.15
6.其他	Others		44.91
7.生活消费	Residential Consumption		29.67
城 镇	Urban		26.24
乡 村	Rural		3.43
五.平衡差额	**Statistical Difference**		
六.消费量合计	**Total Final Consumption**	**29.69**	**869.02**

Continued 1

原油(万吨) Crude Oil (10^4 tn)	汽油(万吨) Gasoline (10^4 tn)	煤油(万吨) Kerosene (10^4 tn)	柴油(万吨) Diesel Oil (10^4 tn)	燃料油(万吨) Fuel Oil (10^4 tn)	石脑油(万吨) Naphtha (10^4 tn)	润滑油(万吨) Lubricants (10^4 tn)	石蜡(万吨) Petroleum Waxes (10^4 tn)	溶剂油(万吨) White Spirit (10^4 tn)
2308.44	**-136.98**	**-12.30**	**-612.40**	**-21.42**	**-32.87**	**-65.22**		**-1.61**
2558.16								
991.93								
		1.50						
-1241.20	-137.56	-13.85	-611.55	-22.17	-32.87	-65.22		-1.62
			-0.12					
		-0.95						
-0.45	0.58	1.00	-0.73	0.75				0.01
-2182.96	**268.14**	**45.63**	**975.71**	**31.14**	**32.87**	**65.32**		**1.63**
	-0.01		-0.39	-0.70				
			-0.02	-0.01				
-2182.96	268.15	45.63	976.12	36.37	32.87	65.32		1.63
				-4.52				
80.26								
45.22	**131.16**	**33.33**	**363.31**	**9.72**		**0.10**		**0.02**
	9.86	0.41	60.00					
45.22	7.44	0.07	63.60	9.72		0.06		0.01
	3.10	0.16	12.50					
	69.71	32.00	172.00			0.02		
	10.60	0.05	25.50			0.01		0.01
	20.00	0.30	23.20			0.01		
	10.45	0.34	6.51					
	9.84	0.04	5.10					
	0.61	0.30	1.41					
2308.44	**131.17**	**33.33**	**363.72**	**14.95**		**0.10**		**0.02**

续表 2

项　　目	Item	石油沥青（万吨） Bitumen Asphalt (10^4 tn)	石油焦（万吨） Petroleum Coke (10^4 tn)
一.可供本地区消费的能源量	**Total Primary Energy Supply**	**-144.57**	**-121.16**
1.一次能源生产量	Indigenous Production		
2.回收能	Recovery of Energy		
3.外省(区、市)调入量	Moving In from Other Provinces		
4.进口量	Import		
5.境内轮船和飞机在境外的加油量	Domestic Airplanes&Ships Refueling in Abroad		
6.本省(区、市)调出量(-)	Sending Out to Other Provinces(-)	-144.56	-121.16
7.出口量(-)	Export(-)		
8.境外轮船和飞机在境内的加油量(-)	Oversea Airplanes&Ships Refueling in China		
9.库存增(-)、减(+)量	Stock Change	-0.01	
二.加工转换投入(-)产出(+)量	**Input(-) & Output(+) of Transformation**	**150.78**	**121.20**
1.火力发电	Thermal Power		
2.供　热	Heating Supply		
3.洗 选 煤	Coal Washing		
4.炼　焦	Coking		
5.炼油及煤制油	Petroleum Refineries	150.78	121.20
#油品再投入量(-)	Petroleum Products Input (-)		
6.制　气	Gas Works		
#焦炭再投入量(-)	Coke Input (-)		
7.天然气液化	Natural Gas Liquefaction		
8.煤制品加工	Briquettes		
三.损 失 量	**Loss**		
四.终端消费量	**Total Final Consumption**	**6.21**	**0.04**
1.农、林、牧、渔业	Farming, Forestry, Animal Husbandry, Fishery Conservancy		
2.工业	Industry	0.21	0.04
#用作原料、材料	Non-Energy Use		
3.建筑业	Construction	1.00	
4.交通运输、仓储和邮政业	Transport, Storage and Post	5.00	
5.批发、零售业和住宿、餐饮业	Wholesale, Retail Trade and Hotel, Restaurants		
6.其他	Others		
7.生活消费	Residential Consumption		
城 镇	Urban		
乡 村	Rural		
五.平衡差额	**Statistical Difference**		
六.消费量合计	**Total Final Consumption**	**6.21**	**0.04**

Continued 2

液化石油气 (万吨) LPG (10^4 tn)	炼厂干气 (万吨) Refinery Gas (10^4 tn)	其他石油制品 (万吨) Other Petroleum Products (10^4 tn)	天然气 (亿立方米) Natural Gas (10^8 cu.m)	液化天然气 (万吨) LNG (10^4 tn)	热力 (万百万千焦) Heat (10^{10} kJ)	电力 (亿千瓦小时) Electricity (10^8 kW•h)	其他能源 (万吨标煤) Other Energy (10^4 tce)
-21.23		**-269.66**	**80.15**	**-22.10**		**123.33**	
			249.91			126.43	
-21.21		-269.15	-169.76	-22.10		-3.10	
-0.01							
-0.01		-0.51					
51.42	**37.52**	**300.29**	**-14.57**	**22.16**	**20140.09**	**538.63**	
	-12.20	-0.01	-8.54			538.63	
	-27.40		-2.38		20140.09		
51.42	77.12	336.30					
		-36.00					
			-3.65	22.16			
						53.25	
30.19	**37.52**	**30.63**	**65.58**	**0.06**	**20140.09**	**608.71**	
1.00			0.01		10.00	61.12	
9.94	37.52	23.28	56.13	0.06	9348.75	441.69	
0.05		7.00	0.02		30.00	6.86	
1.80			3.12		37.00	6.68	
3.80		0.18	1.22		123.30	16.74	
1.30		0.10	0.48		80.00	28.52	
12.30		0.07	4.60		10511.04	47.10	
11.20		0.06	4.55		10511.04	31.05	
1.10		0.01	0.05			16.05	
30.19	**77.12**	**66.64**	**80.15**	**0.06**	**20140.09**	**661.96**	

七、香港、澳门特别行政区能源数据

Chapter 7　Energy Data for Hong Kong and Macao Special Administrative Region

7-1 香港主要能源及相关指标

MAJOR ENERGY AND RELATED INDICATORS OF HONG KONG

项目 Item	1990	1995	2000	2001	2002	2003	2004	2005	2006	2007	2008	2009
一次能源供应总量（百万吨标准油） Total Primary Energy Supply (Mtoe)	10.66	13.77	15.45	16.28	16.38	16.79	17.53	18.07	13.33	14.34	14.14	14.94
净进口量（百万吨标准油） Net Imports (Mtoe)	11.93	15.69	18.91	19.99	21.22	21.98	25.31	23.53	25.18	27.37	25.72	29.88
油净进口量（百万吨标准油） Net Oil Imports (Mtoe)	6.58	9.55	12.4	12.26	13.24	13.26	15.95	14.11	15.2	16.97	15.47	19.08
油可供量（百万吨标准油） Oil Supply (Mtoe)	5.27	7.57	8.89	8.51	8.35	8.02	8.13	8.60	3.30	3.89	3.83	4.09
电消费量（十亿千瓦小时） Electricity Consumption (tW·h)	23.83	29.86	36.3	37.26	38.09	38.46	39.23	40.05	40.34	40.86	40.93	41.49
能源最终消费量（百万吨标准油） Total Final Consumption of Energy (Mtoe)	7.12	9.9	11.92	11.6	11.5	11.2	11.4	11.98	7.76	7.99	8.07	8.91
年中人口数（万人） Mid-year Population (10^4 persons)	570.0	615.6	666.5	672.5	678.7	680.3	685.0	680.0	685.0	690.0	695.0	700.0
国内生产总值（10亿美元,2000年价） GDP (10^9 US$,2000 prices)	106.2	139.4	165.4	166.1	169.3	178.5	193.8	208.4	221.6	235.8	241.3	231.3
人均国内生产总值（美元,2000年价） Per Capita GDP (US$,2000 prices)	18639	22636	24810	24703	24939	26238	28292	30130	32116	34159	34719	33043
人均能源供应量（吨标准油/人） TPES/Population (toe per capita)	1.54	1.73	1.97	2.42	2.41	2.47	2.58	1.92	1.94	2.07	2.03	2.13
人均电力消费量（千瓦小时/人） Per Capita Electricity Consumption (kW·h/capita)	4178	4850	5446	5541	5612	5653	5779	5879	5883	5899	5866	5924

资料来源：国际能源署，《非OECD成员国能源平衡表》
Source: ENERGY BALANCES OF NON-OECD COUNTRIES, IEA

7-2 香港电力和煤气消费量

CONSUMPTION OF ELECTRICITY AND GAS OF HONG KONG

年 份 Year	电力（太焦耳） Electricity (terajoule)				煤气（太焦耳） Gas (terajoule)			
	住 宅 Residential	商 业 Commercial	工业 Industrial	总 计 Total	住 宅 Residential	商 业 Commercial	工业 Industrial	总 计 Total
1990	19037	41830	24934	85801	7596	6877	583	15056
1995	27063	60191	20222	107477	11408	9586	978	21972
2000	32234	80672	17769	130675	13866	11209	982	26057
2001	32799	84580	16759	134139	14493	11060	1011	26564
2002	33394	87606	16112	137112	14794	10860	987	26641
2003	34365	89218	14851	138435	15446	10542	1015	27002
2004	34134	91638	15430	141201	15237	10945	955	27137
2005	35811	93724	14636	144171	15444	10919	898	27261
2006	35428	95761	14015	145204	15082	11050	903	27034
2007	36422	97546	13104	147072	14842	11305	895	27041
2008	37100	98063	12182	147345	15583	11095	905	27583
2009	38972	99251	11143	149366	15303	11069	902	27274
2010	39344	100280	11080	150705	15272	11389	917	27578

7-3 香港油产品进口留用量

HONG KONG RETAINED IMPORTS OF OIL PRODUCTS

年 份 Year	航空汽油与煤油（千公升） Aviation Gasoline and Kerosene (kilolitre)	车用汽油（千公升） Motor Gasoline (kilolitre)		轻质柴油、重质柴油与石脑油(千公升) Gas Oil, Diesel Oil and Naphtha (kilolitre)	燃料油（千公升） Fuel Oil (kilolitre)	液化石油气和天然气(公吨) LPG, Natural Gas (tonne)
1990	2303262	390577		2690712	1347198	169224
		含铅 Leaded Petrol	不含铅 Unleaded Petrol			
1995	3318386	171456	323351	4691324	1561524	147544
2000	4011029		486087	7802247	2140655	2363434
2001	4198740		524588	6920460	2394450	2459050
2002	4315798		473441	6810838	2973785	2420756
2003	3986920		458985	7094270	3216278	1689413
2004	4937314		458802	6989635	4626483	2299778
2005	5424882		454254	4992498	4975866	2310535
2006	5543549		425146	5075975	5915645	2592142
2007	6261518		471418	4762939	7089613	2404774
2008	6003457		447546	3582774	6625377	2728962
2009	5807816		485331	7457229	6949268	2650259
2010	6510406		512091	6571509	9731120	3208070

资料来源：《香港能源统计》

Source: Hong Kong Energy Statistics

7-4 香港煤产品进口留用量

HONG KONG RETAINED IMPORTS OF COAL PRODUCTS

单位：公吨 (tonne)

年 份 Year	蒸馏煤与其他煤产品 Steam Coal and Other Coal	木炭 Wood Charcoal	无烟煤 Anthracite	焦煤与半焦煤 Coke and Semi-coke
1990	8928614	16252	2053	1404
1995	9108994	13920		1063
2000	6057802	6050	1310	
2001	8033097	-4764	540	
2002	8717699	8142	201	
2003	10675881	8313	677	
2004	10691194	8052	396	-59
2005	10823664	7307	1423	
2006	11403420	6491	139	
2007	12261438	3945		
2008	11344961	7374	162	
2009	12331385	5831	389	
2010	10324200	3932	99	

7-5 香港电力生产、消费及进出口

HONG KONG ELECTRICITY PRODUCTION, CONSUMPTION,IMPORTS AND EXPORTS

单位：太焦耳 (Terajoule)

年 份 Year	本地发电厂产电 Electricity Generated at Local Plant	由大陆进口 Imports to Mainland of China	系统损耗 System Loss	出口往大陆 Exports of Mainland of China	由电表量度的本地电力耗用 Local Electricity Consumption as Measured at Meter Point
1990	104256		11985	6470	85801
1995	100496	27164	14843	5340	107477
2000	112783	36732	14587	4253	130675
2001	116745	37278	14192	5692	134139
2002	123522	36655	15235	7830	137112
2003	127822	37428	15988	10827	138435
2004	133663	35413	16763	11112	141201
2005	138414	39604	17654	16192	144172
2006	139005	39230	16731	16300	145204
2007	140212	39453	18066	14527	147072
2008	136765	40668	17299	12789	147345
2009	139420	41725	18347	13432	149366
2010	137850	39765	17518	9392	150705

资料来源：《香港能源统计》
Source: Hong Kong Energy Statistics

7-6 澳门主要能源及相关指标

MAJOR ENERGY RELATED INDICATORS OF MACAO

项 目 Item	1990	1995	2000	2005	2006	2007	2008	2009	2010
净进口量（太焦耳） Net Imports (10^{12} joules)	13955	17487	22742	33605	34833	37524	26367	29462	
可供电量（百万千瓦小时） Electricity Supply (Gwh)		1335.1	1657.4	2287.3	2557.5	3136.9	3463.1	3632.1	3815.4
电力消费量（百万千瓦小时） Electricity Consumption (Gwh)		1265.4	1570.1	2112.2	2374.0	2936.5	3264.3	3422.3	3615.1
能源消费量（太焦耳） Energy Consumption (10^{12} joules)	8953	12120	12823	16748	18442	21054	22211	22427	23392
年中人口数（万人） Mid-year Population (10^4 persons)	33.50	40.93	43.1	47.3	49.9	52.6	54.4	54.6	54.7
国内生产总值（万澳门元，现价） GDP (10^4 MOP, Current Market Prices)	2617500	5227400	5141859	9412203	11370900	15020712	16601021	17009467	22374332
人均国内生产总值（澳门元，现价） Per Capita GDP (MOP,Current Prices)	78134	127716	119301	198989	227874	285565	305166	311529	409037
人均能源消费量（百万焦耳） Per Capita Energy Consumption (10^6 joules)	26725	29612	29752	35408	36958	40045	40829	41075	42764
人均电力消费量（千瓦小时/人） Per Capita Electricity Consumption (kW•h/capita)		3092	3643	4466	4758	5585	6088	6268	6609

7-7 澳门能源平衡表

MACAO ENERGY BALANCE TABLE

单位：太焦耳 (terajoules)

项 目	Item	1990	1995	2000	2005	2006	2007	2008	2009	2010
进口	Import									
总计	Total Energy	13975	17499	22742	33605	34833	37524	26367	29462	
#轻柴油	#Gas Oil and Diesel	3564	3257	3467	7114	6191	7062	5504	5560	5303
#重油	#Fuel Oil	8274	10325	11949	14108	12745	10711	5853	7993	2607
#电力	#Electricity	327	650	701	1227	3472	6060	8319	8016	10031
#汽油	#Gasoline	752	1128	1340	1758	1802	2003	2038	2220	
出口	Export									
总计	Total Energy	20	12							
#电力	#Electricity	9	11							
#液化石油气	#LPG		1							
库存变化	Change in Stocks	252	-43	-487	-68	372	341	-917	122	
内部总消费	Gross Internal Consumption	13704	17670	19795	26050	25700	27488	27284	29341	28823
能源转化	Energy Transformation	-4461	-5124	-6458	-8558	-6517	-5662	-4298	-6084	-4705
电厂自耗和输电损失	Distribution and Transmission Loss	149	240	304	462	482	550	545	826	749
总消费量	Final Consumption	8953	12120	12823	16748	18442	21054	22211	22427	23392

资料来源：《澳门统计年鉴》
Source: Macao Statistical Yearbook

附录 1、台湾省能源数据

Appendix Ⅰ　Energy Data for Taiwan Province

附录 1-1 台湾省主要能源及相关指标

MAJOR ENERGY RELATED INDICATORS OF TAIWAN PROVINCE

项 目 Item	1990	1995	2000	2001	2002	2003	2004	2005	2006	2007	2008	2009
能源生产量 （百万吨标准油） Energy Production (Mtoe)	10.81	10.94	11.49	10.77	11.62	12.53	12.40	12.27	12.41	12.71	12.68	12.80
净进口量（百万吨标准油） Net Imports (Mtoe)	41.78	59.27	80.83	82.25	84.20	87.83	96.11	95.13	98.35	101.58	97.45	90.73
一次能源需求总量（百万吨标准油） Total Primary Energy Supply (Mtoe)	48.24	63.83	85.10	88.95	93.58	98.55	103.94	102.59	104.84	109.86	105.50	101.09
油净进口量（百万吨标准油） Net Oil Imports (Mtoe)	28.92	37.49	45.85	44.71	43.79	45.35	48.36	47.23	49.34	50.01	46.03	43.21
油可供量（百万吨标准油） Oil Supply (Mtoe)	26.00	34.47	37.32	41.46	42.45	43.47	45.93	43.89	43.31	45.84	42.25	40.32
电消费量（十亿千瓦小时） Electricity Consumption (tW•h)	85.12	128.20	184.74	188.95	198.52	201.11	210.23	218.32	225.92	233.53	229.74	220.28
终端能源消费量（百万吨标准油） Total Final Consumption of Energy (Mtoe)	30.17	38.72	48.80					59.55	60.36	64.74	62.77	62.80
年中人口数（百万人） Mid-year Population (10^6 persons)	20.40	21.30	22.10	22.30	22.50	22.60	22.80	22.70	22.80	22.90	22.90	22.95
国内生产总值（10亿美元，2000年价） GDP (10^9 US$,2000 prices)	157.12	221.60	292.90	286.46	296.77	323.40	361.30	376.00	393.60	416.00	416.50	412.10
人均国内生产总值（美元，2000年价） Per Capita GDP (US$, 2000 prices)	7702	10404	13253	12846	13190	14310	15846	16564	17263	18166	18188	17956
人均能源消费量（吨标准油／人） Per Capita Energy Consumption (toe/capita)	2.36	3.00	3.85	3.99	4.16	4.36	4.56	4.52	4.60	4.81	4.60	4.40
人均电力消费量（千瓦小时／人） Per Capita Electricity Consumption (kW•h/capita)	4173	6019	8359	8473	8823	8899	9293	9618	9917	10216	10023	9598

资料来源：国际能源署，《非OECD成员国能源平衡表》
Source: ENERGY BALANCES OF NON-OECD COUNTRIES, IEA

附录 1-2 台湾省分行业电力消费量

TAIWAN PROVINCE ELECTRICITY CONSUMPTION BY SECTOR

单位：百万千瓦小时 (GW·h)

年 份 Year	总计 Total	农、林、牧、渔业 Farming,Forestry, Animal Husbandry, Fishery	采掘业 Mining and Quarrying	制造业 Manufa-cturing	建筑业 Constru-ction	批发及零售业 Wholesale and Retail Trades	运输及仓储业 Transport and Storage	住宿及餐饮业 Hotels and Catering Services
1990	51841	1611	171	40698	265			
1995	68931	2042	209	50792	564			
2000	94768	2262	319	67378	490	4818	2893	1911
2001	94794	2229	293	66127	543	5011	3014	1997
2002	100435	2326	367	69696	530	5363	3240	2074
2003	106043	2416	431	73691	544	5628	3326	2140
2004	113293	2511	444	79267	556	5936	3440	2262
2005	117648	2490	443	82518	553	6216	3572	2405
2006	123598	2602	453	86869	539	6297	2373	2502
2007	128226	2620	462	91042	575	6302	2669	2574
2008	128644	2600	380	91207	566	6020	3005	2545
2009	121348	2582	338	85298	488	5701	3003	2547
2010	134135	2616	419	97113	472	5631	3143	2680

资料来源：中国台湾省编辑的《统计年鉴》
Source: Statistical Yearbook, Taiwan Province of China

附录 1-3 台湾省能源供给总量及构成
TAIWAN PROVINCE ENERGY SUPPLY AND COMPOSITION

年 份 Year	供给量总计 (千公升油当量) Total Supply (10^3 kl oil equivalent)	占供给总量的比重(%) As Percentage of Total Supply (%)				
		煤炭 Coal	石油 Petroleum	天然气 Natural Gas	水力发电 Hydro power	核能发电 Nuclear Power
1990	58698	23.9	55.0	1.9	1.0	16.2
1995	79770	26.8	54.5	5.2	0.6	12.8
2000	103808	31.9	50.6	6.2	0.4	10.7
2001	108398	32.8	50.7	6.4	0.4	9.5
2002	113567	33.2	49.5	6.9	0.2	10.1
2003	121452	32.7	51.1	6.6	0.2	9.3
2004	134840	32.5	51.5	7.3	0.2	8.5
2005	135946	32.0	51.8	7.3	0.3	8.5
2006	138846	32.5	51.2	7.6	0.3	8.3
2007	146116	32.4	51.5	7.7	0.3	8.0
2008	141252	32.7	49.9	8.6	0.3	8.4
2009	138160	30.5	51.8	8.6	0.3	8.7
2010	145561	32.1	49.0	10.2	0.3	8.3

附录 1-4 台湾省能源消费总量及分部门消费构成
TAIWAN PROVINCE ENERGY CONSUMPTION AND COMPOSITION BY SECTOR

年 份 Year	消费总计 (千公升油当量) Total Energy Consumption (10^3 kl oil equivalent)	占消费总量比重(%) As Percentage of Total Energy Consumption(%)						
		工业 Industry	运输 Transpo-rtation	农业 Agricu-lture	住宅 Residence	商业 Commerce	其他 Other	非能源消费 Non-energy Use
1990	49586	49.0	16.2	2.9	11.4	3.8	6.4	5.2
1995	68473	44.2	17.9	2.2	11.9	5.0	6.0	4.3
2000	91736	45.4	15.7	1.6	12.5	6.1	6.4	4.3
2001	97055	48.7	14.8	1.5	12.0	6.0	6.5	2.7
2002	100498	49.1	14.9	1.5	11.8	5.8	6.3	3.3
2003	104369	49.2	14.3	1.6	11.6	6.0	6.9	3.7
2004	108768	50.0	14.5	1.6	11.3	5.9	6.2	3.2
2005	111168	49.0	14.6	1.4	11.7	6.2	6.3	3.2
2006	113739	49.8	14.3	1.1	11.5	6.2	6.3	3.2
2007	119188	52.4	13.3	0.9	11.0			3.4
2008	115699	53.0	12.8	1.0	11.3			2.9
2009	113073	52.5	13.2	0.9	11.6			3.1
2010	120308	53.8	12.9	0.8	10.7			3.8

附录 1-5 台湾省电力生产量和消费量
TAIWAN PROVINCE ElECTRICITY PRODUCTION AND CONSUMPTION

单位: 百万千瓦小时　　(million kW•h)

年 份 Year	发电量 Electricity Generation				耗电量 Electricity Consumption			损失 Loss
	总计 Total	水力发电 Hydro power	火力发电 Thermal Power	核能发电 Nuclear Power	总计 Total	工业用电 Industry Consumption	住户及商业用电 Residence and Commerce	
1990	82350		42629	31554	74345	51841	22504	5355
1995	117859		75071	33931	105368	68931	36437	6848
2000	156511	4303	110672	36996	142413	94768	47645	8735
2001	158058	4070	114822	34094	143624	94807	48816	8610
2002	165901	3604	121526	38009	151193	100435	50758	9417
2003	173810	3852	129566	37371	159380	106043	53336	8751
2004	181245	3338	136770	37939	167478	113293	54185	8937
2005	189663	3830	143295	38404	175293	117648	57645	9036
2006	196567	3902	150014	38317	181593	123598	57996	9539
2007	201856	3924	154142	38961	187075	128226	58848	9590
2008	200241	3459	152636	39260	186931	128644	58288	8584
2009	193605	3290	145756	39981	179239	121348	57890	9418
2010	207385	3047	159112	40029	193313	134135	59179	9669

资料来源：中国台湾省编辑的《统计年鉴》
Source: Statistical Yearbook, Taiwan Province of China

附录 2、有关国家和地区能源数据

Appendix Ⅱ　Energy Data for Related Countries or Areas

附录2-1　年中人口数

Mid-YEAR POPULATION

单位:百万人　　(millions)

国家和地区	Contury or Area	2002	2003	2004	2005	2006	2007	2008	2009	比重% Percent of World
世界总计	**World**	**6202.2**	**6280.2**	**6356.3**	**6431.7**	**6534.5**	**6610.5**	**6687.9**	**6722.4**	**100.0**
OECD合计	**OECD Total**	**1148.0**	**1155.7**	**1164.1**	**1171.5**	**1173.8**	**1181.9**	**1189.8**	**1221.2**	**18.2**
美国	United States	288.2	291.1	293.9	296.7	298.4	301.7	304.5	306.2	4.6
日本	Japan	127.4	127.7	127.8	127.8	127.8	127.8	127.7	127.4	1.9
墨西哥	Mexico	101.4	102.7	104.0	105.3	104.3	105.7	106.6	107.0	1.6
德国	Germany	82.5	82.5	82.5	82.5	82.4	82.3	82.1	82.0	1.2
法国	France	61.4	61.9	62.3	62.7	63.0	63.8	64.1	64.3	1.0
英国	United Kingdom	59.3	59.6	59.8	60.2	60.4	61.0	61.4	61.6	0.9
意大利	Italy	58.1	57.6	58.2	58.5	58.7	59.4	59.9	60.0	0.9
韩国	Korea	47.6	47.9	48.1	48.3	48.2	48.5	48.6	48.7	0.7
西班牙	Spain	41.3	42.0	42.7	43.4	43.7	44.9	45.6	45.8	0.7
加拿大	Canada	31.4	31.7	32.0	32.3	32.5	32.9	33.3	33.5	0.5
澳大利亚	Australia	19.8	20.0	20.2	20.5	20.6	21.2	21.5	21.9	0.3
荷兰	Netherlands	16.2	16.2	16.3	16.3	16.3	16.4	16.4	16.5	0.2
比利时	Belgium	10.3	10.4	10.4	10.5	10.5	10.6	10.7	10.8	0.2
瑞典	Sweden	8.9	9.0	9.0	9.0	9.1	9.2	9.3	9.3	0.1
瑞士	Switzerland	7.3	7.4	7.5	7.5	7.5	7.6	7.7	7.8	0.1
以色列	Israel	6.6	6.7	6.8	6.9	7.1	7.2	7.3	7.4	0.1
非OECD合计	**NON-OECD Total**	**5054.3**	**5124.5**	**5192.2**	**5260.2**	**5360.7**	**5428.6**	**5498.1**	**5501.2**	**81.8**
中国(大陆)	People's Rep. Of China	1280.4	1288.4	1296.2	1300.4	1311.0	1318.3	1325.6	1328.1	19.8
印度	India	1048.6	1064.4	1079.7	1087.2	1109.8	1124.8	1140.0	1147.7	17.1
印度尼西亚	Indonesia	211.8	214.7	217.6	219.1	223.0	225.6	228.2	228.7	3.4
巴西	Brazil	178.9	181.4	183.9	185.6	188.2	190.1	192.0	192.9	2.9
俄罗斯	Russia	145.3	144.6	143.9	143.6	142.5	142.1	141.8	142.0	2.1
埃及	Egypt	69.9	71.3	72.6	72.3	78.6	80.1	81.5	82.3	1.2
伊朗	Islamic Republic of Iran	65.5	66.4	67.3	68.6	70.1	71.0	72.0	72.5	1.1
泰国	Thailand	62.6	63.1	63.7	62.8	66.5	67.0	67.4	67.6	1.0
南非	South Africa	45.3	45.8	46.4	46.6	47.4	47.9	48.7	49.1	0.7
阿根廷	Argentina	37.6	38.0	38.4	38.6	39.1	39.5	39.9	40.1	0.6
委内瑞拉	Venezuela	25.2	25.7	26.1	26.4	27.0	27.5	27.9	28.2	0.4
沙特阿拉伯	Saudi Arabia	22.7	22.1	22.5	22.8	23.7	24.2	24.6	25.1	0.4
中国，台北	Chinese Taipei	22.5	22.6	22.8	22.7	22.8	22.9	22.9	23.0	0.3
中国，香港	Hong Kong, China	6.8	6.8	6.9	6.8	6.9	6.9	7.0	7.0	0.1

资料来源：国际能源署，《OECD成员国能源统计》，《非OECD成员国能源统计》，《OECD成员国能源平衡表》，《非OECD成员国能源平衡表》，下同。

Source: ENERGY STATISTICS OF OECD COUNTRIES, ENERGY STATISTICS OF NON-OECD COUNTRIES, ENERGY BALANCES OF OECD COUNTRIES,ENERGY BALANCES OF NON-OECD COUNTRIES,IEA The same applies to tables following.

附录2-2 国内生产总值汇率算法(2000年价格)

GROSS DOMESTIC PRODUCTS USING EXCHANGE RATES(US$2000)

单位:10亿美元 (billion US$)

国家和地区	Contury or Area	2002	2003	2004	2005	2006	2007	2008	2009	比重% Percent of World
世界总计	**World**	**32768.6**	**33707.0**	**35146.2**	**36352.4**	**38300.7**	**39783.7**	**40481.5**	**39674.4**	**100.00**
OECD合计	**OECD Total**	**26299.6**	**26829.7**	**27670.6**	**28352.6**	**29609.3**	**30371.4**	**30503.7**	**29633.4**	**74.69**
美国	United States	9997.6	10249.8	10651.7	10950.6	11265.2	11693.2	11742.3	11357.1	28.63
日本	Japan	4741.3	4756.8	4866.3	4978.3	5087.1	5202.7	5166.3	4872.2	12.28
德国	Germany	1924.9	1920.2	1944.1	1955.1	2011.2	2069.2	2095.2	1998.7	5.04
英国	United Kingdom	1504.4	1546.7	1597.2	1638.1	1684.7	1763.2	1772.8	1677.1	4.23
法国	France	1371.8	1381.3	1413.4	1439.7	1468.3	1508.5	1515.0	1472.8	3.71
意大利	Italy	1097.9	1121.3	1133.2	1135.8	1157.0	1188.5	1176.1	1110.7	2.80
加拿大	Canada	749.4	773.4	798.9	821.9	844.6	866.8	870.4	846.8	2.13
韩国	Korea	568.3	585.9	613.6	639.4	671.3	734.5	750.8	752.8	1.90
墨西哥	Mexico	585.1	593.2	617.9	635.2	665.5	759.0	769.3	724.4	1.83
西班牙	Spain	617.4	637.0	657.6	681.9	708.2	734.6	740.9	713.4	1.80
澳大利亚	Australia	428.2	445.1	457.0	469.8	481.4	504.9	516.4	535.2	1.35
荷兰	Netherlands	392.3	394.1	401.8	409.0	421.3	440.5	449.3	432.5	1.09
瑞典	Sweden	249.5	253.7	264.2	278.6	290.0	297.8	297.2	286.3	0.72
瑞士	Switzerland	249.4	249.0	254.7	266.1	274.7	286.3	291.4	286.3	0.72
比利时	Belgium	237.9	240.1	246.3	250.9	258.1	265.9	268.7	260.8	0.66
以色列	Israel	113.8	115.8	120.9	127.2	146.1	153.7	159.8	169.6	0.43
非OECD合计	**NON-OECD Total**	**6469.0**	**6877.3**	**7479.9**	**7999.8**	**8691.4**	**9412.3**	**9977.8**	**10041.1**	**25.31**
中国(大陆)	People's Rep. Of China	1416.1	1557.7	1908.8	2098.3	2113.0	2387.7	2602.6	2937.5	7.40
印度	India	500.6	544.3	589.7	644.1	707.0	771.1	825.8	874.9	2.21
巴西	Brazil	621.4	624.8	716.7	737.8	769.0	812.6	853.8	856.0	2.16
中国，台北	Chinese Taipei	296.8	323.4	361.3	376.0	393.6	416.0	416.5	412.1	1.04
阿根廷	Argentina	242.1	263.5	287.3	313.6	340.2	369.6	395.4	398.0	1.00
俄罗斯	Russia	285.9	306.9	328.7	349.8	376.4	406.7	429.5	397.5	1.00
印度尼西亚	Indonesia	178.8	187.3	196.7	207.9	219.3	233.1	247.2	258.5	0.65
沙特阿拉伯	Saudi Arabia	189.7	204.2	215.0	229.1	234.1	242.0	252.1	249.5	0.63
中国，香港	Hong Kong, China	169.3	178.5	193.8	208.4	221.6	235.8	241.3	231.3	0.58
南非	South Africa	141.4	145.8	153.0	160.8	169.2	177.8	183.2	181.9	0.46
泰国	Thailand	132.1	141.3	150.4	157.1	165.6	173.8	178.2	173.9	0.44
委内瑞拉	Venezuela	110.4	101.9	120.5	132.9	146.6	159.0	166.6	160.0	0.40
伊朗	Islamic Republic of Iran	113.9	120.9	127.1	132.6	140.8	151.8	160.3	158.1	0.40
埃及	Egypt	109.2	110.0	114.6	119.7	126.9	135.9	145.5	152.4	0.38

附录2-3　国内生产总值购买力平价算法(2000年价格)

GROSS DOMESTIC PRODUCTS USING PURCHASING POWER PARITIES(US$2000)

单位：10亿美元　　　　(billion US$)

国家和地区	Contury or Area	2002	2003	2004	2005	2006	2007	2008	2009	比重% Percent of World
世界总计	**World**	**47938.7**	**49618.7**	**52222.8**	**54690.8**	**58465.7**	**61747.9**	**63865.8**	**64244.4**	**100.00**
OECD合计	**OECD Total**	**27962.2**	**28609.5**	**29536.7**	**30239.5**	**31805.3**	**32671.8**	**32868.3**	**32113.9**	**49.99**
美国	United States	9997.6	10249.8	10651.7	10950.6	11265.2	11693.2	11742.3	11357.1	17.68
日本	Japan	3298.7	3308.7	3384.9	3462.5	3538.1	3623.0	3597.6	3392.9	5.28
德国	Germany	2129.3	2123.4	2149.9	2191.9	2254.7	2322.6	2351.8	2243.2	3.49
英国	United Kingdom	1570.8	1615.9	1668.6	1700.2	1748.6	1832.3	1842.3	1742.6	2.71
法国	France	1627.3	1638.1	1676.1	1661.9	1695.0	1743.6	1751.0	1702.0	2.65
意大利	Italy	1473.9	1506.1	1522.2	1506.8	1535.0	1578.6	1562.2	1475.1	2.30
韩国	Korea	853.4	879.8	921.4	965.7	1013.9	1114.6	1139.4	1141.0	1.78
墨西哥	Mexico	903.8	916.4	954.5	983.6	1030.5	1176.7	1192.6	1123.0	1.75
西班牙	Spain	902.2	931.3	961.5	1007.0	1045.8	1086.1	1095.4	1054.6	1.64
加拿大	Canada	902.0	931.5	962.2	989.7	1017.0	1045.2	1049.5	1021.1	1.59
澳大利亚	Australia	562.3	584.3	599.9	616.8	631.9	663.8	679.0	703.8	1.10
荷兰	Netherlands	460.2	462.5	471.6	496.7	511.7	535.6	546.3	525.8	0.82
比利时	Belgium	280.3	282.7	290.1	305.3	314.0	324.0	327.3	317.7	0.49
瑞典	Sweden	248.5	252.8	263.3	279.1	290.5	298.7	298.1	287.1	0.45
瑞士	Switzerland	221.8	221.6	226.6	242.5	250.3	261.2	265.8	261.1	0.41
以色列	Israel	144.3	1450.0	151.5	159.4	173.1	182.1	189.4	192.2	0.30
非OECD合计	**NON-OECD Total**	**19976.5**	**21009.2**	**22742.7**	**24451.3**	**26660.5**	**29076.1**	**30997.6**	**32130.5**	**50.01**
中国(大陆)	People's Rep. Of China	5849.0	6463.5	7320.0	8061.2	8771.5	9911.8	10803.8	12194.4	18.98
印度	India	2677.6	2841.4	3077.9	3362.1	3690.5	4024.9	4310.3	4567.0	7.11
巴西	Brazil	1322.7	1298.5	1383.2	1424.0	1484.1	1568.2	1647.8	1652.1	2.57
俄罗斯	Russia	1134.7	1211.2	1297.9	1381.0	1446.7	1563.4	1651.2	1530.2	2.38
印度尼西亚	Indonesia	651.1	679.8	714.3	754.9	796.5	846.5	897.8	938.7	1.46
中国，台北	Chinese Taipei	443.9	520.1	552.6	575.1	602.0	636.3	637.1	630.4	0.98
阿根廷	Argentina	401.9	413.5	451.0	492.4	534.1	580.4	620.8	624.9	0.97
伊朗	Islamic Republic of Iran	417.5	441.1	463.8	484.0	513.8	554.0	585.0	577.0	0.90
泰国	Thailand	415.4	447.1	475.8	497.2	524.1	549.9	564.1	550.4	0.86
南非	South Africa	445.8	423.0	444.0	466.7	491.5	516.6	531.8	528.0	0.82
沙特阿拉伯	Saudi Arabia	268.2	289.5	320.4	341.4	348.9	360.7	375.7	371.9	0.58
埃及	Egypt	260.7	261.3	272.3	284.6	301.6	323.0	345.8	362.2	0.56
中国，香港	Hong Kong, China	176.8	184.7	200.6	215.7	229.4	244.1	249.9	239.5	0.37
委内瑞拉	Venezuela	132.6	101.9	144.0	158.8	175.2	190.0	199.1	191.2	0.30

附录2-4 能源生产总量

TOTAL PRODUCTION OF ENERGY

单位：百万吨标准油 (million toe)

国家和地区	Contury or Area	2002	2003	2004	2005	2006	2007	2008	2009	比重% Percent of World
世界总计	**World**	**10294.74**	**10611.98**	**11145.52**	**11507.20**	**11778.39**	**11985.38**	**12368.95**	**12291.68**	**100.00**
OECD合计	**OECD Total**	**3847.23**	**3806.93**	**3858.86**	**3833.94**	**3842.02**	**3843.28**	**3863.51**	**3806.68**	**30.97**
美国	United States	1666.04	1634.52	1647.02	1629.89	1654.23	1668.96	1706.06	1686.40	13.72
加拿大	Canada	383.87	285.93	397.44	402.09	411.74	415.92	407.38	389.81	3.17
澳大利亚	Australia	254.49	253.89	259.02	268.19	267.79	298.60	302.13	310.70	2.53
墨西哥	Mexico	230.02	242.31	253.60	259.21	255.97	244.44	233.60	220.03	1.79
英国	United Kingdom	257.95	246.60	225.43	205.16	186.62	176.44	166.69	158.91	1.29
法国	France	134.65	136.48	137.31	137.12	137.02	134.79	136.63	129.50	1.05
德国	Germany	134.51	134.64	136.19	135.28	136.76	138.64	134.11	127.09	1.03
日本	Japan	98.67	84.00	95.01	99.89	101.07	90.60	88.66	93.79	0.76
荷兰	Netherlands	60.52	58.44	67.66	61.90	60.77	61.18	66.54	63.05	0.51
韩国	Korea	34.92	37.94	38.27	42.93	43.73	42.60	44.73	44.31	0.36
瑞典	Sweden	32.36	31.04	34.46	34.67	32.79	33.58	33.24	30.35	0.25
西班牙	Spain	31.79	32.99	32.67	30.13	31.36	30.26	30.42	29.72	0.24
意大利	Italy	27.45	27.59	28.15	27.85	27.43	26.38	26.94	27.01	0.22
比利时	Belgium	13.25	13.70	13.75	15.64	15.48	14.37	14.55	15.32	0.12
瑞士	Switzerland	11.58	11.79	11.82	10.88	12.15	12.62	12.73	12.77	0.10
以色列	Israel	0.72	0.75	1.76	2.12	2.65	2.73	3.27	3.27	0.03
非OECD合计	**NON-OECD Total**	**6447.51**	**6805.05**	**7287.85**	**7673.26**	**7936.38**	**8142.09**	**8505.44**	**8485.00**	**69.03**
中国(大陆)	People's Rep. Of China	1202.31	1331.34	1511.72	1643.92	1724.41	1820.65	1993.31	2084.94	16.96
俄罗斯	Russia	1034.48	1106.87	1158.44	1197.10	1227.00	1239.13	1253.92	1181.59	9.61
沙特阿拉伯	Saudi Arabia	474.78	530.53	548.71	576.70	570.65	552.00	579.02	528.38	4.30
印度	India	436.45	394.22	407.41	420.29	437.87	452.73	468.31	502.47	4.09
印度尼西亚	Indonesia	244.64	254.79	263.23	276.66	313.88	333.35	346.99	351.84	2.86
伊朗	Islamic Republic of Iran	236.39	263.69	278.72	302.61	311.53	327.37	326.85	349.78	2.85
巴西	Brazil	162.01	171.67	182.84	195.03	206.48	216.36	228.13	230.31	1.87
委内瑞拉	Venezuela	203.55	178.83	195.32	204.54	195.73	183.83	180.72	203.53	1.66
南非	South Africa	143.07	153.47	157.46	158.78	157.97	159.67	162.95	160.64	1.31
埃及	Egypt	60.88	64.43	64.66	76.59	79.74	82.28	87.49	88.19	0.72
阿根廷	Argentina	81.38	84.32	83.08	80.97	86.19	82.87	82.86	80.82	0.66
泰国	Thailand	45.30	48.26	50.44	54.32	56.26	59.31	63.88	61.71	0.50
中国，台北	Chinese Taipei	11.62	12.53	12.40	12.27	12.41	12.71	12.68	12.80	0.10
中国，香港	Hong Kong, China	0.05	0.05	0.05	0.05	0.05	0.05	0.05	0.05	0.00

附录2-5　能源生产量/一次能源供应量(能源自给率)

ENERGY PRODUCTION/TPES (SELF SUFFICIENCY)

国家和地区	Contury or Area	2002	2003	2004	2005	2006	2007	2008	2009
世界	**World**	**1.01**	**1.00**	**1.00**	**1.00**	**1.00**	**1.00**	**1.01**	**1.01**
OECD合计	**OECD Total**	**0.72**	**0.70**	**0.70**	**0.69**	**0.70**	**0.70**	**0.71**	**0.73**
澳大利亚	Australia	2.27	2.25	2.28	2.22	2.19	2.40	2.32	2.37
加拿大	Canada	1.54	1.47	1.48	1.47	1.53	1.53	1.53	1.53
墨西哥	Mexico	1.48	1.52	1.53	1.47	1.44	1.39	1.29	1.26
荷兰	Netherlands	0.77	0.72	0.82	0.75	0.76	0.76	0.84	0.81
英国	United Kingdom	1.13	1.06	0.97	0.87	0.81	0.84	0.80	0.81
美国	United States	0.73	0.72	0.71	0.70	0.71	0.71	0.75	0.78
瑞典	Sweden	0.61	0.61	0.65	0.66	0.64	0.67	0.67	0.67
法国	France	0.51	0.50	0.50	0.50	0.50	0.51	0.51	0.51
瑞士	Switzerland	0.43	0.44	0.44	0.40	0.43	0.49	0.48	0.47
德国	Germany	0.39	0.39	0.39	0.39	0.39	0.40	0.40	0.40
比利时	Belgium	0.23	0.23	0.24	0.25	0.25	0.25	0.25	0.27
西班牙	Spain	0.24	0.24	0.23	0.21	0.22	0.21	0.22	0.23
日本	Japan	0.19	0.16	0.18	0.19	0.19	0.18	0.18	0.20
韩国	Korea	0.17	0.18	0.18	0.20	0.20	0.19	0.20	0.19
意大利	Italy	0.16	0.15	0.15	0.15	0.15	0.15	0.15	0.16
以色列	Israel	0.04	0.04	0.09	0.10	0.13	0.13	0.15	0.15
非OECD合计	**NON-OECD Total**	**1.32**	**1.34**	**1.33**	**1.35**	**1.33**	**1.31**	**1.31**	**1.29**
沙特阿拉伯	Saudi Arabia	3.78	4.31	4.16	4.16	3.99	3.73	3.58	3.35
委内瑞拉	Venezuela	3.52	3.36	3.43	3.44	3.22	2.89	2.82	3.04
俄罗斯	Russia	1.67	1.73	1.80	1.82	1.83	1.84	1.83	1.83
印度尼西亚	Indonesia	1.52	1.53	1.53	1.58	1.73	1.75	1.75	1.74
伊朗	Islamic Republic of Iran	1.81	1.89	1.85	1.90	1.74	1.69	1.62	1.62
埃及	Egypt	1.16	1.17	1.14	1.26	1.25	1.22	1.24	1.22
南非	South Africa	1.26	1.30	1.22	1.25	1.23	1.19	1.21	1.12
阿根廷	Argentina	1.45	1.41	1.32	1.28	1.18	1.13	1.09	1.09
中国(大陆)	People's Rep. Of China	0.99	0.98	0.95	0.96	0.93	0.93	0.94	0.92
巴西	Brazil	0.85	0.89	0.87	0.91	0.93	0.92	0.92	0.96
印度	India	0.82	0.80	0.78	0.79	0.78	0.76	0.75	0.74
泰国	Thailand	0.54	0.54	0.52	0.56	0.56	0.57	0.60	0.60
中国，台北	Chinese Taipei	0.12	0.13	0.12	0.12	0.12	0.12	0.12	0.13
中国，香港	Hong Kong, China								

附录2-6 能源供应量/GDP(吨标准油/千美元 2000年价格)

TPES/GDP(toe per thousand 2000 US$)

国家和地区	Contury or Area	2002	2003	2004	2005	2006	2007	2008	2009
世界	**World**	**0.31**	**0.32**	**0.32**	**0.32**	**0.31**	**0.30**	**0.30**	**0.31**
OECD合计	**OECD Total**	**0.20**	**0.20**	**0.20**	**0.20**	**0.18**	**0.18**	**0.18**	**0.18**
瑞士	Switzerland	0.11	0.11	0.11	0.10	0.10	0.09	0.09	0.09
日本	Japan	0.11	0.11	0.11	0.11	0.10	0.10	0.10	0.10
英国	United Kingdom	0.15	0.15	0.15	0.14	0.14	0.12	0.12	0.12
以色列	Israel	0.18	0.18	0.17	0.15	0.14	0.14	0.14	0.13
意大利	Italy	0.16	0.16	0.16	0.16	0.16	0.15	0.15	0.15
德国	Germany	0.18	0.18	0.18	0.18	0.17	0.16	0.16	0.16
瑞典	Sweden	0.21	0.20	0.20	0.19	0.18	0.17	0.17	0.16
法国	France	0.19	0.20	0.19	0.19	0.19	0.17	0.18	0.17
荷兰	Netherlands	0.20	0.21	0.20	0.20	0.19	0.18	0.18	0.18
西班牙	Spain	0.21	0.21	0.22	0.21	0.20	0.20	0.19	0.18
美国	United States	0.23	0.22	0.22	0.21	0.21	0.20	0.19	0.19
比利时	Belgium	0.24	0.25	0.24	0.25	0.24	0.21	0.22	0.22
墨西哥	Mexico	0.27	0.27	0.27	0.28	0.27	0.23	0.23	0.24
澳大利亚	Australia	0.26	0.25	0.25	0.26	0.25	0.25	0.25	0.24
韩国	Korea	0.36	0.35	0.35	0.33	0.32	0.30	0.30	0.30
加拿大	Canada	0.33	0.34	0.34	0.33	0.32	0.31	0.31	0.30
非OECD合计	**NON-OECD Total**	**0.75**	**0.74**	**0.73**	**0.70**	**0.69**	**0.66**	**0.65**	**0.66**
中国，香港	Hong Kong, China	0.10	0.09	0.09	0.06	0.06	0.06	0.06	0.06
阿根廷	Argentina	0.23	0.23	0.22	0.20	0.21	0.20	0.19	0.19
中国，台北	Chinese Taipei	0.32	0.30	0.29	0.28	0.27	0.26	0.25	0.25
巴西	Brazil	0.31	0.31	0.29	0.29	0.29	0.29	0.29	0.28
委内瑞拉	Venezuela	0.52	0.52	0.47	0.45	0.41	0.40	0.38	0.42
埃及	Egypt	0.48	0.50	0.49	0.51	0.50	0.50	0.49	0.47
泰国	Thailand	0.63	0.63	0.65	0.62	0.60	0.60	0.60	0.59
沙特阿拉伯	Saudi Arabia	0.66	0.60	0.61	0.61	0.61	0.61	0.64	0.63
印度	India	1.07	0.90	0.88	0.83	0.80	0.77	0.75	0.77
中国(大陆)	People's Rep. Of China	0.86	0.87	0.92	0.89	0.88	0.82	0.81	0.77
印度尼西亚	Indonesia	0.90	0.89	0.87	0.84	0.83	0.82	0.80	0.78
南非	South Africa	0.81	0.81	0.85	0.79	0.76	0.76	0.73	0.79
伊朗	Islamic Republic of Iran	1.14	1.98	1.52	1.19	1.27	1.28	1.26	1.37
俄罗斯	Russia	2.16	2.08	1.95	1.86	1.78	1.65	1.60	1.63

附录2-7 人均能源供应量(吨标准油/人)
TPES/POPULATION (toe per capita)

国家和地区	Contury or Area	2002	2003	2004	2005	2006	2007	2008	2009
世界	**World**	**1.65**	**1.69**	**1.75**	**1.77**	**1.80**	**1.82**	**1.83**	**1.80**
OECD合计	**OECD Total**	**4.66**	**4.67**	**4.73**	**4.75**	**4.64**	**4.65**	**4.56**	**4.28**
加拿大	Canada	7.97	8.28	8.40	8.47	8.27	8.26	8.00	7.53
美国	United States	7.94	7.84	7.92	7.89	7.74	7.74	7.50	7.03
澳大利亚	Australia	5.66	5.66	5.62	5.90	5.90	5.88	6.05	5.93
比利时	Belgium	5.48	5.73	5.58	5.89	5.79	5.37	5.47	5.30
瑞典	Sweden	5.91	5.70	5.91	5.78	5.65	5.47	5.36	4.88
荷兰	Netherlands	4.87	4.99	5.41	5.05	4.90	4.90	4.85	4.73
韩国	Korea	4.24	4.34	4.44	4.42	4.48	4.58	4.67	4.70
法国	France	4.33	4.38	4.41	4.40	4.31	4.14	4.16	3.97
德国	Germany	4.19	4.21	4.22	4.19	4.23	4.05	4.08	3.89
日本	Japan	4.09	4.04	4.17	4.14	4.13	4.03	3.88	3.71
瑞士	Switzerland	3.65	3.63	3.64	3.60	3.73	3.38	3.46	3.46
英国	United Kingdom	3.85	3.90	3.90	3.89	3.82	3.45	3.40	3.18
以色列	Israel	3.05	3.09	3.02	2.96	2.96	3.02	3.01	2.90
西班牙	Spain	3.19	3.24	3.33	3.34	3.28	3.21	3.04	2.75
意大利	Italy	2.99	3.14	3.14	3.17	3.13	3.02	2.94	2.74
墨西哥	Mexico	1.53	1.56	1.59	1.70	1.69	1.67	1.69	1.63
非OECD合计	**NON-OECD Total**	**0.97**	**0.99**	**1.05**	**1.07**	**1.11**	**1.15**	**1.18**	**1.19**
沙特阿拉伯	Saudi Arabia	5.54	5.59	5.86	6.00	6.04	6.13	6.56	6.22
俄罗斯	Russia	4.25	4.42	4.47	4.55	4.71	4.73	4.84	4.40
中国，台北	Chinese Taipei	4.16	4.36	4.59	4.52	4.60	4.81	4.60	4.40
伊朗	Islamic Republic of Iran	1.99	2.10	2.22	2.30	2.56	2.73	2.81	2.97
南非	South Africa	2.51	2.58	2.79	2.70	2.72	2.81	2.76	2.92
委内瑞拉	Venezuela	2.29	2.07	2.18	2.24	2.25	2.31	2.29	2.36
中国，香港	Hong Kong, China	2.41	2.47	2.58	1.92	1.94	2.07	2.03	2.13
阿根廷	Argentina	1.49	1.57	1.65	1.63	1.87	1.86	1.91	1.84
中国(大陆)	People's Rep. Of China	0.95	1.06	1.22	1.30	1.41	1.49	1.60	1.70
泰国	Thailand	1.33	1.41	1.56	1.54	1.50	1.55	1.59	1.52
巴西	Brazil	1.07	1.07	1.14	1.15	1.19	1.24	1.29	1.24
印度尼西亚	Indonesia	0.76	0.78	0.79	0.79	0.81	0.84	0.87	0.88
埃及	Egypt	0.75	0.78	0.79	0.84	0.81	0.84	0.87	0.87
印度	India	0.51	0.46	0.48	0.49	0.51	0.53	0.54	0.59

附录2-8 煤生产量
COAL PRODUCTION

单位：百万吨标准油 (Mtoe)

国家和地区	Contury or Area	2002	2003	2004	2005	2006	2007	2008	2009	比重% Percent of World
世界总计	**World**	**2375.3**	**2517.7**	**2743.5**	**2922.3**	**3081.7**	**3230.9**	**3415.7**	**3449.5**	**100.00**
中国	PR of China	752.6	876.9	1033.0	1145.4	1234.5	1312.2	1452.9	1537.8	44.58
美国	United States	555.1	526.1	553.2	564.2	576.8	568.5	579.3	530.1	15.37
印度	India	156.8	166.3	176.4	187.3	197.9	210.2	225.1	244.2	7.08
澳大利亚	Australia	184.4	185.2	192.6	202.0	201.4	227.4	231.9	236.6	6.86
印度尼西亚	Indonesia	63.6	70.9	86.0	103.7	137.5	157.9	165.0	166.8	4.84
俄罗斯	Russia	117.8	127.3	130.1	142.5	143.3	163.0	167.2	153.6	4.45
南非	South Atrica	124.3	134.8	137.1	138.4	138.3	139.9	142.5	141.7	4.11
波兰	Poland	71.2	70.8	69.8	68.9	67.6	62.5	60.9	56.4	1.64
哥伦比亚	Colombia	26.1	32.8	35.2	38.4	42.6	45.4	47.8	47.3	1.37
德国	Germany	58.4	57.7	58.3	56.5	53.4	54.6	50.1	45.7	1.32
哈萨克斯坦	Kazakhstan	35.6	37.3	38.2	38.1	42.3	43.0	48.8	44.3	1.28
加拿大	Canada	32.6	30.3	32.2	33.1	32.5	34.3	33.6	31.5	0.91
乌克兰	Ukraine	32.0	37.1	34.8	34.7	35.3	33.6	33.7	31.3	0.91
英国	United Kingdom	17.8	16.8	14.9	11.9	10.7	10.2	10.8	10.7	0.31

附录2-9 原油和天然气凝析液(NGL)生产量
CRUDE OIL AND NGL PRODUCTION

单位：千吨 (1000 tons)

国家和地区	Contury or Area	2002	2003	2004	2005	2006	2007	2008	2009	比重% Percent of World
世界总计	**World**	**3591457**	**3707983**	**3951180**	**4000950**	**4011420**	**3998630**	**4041340**	**3994480**	**100.00**
石油输出国家组织	**OPEC**	**1391835**	**1511598**	**1698790**	**1718340**	**1727900**	**1697710**	**1746660**	**1686450**	**42.22**
阿根廷	Argentina	41576	40369	39430	37760	37670	36680	35710	35300	0.88
印度尼西亚	Indonesia	62766	59356	55950	52420	49140	47510	49230	48050	1.20
英国	United Kingdom	107430	106193	95491	88470	80010	80160	74610	70900	1.77
利比亚	Libya	62629	70781	79520	85260	89970	87990	90590	73980	1.85
哈萨克斯坦	Kazakhstan	47269	51452	59760	61750	65840	67410	70980	77970	1.95
阿尔及利亚	Algeria	71035	79180	87390	90940	90490	90610	88190	82070	2.05
安哥拉	Angola	44045	43083	50480	63750	72600	87370	97990	92970	2.33
挪威	Norway	151681	147011	144627	142030	131280	122010	116910	108910	2.73
尼日利亚	Nigeria	102189	117666	131000	132210	127180	114850	110080	117470	2.94
伊拉克	Iraq	100469	65949	101230	95720	99550	103550	116100	118400	2.96
科威特	Kuwait	97381	111125	122730	136880	140910	137130	142970	120860	3.03
阿联酋	United Arab Emirates	106477	119291	126750	128020	137600	135440	138450	127880	3.20
加拿大	Canada	91110	140426	145419	147450	155300	161950	160420	156300	3.91
墨西哥	Mexico	165964	189289	191367	197280	190480	179600	168930	157150	3.93
委内瑞拉	Venezuela	160363	137829	161520	169360	159420	147840	145910	168160	4.21
中国	PR of China	167219	169655	175940	181430	184850	186420	195170	189620	4.75
伊朗	Iran	172411	191417	202540	218960	217090	219790	216420	231720	5.80
美国	United States	283395	338430	325916	322550	317810	317450	312910	337060	8.44
沙特阿拉伯	Saudi Arabia	418885	477792	502230	525620	517090	496200	518280	467030	11.69
俄罗斯	Russia	377173	418582	458470	468710	478130	490040	488530	493640	12.36

附录2-10 天然气生产量

PRODUCTION OF NATURAL GAS

单位：百万标准油 (Mtoe)

国家和地区	Contury or Area	2002	2003	2004	2005	2006	2007	2008	2009	比重% Percent of World
世界总计	**World**	**2170.12**	**2246.07**	**2305.32**	**2366.24**	**2437.44**	**2507.72**	**2608.17**	**2526.42**	**100.00**
美国	United States	442.34	447.87	435.83	421.44	430.93	449.78	472.62	478.57	18.94
俄罗斯	Russia	479.41	499.69	509.17	515.70	525.72	521.85	534.64	469.56	18.59
加拿大	Canada	153.3	151.12	150.79	154.03	154.86	151.36	143.77	135.25	5.35
伊朗	Iran	58.48	66.17	73.58	79.73	87.41	104.02	107.99	116.22	4.60
卡塔尔	Qatar	25.95	27.61	33.54	38.64	44.44	55.05	69.67	79.53	3.15
中国	PR of China	33.78	29.29	35.29	42.62	48.99	57.93	67.18	71.34	2.82
阿尔及利亚	Algeria	75.13	79.37	78.25	75.60	74.36	73.60	73.78	70.14	2.78
印度尼西亚	Indonesia	65.87	66.01	63.49	62.72	64.06	62.39	64.32	67.05	2.65
沙特阿拉伯	Saudi Arabia	46.80	42.78	46.48	51.08	53.62	55.08	60.75	61.35	2.43
荷兰	Netherland	54.26	52.20	61.57	56.25	55.38	54.43	59.88	56.39	2.23
乌兹别克斯坦	Uzbekistan	47.09	47.15	48.06	48.97	50.95	52.94	54.90	53.80	2.13
英国	United Kingdom	93.38	92.61	86.38	79.53	71.99	64.89	62.69	53.73	2.13
埃及	Egypt	23.14	26.09	28.18	41.54	44.58	45.91	49.17	51.48	2.04
马来西亚	Malaysia	38.41	44.7	46.47	55.35	54.57	49.96	52.45	50.34	1.99
澳大利亚	Australia	30.33	31.30	31.99	35.42	36.83	38.96	39.38	41.17	1.63
阿联酋	United Arab Emirates	34.74	35.86	38.8	39.01	40.86	42.91	42.10	40.92	1.62
印度	India	22.57	23.57	23.43	23.84	23.41	26.06	26.30	38.48	1.52
墨西哥	Mexico	32.39	33.94	35.49	36.89	40.52	39.04	38.78	38.40	1.52
阿根廷	Argentina	32.16	35.76	36.82	36.22	37.15	38.91	39.13	37.16	1.47
特立尼达和多巴哥	Trinidad and Tobago	13.72	20.88	22.01	22.93	26.14	32.45	32.17	36.18	1.43
土库曼斯坦	Turkmenistan	43.56	48.17	48.04	51.30	51.50	56.08	57.40	31.06	1.23
巴基斯坦	Pakistan	17.84	22.15	24.05	25.19	25.09	27.15	26.45	27.29	1.08
委内瑞拉	Venezuela	24.34	22.64	22.32	22.73	23.39	22.72	22.29	20.68	0.82
泰国	Thailand	16.08	16.94	17.52	18.50	19.04	20.31	22.49	19.16	0.76
德国	Germany	15.98	15.92	14.73	14.22	14.05	13.09	11.31	11.11	0.44

附录2-11　总发电量(2009年)

TOTAL ELECTRICITY GENERATION(2009)

单位：百万千瓦小时　(GW·h)

国家和地区	Contury or Area	总发电量(百万千瓦小时) Total Production of Electricity (million kW·h)	发电量占世界比重(%) Percent of World (%)	煤电比重(%) Electricity Generation from Coal (% of total)	油电比重(%) Electricity Generation from Oil (% of total)	气电比重(%) Electricity Generation from Gas (% of total)	水电比重(%) Electricity Generation from Hydro (% of total)	核电比重(%) Electricity Generation from Nuclear (% of total)
世界总计	**World**	**20055260**	**100.00**	**40.50**	**5.10**	**21.40**	**16.20**	**13.40**
美国	United States	4165394	20.77	45.44	1.21	22.80	6.62	19.93
中国(大陆)	PR of China	3695928	18.43	78.80	0.40	1.40	16.70	1.90
日本	Japan	1040983	5.19	26.84	8.80	27.37	7.22	32.72
俄罗斯	Russia	990045	4.94	16.60	1.60	47.40	17.60	16.50
印度	India	899389	4.48	68.60	2.90	12.40	11.90	2.10
加拿大	Canada	603123	3.01	15.19	1.38	6.22	60.33	14.99
德国	Germany	586414	2.92	43.85	1.64	13.45	3.18	23.01
法国	France	537410	2.68	5.34	1.15	3.91	10.63	76.24
巴西	Brazil	466468	2.33	2.10	3.10	2.90	83.80	2.80
韩国	Korea	451676	2.25	46.24	4.39	15.56	0.62	32.72
英国	United Kingdom	378090	1.89	28.50	1.17	44.49	1.41	18.58
西班牙	Spain	291016	1.45	12.77	6.52	36.92	9.05	18.13
墨西哥	Mexico	261018	1.30	11.31	17.53	53.05	10.23	4.02
南非	South Africa	246815	1.23	94.10			0.60	5.20
中国，台北	Chinese Taipei	226388	1.13	54.70	3.80	19.60	1.70	18.40
乌克兰	Ukraine	173484	0.87	36.60	0.50	8.10	6.80	48.00
瑞典	Sweden	136592	0.68	1.17	0.53	1.13	48.21	28.20
阿根廷	Argentina	121863	0.61	2.30	10.50	51.30	27.80	6.70
荷兰	Netherlands	113502	0.57	23.44	1.31	60.53	0.09	3.73
巴基斯坦	Pakistan	95400	0.48	0.10	38.00	29.40	29.40	3.00
比利时	Belgium	89796	0.45	6.85	0.31	32.64	0.37	52.59
芬兰	Finland	72012	0.36	22.08	0.74	13.60	17.60	32.65
瑞士	Switzerland	66669	0.33		0.15	1.02	53.58	41.53
罗马尼亚	Romania	57741	0.29	37.70	1.80	13.20	26.90	20.40
保加利亚	Bulgaria	42383	0.21	49.80	0.80	4.60	8.20	36.00
捷克	Czech Republic	25919	0.13	59.60	0.19	1.19	2.97	33.30

附录2-12 终端能源消费量

TOTAL FINAL CONSUMPTION OF ENERGY

单位：百万吨标准油 (million toe)

国家和地区	Contury or Area	2002	2003	2004	2005	2006	2007	2008	2009	比重% Percent of World
世界	**World**	**6110.96**	**6426.07**	**7731.12**	**7909.50**	**8074.24**	**8287.07**	**8428.41**	**8352.77**	**100.00**
OECD合计	**OECD Total**	**3569.52**	**3636.13**	**3702.41**	**3835.09**	**3824.38**	**3759.89**	**3695.88**	**3581.93**	**42.88**
美国	United States	1549.47	1570.93	1599.74	1591.86	1572.16	1581.62	1542.25	1462.52	17.51
日本	Japan	352.48	346.68	350.65	353.75	351.79	342.27	318.81	313.58	3.75
德国	Germany	239.48	250.59	252.56	249.26	253.57	228.32	235.67	223.92	2.68
加拿大	Canada	190.01	197.47	202.46	204.16	201.51	205.33	202.26	194.17	2.32
法国	France	168.99	175.03	176.81	175.23	173.95	165.18	165.55	160.26	1.92
韩国	Korea	138.99	143.13	145.34	143.64	145.08	147.10	147.54	147.82	1.77
英国	United Kingdom	158.66	160.75	162.53	161.30	158.73	142.21	142.85	132.13	1.58
意大利	Italy	133.83	139.36	146.31	145.22	144.57	138.52	133.40	125.58	1.50
墨西哥	Mexico	99.81	100.47	105.33	108.64	113.43	113.79	115.40	110.10	1.32
西班牙	Spain	94.44	99.74	103.50	105.19	103.93	102.79	99.07	92.29	1.10
澳大利亚	Australia	70.96	72.30	73.95	77.90	77.73	75.07	76.71	77.71	0.93
荷兰	Netherlands	60.15	62.28	63.25	63.92	61.25	61.63	61.04	60.10	0.72
比利时	Belgium	40.93	42.79	41.37	44.55	43.55	39.65	42.36	39.22	0.47
瑞典	Sweden	35.72	35.66	35.59	35.17	34.99	34.40	33.77	31.98	0.38
瑞士	Switzerland	21.07	21.69	22.04	22.27	22.24	20.30	20.97	20.07	0.24
以色列	Israel	12.22	12.69	13.00	11.97	12.29	12.92	13.15	14.15	0.17
非OECD合计	**NON-OECD Total**	**2541.44**	**2643.09**	**3745.29**	**3818.09**	**4006.26**	**4191.60**	**4397.75**	**4442.08**	**53.18**
中国(大陆)	People's Rep. Of China	619.13	683.55	1025.16	1085.38	1171.91	1252.97	1370.73	1432.99	17.16
印度	India	177.06	182.54	349.78	355.11	375.39	394.20	407.56	449.27	5.38
俄罗斯	Russia	409.62	419.47	427.36	415.90	425.05	428.26	435.52	422.83	5.06
巴西	Brazil	120.02	118.81	170.54	173.69	178.23	188.33	195.38	190.79	2.28
伊朗	Islamic Republic of Iran	102.07	108.42	119.07	124.34	140.23	150.28	154.76	162.67	1.95
印度尼西亚	Indonesia	75.57	72.73	128.54	132.76	134.99	138.12	145.41	145.88	1.75
沙特阿拉伯	Saudi Arabia	76.95	73.41	80.70	81.66	85.75	90.29	98.86	97.78	1.17
泰国	Thailand	47.25	49.85	68.75	65.53	67.33	69.57	71.09	75.80	0.91
南非	South Africa	49.47	52.83	63.96	63.05	63.26	64.10	64.09	68.69	0.82
中国，台北	Chinese Taipei	58.67	60.89	63.38	59.55	60.36	64.74	62.77	62.80	0.75
阿根廷	Argentina	38.90	42.07	46.12	50.99	53.67	54.15	55.32	52.82	0.63
埃及	Egypt	34.87	36.71	39.34	41.93	44.52	47.55	48.30	49.00	0.59
委内瑞拉	Venezuela	36.27	34.78	37.96	39.45	42.40	43.20	44.41	44.88	0.54
中国，香港	Hong Kong, China	11.49	11.20	11.41	7.55	7.76	7.99	8.07	8.91	0.11

附录2-13 煤的一次供应量

PRIMARY SUPPLY OF COAL

单位：百万吨标准油 (Mtoe)

国家和地区	Contury or Area	2002	2003	2004	2005	2006	2007	2008	2009	比重% Percent of Word
世界	**World**	**2380.83**	**2536.38**	**2764.51**	**2892.27**	**3053.54**	**3190.30**	**3314.18**	**3299.51**	**100.00**
OECD合计	**OECD Total**	**1099.49**	**1105.14**	**1131.74**	**1133.47**	**1138.65**	**1155.31**	**1128.09**	**1033.30**	**31.32**
美国	United States	542.16	531.17	548.77	558.46	550.96	554.80	545.76	484.98	14.70
日本	Japan	103.16	106.44	116.48	111.04	112.41	116.24	113.50	101.30	3.07
德国	Germany	84.10	85.02	85.83	81.69	82.27	86.67	80.97	71.62	2.17
韩国	Korea	45.67	48.18	50.09	49.47	52.61	56.14	62.77	64.84	1.97
澳大利亚	Australia	49.04	48.29	49.47	53.18	53.75	55.47	57.96	55.05	1.67
英国	United Kingdom	35.67	38.64	37.35	37.94	41.29	38.77	35.89	29.84	0.90
加拿大	Canada	30.54	30.00	28.44	30.03	27.53	26.41	26.27	23.82	0.72
意大利	Italy	13.73	14.88	16.60	16.47	16.67	16.78	16.28	12.75	0.39
法国	France	13.57	14.36	13.90	14.30	13.20	13.64	12.88	11.22	0.34
西班牙	Spain	21.58	20.11	21.02	20.49	17.87	20.01	13.48	9.47	0.29
墨西哥	Mexico	7.43	8.23	7.13	8.85	8.74	9.10	7.52	7.75	0.23
荷兰	Netherlands	8.47	8.84	8.70	8.19	7.78	8.51	8.08	7.46	0.23
以色列	Israel	7.85	7.98	8.11	7.64	8.18	8.02	7.79	7.43	0.23
比利时	Belgium	6.34	5.95	5.79	5.02	4.78	4.24	4.35	2.98	0.09
瑞典	Sweden	2.84	2.67	2.94	2.62	2.69	2.65	2.43	1.93	0.06
瑞士	Switzerland	0.14	0.14	0.13	0.15	0.16	0.18	0.16	0.15	0.00
非OECD合计	**NON-OECD Total**	**1281.34**	**1431.25**	**1630.44**	**1755.24**	**1915.05**	**2034.98**	**2186.09**	**2266.22**	**68.68**
中国(大陆)	People's Rep. Of China	688.70	807.99	973.63	1087.62	1206.98	1285.07	1406.35	1517.57	45.99
印度	India	173.58	177.53	197.25	207.53	222.77	242.49	261.37	285.36	8.65
南非	South Africa	78.55	86.64	94.40	91.94	93.60	97.10	95.83	98.37	2.98
俄罗斯	Russia	106.74	107.42	104.19	103.39	106.74	110.96	117.07	95.27	2.89
中国，台北	Chinese Taipei	33.31	36.05	37.46	38.15	39.96	41.79	40.11	38.15	1.16
印度尼西亚	Indonesia	17.95	18.84	20.22	23.02	29.22	33.99	37.14	30.51	0.92
泰国	Thailand	8.99	9.40	10.71	11.50	12.50	14.23	15.40	14.93	0.45
巴西	Brazil	12.96	13.10	13.43	12.96	12.79	13.59	13.73	10.98	0.33
中国，香港	Hong Kong, China	5.36	6.57	6.59	6.67	7.03	7.56	6.99	7.60	0.23
阿根廷	Argentina	0.45	0.51	0.57	0.89	1.02	1.08	1.25	1.27	0.04
伊朗	Islamic Republic of Iran	1.14	1.11	1.03	1.20	1.28	1.71	1.61	1.22	0.04
埃及	Egypt	0.83	0.86	0.94	0.90	0.87	0.87	0.85	0.83	0.03
委内瑞拉	Venezuela	0.02	0.04	-	0.04	0.04	0.05	0.04	0.05	0.00
沙特阿拉伯	Saudi Arabia									

附录2-14 石油的一次供应量

PRIMARY SUPPLY OF OIL

单位：百万吨标准油 (Mtoe)

国家和地区	Contury or Area	2002	2003	2004	2005	2006	2007	2008	2009	比重% Percent of Word
世界	**World**	**3587.33**	**3793.60**	**3944.34**	**4008.73**	**4033.43**	**4078.04**	**4059.18**	**3987.41**	**100.00**
OECD合计	**OECD Total**	**2172.52**	**2202.07**	**2237.22**	**2249.18**	**2128.17**	**2102.69**	**2035.40**	**1958.17**	**48.24**
美国	United States	900.20	921.41	947.47	952.20	937.12	902.87	851.60	800.69	19.73
日本	Japan	258.15	256.87	253.60	250.53	240.57	229.83	214.29	200.42	4.94
德国	Germany	128.83	126.51	125.21	123.15	123.55	104.40	111.13	105.02	2.59
墨西哥	Mexico	92.34	91.71	96.12	103.82	100.74	100.37	103.71	99.03	2.44
韩国	Korea	102.00	101.20	101.43	94.94	93.61	94.45	89.62	90.60	2.23
加拿大	Canada	86.37	92.84	97.95	97.50	95.34	99.17	96.42	87.88	2.16
法国	France	91.27	91.13	92.13	91.56	90.71	83.96	83.20	81.00	2.00
意大利	Italy	87.45	86.87	83.77	82.11	81.19	75.96	72.46	67.36	1.66
英国	United Kingdom	80.51	81.08	83.20	84.60	83.80	67.44	67.73	63.90	1.57
西班牙	Spain	67.27	69.04	70.77	71.17	70.84	67.94	65.05	60.37	1.49
澳大利亚	Australia	34.57	35.93	34.56	37.88	38.76	36.25	39.40	40.36	0.99
荷兰	Netherlands	29.85	31.53	31.96	33.41	32.40	32.79	31.01	30.33	0.75
比利时	Belgium	22.90	24.76	23.02	25.55	24.45	22.50	24.08	24.01	0.59
瑞典	Sweden	16.52	15.75	15.45	14.90	14.62	12.93	13.52	11.84	0.29
瑞士	Switzerland	12.96	12.58	12.53	12.63	12.97	10.45	11.09	11.51	0.28
以色列	Israel	11.59	12.08	10.84	10.89	10.51	11.16	11.09	9.95	0.25
非OECD合计	**NON-OECD Total**	**1414.81**	**1444.69**	**1543.70**	**1537.27**	**1583.29**	**1639.77**	**1689.01**	**1700.48**	**41.89**
中国(大陆)	People's Rep. Of China	244.16	269.81	311.12	316.29	341.53	354.99	364.81	379.31	9.34
印度	India	118.58	123.69	127.21	124.72	131.76	138.79	144.66	159.41	3.93
俄罗斯	Russia	128.35	131.51	131.62	129.20	133.80	132.39	141.40	137.92	3.40
伊朗	Islamic Republic of Iran	65.80	68.24	72.61	75.07	84.22	85.55	89.25	98.54	2.43
沙特阿拉伯	Saudi Arabia	78.94	80.45	85.45	87.66	89.51	93.03	100.85	96.50	2.38
巴西	Brazil	88.02	84.33	86.58	87.53	88.72	92.64	95.74	95.23	2.35
印度尼西亚	Indonesia	58.71	58.28	63.80	63.84	59.24	61.09	61.31	66.89	1.65
泰国	Thailand	37.90	40.61	45.68	42.15	42.29	41.86	41.08	40.45	1.00
中国，台北	Chinese Taipei	42.46	43.47	45.93	43.89	43.31	45.84	42.25	40.32	0.99
委内瑞拉	Venezuela	27.75	24.72	28.12	29.57	29.90	33.12	33.13	36.21	0.89
埃及	Egypt	26.23	26.53	28.04	28.53	29.36	31.19	32.36	32.68	0.81
阿根廷	Argentina	20.19	20.52	24.14	22.95	27.07	26.62	27.95	26.40	0.65
南非	South Africa	16.82	13.87	15.55	14.85	15.25	16.94	17.27	24.43	0.60
中国，香港	Hong Kong, China	8.35	8.02	8.13	3.64	3.30	3.89	3.83	4.09	0.10

附录2-15 天然气供应量

PRIMARY SUPPLY OF GAS

单位：百万吨标准油 (Mtoe)

国家和地区	Contury or Area	2002	2003	2004	2005	2006	2007	2008	2009	比重% Percent of Word
世界	**World**	**2170.85**	**2240.82**	**2289.45**	**2363.08**	**2417.13**	**2527.91**	**2591.07**	**2540.22**	**100.00**
OECD合计	**OECD Total**	**1167.30**	**1189.26**	**1195.39**	**1210.45**	**1205.82**	**1262.34**	**1270.98**	**1248.38**	**49.14**
美国	United States	535.66	519.80	512.12	507.07	501.27	542.69	542.77	534.21	21.03
日本	Japan	66.47	71.30	70.56	70.57	77.44	83.05	83.71	80.66	3.18
加拿大	Canada	73.33	79.71	78.00	80.60	79.47	80.59	77.05	78.66	3.10
英国	United Kingdom	85.83	85.86	87.36	85.60	81.04	81.94	84.45	78.10	3.07
德国	Germany	75.55	79.11	78.71	80.83	79.47	76.85	76.53	76.56	3.01
意大利	Italy	57.69	63.60	66.00	70.63	69.17	69.51	69.50	63.88	2.51
墨西哥	Mexico	38.33	41.97	43.70	44.19	48.56	47.11	49.08	48.51	1.91
法国	France	37.47	39.31	40.14	41.07	39.61	38.48	39.87	38.45	1.51
荷兰	Netherlands	35.83	35.99	36.73	35.31	34.25	33.26	34.65	34.96	1.38
韩国	Korea	21.20	22.00	25.28	27.37	28.70	31.15	31.81	31.70	1.25
西班牙	Spain	18.75	21.35	25.16	29.84	31.01	31.77	34.90	31.21	1.23
澳大利亚	Australia	21.45	22.15	22.74	23.04	23.43	25.79	25.72	28.28	1.11
比利时	Belgium	13.37	14.40	14.76	14.74	14.99	14.92	14.83	15.11	0.59
以色列	Israel	0.01	0.01	0.98	1.35	1.88	1.94	2.37	3.42	0.13
瑞士	Switzerland	2.49	2.63	2.71	2.78	2.71	2.63	2.81	2.69	0.11
瑞典	Sweden	0.89	0.89	0.88	0.84	0.88	0.91	0.83	1.10	0.04
非OECD合计	**NON-OECD Total**	**1003.55**	**1051.56**	**1096.25**	**1152.19**	**1211.31**	**1265.57**	**1320.09**	**1291.84**	**50.86**
俄罗斯	Russia	325.56	342.50	346.56	349.57	358.61	365.96	366.17	350.29	13.79
伊朗	Islamic Republic of Iran	61.86	68.13	75.56	80.10	91.39	104.48	109.98	115.38	4.54
中国(大陆)	People's Rep. Of China	31.85	27.73	33.25	40.14	47.36	59.12	68.32	75.04	2.95
沙特阿拉伯	Saudi Arabia	46.80	42.78	46.48	51.08	53.61	55.08	60.75	61.35	2.42
印度	India	22.57	23.57	26.34	29.66	33.48	35.70	35.60	48.91	1.93
阿根廷	Argentina	27.36	30.17	31.31	31.96	36.64	38.08	39.37	38.72	1.52
埃及	Egypt	23.14	25.43	25.17	28.90	31.00	32.35	34.72	35.83	1.41
印度尼西亚	Indonesia	32.98	32.54	30.31	30.62	28.25	30.08	31.97	35.05	1.38
泰国	Thailand	21.90	23.26	24.37	25.92	26.68	28.30	29.94	26.64	1.05
委内瑞拉	Venezuela	24.34	22.64	22.32	22.73	23.39	22.80	22.96	22.40	0.88
巴西	Brazil	12.38	12.76	15.77	16.72	17.50	17.72	21.21	16.99	0.67
中国，台北	Chinese Taipei	6.95	7.21	8.82	8.57	9.55	9.88	10.76	10.10	0.40
南非	South Africa	1.80	1.08	2.78	3.63	3.75	3.77	4.16	3.71	0.15
中国，香港	Hong Kong, China	1.92	1.51	2.18	2.19	2.40	2.24	2.59	2.52	0.10

附录2-16　国内生产总值电耗(千瓦小时/美元 2000年价)

ELECTRICITY CONSUMPTION/GDP (kW•h per 2000 US$)

国家和地区	Contury or Area	2002	2003	2004	2005	2006	2007	2008	2009
世界	**World**	**0.45**	**0.45**	**0.46**	**0.46**	**0.46**	**0.46**	**0.46**	**0.47**
OECD合计	**OECD Total**	**0.35**	**0.35**	**0.35**	**0.34**	**0.33**	**0.33**	**0.33**	**0.33**
OECD北美区	OECD North America	0.40	0.40	0.39	0.39	0.37	0.37	0.37	0.37
OECD太平洋区	OECD Pacific	0.27	0.27	0.28	0.28	0.27	0.27	0.27	0.28
OECD欧洲区	OECD Europe	0.34	0.34	0.34	0.33	0.33	0.32	0.32	0.32
非OECD合计	**NON-OECD Total**	**0.85**	**0.87**	**0.86**	**0.86**	**0.87**	**0.87**	**0.85**	**0.86**
中国，香港	Hong Kong, China	0.22	0.22	0.20	0.19	0.18	0.17	0.17	0.18
阿根廷	Argentina	0.31	0.32	0.31	0.30	0.29	0.28	0.28	0.28
巴西	Brazil	0.52	0.55	0.50	0.51	0.51	0.51	0.50	0.50
中国，台北	Chinese Taipei	0.64	0.62	0.58	0.58	0.57	0.56	0.55	0.53
印度尼西亚	Indonesia	0.51	0.50	0.54	0.54	0.54	0.55	0.54	0.54
委内瑞拉	Venezuela	0.61	0.67	0.60	0.58	0.56	0.52	0.52	0.56
印度	India	0.87	0.85	0.84	0.81	0.81	0.81	0.78	0.79
沙特阿拉伯	Saudi Arabia	0.70	0.71	0.69	0.69	0.72	0.72	0.74	0.80
泰国	Thailand	0.78	0.78	0.79	0.80	0.80	0.79	0.79	0.81
埃及	Egypt	0.71	0.76	0.77	0.80	0.81	0.82	0.80	0.81
伊朗	Islamic Republic of Iran	1.03	1.05	1.07	1.10	1.16	1.08	1.09	1.06
中国(大陆)	People's Rep. Of China	1.07	1.14	1.20	1.23	1.27	1.29	1.25	1.19
南非	South Africa	1.46	1.50	1.48	1.38	1.35	1.34	1.27	1.23
俄罗斯	Russia	2.70	2.58	2.47	2.37	2.32	2.21	2.13	2.19

附录2-17　人均电力消费量(千瓦小时/人)

ELECTRICITY CONSUMPTION/POPULATION (kW•h per capita)

国家和地区	Contury or Area	2002	2003	2004	2005	2006	2007	2008	2009
世界	**World**	**2365**	**2435**	**2507**	**2586**	**2668**	**2758**	**2782**	**2730**
OECD合计	**OECD Total**	**7991**	**8081**	**8205**	**8380**	**8418**	**8508**	**8486**	**8012**
OECD北美区	OECD North America	10689	10784	10838	11125	11029	11103	11113	10216
OECD太平洋区	OECD Pacific	7946	7945	8254	8444	8517	8795	8618	8425
OECD欧洲区	OECD Europe	5858	5964	6067	6144	6259	6286	6287	5985
非OECD合计	**NON-OECD Total**	**1087**	**1162**	**1236**	**1306**	**1409**	**1506**	**1547**	**1561**
中国，台北	Chinese Taipei	8441	8898	9293	9618	9917	10216	10023	9588
沙特阿拉伯	Saudi Arabia	5810	6620	6587	6813	7080	7247	7576	7842
俄罗斯	Russia	5305	5480	5642	5785	6123	6318	6443	6133
中国，香港	Hong Kong, China	5612	5653	5779	5879	5883	5899	5866	5924
南非	South Africa	4546	4756	4886	4735	4831	4980	4770	4532
委内瑞拉	Venezuela	2653	2664	2760	2924	3029	2979	3074	3152
阿根廷	Argentina	2017	2186	2301	2418	2560	2658	2789	2744
中国(大陆)	People's Rep. Of China	1184	1379	1586	1782	2041	2328	2453	2631
伊朗	Islamic Republic of Iran	1782	1916	2006	2117	2334	2318	2423	2300
巴西	Brazil	1813	1885	1951	2009	2075	2171	2232	2201
泰国	Thailand	1656	1752	1898	1988	1984	2055	2079	2073
埃及	Egypt	1103	1173	1234	1308	1304	1384	1425	1487
印度尼西亚	Indonesia	428	440	487	509	530	564	589	609
印度	India	417	435	457	476	516	552	566	597

附录2-18　煤净进口量

NET IMPORT OF COAL

单位：百万吨标准油　　(Mtoe)

国家和地区	Contury or Area	2002	2003	2004	2005	2006	2007	2008	2009
日本	Japan	102.58	106.48	116.48	111.42	112.03	116.16	114.19	101.02
韩国	Korea	43.95	46.51	50.25	46.90	50.38	54.50	61.51	62.92
中国(大陆)	PR of China	-57.40	-63.86	-54.72	-40.39	-30.46	-17.39	-15.92	54.05
印度	India	15.48	14.11	19.30	25.07	29.49	33.43	36.62	46.19
中国台北	Chinese Taipei	34.15	35.98	39.73	38.60	39.96	41.90	40.84	37.19
德国	Germany	24.45	25.14	27.70	25.72	29.08	32.04	31.01	25.89
英国	United Kingdom	17.45	20.01	22.59	27.23	31.21	26.92	26.89	22.96
土耳其	Turkey	8.34	10.90	11.20	11.72	13.58	14.64	12.86	13.34
意大利	Italy	13.12	14.53	16.78	16.37	16.62	16.65	16.57	12.42
法国	France	12.60	11.76	13.11	13.51	13.83	12.59	14.20	10.29
荷兰	Netherlands	8.24	9.23	8.58	8.32	7.97	8.87	8.56	9.30
巴西	Brazil	11.01	11.36	11.02	10.56	10.18	11.30	11.81	9.08
西班牙	Spain	14.36	12.72	14.14	14.40	13.51	13.32	11.04	8.97
以色列	Israel	7.98	7.70	8.02	7.94	7.99	8.10	7.66	7.40
比利时	Belgium	5.46	5.80	5.87	5.09	4.58	4.07	4.64	2.44
波兰	Poland	-15.60	-14.72	-14.97	-12.99	-12.28	-8.52	-3.58	-2.64
加拿大	Canada	-1.46	-2.00	-4.52	-5.09	-5.22	-7.91	-7.59	-8.74
美国	United States	-11.49	-8.96	-10.06	-8.78	-5.05	-12.48	-27.13	-22.11
哥伦比亚	Colombia	-23.20	-29.73	-33.21	-34.85	-40.29	-41.99	-44.06	-43.78
南非	South Africa	-45.17	-46.69	-44.25	-46.43	-44.64	-42.77	-39.21	-43.88
印度尼西亚	Indonesia	-45.62	-52.06	-65.50	-79.49	-107.81	-124.24	-128.57	-136.29
澳大利亚	Australia	-132.58	-135.50	-141.70	-150.34	-150.00	-164.78	-172.58	-179.12

注：负数表示净出口。

Negative numbers show net export.

附录2-19　石油净进口量

NET IMPORT OF OIL

单位：百万吨标准油 (Mtoe)

国家和地区	Contury or Area	2002	2003	2004	2005	2006	2007	2008	2009
美国	United States	557.94	594.72	641.07	659.40	652.14	634.42	589.67	516.05
中国(大陆)	PR of China	79.80	106.16	148.29	143.52	168.56	183.83	200.59	218.14
日本	Japan	259.08	260.62	256.84	257.88	244.89	240.08	224.82	205.67
印度	India	80.35	85.19	88.09	91.12	97.02	104.90	111.21	124.19
德国	Germany	124.45	126.3	122.41	123.13	121.58	109.25	117.08	110.84
韩国	Korea	106.47	108.69	107.84	102.49	105.97	105.87	100.24	104.95
法国	France	93.39	93.78	93.87	93.93	92.36	91.08	89.93	87.29
西班牙	Spain	74.98	75.71	77.47	79.97	79.69	79.44	77.44	71.36
意大利	Italy	85.49	83.97	81.29	78.55	78.70	76.03	72.02	67.06
新加坡	Singapore	41.03	34.81	41.79	45.17	44.38	44.38	48.85	51.82
荷兰	Netherlands	40.49	41.29	44.53	48.75	47.61	49.17	49.03	46.47
中国，台北	Chinese Taipei	43.79	45.35	48.36	48.72	49.34	50.01	46.03	43.21
比利时	Belgium	29.43	31.93	30.72	33.43	32.96	31.91	35.57	31.76
泰国	Thailand	28.36	30.98	35.91	33.65	31.80	30.69	28.61	29.18
土耳其	Turkey	28.39	28.32	28.94	28.07	30.41	31.53	29.45	28.04
希腊	Greece	20.37	19.68	21.53	20.11	21.18	20.26	20.71	18.62
英国	United Kingdom	-39.85	-28.52	-14.15	-2.54	7.34	0.56	7.07	6.11
利比亚	Libya	-51.25	-59.34	-66.74	-72.40	-77.49	-75.33	-76.74	
伊朗	Iran	-109.43	-126.37	-129.32	-142.44	-135.01	-132.37	-125.26	
厄瓜多尔	Ecuador	-12.64	-13.41	-18.41	-17.96	-18.41	-16.31	-17.01	-14.88
阿曼	Oman	-45.17	-41.27	-38.79	-38.57	-33.99	-30.99	-31.39	-38.35
卡塔尔	Qatar	-32.12	-34.16	-48.36	-41.65	-43.31	-43.05	-48.29	-55.08
墨西哥	Mexico	-81.73	-94.4	-97.77	-92.24	-88.58	-74.24	-60.12	-55.42
哈萨克斯坦	Kazakstan	-38.05	-44.38	-50.1	-51.16	-54.38	-56.05	-58.70	-63.53
阿尔及利亚	Algeria	-64.54	-72.39	-75.61	-79.36	-77.51	-76.98	-73.24	-65.01
加拿大	Canada	-49.08	-49.32	-51.81	-47.03	-58.96	-63.01	-62.71	-68.08
伊拉克	Iraq	-73.73	-42.85	-74.1	-63.24	-65.84	-71.74	-83.18	-87.23
安哥拉	Angola	-42.82	-41.24	-47.2	-61.17	-69.36	-84.14	-93.70	-88.84
委内瑞拉	Venezuela	-139.82	-120.07	-133.02	-138.14	-131.42	-113.53	-111.54	-124.72
挪威	Norway	-152.59	-145.41	-144.89	-125.68	-121.34	-112.36	-103.82	-98.55
科威特	Kuwait	-86.17	-97.27	-105.23	-117.73	-124.98	-119.77	-124.81	-99.31
阿联酋	United Arab Emirates	-89.27	-99.54	-104.38	-103.69	-111.74	-107.83	-108.89	-101.44
尼日利亚	Nigeria	-90.67	-107.68	-118.68	-116.92	-111.52	-106.67	-98.67	-108.95
俄罗斯	Russia	-250.44	-290.38	-325.42	-334.92	-334.63	-351.44	-338.15	-348.68
沙特阿拉伯	Saudi Arabia	-346.91	-405.12	-414.65	-433.96	-423.26	-398.97	-412.42	-371.80

注：负数表示净出口。
Negative numbers show net export.

附录2-20 天然气净进口量

NET IMPORT OF GAS

单位：百万吨标准油 (Mtoe)

国家和地区	Contury or Area	2002	2003	2004	2005	2006	2007	2008	2009
日本	Japan	64.46	68.65	68.04	67.78	74.19	80.07	79.88	77.76
德国	Germany	60.05	62.42	65.88	65.72	66.41	61.74	64.67	67.27
美国	United States	81.23	76.08	79.52	84.16	80.48	88.33	69.24	62.38
意大利	Italy	48.50	51.10	55.28	59.82	63.07	60.49	62.76	56.60
法国	France	36.73	37.52	38.66	40.71	39.46	37.12	38.99	38.78
乌克兰	Ukraine	45.82	49.00	48.68	48.25	42.11	42.00	44.09	31.82
西班牙	Spain	18.92	21.16	24.61	30.24	31.24	31.50	35.23	30.87
韩国	Korea	20.85	22.73	25.91	26.10	29.54	29.91	33.34	30.20
土耳其	Turkey	14.34	17.28	18.12	22.13	25.17	29.76	30.24	28.93
英国	United Kingdom	-6.98	-7.02	1.46	5.97	9.55	16.62	22.00	24.66
比利时	Belgium	13.65	14.24	14.55	14.81	15.03	14.90	14.89	14.96
白俄罗斯	Belarus	14.59	15.03	16.30	16.70	17.25	17.12	17.48	14.62
中国，台北	Chinese Taipei	6.24	6.50	8.01	8.35	9.05	9.66	10.58	10.32
阿联酋	United Arab Emirates	-5.73	-5.73	-6.27	-4.84	-4.79	-1.12	6.02	8.21
波兰	Poland	6.68	7.50	8.12	8.53	8.90	8.25	9.12	8.12
匈牙利	Hungary	8.70	9.94	9.28	9.80	9.41	8.55	9.30	7.83
泰国	Thailand	5.82	6.31	6.85	7.42	7.64	7.99	7.44	7.47
捷克	Czech Republic	7.92	7.70	7.09	7.53	7.90	6.71	7.02	7.02
阿根廷	Argentina	-4.81	-5.59	-5.51	-4.26	-4.95	-0.83	0.24	1.56
文莱	Brunei Darssalam	-7.99	-8.39	-8.31	-8.16	-8.54	-8.25	-8.47	-8.01
乌兹别克斯坦	Uzbekistan	-3.77	-4.89	-7.03	-9.18	-9.38	-10.87	-11.32	-11.66
阿曼	Oman	-6.85	-7.62	-8.45	-9.31	-10.48	-14.22	-11.33	-12.68
澳大利亚	Australia	-8.88	-9.15	-9.25	-12.38	-13.40	-13.17	-13.66	-12.89
尼日利亚	Nigeria	-6.64	-9.99	-10.67	-10.68	-14.89	-17.74	-16.77	-13.06
土库曼斯坦	Turkmenistan	-32.00	-35.34	-36.56	-39.04	-39.19	-42.68	-43.69	-15.99
马来西亚	Malaysia	-16.99	-20.36	-25.98	-23.49	-20.81	-18.77	-18.41	-21.33
印度尼西亚	Indonesia	-32.88	-33.47	-33.18	-32.09	-30.66	-32.31	-32.35	-32.00
阿尔及利亚	Algeria	-55.31	-57.60	-57.08	-55.08	-52.82	-51.28	-51.26	-46.92
卡塔尔	Qatar	-15.03	-15.91	-20.36	-26.08	-30.10	-36.94	-51.51	-59.99
加拿大	Canada	-82.78	-75.35	-77.52	-79.55	-76.01	-77.45	-71.86	-61.59
挪威	Norway	-55.04	-60.93	-65.32	-71.10	-73.65	-73.20	-82.24	-85.17
俄罗斯	Russia	-144.00	-145.87	-156.26	-161.18	-158.03	-148.98	-151.39	-124.53

注：负数表示净出口。
Negative numbers show net export.

附录2-21 主要高耗能产品单位能耗中外比较

ENERGY CONSUMPTION FOR MAIN ENERGY INTENSIVE PRODUCTS BY COMPARING CHINA WITH SELECTED COUNTRIES

1. 火电厂发电煤耗 Gross Coal Consumption Rate for Fossil-fired Power Plant

单位：克/千瓦小时 (gce/kW·h)

国家	Country	1990	1995	2000	2005	2006	2007	2008	2009
中国①	China	392	379	363	343	342	332	322	320
日本②	Japan	317	315	303	301	299	300	297	294
意大利	Italy	326	319	315	288	283	280	276	
韩国	Korea	332	322	311	302	300	301	301	

注(Note)：①6MW以上机组(>6MW Unit).
②九大电力公司平均(Average level of 9 electricity companies).
③2008年发电能源结构(2008 Power Generation by Source).

2008年电源结构 2008 Power Generation by Source

单位：% (%)

国家	Country	煤 (Coal)	油 (Oil)	气 (Gas)	核 (Nuclear)	水力 (Hydro)	地热、风电等 (Geothermal and Wind)	可燃可再生能源 (Combustible Renewables)
中国	China	89.3	0.7	0.9	2.3	6.5	0.1	0.1
日本	Japan	27.6	12.0	23.6	30.7	3.0	1.2	2.0
意大利	Italy	19.1	11.1	51.1		5.9	8.5	4.3
韩国	Korea	42.5	3.9	14.0	38.8	0.3	0.1	0.4

资料来源(Source)：1.国家统计局(National Bureau of Statistics).
2.中国电力企业联合会(China Electricity Council).
3.The insititute of Energy Economics,Japan, Handbook of Energy and Economic Statistics in Japan,2011,Edition.
4.International Energy Agency,Energy Statistics of OECD Countries.

2. 火电厂供电煤耗 Net Coal Consumption Rate for Fossil-fired Power Plant

单位：克/千瓦小时 (gce/kW·h)

国家	Country	1990	1995	2000	2005	2006	2007	2008	2009
中国	China	427	412	392	370	367	356	345	340
日本	Japan	332	331	316	314	312	312	310	307

注(Note)：同表1(Same Table 1).
资料来源(Source)：同表1(Same Table 1).

3. 发电厂自用率 Power Consumption Rate For Plant Use

单位: % (%)

国家	Country	1990	1995	2000	2005	2006	2007	2008	2009
中国	China	6.90	6.78	6.28	5.87	5.93	5.83	5.90	5.76
日本	Japan	4.76	4.82	4.18	4.32	4.31	3.97	4.17	4.14
加拿大	Canada	2.99	3.08	3.14	3.19	3.10	3.31		
美国	United States	5.86	5.83	4.82	4.81	4.72	3.66	3.76	4.30

资料来源(Source): 同表1(Same Table 1).
美国(United States), DOE/EIA, Annual Energy Outlook 2011.

4. 钢可比能耗 Comparable Energy Consumption for Steel

单位: 千克标煤/吨 (kgce/tn)

国家	Country	1990	1995	2000	2005	2006	2007	2008	2009
中国①	China	997	976	784	732	729	718	709	679
日本	Japan	629	656	646	640②	627②	610②	626②	612②

注(Note): ①大中型钢铁企业平均值(Average level of key enterprises.)
②根据钢产量和能源消费量估算(Estimate according to steel production and energy consumption).
资料来源(Source):1.中国钢铁工业协会(China Iron and Steel Association).
2.日本能源学会志(Journal of Energy Society of Japan).
3.The Institute of Energy Economics, Japan, Handbook of Energy and Economic Statistics in Japan 2011.

5. 水泥综合能耗 Fully Energy Consumption for Cement

单位: 千克标准煤/吨 (kgce/tn)

国家	Country	1990	1995	2000	2005	2006	2007	2008
中国	China	201	199	181	167	161	158	151
日本	Japan	123	124	126	127	126	118	123

注(Note): 综合能耗中的电耗，均按发电煤耗折算标准煤，日本为320gce/kW·h(In the full energy consumption, all of conversion from electric to coal equivalant according to gross coal consumption for fossil-fired power plant, Japan is 320gce/kW·h).
资料来源(Source): 1.国家统计局（National Bureau of Statistics）.
2.工业和信息化部（Ministry of Industry and Information Technology）.
3.日本能源学会志（Journal of Energy Sociaty of Japan）.
4.日本水泥协会（Japan Cement Association）.

6. 乙烯综合能耗 Fully Energy Consumption for Ethylene

单位: 千克标准煤/吨 (kgce/tn)

国家	Country	1990	2000	2005	2006	2007	2008	2009	2010
中国	China①	1580	1125	1073	1013	1026	1010	976	950
国外	Overseas	897①	714①	629②	629②	629②	629②	629②	629②

注(Note): ①主要用石油脑油作原料(Feedstocks of ethylene production is used naphtha mainly).
②中东地区平均值，主要用乙烷作原料(Average level of Middle-East region,feedstocks of ethylene production is uesd ethane mainly).
③综合能耗中，电耗按发电煤耗折算标准煤(In the full energy consumption, all of conversion from electric to coal equivalant according to gross coal consumption for fossil-fired power plant).

资料来源(Source): 1.国家统计局(National Bureau of Statistics).
2.中国化工节能技术协会(China Chemical Energy Conservation Association).

7. 合成氨综合能耗 Fully Energy Consumption for Sythetic Ammonia

单位: 千克标准煤/吨 (kgce/tn)

国家	Country	1990	1995	2000	2005	2009
中国	China	2035	1849	1700	1700	1590
大型装置	(Large Sized Plant)	1343	1347	1327	1340	
美国	United States					
大型装置	(Large Sized Plant)	1000	1000	970	970	970

资料来源 (Source): 同表6(Same Table 6).

8. 纸和纸板综合能耗 Full Energy Consumption for Paper and Paperboard

单位: 千克标煤/吨 (kgce/tn)

国家	Country	1990	2000	2005	2006	2007	2008	2009
中国①	China	1550	1540	1380	1290	1255	1153	1090
日本	Japan	744	678	640	627②	610②	626②	580②

注(Note): ①自制浆企业平均(Average level of enterprises which made pulp by (

②根据纸和纸板产量与能源消费量估算(Estimate according to paper and paperboard production and energy consumpti

资料来源(Source): 1.国家统计局(National Bureau of Statistics).

2.中国造纸协会(China Paper Association).

3.日本能源学会志(Journal of Energy Society of Japan).

4.The Institute of Energy Economics,Japan,Handbook of Energy and Economic Statistics in Japan,2011 Edition.

9. 各种运输方式能耗 Transportation Energy Intensity by Mode

项目 Item	中国 China		日本 Japan	
	2005	2008	2005	2008
客运 Passenger 千卡/人-公里 kcal/passenger-km				
小汽车 Car	950	840	599	564
公共汽车 Bus	155	155	169	161
铁路 Rail	42	41	49	47
民航 Air	481	445	433	474
货运 Freight 千卡/吨-公里 kcal/t-km				
汽车 Automobile	1060	1050	776	723
铁路 Rail	68	67	60	58
水运 Waterway	327	263	239	201
民航 Air	5380	4980	5179	5059

资料来源(Source): 1.国家发展和改革委员会综合运输研究所 (Institute of Comprehensive Transportation of State Development and Reform Commission).

2.中国汽车技术研究中心 (China Automotive Technology Research Center).

3.中国民航总局 (Civil Aviation Administration of China).

4.The Institute of Energy Economics, Japan, Handbook of Energy and Economic Statistics in Japan.

附录 3、主要统计指标解释

Appendix Ⅲ Explanatory Notes of Main Statistical Indicators

主要统计指标解释

国内生产总值 是按市场价格计算的国内生产总值的简称。国内生产总值及其产业构成的资料，是由国家统计局国民经济核算司根据不同产业部门的特点和资料来源情况而采用不同的方法计算的，有的部门以生产法计算增加值为准，有的部门以收入法计算的增加值为准，最后将各产业部门增加值求和得到国内生产总值的标准数据。按支出法计算的国内生产总值等于总消费、总投资、货物和服务净出口之和，它与按上述方法计算的国内生产总值不相等，两者的差率一般在±3%以内。

三次产业 根据社会生产活动历史发展的顺序对产业结构的划分，产品直接取自自然界的部门称为第一产业。对初级产品进行再加工的部门称为第二产业。为生产和消费提供各种服务的部门称为第三产业。它是世界上通用的产业结构分类，但各国的划分不尽一致。我国的三次产业划分是：

第一产业 是指农业、林业、畜牧业、渔业和农林牧渔服务业。

第二产业 是指采矿业，制造业，电力、煤气及水的生产和供应业，建筑业。

第三产业 是指除第一、二产业以外的其他行业。

能源生产总量 指一定时期内全国（地区）一次能源生产量的总和，是观察全国（地区）能源生产水平、规模、过程构成和发展速度的总量指标。一次能源生产量包括原煤、原油、天然气、水电、核电及其他动力能（如风能、地热能等）发电量。不包括低热值燃料生产量、生物质能、太阳能等的利用和由一次能源加工转换而成的二次能源产量。

能源消费总量 指一定时期内全国（地区）各行业和居民生活消费的各种能源的核算能源消费总量指标。能源消费总量分为三部分，即终端能源消费量、能源加工转换损失量和损失量。

（1）终端能源消费量 指一定时期内全国（地区）各行业和居民生活消费的各种能源在扣除了用于加工转换二次能源消费量和损失量以后的数量。

（2）能源加工转换损失量 指一定时期内全国（地区）投入加工转换的各种能源数量之和与产出各种能源产品之和的差额。它是观察能源在加工转换过程中损失量变化的指标。

（3）能源损失量 指一定时期内能源在输送、分配、储存过程中发生的损失和由客观原因造成的各种损失量。不包括各种气体能源放空、放散量。

能源生产弹性系数 是能源生产量的增长与国民经济增长之间的比值。计算公式：

$$能源生产弹性系数=\frac{能源生产总量年平均增长速度}{国民经济年平均增长速度}$$

本资料采用国内生产总值指标计算国民经济年平均增长速度。

电力生产弹性系数 是电力生产量的增长与国民经济增长之间的比值。计算公式：

$$电力生产弹性系数=\frac{电力生产量年平均增长速度}{国民经济年平均增长速度}$$

能源消费弹性系数　是能源消费增长速度与国民经济增长速度之间的比值。计算公式：

$$能源消费弹性系数=\frac{能源消费总量年平均增长速度}{国民经济年平均增长速度}$$

电力消费弹性系数　是电力消费增长速度与国民经济增长速度之间的比值。计算公式：

$$电力消费弹性系数=\frac{电力消费量年平均增长速度}{国民经济年平均增长速度}$$

能源加工转换效率　指一定时期内能源经过加工转换后，产出的各种能源产品的数量与投入加工转换的各种能源数量的比率。它是观察能源加工转换装置和生产工艺先进与落后、管理水平高低等的重要指标。计算公式：

$$能源加工转换效率=\frac{加工转换产出量}{加工转换投入量}\times100\ \%$$

Explanatory Notes on Main Statistical Indicators

Gross Domestic Product(GDP) : refers to gross domestic products calculated at market price. The data on GDP and its industrial composition are calculated by the Department of National Economic Accounting, State Statistical Bureau (SSB) with various approaches in the light of the features of various sectors and the data sources. The value added in some sectors is calculated with the production approach. The value added in other sectors is calculated with the income approach. Finally, the GDP is the result of the sum of the value added of various sectors. This is the standard data of GDP. The GDP calculated with the expenditure approach equals to the sum of total consumption, total investment and the net export of goods and services. However, it is not equal to the GDP calculated with the method mentioned above. The difference between the two figures is generally within ±3%.

Three Industries: Industry structure has been classified according to the sequence of historical development of social production activities. Primary industry refers to extraction of natural resources; secondary industry involves processing of primary products; and tertiary industry provides services of various kinds for production and consumption. The above classification is universal although it to some extent from country to country. Industry classification in China comprises:

Primary industry: refers to agriculture, forestry, animal husbandry and fishery and services in support of these industries.

Secondary industry: refers to mining and quarrying, manufacturing, production and supply of electricity, water and gas, and construction.

Tertiary industry: refers to all other economic activities not included in the primary or secondary industries.

Total Energy Production: refers to the total production of primary energy by all energy producing enterprises in the country (region) in a given period of time. It is a comprehensive indicator to show the capacity, scale, composition and development of energy production of the country (region). The production of primary energy includes that of coal, crude oil, natural gas, hydro power and electricity generated by other means such as wind power and geothermal power. However, it excludes the production of fuels of low calorific value, bioenergy, solar energy and the secondary energy converted from the primary energy.

Total Energy Consumption: refer to the total consumption of energy of various kinds by industry and residential in the country (region) in a given period of time. Total energy consumption can be divided into three parts:

(1) **Final Energy Consumption**: refers to the total energy consumption by industry and residential in the country (region) in a given period of time, but excludes the consumption in conversion of the primary energy into the secondary energy and the loss in the process of energy transformation.

(2) **Loss During Energy Transformation**: refers to the total input of various kinds of energy for transformation,

minus the total output of various kinds of energy in the country in a given period of time. It is an indicator to show the loss that occurs during the process of energy transformation.

(3) **Loss**: refers to the total of the loss of energy during the course of energy transport, distribution and storage and the loss caused by any objective reason in a given period of time. The loss of various kinds of gas due to gas discharges and stocktaking is excluded. Elasticity of Energy Production: is an indicator to show the relationship between the growth rate of energy production and the growth rate of the national economy. The formula is:

$$\text{Elasticity of Energy Production} = \frac{\text{average annual growth rate of energy production}}{\text{average annual growth rate of national economy}}$$

The gross domestic products (GDP) is used to calculate the growth rate of national economy in this book.

Elasticity of Electricity Production: is an indicator to show the relationship between the growth rate of electricity production and the growth rate of the national economy. The formula is:

$$\text{Elasticity of Electricity Production} = \frac{\text{average annual growth rate of electricity production}}{\text{average annual growth rate of national economy}}$$

Elasticity of Energy Consumption: is an indicator to show the relationship between the growth rate of energy consumption and the growth rate of the national economy. The formula is:

$$\text{Elasticity of Energy Consumption} = \frac{\text{average annual growth rate of energy consumption}}{\text{average annual growth rate of national economy}}$$

Elasticity of Electricity Consumption: is an indicator to show the relationship between the growth rate of electricity consumption and the growth rate of the national economy. The formula is:

$$\text{Elasticity of Electricity Consumption} = \frac{\text{average annual growth rate of electricity consumption}}{\text{average annual growth rate of national economy}}$$

Efficiency of Energy Transformation: refers to the ratio of the total output of energy products after transformation and the total input of energy for transformation in the same reference period. It is an indicator to show the current conditions of energy processing and conversion equipment, production technique and management. The formula is:

$$\text{Efficiency of Energy Transformation} = \frac{\text{output of energy from transformation}}{\text{input of energy for transformation}}$$

附录 4、各种能源折标准煤参考系数

Appendix Ⅳ Conversion Factors from Physical Units to Coal Equivalent

各种能源折标准煤参考系数

能源名称	平均低位发热量	折标准煤系数
原煤	20 908 千焦/(5 000 千卡)/千克	0.7143 千克标准煤/千克
洗精煤	26 344 千焦/(6 300 千卡)/千克	0.9000 千克标准煤/千克
其它洗煤		
洗中煤	8 363 千焦/(2 000 千卡)/千克	0.2857 千克标准煤/千克
煤泥	8 363~12 545 千焦/(2 000~3 000 千卡)/千克	0.2857~0.4286 千克标准煤/千克
焦炭	28 435 千焦/(6 800 千卡)/千克	0.9714 千克标准煤/千克
原油	41 816 千焦/(10 000 千卡)/千克	1.4286 千克标准煤/千克
燃料油	41 816 千焦/(10 000 千卡)/千克	1.4286 千克标准煤/千克
汽油	43 070 千焦/(10 300 千卡)/千克	1.4714 千克标准煤/千克
煤油	43 070 千焦/(10 300 千卡)/千克	1.4714 千克标准煤/千克
柴油	42 652 千焦/(10 200 千卡)/千克	1.4571 千克标准煤/千克
液化石油气	50 179 千焦/(12 000 千卡)/千克	1.7143 千克标准煤/千克
炼厂干气	45 998 千焦/(11 000 千卡)/千克	1.5714 千克标准煤/千克
天然气	38 931 千焦/(9 310 千卡)/立方米	1.3300 千克标准煤/立方米
焦炉煤气	16 726~17 981 千焦/(4 000~4 300 千卡)/立方米	0.5714~0.6143 千克标准煤/立方米
其它煤气		
发生炉煤气	5 227 千焦/(1 250 千卡)/立方米	0.1786 千克标准煤/立方米
重油催化裂解煤气	19 235 千焦/(4 600 千卡)/立方米	0.6571 千克标准煤/立方米
重油热裂解煤气	35 544 千焦/(8 500 千卡)/立方米	1.2143 千克标准煤/立方米
焦炭制气	16 308 千焦/(3 900 千卡)/立方米	0.5571 千克标准煤/立方米
压力气化煤气	15 054 千焦/(3 600 千卡)/立方米	0.5143 千克标准煤/立方米
水煤气	10 454 千焦/(2 500 千卡)/立方米	0.3571 千克标准煤/立方米
煤焦油	33 453 千焦/(8 000 千卡)/千克	1.1429 千克标准煤/千克
粗苯	41 816 千焦/(10 000 千卡)/千克	1.4286 千克标准煤/千克
热力(当量)		0.03412 千克标准煤/百万焦耳 (0.14286 千克标准煤/1000 千卡)
电力(当量)	3 596 千焦/(860 千卡)/千瓦小时	0.1229 千克标准煤/千瓦小时
(等价)	按当年火电发电标准煤耗计算	
生物质能		
人粪	18 817 千焦/(4 500 千卡)/千克	0.643 千克标准煤/千克
牛粪	13 799 千焦/(3 300 千卡)/千克	0.471 千克标准煤/千克
猪粪	12 545 千焦/(3 000 千卡)/千克	0.429 千克标准煤/千克
羊、驴、马、骡粪	15 472 千焦/(3 700 千卡)/千克	0.529 千克标准煤/千克
鸡粪	18 817 千焦/(4 500 千卡)/千克	0.643 千克标准煤/千克
大豆秆、棉花秆	15 890 千焦/(3 800 千卡)/千克	0.543 千克标准煤/千克
稻秆	12 545 千焦/(3 000 千卡)/千克	0.429 千克标准煤/千克
麦秆	14 635 千焦/(3 500 千卡)/千克	0.500 千克标准煤/千克
玉米秆	15 472 千焦/(3 700 千卡)/千克	0.529 千克标准煤/千克
杂草	13 799 千焦/(3 300 千卡)/千克	0.471 千克标准煤/千克
树叶	14 635 千焦/(3 500 千卡)/千克	0.500 千克标准煤/千克
薪柴	16 726 千焦/(4 000 千卡)/千克	0.571 千克标准煤/千克
沼气	20 908 千焦/(5 000 千卡)/立方米	0.714 千克标准煤/立方米

Conversion Factors from Physical Unit to Coal Equivalent

Energy	Average Low Calorific Value	Conversion Factor
Raw Coal	20 908 kjoule / (5 000 kcal) / kg	0.7143 kgce / kg
Cleaned Coal	26 344 kjoule / (6 300 kcal) / kg	0.9000 kgce / kg
Other Washed Coal		
Middlings	8 363 kjoule / (2 000 kcal) / kg	0.2857 kgce / kg
Slimes	8 363 ~ 12 545 kjoule / (2 000 ~ 3 000kcal)/ kg	0.2857 ~ 0.4286 kgce / kg
Coke	28 435 kjoule / (6 800 kcal) / kg	0.9714 kgce / kg
Crude Oil	41 816 kjoule / (10 000 kcal) / kg	1.4286 kgce / kg
Fuel Oil	41 816 kjoule / (10 000 kcal) / kg	1.4286 kgce / kg
Gasoline	43 070 kjoule / (10 300 kcal) / kg	1.4714 kgce / kg
Kerosene	43 070 kjoule / (10 300 kcal) / kg	1.4714 kgce / kg
Diesel	42 652 kjoule / (10 200 kcal) / kg	1.4571 kgce / kg
Liquefied Petroleum Gas	50 179 kjoule / (12 000 kcal) / kg	1.7143 kgce / kg
Refinery Gas	45 998 kjoule / (11 000 kcal) / kg	1.5714 kgce / kg
Natural Gas	38 931kjoule / (9 310 kcal) / cu. m	1.3300 kgce / cu. m
Coke Oven Gas	16 726 ~ 17 981kKjoule/ (4 000 ~ 4 300kcal)/ cu. m	0.5714 ~ 0.6143 kgce / cu. m
Other Coal Gas		
By Gas Furnace	5 227 kjoule / (1 250 kcal) / cu. m	0.1786 kgce / cu. m
By Heavy Oil Catalytic Cracking	19 235 kjoule / (4 600 kcal) / cu. m	0.6571 kgce / cu. m
By Heavy Oil Thermal Cracking	35 544 kjoule / (8 500 kcal) / cu. m	1.2143 kgce / cu. m
Coke Gas	16 308 kjoule / (3 900 kcal) / cu. m	0.5571 kgce / cu. m
By Pressure Gasification	15 054 kjoule / (3 600 kcal) / cu. m	0.5143 kgce / cu. m
Water Coal Gas	10 454 kjoule / (2 500 kcal) / cu. m	0.3571 kgce / cu. m
Coal Tar	33 453 kjoule / (8 000 kcal) / kg	1.1429 kgce / kg
Benzene	41 816 kjoule / (10 000 kcal) / kg	1.4286 kgce / kg
Heat (in calorific value)		0.03412 kgce / Mjoule (0.14286 kgce / 1000 kcal)
Electricity (in calorific value)	3 596 kjoule / (860 kcal) / kW · h	0.1229 kgce / kW · h
(in coal equivalent)	calculated by average coal input for thermal power generation in the year	
Biomass Energy		
Night Soil	18 817 kjoule / (4 500 kcal) / kg	0.643 kgce / kg
Cow Dung	13 799 kjoule / (3 300 kcal) / kg	0.471 kgce / kg
Pig Dung	12 545 kjoule / (3 000 kcal) / kg	0.429 kgce / kg
Sheep/Donkey/Horse/Mule Dung	15 472 kjoule / (3 700 kcal) / kg	0.529 kgce / kg
Poultry Manure	18 817 kjoule / (4 500 kcal) / kg	0.643 kgce / kg
Soybean Stalk, Cotton Stalk	15 890 kjoule / (3 800 kcal) / kg	0.543 kgce / kg
Paddy Stalk	12 545 kjoule / (3 000 kcal) / kg	0.429 kgce / kg
Wheat stalk	14 635 kjoule / (3 500 kcal) / kg	0.500 kgce / kg
Maize Stalk	15 472 kjoule / (3 700 kcal) / kg	0.529 kgce / kg
Fireweed	13 799 kjoule / (3 300 kcal) / kg	0.471 kgce / kg
Leaves	14 635 kjoule / (3 500 kcal) / kg	0.500 kgce / kg
Firewood	16 726 kjoule / (4 000 kcal) / kg	0.571 kgce / kg
Biogas	20 908 kjoule / (5 000 kcal) / cu. m	0.714 kgce / cu. m